Journalistische Praxis

Reihe herausgegeben von
Gabriele Hooffacker, Leipzig, Deutschland

Gründungsherausgeber
Walther von La Roche, München, Deutschland

Der Name ist Programm: Die Reihe Journalistische Praxis bietet ausschließlich praxisorientierte Lehrbücher für Berufe rund um Journalismus und Medien. Praktiker aus Redaktionen und aus der Journalistenausbildung zeigen, wie's geht, geben Tipps und Ratschläge. Alle Bände sind Leitfäden für die Praxis – keine Bücher über ein Medium, sondern für die Arbeit in und mit einem Medium. Walther von La Roche begründete die Reihe 1975 mit der „Einführung in den praktischen Journalismus" (heute: „La Roches Einführung in den praktischen Journalismus"). Seit 2013 erscheinen die Bücher bei SpringerVS.

Die gelben Bücher mit ihren Webauftritten geben allen, die journalistisch tätig sind oder sein wollen, ein realistisches Bild von den Anforderungen redaktionellen Arbeitens und zeigen, wie man sie bewältigt. Lehrbücher wie „Recherchieren", „Informantenschutz", „Frei sprechen" oder „Interviews führen" konzentrieren sich auf Tätigkeiten, die in mehreren journalistischen Berufsfeldern gefordert sind. Andere Bände führen in das professionelle Arbeiten bei einem Medium ein (die Klassiker zu Radio-, Fernseh- oder Online-Journalismus). Es gibt Bücher zu journalistischen Techniken („VR-Journalismus", „Mobiler Journalismus" oder „Social Media für Journalisten"), und zu Berufsfeldern wie Pressearbeit und Corporate Media („Pressearbeit praktisch") oder redaktionellem Arbeiten für Unternehmen oder Institutionen („Gebrauchstexte schreiben").

Jeden Band zeichnet ein gründliches Lektorat und sorgfältige Überprüfung der Inhalte, Themen und Ratschläge aus. Sie werden regelmäßig überarbeitet und aktualisiert, oft in weiten Teilen neu geschrieben, um der rasanten Entwicklung in Journalismus und Medien Rechnung zu tragen. Viele Bände liegen inzwischen in der dritten, vierten, achten oder noch höheren Auflagen vor wie La Roches „Einführung" selbst. Allen Bänden gemeinsam ist der gelbe Einband. Deshalb ist die Reihe unter Lehrenden, Studierenden und angehenden Journalistinnen und Journalisten auch als „Gelbe Reihe" bekannt.

Oliver Haustein-Teßmer

Digitaler Erfolg im Lokaljournalismus

Leitfaden für Praxis und Ausbildung in Redaktionen

Oliver Haustein-Teßmer
Geschäftsführung
NPG Digital GmbH
Ulm, Deutschland

Die Online-Version des Buches enthält digitales Zusatzmaterial, das berechtigten Nutzern durch Anklicken der mit einem „Playbutton" versehenen Abbildungen zur Verfügung steht. Alternativ kann dieses Zusatzmaterial von Lesern des gedruckten Buches mittels der kostenlosen Springer Nature „More Media" App angesehen werden. Die App ist in den relevanten App-Stores erhältlich und ermöglicht es, das entsprechend gekennzeichnete Zusatzmaterial mit einem mobilen Endgerät zu öffnen.

ISSN 2524-3128   ISSN 2524-3136 (electronic)
Journalistische Praxis
ISBN 978-3-658-44362-7   ISBN 978-3-658-44363-4 (eBook)
https://doi.org/10.1007/978-3-658-44363-4

Die Deutsche Nationalbibliothek verzeichnet diese Publikation in der Deutschen Nationalbibliografie; detaillierte bibliografische Daten sind im Internet über https://portal.dnb.de abrufbar.

© Der/die Herausgeber bzw. der/die Autor(en), exklusiv lizenziert an Springer Fachmedien Wiesbaden GmbH, ein Teil von Springer Nature 2024

Das Werk einschließlich aller seiner Teile ist urheberrechtlich geschützt. Jede Verwertung, die nicht ausdrücklich vom Urheberrechtsgesetz zugelassen ist, bedarf der vorherigen Zustimmung des Verlags. Das gilt insbesondere für Vervielfältigungen, Bearbeitungen, Übersetzungen, Mikroverfilmungen und die Einspeicherung und Verarbeitung in elektronischen Systemen.
Die Wiedergabe von allgemein beschreibenden Bezeichnungen, Marken, Unternehmensnamen etc. in diesem Werk bedeutet nicht, dass diese frei durch jede Person benutzt werden dürfen. Die Berechtigung zur Benutzung unterliegt, auch ohne gesonderten Hinweis hierzu, den Regeln des Markenrechts. Die Rechte des/der jeweiligen Zeicheninhaber*in sind zu beachten.
Der Verlag, die Autor*innen und die Herausgeber*innnen gehen davon aus, dass die Angaben und Informationen in diesem Werk zum Zeitpunkt der Veröffentlichung vollständig und korrekt sind. Weder der Verlag noch die Autor*innen oder die Herausgeber*innen übernehmen, ausdrücklich oder implizit, Gewähr für den Inhalt des Werkes, etwaige Fehler oder Äußerungen. Der Verlag bleibt im Hinblick auf geografische Zuordnungen und Gebietsbezeichnungen in veröffentlichten Karten und Institutionsadressen neutral.

Planung/Lektorat: Barbara Emig-Roller
Springer VS ist ein Imprint der eingetragenen Gesellschaft Springer Fachmedien Wiesbaden GmbH und ist ein Teil von Springer Nature.
Die Anschrift der Gesellschaft ist: Abraham-Lincoln-Str. 46, 65189 Wiesbaden, Germany

Wenn Sie dieses Produkt entsorgen, geben Sie das Papier bitte zum Recycling.

Springer Nature More Media App

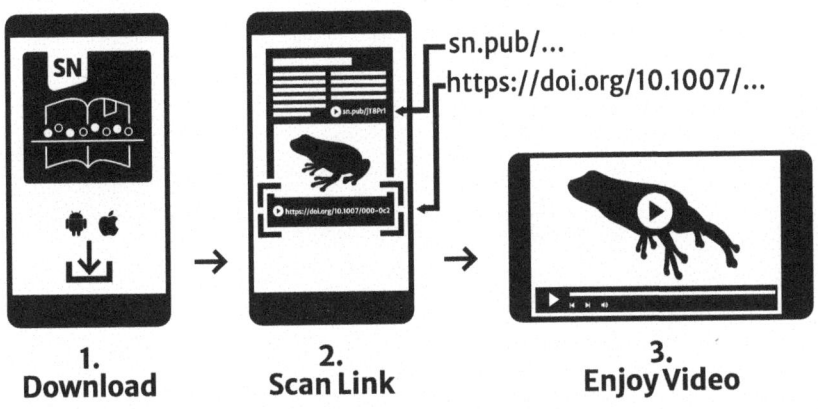

1. Download
2. Scan Link
3. Enjoy Video

Support: customerservice@springernature.com

Einleitung

In mancher Hinsicht scheint der Osten Deutschlands dem Westen voraus zu sein. In Brandenburg und in Thüringen haben Verlage die ersten, frühmorgens zugestellten Zeitungsausgaben vom Markt genommen. Der Druck und die Zustellung in dünn besiedelten ländlichen Regionen sind ihnen zu teuer geworden. In der Prignitz sowie in Kyritz und Wittstock nordwestlich von Berlin bietet die „Märkische Allgemeine" (Potsdam) in einigen Gemeinden keine gedruckte Zeitung mehr an. Die Leserinnen und Leser können stattdessen das E-Paper abonnieren. Im Landkreis Greiz stellt die „Ostthüringer Zeitung" 300 Haushalten die Zeitung nur noch als E-Paper oder alternativ per Post zu.

Bei den betroffenen Abonnentinnen und Abonnenten handelt es sich um ältere Kundschaft. Viele sind über 70 oder 80 Jahre alt. Jüngere greifen seltener zur Zeitung. Wer unter 30 Jahren ist, kennt die traditionellen Medienmarken vielleicht noch. Aufs Zeitungsabo verzichten die nachfolgenden Generationen aber meistens. Menschen bis zu 50 Jahren sind dafür großteils täglich online. Allerdings besuchen sie eher weniger Medienangebote im Internet. Dafür verbringen sie umso mehr Zeit in sozialen Netzwerken. Und sie lesen zunehmend seltener journalistische Texte.

Diese Phänomene der digitalisierten Gesellschaft haben sich über drei Jahrzehnte entwickelt. Sie sind also nicht neu – weder für Fachleute in den Medienhäusern noch in der Wissenschaft. Doch jetzt, geprägt von wachsenden wirtschaftlichen Zwängen *und* den veränderten Gewohnheiten der Menschen, geraten die herkömmlichen publizistischen Geschäftsmodelle unter existenziellen Druck. Vom „Transformation Endgame" ist die Rede: Die Unternehmensberatung Highberg (früher Schickler) gibt traditionellen Medienhäusern, die ihr Geld lange Zeit mit Printprodukten verdient haben, noch einige Jahre. Zeit, die bleibt, um die angebotenen Dienstleistungen digital neu auszurichten.

Denn zweifellos brauchen offene und freiheitliche Gesellschaften journalistische Aufklärung und öffentliche Diskurse. Nur so kommen Menschen miteinander ins Gespräch, bleiben informiert und sind in der Lage, am gesellschaftlichen Leben teilzuhaben. Doch was Journalistinnen und Journalisten an der Basis für die Gesellschaft über Jahrzehnte verlässlich geleistet haben, genügt im digitalen Zeitalter nicht mehr. Berichte, Reportagen und Meinungsbeiträge erreichen einen Großteil der Gesellschaft nicht. Angehörige der Generationen Z und Alpha wissen häufig nicht einmal, dass Tageszeitungen auch online Nachrichten anbieten, obwohl sie täglich im Internet unterwegs sind. Oder es interessiert sie schlicht nicht.

Woran liegt das? Es reicht nicht aus, wie es viele Medienunternehmen mit Print-Erbe immer noch halten, einfach Zeitungsinhalte online zu stellen. *Online First* lässt sich auch nicht verordnen. Ein paar Anweisungen, dann läuft es schon irgendwie: Das klappt nicht. Wie dieses Handbuch im ersten Kapitel zeigen soll, belegen wirtschaftliche Daten und publizistische Studien, dass mehr Tempo, *veränderte Arbeitsweisen* und *strategisches Vorgehen* gefordert sind. Bislang allerdings haben viele Redaktionen, insbesondere in regionalen Medienhäusern, ihre *Prozesse* nur behutsam angepasst. Die Geschwindigkeit des digitalen Wandels in den Redaktionen ist oft gering.

Für notwendige Veränderungen fehlt sowohl Führungskräften als auch erfahrenen Journalistinnen und Journalisten manchmal der Mut – und häufiger eine konkrete Vorstellung davon, wie die digitale Transformation bei laufender Produktion erfolgreich realisiert werden kann.

Hier setzt dieses Buch an. Neben einer Einführung und erprobten Konzepten enthält es zahlreiche Praxisbeispiele. Denn natürlich gibt es Vorbilder, die digital erfolgreich unterwegs sind. Wobei wichtig ist: *Den* goldenen Schlüssel zum digitalen Erfolg gibt es leider nicht. Deswegen empfiehlt dieses Buch die Kombination mehrerer Bausteine. Es richtet sich dabei sowohl an Redaktionsleitungen und etablierte Redakteurinnen und Redakteure als auch an Einsteigende in den Beruf, Studierende, Volontärinnen und Volontäre.

So ist das Handbuch aufgebaut: *Kap.* 1 erläutert den Einstieg in die erfolgreiche Veränderung und soll verdeutlichen, warum es um bessere Qualität digitaler journalistischer Angebote geht und erklärt, was dies mit der Arbeitsweise der Redaktionen zu tun hat.

Das folgende *Kap.* 2 setzt digitale Standards: Es ist Kern dieses Handbuchs und stellt digitale Prozesse, vorausschauendes Planen und Produzieren, in den Mittelpunkt. Die Formel „E-2" (sprich: E minus zwei) berücksichtigt dabei auch die Perspektive der beteiligten Mitarbeitenden. Der Autor hat diese regelbasierte Arbeitsweise mit seinem Team entwickelt und erprobt. Sie bringt integrierte Redaktionen, die sowohl Print und E-Paper als auch Online bedienen, messbar voran. Weil an-

Einleitung

dere Redaktionen sich nach der Methode erkundigt haben, ist dieses Buch entstanden.

Kap. 3 verbindet das E-2-Konzept, das sich für unterschiedliche Redaktionen und Medien anpassen lässt, mit praktikablen Methoden für den journalistischen Alltag: Wie setzen Redaktionen zielführend Werkzeuge zur Themenplanung ein? Wie viel Datenorientierung ist im digitalen Journalismus hilfreich, und was ist zu viel des Guten? Wie sprechen Journalistinnen und Journalisten online erfolgreich und regelmäßig Zielgruppen an – und warum ist das überhaupt wichtig?

In *Kap.* 4 soll das Wissen über Zielgruppen (englisch: Audiences), deren Bedürfnisse und zu journalistischen Themenfeldern vertieft werden. Es erläutert beispielhaft und mit Fallstudien, wie Redaktionen neue Methoden regional anpassen und miteinander verknüpfen können. Das Kapitel geht auf Trends wie Deep Journalism und wertebasierte Konzepte wie den konstruktiven Journalismus ein. Dazu ein Hinweis: Dieses Handbuch legt den Schwerpunkt auf digitale Arbeitsweisen und ist kein fachliches Werk zu solchen journalistischen Ansätzen. Wo es passt, gibt es Hinweise auf weiterführende Literatur und Links.

Gerade weil die Medienbranche sich verändern muss und wird, bleibt Journalismus als Beruf lohnend und spannend. Wer neu einsteigen möchte oder einen Quereinstieg in die Medienbranche plant, bekommt in *Kap.* 5 einen Überblick: Talente erfahren, welche neuen Jobs entstehen und was zu einer guten digitalen Ausbildung gehört. Checklisten erleichtern es Bewerberinnen und Bewerbern, bei angebotenen Volontariaten und Stellen durchzublicken. Redaktionelle Führungskräfte und Ausbildungsverantwortliche lernen die Perspektive der Generation Z auf den Beruf kennen und bekommen Anhaltspunkte, wie sie Nachwuchskräfte begeistern können.

Wie passen digitale journalistische Qualität und der wachsende Einsatz von Künstlicher Intelligenz (KI) zusammen? *Kap.* 6 zeigt, wie generative KI Einzug in die Medienbranche hält und wie Redaktionen KI verantwortungsbewusst nutzen können. Journalistinnen und Journalisten verstehen, wie sie sich diesem wichtigen Thema selbstbewusst nähern. Das Kapitel erörtert Chancen und Risiken, erläutert Ethik und Strategien und gibt Anwendungsbeispiele. Der Schluss fasst Ergebnisse der Kapitel zusammen und gibt einen Ausblick.

Der Autor nutzt manchmal Fachsprache und übersetzt die Bedeutungen. Zu einigen zentralen Begriffen: Mit *digitalem Erfolg* meint der Autor, dass Redaktionen realistische Ziele abstecken und erfolgsorientiert arbeiten – und nicht, dass er *die* Patentlösung für die Branche entdeckt hätte. *Digitale Transformation* umschreibt die notwendigen, zügigen Veränderungen. Dabei stehen *Planen, Teams* und deren *Abläufe, datenorientiertes Arbeiten* sowie journalistische *Zielgruppen* (Audiences) im Vordergrund. Es geht um einen *Perspektivwechsel*: Wenn Journalistinnen und Journalisten die *Bedürfnisse* (User Needs) ihrer Kundschaft, der Internetnutzenden, Leserinnen und Leser respektieren, stellt sich digitaler Erfolg eher ein.

Der Fokus des Handbuchs liegt auf leicht einzuübenden Abläufen in Redaktionen. Es soll die Leserinnen und Leser ermutigen, digital neue Wege zu gehen. Das Buch ergänzt Standardwerke wie „Online-Journalismus" von Gabriele Hooffacker. Es bietet keine allgemein gültige Anleitung zum Aufbau digitaler Medienangebote und Produkte, gibt jedoch Beispiele und empfiehlt unternehmerisches, produktbezogenes Denken im Journalismus. Es beansprucht keine Vollständigkeit, betreffend digitalen Journalismus. An vielen Stellen verweist der Autor auf Fachliteratur sowie Essays in Fachzeitschriften. Es ist ratsam, weitere Lehrbücher wie zu digitalem Storytelling, Podcasts, Social Media, VR-Journalismus, Recherchieren und mobilem Journalismus aus der „Gelben Reihe" zu konsultieren.

Wie angedeutet, ist der Blick des Autors von der ostdeutschen Medienlandschaft geprägt. Dem ist eine Tendenz bei den gewählten Praxisbeispielen geschuldet. Ebenso liegt ihm das Überleben des Lokaljournalismus in der digitalen Gesellschaft am Herzen. Das erklärt den Schwerpunkt auf regionalen Medienhäusern mit Print-Erbe. Wenn das Buch zu fruchtbaren Diskussionen und Kooperationen führt, wäre viel gewonnen. Der Autor benutzt diskriminierungssensible Sprache und verzichtet dabei auf besondere Schreibweisen. Um möglichst geschlechtergerecht zu schreiben, verwendet der Autor männliche und weibliche Form, teilweise abwechselnd, sowie geschlechterneutrale Formulierungen.

Vielen Dank sage ich den Kolleginnen und Kollegen bei der Neuen Pressegesellschaft und in den Medienorganisationen, bei denen ich lernen durfte und die ich hier leider nicht alle nennen kann.

Für die Interviews danke ich Linda Heinrichkeit („Westdeutsche Allgemeine", Bottrop), Katja Hansen (bis Juli 2024 „Landeszeitung", Lüneburg), Laurel Wennen (bis Juni 2024 WAN-IFRA), Christian Eißner (Die Mehrwertmacher GmbH, Dresden), Christoph Mayer (Drive; Highberg), Claus Liesegang („Märkische Oderzeitung", „Lausitzer Rundschau"), Joyce Noll und Rieke Smit (#UseTheNews), für Schnitt und Schlussproduktion der Videos zum Buch Carolin Butt (Tiefblau) herzlich. Für die Unterstützung und den Austausch danke ich Felix Langfeld, Tilo Schelsky und Daniel Torka (NPG), Holger Kansky und Anja Pasquay (BDZV), Øyulf Hjertenes („Bergens Tidende", Schibsted; Norwegen), Mandy Fischer, Anne Lena Mösken und Team („Freie Presse", Chemnitz), Sylvia Binner und Team („General-Anzeiger", Bonn), Thorsten Merkle (jule), Tobias Köpplinger („Main-Post", Würzburg), Angela Rühle („Media Perspektiven"), Jochen Becker („Zapp", NDR), Lasse Deppe, Max Holscher und Team („Nordwest-Zeitung", Oldenburg), Dominik Flach, Daniel Kempf, Christiane Zaunitzer und Team (Mediengruppe Pressedruck, Augsburg), Rosi Gantner und Team (OVB Media, Rosenheim), Doug Smith (Architect of Table Stakes Europe), Alexander Marinos und Team („Westdeutsche Allgemeine Zeitung", Essen), Uli Windolph und Team („Westfalen-Blatt",

Bielefeld). Vielen Dank Sebastian Butt, Joachim Dreykluft, Jan Golka (NOZ Digital, Osnabrück), Roland Grün, Christine Keilholz („Neue Lausitz", Cottbus), Inge Kreutz („Trierischer Volksfreund"), Benjamin Marx (Ippen Digital), Anke Vehmeier (Bundeszentrale für politische Bildung, Bonn), Alex von Streit (Vocer) und Thomas Zeller (Mediengruppe Oberfranken, Bamberg), dass Ihr Euer Wissen großzügig mit mir geteilt habt. Den Teilnehmenden der Fachtagung „Neue Plattformen – neue Öffentlichkeiten" 2023 an der HTWK Leipzig, meinen Mescheder Klosterschwestern und –brüdern, der Stiftung Mercator (deren Fellow ich 2024 war) sowie meiner Class, Lehrkräften und Alumni im Executive Program 2024 an der Craig Newmark Graduate School of Journalism at CUNY verdanke ich viele wertvolle Einblicke und Gespräche. Christian Sauer und René Wappler haben mich inspiriert, kritisch und wohlwollend gegengelesen, danke sehr! Mein besonderer Dank gilt Herausgeberin Gabriele Hooffacker, Cheflektorin Barbara Emig-Roller, Buch-Projektmanagerin Nadine Eikelschulte, Production Editor Mounika Gujju und ihren Teams.

Meiner Familie, Sabine, Emil, Kasimir und Valentin, sage ich liebsten Dank für alles.

Inhaltsverzeichnis

1 Einführung in die digitale Arbeitsweise ... 1
   1.1 Digitale Arbeitsweise versus Print-Tradition ... 7
   1.2 Digitale Arbeitsweise und Qualität ... 17
   Weiterführende Literatur ... 22

2 Digitale Standards: Die Formel E-2 ... 27
   2.1 E-2 – vorausschauend planen und produzieren ... 33
   2.2 Planen und Aktualität verbinden ... 40
   2.3 Der Nutzen digitaler Regeln ... 49
   2.4 Entwickeln digitaler Regeln ... 56
   2.5 Etablieren digitaler Regeln ... 60
   2.6 Digitale Veränderungen führen ... 67
   2.7 Interview mit Linda Heinrichkeit: „Mehr Freiraum und mehr Ruhe" ... 74
   Weiterführende Literatur ... 76

3 Praxistipps für digitale Redaktionen ... 79
   3.1 Was strukturierte Themenplanung bewirkt ... 80
   3.2 Wie Datenorientierung hilft ... 88
   3.3 Warum es auf die Zielgruppe ankommt ... 98
   3.4 Zielgruppen im Fokus: Chancen und Risiken ... 108
   3.5 Exkurs: Journalismus nach Drehbuch ... 114
   3.6 Interview mit Katja Hansen: „Klasse statt Masse" ... 118
   Weiterführende Literatur ... 120

4	Neue Methoden für digitalen Journalismus	125
4.1	Arbeiten mit Audiences	127
4.2	Interview mit Laurel Wennen: „Hartes Stück Arbeit"	144
4.3	Arbeiten mit Bedürfniskategorien	146
4.4	Interview mit Christoph Mayer: „Wie ein neues Musikinstrument"	161
4.5	Thementeams und journalistische Tiefe	163
4.6	Interview mit Christian Eißner: „Starke Stimme der Familien"	175
	Weiterführende Literatur	177

5	Karriere-Chancen und Berufseinstieg	185
5.1	Digitaler Journalismus: neue Berufsprofile und Trends	192
5.2	Ausbildungsmöglichkeiten im Lokaljournalismus	196
5.3	Ausbildungsinhalte für digitale Journalistinnen und Journalisten	204
5.4	Interview mit Claus Liesegang zum Ausbildungskonzept MOZ und LR	209
5.5	Kreativer Journalismus in der digitalisierten Gesellschaft	212
5.6	Interview mit Joyce Noll und Rieke Smit: Was ein gutes Volontariat ausmacht	213
	Weiterführende Literatur	217

6	Digitaler Journalismus mit KI-Assistenz	223
6.1	Generative KI: Definition und Begriffe	226
6.2	KI-Revolution: Chancen und Risiken	230
6.3	KI-Praxis: Leitlinien und Strategie	242
	Weiterführende Literatur	254

Schluss und Ausblick 263

Einführung in die digitale Arbeitsweise

Zusammenfassung

Warum machen sinkende Print-Auflagen bessere digitale Angebote insbesondere lokaler und regionaler Medien notwendig? Wieso sollten Redaktionen ihre digitale Arbeitsweise dafür radikaler als bisher und zügig umstellen? Das Kapitel erläutert den Einstieg in die erfolgreiche Veränderung.

Schlüsselwörter

Digitale Transformation · Lokaljournalismus · Change-Management · Online First · Redaktion

Nie ist Online-Journalismus für Journalistinnen und Journalisten wichtiger gewesen. Es wird Zeit, dass sich die gesamte Branche ernsthaft der digitalen Arbeitsweise widmet. Denn Krise folgt auf Krise. Nach der Corona-Pandemie in den Jahren von 2020 bis 2022 haben die wirtschaftlichen Folgen des Angriffs Russlands auf die Ukraine auch die Verlage erschüttert. Die Produktionskosten für gedruckte Zeitungen deutlich gestiegen; Papier ist teurer geworden.

Zusammen mit dem gestiegenen Mindestlohn in Deutschland und schwindenden Printumsätzen macht dies die Zustellung insbesondere regionaler Tageszeitungen und im ländlichen Raum teils unwirtschaftlich. 2023 hat ein Verlag im Osten Deutschlands die ersten lokalen Printausgaben komplett vom Markt genommen. Auch die vorwiegend älteren Leserinnen und Leser schauen aufs Geld: Wer kann und will sich noch ein Abonnement der Tageszeitung leisten, das vielerorts mehr als 500 € pro Jahr kostet?

Rückgang bei den Print-Abos: Das *Minus* bei den Einzelverkäufen für Tageszeitungen lag im vierten Quartal 2023 im Vergleich zum Vorjahresquartal 2022 bei 19,8 %. Die Zahl der Abonnements der Tageszeitungen in Deutschland ging im selben Zeitraum um knapp 6,5 % zurück, wie die Informationsgemeinschaft zur Feststellung der Verbreitung von Werbeträgern e. V. (IVW) im Januar 2024 mitteilte. Dabei sind wachsende E-Paper-Verkäufe bereits eingerechnet.[1]

Sowohl die Zahlen der Abos als auch der Einzelverkäufe gedruckter Tageszeitungen gingen zuletzt stärker zurück. 2022 und 2023 spiegelt diese Entwicklung vermutlich auch Inflation und dadurch verändertes Kaufverhalten wider. Die Print-Abos stellen im Vertrieb die Haupteinnahmequelle der Zeitungsverlage dar. Zusammen mit den am Kiosk und im Einzelhandel verkauften Exemplaren bilden die Abos die harte Auflage. Deren Schrumpfen wird deutlicher, wenn E-Paper-Zahlen herausgerechnet werden (siehe Tab. 1.1 unten). Das Wachstum der E-Paper-Abos fängt die Printverluste bisher nicht auf, und der Abwärtstrend setzt sich fort.[2] Woran liegt das?

Tab. 1.1 Harte Auflage gedruckter Tageszeitungen in Deutschland im Quartalsvergleich

	4. Quartal 2018	4. Quartal 2022	4. Quartal 2023	Vergleich 2022/2023	Vergleich 2018/2023
Print-Abos	10.475.306	7.856.158	7.138.299	− 9,1 %	− 31,9 %
Einzelverkäufe	2.925.606	1.780.618	1.427.355	− 19,8 %	− 51,2 %
Harte Auflage (= Zeilen 2 + 3)	13.400.912	9.636.776	8.565.654	− 11,1 %	− 36,1 %

Zu den Quellen vgl. Fußnote 1. Als harte Auflage werden Einzelverkäufe plus Abos gewertet, aus denen Verlage einen nennenswerten Umsatz erzielen. Zur Definition vgl. Uwe Mantel, IVW 3/2020: So hoch ist die „Harte Auflage" wirklich, DWDL.de, 21. Oktober 2020, https://www.dwdl.de/zahlenzentrale/79906/ivw_32020_so_hoch_ist_die_harte_auflage_wirklich/, 14.02.2024
Quelle: IVW – Informationsgemeinschaft zur Feststellung der Verbreitung von Werbeträgern e. V.; eigene Berechnung der Entwicklung ohne E-Paper-Abos und –Verkäufe, Prozentangaben gerundet

---

[1] Vgl. IVW – Informationsgemeinschaft zur Feststellung der Verbreitung von Werbeträgern e. V., 4. Quartal 2018. IVW-Zahlen zur Gesamtentwicklung am deutschen Pressemarkt, ivw.de, o. D., https://www.ivw.de/ivw/4-quartal-2018, 14.02.2024, sowie IVW-Auflagenstatistik – 4. Quartal 2023, ivw.de, Januar 2024, https://www.ivw.de/sites/default/files/pm_auflagenstatistik_20234.pdf, 14.02.2024.

[2] In Deutschland rechneten die befragten Managerinnen und Manager mit durchschnittlich sieben Prozent Rückgang der Print-Abos für 2024, vgl. Bundesverband Digitalpublisher und Zeitungsverleger/Highberg, Trends der Zeitungsbranche 2024. BZDV/Highberg-Trendumfrage (Berlin, 13. Februar 2024), https://www.schickler.de/wp-content/uploads/2024/02/2024-02-13-BDZV-Highberg-Trendumfrage-2024.pdf, Seite 3, 14.02.2024. Die Print-Abos (ohne E-Paper) sanken vom vierten Quartal 2023 bis zum zweiten Quartal 2024 laut IVW-Daten von 7.138.299 auf 6.795.355 Exemplare, das entspricht minus 4,8 Prozent; mit E-Paper lag das Minus bei 2,8 Prozent. Vgl. https://www.ivw.de/sites/default/files/pm_auflagenstatistik_20242.pdf, 08.08.2024.

1 Einführung in die digitale Arbeitsweise

Älteres Printpublikum: Die Leserinnen und Leser gedruckter Medien sind vergleichsweise alt: Zwar lasen im zweiten Vierteljahr 2024 nach Angaben des Bundesverbands Digitalpublisher und Zeitungsverleger gut 50 % der Bevölkerung ab 14 Jahren gedruckte Zeitungen. Der Anteil jüngerer Zeitungslesender hat in den vergangenen Jahren jedoch deutlich abgenommen. 2024 lasen demnach 28 % der 14- bis 29-Jährigen Zeitung. Bei den 30- bis 49-Jährigen war es nicht einmal die Hälfte dieser Altersgruppe (etwa 41 %), die Zeitungen erreichen erst die Menschen ab 50 Jahren noch mehrheitlich (65 %).[3]

Die Generation Print stirbt aus: Da Print-Reichweite nicht gleich Abonnement ist, klingen die oben genannten Daten noch relativ optimistisch. Vertriebsfachleute in regionalen Medienhäusern sehen genauer hin. Das Beispiel der „Sächsischen Zeitung": Deren Chefredakteur Uwe Vetterick sagte beim European Publishing Congress im Mai 2019 in Wien, dass das durchschnittliche Alter der neu gewonnenen Kundinnen und Kunden für seine gedruckte Tageszeitung bei 64 Jahren lag – und das ist keine Ausnahme.[4]

Viele Print-Bestandskundinnen und -kunden lokaler und regionaler Medienhäuser haben das Rentenalter erreicht. Dadurch gehören Abbestellungen des Abos wegen des Alters und damit verbundenen gesundheitlichen Einschränkungen und wegen des Tods der Abonnierenden zu den am häufigsten genannten Kündigungsgründen. Und, siehe oben: Es wächst keine neue Generation Print in ähnlichen Größenordnungen nach.

Mehr Menschen zahlen für Digital-Abos: Einerseits gehen die Printauflagen zurück. Das Problem: Sie finanzieren derzeit noch zum größten Teil alles, was die hinter den Zeitungen stehenden Medienhäuser tun. Zum Beispiel Redakteurinnen und Redakteure, Verlagsangestellte und freiberufliche Mitarbeitende mit Gehältern oder Honoraren bezahlen. Andererseits, auch das zeigen die Branchen-Statistiken und Umfragen, wachsen die Verkaufszahlen der digitalen Produkte, vor allem E-Paper und Plus-Abonnements für nicht frei zugängliche Online-Artikel.

Die Herausforderung: Die Wachstumsraten sind zwar teilweise hoch. Jedoch tragen die Umsätze derzeit nur zu einem geringen Teil zur Deckung der Kosten von Redaktionen und Verlagen bei. Einen Lichtblick gibt es: die anhaltende Zahlungs-

---

[3] Inkl. Wochen- und Sonntagszeitungen, Prozentzahlen gerundet. Zitiert nach Zeitungsmarktforschung Gesellschaft der deutschen Zeitungen (ZMG) mbH, Reichweiten der Zeitungen 2024, Leser pro Ausgabe (LpA), Quelle: ma Presse 2024 II, Seite 2, https://zmg.de/fileadmin/Mediapool/Dokumente/Reichweiten___Auflagen/Charts_MediaAnalyse_2024_II_Pressedaten.pdf, 08.08.2024. Vgl. Bundesverband Digitalpublisher und Zeitungsverleger, Jeder Zweite liest täglich Zeitung, Pressemitteilung, 6. August 2024, https://www.bdzv.de/service/presse/branchennachrichten/2024/jeder-zweite-liest-taeglich-zeitung, 08.08.2024.

[4] Uwe Vetterick, Ludwig Zeumer, Online first in the local, Vortrag auf dem European Publishing Congress, 13.05.2019 in Wien, https://www.youtube.com/watch?v=H9bcbghKFBk, 01.05.2023.

bereitschaft eines Teils der Internetnutzenden, die also für Online-Journalismus Geld ausgeben. Befragte Verlage haben für das Jahr 2023 zumindest leicht steigende beziehungsweise stabile Zahlen bei den digitalen Abos gemeldet. Auch für 2024 blickten sie mehrheitlich zuversichtlich auf dieses Geschäftsfeld, das mehr Umsatz als digitale Werbung einbringt. Dies ergab eine internationale Umfrage für den Digital News Report 2024 des Reuters Institute for the Study of Journalism an der Universität von Oxford in Großbritannien.[5]

Es wird nicht einfacher, Leserinnen und Leser vom Wert eines Abos zu überzeugen: Weil Krise auf Krise folgte, sagten befragte Führungskräfte laut Digital News Report in ihrer digitalen Entwicklung nach 2023 auch für 2024 langsamere Wachstumsraten, zum Teil stagnierende und manchmal rückläufige Zahlen voraus. Ein Grund: Wegen einer scheinbar nicht enden wollenden Flut schlechter Nachrichten versucht ein Teil des Publikums, Nachrichtenkonsum zu vermeiden. Auf Englisch heißt das *News Avoidance*.

Zugleich wird sich der wirtschaftliche Druck wegen Print noch einmal verschärfen. Nic Newman vom Reuters Institute schreibt in der Zusammenfassung der Umfrage, dass weltweit mehr Zeitungen die tägliche Produktion wegen steigender Druckkosten und der schwächelnden Vertriebsstrukturen einstellen wollen.[6] Zugleich wird anhand des Reuters-Institute-Reports klar, dass die Medienhäuser – ebenfalls ein globaler Trend – als einzig denkbaren Ausweg auf digitalen Erfolg setzen.

An dieser Stelle kommen die Journalistinnen und Journalisten ins Spiel: Denn die Erwartungen des zahlenden Publikums an den digitalen Journalismus sind hoch. Wie diese Erwartungen erfüllt werden können, ist branchenweit und auch in der Wissenschaft in der Diskussion. Kann zum Beispiel der Nachrichtenmüdigkeit in Kriegs- und Krisenzeiten mit lösungsorientiertem Ansatz und konstruktivem Journalismus begegnet werden?

Immerhin 44 % der für den Digital News Report 2024 befragten Medienmanager waren dieser Meinung, etwa gleich viele (43 %) nehmen an, dass inspirierende Storys gut ankommen. 67 % sagten, es müsse besseren erklärenden Journalismus geben. In Deutschland hat sich zum Zweck der Förderung lösungsorientierter Ansätze im Journalismus das Bonn Institut für konstruktiven Journalismus und Dialog gegründet. Ob solche Ansätze helfen, ist unter Fachleuten umstritten (siehe Kap. 4). Was sich sagen lässt: Das bisherige Angebot insbesondere lokaler Medien ist aus Sicht der Konsumentinnen und Konsumenten unzulänglich:

---

[5] Nic Newman, Journalism, media, and technology trends and predictions 2024. Reuters Institute, 9. Januar 2024, https://reutersinstitute.politics.ox.ac.uk/journalism-media-and-technology-trends-and-predictions-2024, 14.01.2024.

[6] Vgl. für diesen und die folgenden beiden Absätze Nic Newman, predictions 2024.

1 Einführung in die digitale Arbeitsweise

Eine 2021 veröffentlichte Civey-Umfrage verweist darauf, dass in Deutschland bei den 30- und 39-Jährigen sowie den 40- bis 49-Jährigen knapp 45 beziehungsweise 54 % „Lokaljournalismus-Frust" äußern.[7] Das sind diejenigen Altersgruppen, denen Medienhäuser vor allem Online-Abos verkaufen möchten.

> **Tipp Digitale Trends:** Das Reuters Institute gibt jährlich einen Länderreport für Deutschland heraus. Zuständig ist das Leibniz-Institut für Medienforschung/Hans-Bredow-Institut in Hamburg.
> - https://reutersinstitute.politics.ox.ac.uk
> - https://leibniz-hbi.de

Wie überzeugen Medien digital? Nicht jede Redaktion hat ein Investigativ-Team, beherbergt Ressorts und Thementeams mit Spezialwissen für jede mögliche Erweiterung des eigenen Programms. Wie können Lokalredaktionen zum digitalen Erfolg ihrer Medienmarken beitragen? Jedenfalls reicht es nicht aus, die für Print gedachten Beiträge von Autorinnen und Autoren einfach online zu stellen – und vor allem nicht, irgendetwas online zu stellen. Hannah Suppa, Chefredakteurin der „Leipziger Volkszeitung", hat, damals noch in der gleichen Position bei der „Märkischen Allgemeinen Zeitung" in Potsdam, genau dies in einem Beitrag für die Zeitschrift „Journalist" bemängelt.

Sieben Thesen für den erfolgreichen digitalen Lokaljournalismus hat Suppa aufgestellt. Gleich an erster Stelle steht für die Journalistin, dass die Inhalte überzeugen müssten. Sie schreibt: „Die Technik und die Arbeitsabläufe sind dabei die Basis." Damit meint sie neben der Mindestausstattung für digital tätige Reporterinnen und Reporter wie aktuelle Smartphones und Laptops sowie einem modernen, für die digitale Publikation von IT-Laien verwendbaren Redaktionssystem das Einüben der digitalen Arbeitsweise, „mit guten Trainern".[8]

Gute Trainer und Coaches sind wesentlich für den digitalen Erfolg. Es braucht interne und externe Fachleute, die sich mit der Vermittlung des digitalen Journalismus auskennen und zeitlich auf der Höhe sind – und die sowohl Workshops konzipieren als auch für Trainings und Beratung während der laufenden Produktion bereitstehen können.

---

[7] Table Media, Erste Lokalmedienstudie von Table.Media. Große regionale Unterschiede bei der Zufriedenheit mit Lokaljournalismus / „Lokale Lücke" klafft bei der „aktiven Mitte", Pressemitteilung, 20. April 2021, S. 1 f.

[8] Hannah Suppa, Lokaljournalismus mit Herz und Relevanz, journalist, 11. Februar 2019, https://www.journalist.de/startseite/detail/article/lokaljournalismus-mit-herz-und-relevanz, 02.02.2023.

Dieses Buch setzt noch einen Schritt früher an. Es will vor allem mittlere und kleinere regionale und lokale Redaktionen, die eine Tagesproduktion stemmen müssen, dazu in die Lage versetzen, schrittweise in die digitale Transformation einzusteigen. Dennoch sind die folgenden Absätze auch ein Plädoyer für radikale Veränderungen im Lokaljournalismus. Warum radikal? Lokaljournalismus hat wesentliche Aufgaben in der Demokratie. Dazu zählen laut Klaus Meier, Professor für Journalistik an der Katholischen Universität Eichstätt-Ingolstadt:

> **Kernaufgaben des Lokaljournalismus**[9]
> - Orientierung und Navigation im Informationsdschungel
> - den Menschen Teilhabe an Öffentlichkeit und Politik ermöglichen
> - zur regionalen Identität (Heimat) beitragen
> - Wächter des lokalen Machtgefüges: Machtmissbrauch aufdecken
>
> (nach Meier)

Wann es die gedruckte Tageszeitung nicht mehr gibt: Das hat Meier für Deutschland prognostiziert. Er kam auf das Jahr 2033. Dies war vor Corona und dem Krieg in der Ukraine, deren Folgen in der Medienbranche Print-Auflagenverfall und Digitalisierung noch beschleunigt haben. Meier schreibt: „Die Zukunft der Lokalzeitung liegt sicherlich im Digitalen und nicht in der Printausgabe. Dort, wo es in fünf bis zehn Jahren noch eine gedruckte Ausgabe geben wird, wird sie noch teurer sein und nur von einer Bildungselite gekauft werden, die sich mehrheitlich kurz vor oder in Rente befindet. Schon jetzt – und erst recht in Zukunft – erreichen Zeitungen mehr Publikum digital als gedruckt."[10]

Um die digitale Zukunft zu sichern, empfiehlt der Journalismus-Forscher eine konsequente Herangehensweise, bei der „Produktionsabläufe, IT-Infrastruktur und redaktionelle Strategien" konsequent auf die digitalen Ziele (siehe Kap. 2, 3 und 4) ausgerichtet werden sollten. Dabei geht es immer darum, die Kundinnen und Kunden, in diesem Fall die digitalen Abonnierenden, in den Blick zu nehmen. Welches Produkt – vom einzelnen Online-Artikel bis zur Nachrichten-App – passt am

---

[9] Klaus Meier, DuMont, Funke und Co.: Die letzte gedruckte Zeitung erscheint 2033 – was müssen Verlage bis dahin tun?, Meedia, 19. März 2022, https://www.meedia.de/publishing/dumont-funke-und-co-die-letzte-gedruckte-zeitung-erscheint-2033-was-muessen-verlage-bis-dahin-tun-836f4bbb96948224272d1128ddd26800, 01.02.2023.
[10] Zitiert nach Klaus Meier (19. März 2022).

besten? Das ist laut Meier die zentrale redaktionelle Herausforderung. Dabei ist zu berücksichtigen, dass in den meisten Redaktionen regionaler Verlage wegen schwindender Printumsätze aus Vertrieb und Werbemarkt erheblich weniger Menschen arbeiten als vor 20 Jahren oder gar im 20. Jahrhundert, dem verblichenen Zeitungsjahrhundert.

1.1 Digitale Arbeitsweise versus Print-Tradition

Die digitale Transformation muss sich beschleunigen: Wie am Anfang dieses ersten Kapitels erläutert, sind zwei Trends im Medienmarkt zu erkennen. Der Verfall der Print-Auflagen hat sich ab 2022 noch einmal verstärkt. Digitale Abonnentinnen und Abonnenten bleiben, auch wenn die Zahlungsbereitschaft für die Online-Alternative zur gedruckten Zeitung über Jahre gestiegen ist, nicht um jeden Preis bei der Stange. Sie haben Ansprüche an das von ihnen abonnierte Produkt. Die Erkenntnis, dass dabei die Redaktionen im besonderen Maß gefordert sind, hat sich durchgesetzt. Förderlich waren dabei nicht zuletzt die Begleitumstände und Schwierigkeiten der Corona-Pandemie.

Goodbye, Terminjournalismus! Erstens haben die Beschränkungen der Bewegungsfreiheit und damit einhergehend abgesagte Feste, Pressekonferenzen und Vereinssitzungen, den Terminjournalismus, das „Gift für den Lokaljournalismus" (Benjamin Piel, Chefredakteur des „Mindener Tageblatts"), zum Teil beerdigt.[11] Die Verlage und Redaktionen mussten, zweitens, sehr schnell lernen, ohne voll besetzte zentrale Newsrooms, tägliche und persönliche Konferenzen sowie Routine-Abläufe arbeitsfähig zu bleiben. So sind Reporterinnen und Reporter mobiler und flexibler geworden.

Sie haben vielerorts endlich die notwendige digitale Ausrüstung einschließlich brauchbarem Smartphone und Laptop, erhalten. Editorinnen, Layouter, Producer haben schließlich, selbst ohne die angeblich förderliche Großraum-Atmosphäre, brauchbare Produkte hergestellt – täglich und zunehmend auch sieben Tage die Woche, von frühmorgens bis spätabends. Die Pandemie kannte kein Wochenende und den routinierten Rhythmus, den die Printproduktion in vielen Medienhäusern an sechs Tagen von Sonntag bis Freitag mit der Deadline am Vorabend des Erscheinungstags der Zeitung vorgegeben hatte.

---

[11] Benjamin Piel, Wir überleben nur, wenn wir besser werden, Zeit Online, 12. Oktober 2017, https://www.zeit.de/politik/deutschland/2017-10/lokaljournalismus-wendland-plaedoyer-d17/, 01.05.2023.

Corona-Denkanstöße: Anna Paarmann, bis Juli 2024 Mitglied der Redaktionsleitung bei der „Landeszeitung für die Lüneburger Heide" (LZ), hat in einem Essay für das Buch „Resilienter Journalismus" von Matthias Daniel und Stephan Weichert erläutert, wie sie mit ihrem Team während der Pandemie ab 2020 die Redaktionsprozesse neu durchdacht hat. Eine gravierende Änderung war es demnach für die Redakteurinnen und Redakteure, dass die Konferenzen nun mit der Online-Planung starteten. Seitdem gab es bei der LZ auch „Mindestzahlen an aktuellen, lokalen Inhalten, die täglich geliefert werden sollen". Paarmann empfiehlt Redaktionen in der digitalen Transformation, zunächst die vorhandenen Prozesse genau zu analysieren und zu visualisieren.[12]

Selbstanalyse: Wo dominiert uns Print noch?
- Wie finden wir unsere Themen: nach Printressorts, passend zu Seiten, Platz in der Zeitung, Erscheinungstagen, Terminen?
- Wie planen wir unsere Themen: nach Print-Lokalausgaben, auf den Andruck hin, überwiegend nach Seiten und Print-Platzbedarf?
- Wo in der Redaktion laufen Dinge unnötigerweise parallel, weil Online *neben* Print läuft?
- Was macht in der Redaktion *Mehrarbeit* wegen einer Print/Online-Trennung?

(nach Paarmann)

Print dominiert im Redaktionsalltag häufig. Darüber gibt schon Paarmanns Fragestellung Aufschluss. Und das ist keine Ausnahme. Jährlich lässt der Bundesverband Digitalpublisher und Zeitungsverleger (BDZV) zusammen mit der Unternehmensberatung Schickler eine Trendumfrage erstellen. Demzufolge sind sich die meisten Geschäftsführungen und Chefredaktionen bewusst, dass *Digital First* in den kommenden Jahren immer wichtiger werde. Davon abgesehen, dass „digital zuerst" oder auch *Online First* gar nicht mehr *die* Herausforderung darstellt, wie wir sehen werden: Die Realität in den bundesdeutschen Redaktionen ist immer noch eine andere.

---

[12] Anna Paarmann, Viel konsequenter digital ausrichten, S. 46 ff, in: Matthias Daniel, Stephan Weichert (Hrsg.), Resilienter Journalismus. Wie wir den öffentlichen Diskurs widerstandsfähiger machen (Köln: Herbert von Halem Verlag, 2022), S. 42–49.

1.1 Digitale Arbeitsweise versus Print-Tradition

Auf die Frage „Welcher Anteil Ihrer Redakteurinnen und Redakteure arbeitet mit überwiegendem Fokus Digital?" lautete die Antwort für die Trendumfrage 2022: 38 %. Eine deutliche Mehrheit der Redaktionsmitglieder, 62 %, hatte dagegen trotz der drängenden Herausforderungen mit der digitalen Arbeitsweise auch im dritten Jahrzehnt des 21. Jahrhunderts nichts oder wenig am Hut.[13] Dabei ist zu berücksichtigen, dass 29 % (= 45 Personen) der 155 Befragten aus dem Medienmanagement sich als Digitalpublisher bezeichnet haben, also gar keine Printprodukte mehr herstellen. Wenn es vielen traditionellen Medienhäusern gerade einmal ein paar Vollzeit-Onliner gibt, sind das zu wenige für den digitalen Erfolg (Abb. 1.1).

Die Erwartungen des Managements: Binnen zehn Jahren, also bis 2032, sollten fast 80 % Digitale in den Redaktionen des Landes arbeiten. Der Rest macht dann wohl immer noch Print. Zum Vergleich: Schon 2015 stand die norwegische Zeitung „Bergens Tidende" (BT) vor der existenziellen Entscheidung, ob die Medienmarke durch digitale Erlöse überleben könne.

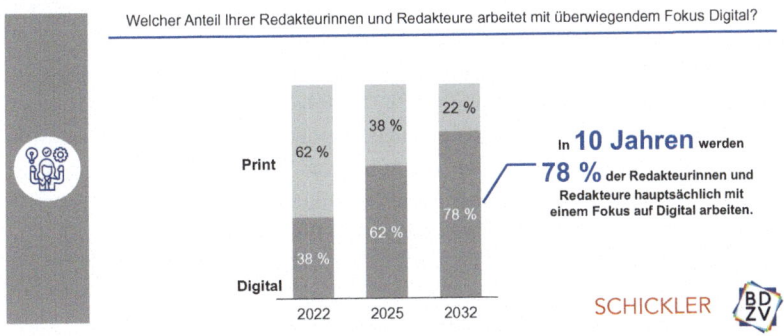

Abb. 1.1 Digital-Defizit in den Redaktionen. *2022 hat lediglich ein gutes Drittel in den Redaktionen der befragten BDZV-Verlage hauptsächlich digital gearbeitet. Bis 2025 sollte sich das Verhältnis nach dem Willen des Managements umkehren. (Quelle: BDZV/Schickler-Trendumfrage 2022)*

---

[13] Bundesverband Digitalpublisher und Zeitungsverleger/Schickler, Trends der Zeitungsbranche 2022, BDZV/Schickler-Trendumfrage (Berlin, 2. Februar 2022), Folie 25, https://www.bdzv.de/fileadmin/content/6_Service/6-1_Presse/6-1-2_Pressemitteilungen/2022/PDFs/BDZV_Schickler_Trendumfrage_2022_Praesentation_2022-02-02.pdf, 01.05.2023. Vgl. auch Jonas Schützeneder, Quo vadis, Lokaljournalismus? Wiebke Möhring über Stand, Probleme und Perspektiven eines relevanten Ressorts, S. 11, *Communicatio Socialis* 53 (1), Januar 2020, S. 8–17.

Die Entscheidung war, laut ihrem damaligen Chefredakteur Øyulf Hjertenes, hart: Nach Entlassungen und trotz Einsparungen machte das Unternehmen der Schibsted-Gruppe weiter – und ließ fortan 90 % der Mitarbeitenden digital arbeiten. Spezialisierte Editoren übernahmen die nachgeordnete Printproduktion der Regionalzeitung an der Südwestküste Norwegens.[14]

Der Erfolg der Norweger ist für viele Unternehmen ein Vorbild geworden: 65.000 aktive digitale Abonnenten hatte BT Anfang 2022. Das berichtete deren Projektleiter Jan Stian Vold in einem Blogbeitrag im November 2022 für die International News Media Association (INMA).[15]

Parallelbetrieb für Print und Online oder konsequent digitalisieren? Es gibt auch andere erfolgreiche Modelle. Die überregionale „Zeit" hat über Jahre sowohl in den Aufbau einer „Zeit Online"-Redaktion investiert als auch die Printredaktion der Wochenzeitung weiterbetrieben. Auch das mit Erfolg: In einem beim Branchendienst „Horizont" am 11. Juli 2024 veröffentlichten Interview mit „Zeit"-Chefredakteur Giovanni di Lorenzo und „Zeit Online"-Chef Jochen Wegner ist von mehr als 300.000 Digitalabonnenten die Rede (der Großteil „Z+").[16] Für die meisten, insbesondere die regionalen Medienunternehmen reichen Kraft und Geld für einen solchen Parallelbetrieb zweier kompletter Redaktionen nicht: Zu stark ist das Personal in den Redaktionen bereits geschrumpft.

Zentrale Frage für die meisten Verlage: Wie kann sich eine bestehende Redaktion ohne Personalaufbau digitalisieren? Entscheidend wird, ob und wie dies in der laufenden Produktion gelingt. Der Druck ist groß: Denn trotz hoher Wachstumsraten beim E-Paper, welches nach Meinung von Vertriebsfachleuten ein Übergangsprodukt für ein mittelaltes bis älteres Publikum darstellt, ersetzt dessen Absatz, aber auch dessen Umsatz den Schwund bei Print nicht.

---

[14] Dass nur noch zehn Prozent der Mitarbeitenden für Print arbeiten, sagte Hjertenes dem Autor bei einem Besuch in Bergen im März 2019. Siehe auch Meinolf Ellers, „Unsere Stories sind die besten Abo-Verkäufer" – wie Norwegens Zeitungsverlage mit richtigen Inhalten loyale Kunden gewinnen, dpa Innovationsblog, Drive, 15. November 2018, https://innovation.dpa.com/2018/11/15/norwegens-zeitungsverlage-stories-abo-verkaeufer/, 14.02.2024, sowie aus Sicht des Verlags Liv Skotheim, A local news focus brought BT back from the brink, Schibsted Future Report, o. J., https://futurereport.schibsted.com/a-local-news-focus-brought-bt-back-from-the-brink/, 14.02.2024.

[15] Jan Stian Vold, Local business robot at Bergens Tidende changes business news, in: INMA Ideas Blog, 22. November 2022, https://www.inma.org/blogs/ideas/post.cfm/local-business-robot-at-bergens-tidende-changes-business-news, 01.05.2023.

[16] Beide Redaktionen von „Zeit" und „Zeit Online" planen inzwischen gemeinsam, es gibt kanalübergreifend tätige neue Redakteurinnen und Redakteure sowie Print-Autoren, die laut di Lorenzo mehr *online only* liefern sollen. Vgl. Roland Pimpl, Zeit & Zeit Online: So feiern beide Chefs ihre „langsamste Transformation der Medienwelt", Horizont, 11. Juli 2024, https://www.horizont.net/medien/nachrichten/zeit--zeit-online-so-feiern-beide-chefs-ihre-langsamste-transformation-der-medienwelt-221200, 08.08.2024

1.1 Digitale Arbeitsweise versus Print-Tradition

Die Zahl der *online only*, also ohne Kombination mit dem E-Paper oder der gedruckten Tageszeitung, verkauften Plus-Abonnements ist bei den Regionaltiteln in Deutschland bisher überschaubar geblieben: Bei der BDZV/Highberg-Trendumfrage 2024 gaben Verlage in Deutschland ihren Plus-Abo-Anteil 2023 mit durchschnittlich 13 % an, haben sich allerdings ehrgeizige Wachstumsziele gesetzt.[17]

Zu den bundesdeutschen Spitzenreitern zählt in diesem Segment regionaler Medienmarken die „Rheinische Post". Der Verlag meldete für „RP+" im Juni 2024 mehr als 38.000 reine Online-Abos (ohne Kombination mit Print oder E-Paper) bei der IVW, gefolgt von der „Nordwest-Zeitung" (NWZ+) mit mehr als 17.000, der „Stuttgarter Zeitung" (StZ Plus) mit mehr als 11.000 und den „Ruhr Nachrichten" (RN+) mit mehr als 9000 Abos *online only*. Der zur RP-Gruppe gehörende Bonner „General-Anzeiger", dessen Chefredaktion vergleichsweise konsequent auf die Entwicklung von Zielgruppen-Journalismus setzt (siehe Abschn. 4.1) erreichte mit „ga.de" im Dezember 2022, etwa zweieinviertel Jahre nach der Einführung von „GA+", die Schwelle von mehr als 10.000 Plus-Abos. Die Nachrichtenportale „moz.de" („Märkische Oderzeitung") und „lr.de" („Lausitzer Rundschau") der Neuen Pressegesellschaft (Ulm), für die der Autor dieses Buchs arbeitet, überschritten die Schwelle von 10.000 aktiven Online-Abos (drei Viertel davon Vollabos) im Januar 2023.[18]

Warum zügige digitale Transformation? Einige der erfolgreicheren Redaktionen setzen bereits auf Online First, inhaltliche digitale Methoden wie die auf Audiences und deren Bedürfnisse fokussierte Arbeitsweise der Reporterinnen und Reporter (siehe Kap. 2, 3 und 4). Print wird nachgeordnet produziert.

Angesichts der im Vergleich mit Print deutlich geringeren Erlöse aus Plus-Abos und der trotz erheblicher Verluste immer noch deutlich höheren Print-Abozahlen wird allerdings ein systemisches Problem offensichtlich: In der gesamten Branche, vor allem bei den regionalen Medienmarken, muss das digitale Wachstum zügiger und mit vielfältigeren Produkten erfolgen.

---

[17] Vgl. BDZV/Highberg-Trendumfrage 2024, S. 7. Abo-Mix für 2023 demnach: 70 % Print/ 17 % E-Paper/ 13 % Plus. Für 2030 planen die Befragten 38/ 32/ 28 %, als 60 % digitale Abos inklusive E-Paper.

[18] Vgl. IVW Paid Content Nutzungsrechte ø pro Tag (tNR), 06/2024, https://ausweisung.ivw-online.de/, 08.08.2024. Zur Bewertung der Kombi-Abos in der IVW-Statistik vgl. Kevin Dusch, Boxen statt Black Friday: Bild schlägt sich über Grenze von 700.000 Digital-Abos, Medieninsider, 19. Dezember 2023, https://medieninsider.com/boxen-statt-black-friday-bild-schlaegt-sich-ueber-grenze-von-700-000-digital-abos/19798/, 14.01.2024. Zu GA+ vgl. Bonner „General-Anzeiger" zählt mehr als 10.000 „GA+"-Abonnenten, auf: bdzv.de, 27. Januar 2023, https://www.bdzv.de/service/presse/branchennachrichten/2023/bonner-general-anzeiger-zaehlt-mehr-als-10000-ga-abonnenten, 01.05.2023. Für LR+ und MOZ+ vgl. Tilo Winkler auf LinkedIn im März 2023, https://www.linkedin.com/posts/tilowinkler_was-f%C3%BCr-eine-gro%C3%9Fartige-teamleistung-wir-activity-7039660867063271424-JsOX/, 01.05.2023.

Dies ist wichtig, wenn mit dem digitalen Umsatz die Personalkosten, zumindest in den Redaktionen, refinanziert werden sollen. Darüber hinaus brauchen die aus der Printtradition kommenden Verlagsunternehmen in der digitalen Transformation positive Betriebsergebnisse, die Investitionen in digitale Technologie und neue digitale Produkte gestatten.

Wieso der Fokus auf Online-only-Abos? Wie am Anfang von Kap. 1 erläutert, lesen vorwiegend ältere Menschen die gedruckte Zeitung regelmäßig. Im Osten Deutschlands sind die Kundinnen und Kunden mit Print-Abo noch etwas älter als im bundesdeutschen Durchschnitt. Viele beziehen bereits ihre Rente oder Pension. Schon die relative Mehrheit der E-Paper-Kunden ist jünger, laut BDZV/Schickler-Trendumfrage 2022 im bundesdeutschen Durchschnitt etwa 20 Jahre.[19]

Diejenige Alterskohorte, auf die Verlage in den nächsten Jahren jedoch setzen müssen, sind Menschen ab 30 Jahren: Sie konsumieren Medienangebote überwiegend online. Wer zwischen 30 und 40 ist, kann sich sehr häufig ein Plus-Abonnement leisten und dies potenziell über mehrere Jahrzehnte. Daher der Fokus auf Online-only-Abos, er dient sozusagen als harte Währung und Indikator für digitalen Erfolg.

Jugendliche und junge Erwachsene abonnieren nicht: Menschen aus der Generation Z, zwischen 1995 und 2010 geboren, abonnieren die hergebrachten Medienmarken bis zum Jahr 2024 selten. Das haben junge Leute zwar auch früher nicht getan. Doch die GenZ interessiert sich zu einem Teil überhaupt nicht mehr für Medien. „Nachrichten journalistischer Prägung sind bei Jugendlichen und jungen Menschen bei der Meinungsbildung nicht mehr von entscheidender Bedeutung", heißt es zur #UseTheNews-Studie von 2021.[20]

Der Schwerpunkt dieses Buchs liegt im Folgenden zwar nicht auf dieser Frage. Dennoch gilt es im Journalismus, neben der großen Aufgabe, journalistische Artikel für digitale Medienprodukte herzustellen, eine weitere Herausforderung zu meistern: Inzwischen halten sich die jüngsten Medienkonsumenten vor allem in sozialen Netzwerken auf, sehr häufig täglich und stundenlang.

---

[19] BDZV/Schickler-Trendumfrage, Berlin, 2. Februar 2022, Folie 16 f., https://www.bdzv.de/fileadmin/content/6_Service/6-1_Presse/6-1-2_Pressemitteilungen/2022/PDFs/BDZV_Schickler_Trendumfrage_2022_Praesentation_2022-02-02.pdf, 01.05.2023.

[20] Zitiert nach dpa Deutsche Presse-Agentur GmbH, #UseTheNews-Studie: Jungen Menschen fehlt bei journalistischen Nachrichten oft der Bezug zur eigenen Lebenswirklichkeit, Presseportal, 28. April 2021, https://www.presseportal.de/pm/8218/4901727, 13.02.2024. Vgl. Uwe Hasebrink, Sascha Hölig, Leonie Wunderlich, #UseTheNews. Studie zur Nachrichtenkompetenz Jugendlicher und junger Erwachsener in der digitalen Medienwelt (Hamburg: Verlag Hans-Bredow-Institut, April 2021) (Arbeitspapiere des Hans-Bredow-Instituts I Projektergebnisse Nr. 55), https://www.presseportal.de/download/document/608fae843c00009c4204f90e-usethenews.pdf, 13.02.2024, sowie Rieke Smit, How to stay in touch with Generation TikTok?, Parent Online Newsletter, EESC info July 2024, 27. Juni 2024, https://www.eesc.europa.eu/en/news-media/eesc-info/eesc-info-july-2024/articles/119668, 08.08.2024.

1.1 Digitale Arbeitsweise versus Print-Tradition

▶ **Tipp GenZ und Journalismus:** Auf der Website des Projekts #UseTheNews werden Erkenntnisse zum Umgang der zwischen 1995 und 2010 Geborenen mit Journalismus veröffentlicht.

- https://www.usethenews.de

TikTok, Instagram oder auch YouTube, die Suchmaschine der Jüngeren: Wenn Redaktionen diese Plattformen nicht angemessen bedienen und es verpassen, den Draht zur nachwachsenden Generation potenzieller Abonnenten aufzubauen, werden sie neue Schwierigkeiten bekommen. Auch der erste Jahrgang der Generation Z überschreitet 2025 das 30. Lebensjahr. Viele werden sich niederlassen wie Generationen vor ihnen, Familien, Partnerschaften, berufliche Netzwerke pflegen und könnten lokale Informationen gebrauchen.

Dazu müssen diese potenziellen Kundinnen und Kunden allerdings wissen und gelernt haben, von welchem Medienanbieter seriöse Nachrichten kommen und warum Journalismus wertvoll und Geld wert ist. Neben *Social Media* als permanente redaktionelle Aufgabe tritt also digitale *Medienbildung*, die Verlage fortlaufend mit initiieren und entwickeln sollten.

Alterskohorten im Blick der Redaktionen[21]

14–29 Jahre alt: sind online, nutzen soziale Netzwerke, bezahlen selten für Medien-Abos

30–40 Jahre alt: sind online, nutzen soziale Netzwerke, ein Teil zahlt für Online-only-Abos

40–59 Jahre alt: sind online, nutzen oft Facebook, lesen E-Paper, zahlen eher für digitale Abos

60 +: sind überwiegend online, ein Teil nutzt E-Paper. Stellen Großteil der Print-Abonnenten

---

[21] Vereinfachtes Schema, nach BDZV/Schickler-Trendumfrage (Berlin, 2. Februar 2022), Folie 19 f., https://www.bdzv.de/fileadmin/content/6_Service/6-1_Presse/6-1-2_Pressemitteilungen/2022/PDFs/BDZV_Schickler_Trendumfrage_2022_Praesentation_2022-02-02.pdf, 01.05.2023. Zur Altersstruktur bei der Social-Media-Nutzung vgl. Wolfgang Koch, Ergebnisse der ARD/ZDF-Onlinestudie 2022. Reichweiten von Social-Media-Plattformen und Messengern, S. 472, *Media Perspektiven* 10/2022, S. 471–478, https://www.ard-zdf-onlinestudie.de/files/2022/2210_Koch.pdf, 01.05.2023.

Digitale Transformation für Redaktionen ist kompliziert. Gerade lokale und regionale Medienhäuser befinden sich in einer heiklen Übergangsphase, was ihre Kundschaft angeht. Redaktionen müssen demzufolge in der Lage sein, neue Abonnentinnen und Abonnenten mit dem Online-Angebot anzusprechen. Darüber hinaus dürfen sie – der meistens noch sehr hohe Umsatzanteil macht das deutlich – Print und E-Paper nicht vernachlässigen. Dies gilt auch, obwohl das E-Paper zunehmend in den Apps für Smartphone und Tablets als Hybrid zwischen Online-Angebot und klassischem zeitungsähnlichem Angebot daherkommt.

Wie kann einer Redaktion der digital-analoge Spagat gelingen, wenn klar ist, dass sich das Online-Geschäft eben nicht nebenbei erledigen lässt? Leider haben Redaktionen ihre digitale Veränderung in den vergangenen Jahren sträflich vernachlässigt. In vielen regionalen und lokalen Einheiten muss ein oft zu kleines Team von Onlinern parallel zur eigentlichen, printdominierten Redaktion irgendwie klarkommen. Wie die Online-only-Abozahlen zeigen, hat das trotz bestmöglichen Einsatzes nicht durchweg gut geklappt. Viele Medien stehen erst am Anfang ihres digitalen Erfolgs. Vonnöten sind nicht weniger als ein digitaler Kulturwandel im Journalismus und radikalere Veränderungen – verglichen mit der bisherigen, zu langsamen Medien-Evolution.

Macht die Digitalisierung Print kaputt? Douglas K. Smith hat den Spruch „Audiences first, print better" geprägt.[22] Smith ist der Architekt von Table Stakes (siehe Abschn. 4.1), einem Programm zur Entwicklung der digitalen Vertriebsumsätze mit journalistischem Ansatz. Bei den Jahresprogrammen der europäischen Variante, Table Stakes Europe, organisiert von der World Association of News Publishers (WAN-IFRA) und gefördert von der Google News Initiative, haben mehr als 80 Medienhäuser aus ganz Europa teilgenommen. Hinter dem Leitspruch von Smith steckt eine Überzeugung: Journalistinnen und Journalisten, die online die Bedürfnisse ihrer jeweiligen Zielgruppe gut bedienen, liefern zugleich die besseren Storys für erfolgreiche Print-Artikel.[23]

---

[22] Vgl. Douglas K. Smith, Quentin Hope, Tim Griggs, Knight-Lenfest Newsroom Initiative, Why "produce and publish continuously to meet audiences needs" is Table Stakes, September 2017, https://betternews.org/produce-publish-continuously-meet-audience-needs-table-stakes/, 01.05.2023. S. a. Douglas K. Smith, Rethinking your news products to connect with new audiences – lessons from Table Stakes Europe, tablestakes-europe.org, 26. Juli 2022, https://www.tablestakes-europe.org/blog/rethinking-your-news-products-to-connect-with-new-audiences-lessons-from-table-stakes-europe, 01.05.2023.

[23] Valérie Arnould, Local Publishers: Forget digital-first, become audiences-first, tablestakes-europe.org, 18. Mai 2020, https://www.tablestakes-europe.org/blog/local-publishers-forget-digital-first-become-audiences-first, 01.05.2023.

1.1 Digitale Arbeitsweise versus Print-Tradition

Der Erfolg und damit die Qualität von Online-Artikeln aus der Sicht der Nutzerinnen und Nutzer lassen sich anhand bestimmter Schlüsselindikatoren wie der Zahl der gewonnenen Plus-Abos und deren Haltbarkeit, dem Anteil der Abonnenten an den Lesenden, der Mediennutzungszeit und der Reichweite bestimmen (siehe Kap. 3). Manche Medienschaffende sind da skeptisch: Bei redaktionellen Diskussionen um den Zweck der Digitalisierung bemühen sie häufig ihr Bauchgefühl. Und manche argumentieren auch, dass die digitale Jagd nach Klicks wenig mit gutem Printjournalismus zu tun habe.

Digitale Arbeitsweise versus Printtradition? Dabei ist die Sache einfach. Der Blick auf die Entwicklung der Printabonnements ergibt in den meisten Verlagen: Die verkaufte Auflage entwickelt sich unabhängig von den digitalen Anstrengungen und Veränderungsprozessen in der Redaktion – und zwar nach unten. Auflagen sinken zuvorderst, weil die Zahl der Abonnentinnen und Abonnenten sowie das Potenzial für neue Print-Abos aus Altersgründen abnehmen, siehe oben. Wie gezeigt spielen auch wirtschaftliche Gründe eine Rolle. Verlagsseitige Preissteigerungen aus Kostengründen und parallel anderweitig beanspruchte Haushaltsbudgets der Kundschaft bewegen Printauflagen weiter nach unten.[24]

Print-Einstellungen: Ebenso hat der Kostendruck in den Verlagen zu veränderten Produkten und Vertriebsstrategien geführt. Manche regionale Zeitung ist dünner als früher und enthält weniger lokale Artikel. Da mit dem Mindestlohn außerdem die Zustellkosten steigen, versuchen Verlage aktiv, Printabonnierende zum Wechsel ins E-Paper-Abo zu bewegen. Oder stellen sie die Zustellung der gedruckten Zeitung teilweise ein.

Das provoziert zusätzliche Abbestellungen. Die „Märkische Allgemeine" hat zwar trotz der Einstellung ihrer Print-Lokalausgabe „Prignitz Kurier" fast zwei Drittel der bisherigen Kundinnen und Kunden für das E-Paper gewonnen. Die übrigen wollten jedoch nicht wechseln. Bei Funke in Thüringen kündigte fast die Hälfte von 300 betroffenen Kunden, als der Verlag die Haushalte im Landkreis Greiz von der morgendlichen Printzustellung der „Ostthüringer Zeitung" abklemmte.[25]

---

[24] Jan Diesteldorf, Papierpreise. Blättern in Gefahr, sueddeutsche.de, 7. Oktober 2022, https://www.sueddeutsche.de/medien/papierpreise-zeitungen-zeitschriften-papier-knapp-1.5665855, 01.05.2023. Siehe auch Tobias Gürtler, Hohe Inflation: Wo die Deutschen zuerst den Rotstift ansetzen, wiwo.de, 25. Januar 2023, https://www.wiwo.de/unternehmen/dienstleister/sparverhalten-hohe-inflation-wo-die-deutschen-zuerst-den-rotstift-ansetzen/28941566.html, 01.05.2023. Demnach wollten laut einer repräsentativen Umfrage der GfK vom Dezember 2022 zehn Prozent der deutschsprachigen Bevölkerung ab 18 Jahre bei Abonnements, darunter für Zeitungen und Zeitschriften, sparen.

[25] Funke Mediengruppe, Funke Medien Thüringen stellt Zustellung der Ostthüringer Zeitung in unwirtschaftlichen Gebieten von Greiz ein und fördert Digitalisierung auf dem Land,

Online-First-Experiment: Nicht belegen lässt sich dagegen, dass die Digitalisierung der Redaktion und konsequente digitale Abläufe Abos für Print vernichten. Die DDV-Mediengruppe in Dresden, zu der neben der „Sächsischen Zeitung" die Tochterfirma Die Mehrwertmacher GmbH gehört, hat ein Experiment dazu durchgeführt. Sie ließ zwei Lokalredaktionen in Zittau und in Löbau zusammenlegen. Die gemeinsame Lokalredaktion arbeitete ab einem bestimmten Zeitpunkt *online first*: Die wichtigen Artikel erschienen mit einem Vorlauf zunächst auf der Website „saechsische.de". Printeditoren veröffentlichten eine Auswahl später in den beiden Lokalausgaben der Zeitung.

Mit dem Messverfahren „lesewert" überprüfte ein Team der Mehrwertmacher anschließend, wie sich Online First auf Print auswirkt. Dabei zeichnen Mitglieder von Fokusgruppen ihr Leseverhalten in der Zeitung digital mit Scanstift und Smartphone auf. In der Folge erhalten Printartikel eine bestimmte Punktzahl (*Score*). Diese Zahl zeigt an, wie intensiv ein gedruckter Beitrag in der Zeitung wahrgenommen und gelesen worden ist.

Ergebnis: Die Lesewerte der Lokalausgaben stiegen um sechs beziehungsweise zwölf Prozent. Laut Ludwig Zeumer, Chief Digital Officer bei DDV und damals „lesewert"-Chef, hat der Feldversuch mit Online First am Ende eine „bessere Zeitung" hervorgebracht. Über diesen Erfolg berichtete das an der Harvard University in Boston beheimatete Nieman Journalism Lab.[26]

▶ **Tipp Das Nieman Lab** berichtet regelmäßig online über die digitale Transformation in Redaktionen. Ein Ziel: „We want to help traditional news organizations find a way to survive".

- https://www.niemanlab.org/

Pressemitteilung, 7. März 2023, https://www.funkemedien.de/de/presse/funke-medien-thueringen-stellt-zustellung-der-ostthueringer-zeitung-in-unwirtschaftlichen-gebieten-von-greiz-ein-und-foerdert-digitalisierung-auf-dem-land, 01.05.2023. Die Madsack-Gruppe bietet nach dem „Prignitz Kurier" zwei weitere Lokalausgaben der „Märkischen Allgemeinen" in Brandenburg nur noch als E-Paper an, vgl. Marc Bartl, Digital only: Madsack Mediengruppe stellt weitere Lokalblätter ein, kress.de, 28. September 2023, https://kress.de/news/beitrag/146385-digital-only-madsack-mediengruppe-stellt-weitere-lokalblaetter-ein.html, 15.10.2023. Zu den Folgen vgl. Henning Kornfeld, Abschied von Print auf die harte Tour, journalist, 7. November 2023, https://www.journalist.de/startseite/detail/article/abschied-von-print-auf-die-harte-tour, 14.01.2024.

[26] Laura Hazard Owen, This company opens up the black box of what print newspaper subscribers are actually *reading*, Nieman Lab, 26. September 2019, https://www.niemanlab.org/2019/09/this-company-opens-up-the-black-box-of-what-print-newspaper-subscribers-are-actually-reading/, 02.02.2023.

Wenn Redaktionen schnell lernen, ernsthaft für Online zu arbeiten, kann sich das also lohnen.

- Wie klappt das, aus ökonomischen und publizistischen Gründen, bei laufendem Betrieb?
- Welche Bedürfnisse für die wirtschaftlich immer noch wichtige E-Paper- und Printproduktion sind zu berücksichtigen?

Das ist, wie gezeigt, die zentrale Herausforderung für viele lokale und regionale Medien, die täglich Informationen liefern und vermarkten. Neben Verlagen, die ein Print-Erbe mitbringen, trifft dies teilweise auf Rundfunksender zu. Diese müssen den linearen Hörfunk und das tägliche Fernsehprogramm für Ältere bedienen und wollen ebenfalls online flexibler werden – im Hinblick auf eine Attraktivität für jüngere Altersgruppen.

Allerdings ist es zwischen privaten Verlagen und deren Verbänden einerseits sowie dem öffentlich-rechtlichen Rundfunk in Deutschland andererseits umstritten, ob letzterer, finanziert durch Rundfunkgebühren, die regionale Online-Berichterstattung in Konkurrenz zu den privaten Angeboten ausbauen darf.[27]

1.2 Digitale Arbeitsweise und Qualität

Warum es redaktionelle Standards für digitalen Erfolg braucht: Digitaler Erfolg, ob nun gemessen an der Zahl und Zufriedenheit der digitalen Abonnenten oder an der Online-Reichweite, setzt eine eigene Qualität des journalistischen Angebots voraus. „Der Hauptunterschied von Online- zu allen klassischen Massenmedien liegt (…) in der Aktivität des Nutzers", schreibt Gabriele Hooffacker in ihrem Standardwerk zum Online-Journalismus.[28] Die *User* navigierten selbsttätig durch die angebotenen Informationen. Ein weiterer Unterschied liegt Hooffacker zufolge in der Möglichkeit direkter Kommunikation zwischen den Internetnutzern.

Die klassischen Qualitätsmerkmale des Journalismus hat Walther von la Roche mit den drei Begriffen Verlässlichkeit, Glaubwürdigkeit und Verständlich-

---

[27] Vgl. Wolfgang Janisch, Es geht um mehr als eine App, sueddeutsche.de, 21. Oktober 2022, https://www.sueddeutsche.de/medien/swr-zeitungsverlage-presseaehnlich-1.5674264, 01.05.2023, sowie Helmut Hartung, Verlage gegen ÖRR: Die Sender machen die Zeitungen kaputt, faz.net, 30. Juli 2024, https://www.faz.net/aktuell/feuilleton/medien/ard-sender-zerstoeren-zeitungen-bayerische-verlage-klagen-gegen-br-19886423.html, 08.08.2024.

[28] Gabriele Hooffacker, Online-Journalismus, Texten und Konzipieren für das Internet. Ein Handbuch für Ausbildung und Praxis, 5., vollständig überarbeitete Auflage (Wiesbaden: Springer VS, 2020), S. 24.

keit zusammengefasst.[29] Unter Einbeziehung system- und demokratietheoretischer Überlegungen lassen sich diese Merkmale zu Qualitätskonzepten erweitern.

Hinzu kommt laut Hooffacker eine spezifische Online-Leistung als Qualitätskriterium: Demnach ist es nicht allein notwendig, den (selbst navigierenden) Nutzern zuliebe journalistische Angebote übersichtlich und orientierend zu halten. Wer Online-Content anbiete, müsse sich mit seinen Zielgruppen beschäftigen.[30]

Defizite in der Online-Qualität: Bei ihrer umfassenden Untersuchung zur Qualität des Lokaljournalismus hat die Journalistik-Forscherin Anna-Lena Wagner nicht nur bei Printprodukten, sondern speziell bei deren *Online-Ablegern* jedoch *qualitative Defizite* festgestellt. Ihr Befund lautet, dass zu selten die Potenziale des Ausspielkanals für eine unterhaltsame, anwendbare und partizipative Lokalberichterstattung genutzt würden. „Die Online-Angebote liefern auf Beitragsebene vorrangig lokale Print-Inhalte", schreibt Wagner in ihrer 2022 veröffentlichten Dissertation.[31]

Der Forscherin zufolge ergab die Auswertung von mehr als 100 lokaljournalistischen Angeboten, dass vorrangig und mutmaßlich automatisiert Print-Inhalte (60,2 % der untersuchten Inhalte) und dies überwiegend parallel zur Printveröffentlichung (45,6 % der Beiträge) online gestellt wurden. Viele der untersuchten Beiträge enthielten keine weiterführenden Links. Immerhin vier von zehn Artikeln veröffentlichten die Redaktionen demnach *online first*; teilweise seien die Beiträge onlinespezifisch modifiziert worden.

Online-Leistung vs. Print-Erbe: Einerseits benötigen Redaktionen also bestimmte Standards für ihren Online-Journalismus, um digital erfolgreich zu publizieren. Andererseits bestimmt in der Praxis, auch nach dem wissenschaftlichen Befund, häufig die nach wie vor von Print dominierte Arbeitsweise das journalistische Angebot. Das ist für Redaktionen, die zum digitalen Erfolg ihres Medienunternehmens beitragen sollen, die zentrale und durch aus nervenzehrende Herausforderung. Um diese zu meistern, bedarf es eines planvollen Vorgehens. Dabei sollten die digitalen Leserinnen und Leser selbst in den Fokus rücken – gegliedert nach Zielgruppen.

---

[29] Video vom 12.01.2017 https://www.gelbe-reihe.de/praktischer-journalismus/online-plus/video-walther-von-la-roche/, auf YouTube unter https://www.youtube.com/watch?v=Ih5fAYL-BuRo, 01.05.2023.

[30] Hooffacker, Online-Journalismus (2020), S. 45.

[31] Anna-Lena Wagner, Lokaljournalistische Qualität und ihre Bestimmungsfaktoren. Theoretische Konzeption und empirische Befunde aus Nahraumperspektive (Wiesbaden: Springer VS, 2022), S. 445.

1.2 Digitale Arbeitsweise und Qualität

> **Checkliste: Habe ich meine Zielgruppe im Fokus?**
> - Für wen ist der Beitrag (das Dossier, die Website) gedacht?
> - Welchen speziellen Nutzwert gibt es für die User?
> - Welcher Inhalt passt auf die Zielgruppe (und was kann ich weglassen)?
> - Wie fügt sich der Beitrag (das Dossier) ins gesamte Angebot ein?
> - Welche Feedback- und Kommunikationsmöglichkeiten für User biete ich an?
> - Wo mache ich den Unterschied zu möglichen Wettbewerbern?
>
> (nach Hooffacker)[32]

Die Gewohnheiten und Vorlieben der Online-Nutzerinnen und – Nutzer bringen die Notwendigkeit mit sich, journalistische Beiträge online-spezifisch und konzentriert auf diese Bedürfnisse hin zu planen, zu recherchieren, zu produzieren und zu veröffentlichen. Da sich die Online-Nutzungszeiten zum Teil von denen der Printnutzung unterscheiden, sollten Redaktionen online ein darauf abgestimmtes Programm anbieten.

Kurz gesagt geht es darum, dass auf der Website nicht nur frühmorgens ab sechs Uhr frische Artikel zu finden sind. Tagsüber und zur Abendzeit sind *Updates* notwendig. Die Redaktionen müssen außerdem in der Lage dazu sein, die wichtigsten aktuellen Nachrichten, sogenannte *Breaking News*, möglichst schnell auszuspielen (siehe Abschn. 2.2).

Digitale Nutzungsgewohnheiten im Wandel: Der ARD/ZDF-Onlinestudie zufolge hat die Corona-Pandemie den Trend verstärkt, dass immer mehr Menschen auch Nachrichten nach Bedarf, zeitlich flexibel und vorzugsweise auf dem Smartphone konsumieren.[33] Ähnlich konstatierte dies das Reuters Institute am Ende des ersten Corona-Jahrs 2020 und betrachtete dabei Zugriffe auf Podcasts.[34] Im Vergleich

---

[32] Hooffacker, Online-Journalismus (2020), S. 24 u. 45.

[33] Thomas Kupferschmitt, Thorsten Müller, Aktuelle Ergebnisse der repräsentativen Langzeitstudie ARD/ZDF-Massenkommunikation Trends 2021: Mediennutzung im Intermediavergleich, *Media Perspektiven* 7-8/2021, S. 393. Vgl. https://www.ard-media.de/fileadmin/user_upload/media-perspektiven/pdf/2021/210708_Kupferschmitt_Mueller_Korr_2021-9-13.pdf, 01.05.2023.

[34] Nic Newman, Nathan Gallo, Daily news podcasts: building new habits in the shadow of coronavirus, 19. November 2020, vgl. https://reutersinstitute.politics.ox.ac.uk/daily-news-podcasts-building-new-habits-shadow-coronavirus, 01.05.2023.

verschiedener Medienangebote wird deutlich, dass die in früheren Jahren auf den Morgen, die Mittagspause und den Abend konzentrierte digitale Mediennutzung sich mehr verteilt.

Die Websites von Zeitungen und Zeitschriften erfahren laut der ARD/ZDF-Studie aber vorwiegend morgendliche Nutzung. Die Autoren erklären dies zum Teil mit dem Print-Erbe und damit, dass häufig tagsüber nicht mehr viele neue Informationen folgten. Wie gut schaffen es Redaktionen, sich auf ihre zunehmend flexibleren Kundinnen und Kunden einzustellen? Aus der Sicht der Nutzerinnen und Nutzer dürfte sich die Qualität von journalistischen Online-Angeboten auch daran festmachen.

> **Tipp Online-Nutzung:** Die ARD/ZDF-Onlinestudie stellt jährlich Ergebnisse für Deutschland bereit. 2022 mit Daten zu *Digital Detox*, dem bewussten Verzicht auf Online-Nutzung und 2023 mit dem Hinweis auf den *Anstieg der Videonutzung* in sozialen Netzwerken sowie *sinkender Textnutzung* bei digitalen Angeboten.
>
> - https://www.ard-zdf-onlinestudie.de

Am Anfang steht die Frage nach der Qualität: Dieses Problem ist bekanntlich älter als die zunehmend dringende Frage nach digitalem Erfolg (siehe Kap. 2). Deswegen gibt es eine Reihe von praxisorientierten Handbüchern, die systematisches Qualitätsmanagement in Redaktionen in den Vordergrund stellen.[35]

Denn es ist logisch, dass beispielsweise die zielgruppengenaue Planung, Recherche und Artikelproduktion, die eine online-spezifische Struktur der Beiträge umfasst, das aktive Managen von Veränderungen voraussetzt – bis hin zur Talentsuche, Personalentwicklung und Weiterbildung. Dieses Buch geht exemplarisch darauf ein (siehe die folgenden Kap. 2, 3, 4 und 5). Im folgenden Kap. 2 legt es den Schwerpunkt auf Praxistipps für den digitalen Redaktionsworkflow.

Planvolles Vorgehen ist entscheidend: Darüber sind sich Fachleute für Qualitätsmanagement einig. Zwei Diskussionsstränge in der Medienwissenschaft gehen darüber hinaus kritisch auf die krisenhaften Rahmenbedingungen ein. Trotz der genannten Erfolge von Medienunternehmen (siehe Abschn. 1.1) beim Wachstum digitaler Abonnements bleibt einigen Forschern zufolge zweifelhaft, ob digitaler Journalismus flächendeckend refinanziert werden kann.

Christian Wellbrock, Frank Lobigs, Lukas Erbrich und Christopher Buschow haben deshalb „eine Art Spotify im Journalismus" vorgeschlagen – eine marken-

---

[35] Vgl. Ulf Grüner, Christian Sauer, Qualitätsmanagement in Redaktionen. Das Coaching-Buch für Chefs & solche, die es werden (Norderstedt: Books on Demand, 2010).

1.2 Digitale Arbeitsweise und Qualität

übergreifende Plattform, auf der Verlage ihre Artikel einstellen können. Auch „Der Spiegel" und „Frankfurter Allgemeine Zeitung" arbeiten an einer Plattform namens „alles.plus", die Abonnierenden der nationalen Titel regionale Informationen für einen Aufpreis vermitteln will und wiederum Nutzenden der regionalen Medien Zugriff auf das Angebot der Leitmedien erlaubt.[36] Die Forscherin Juliane A. Lischka verweist wiederum auf die Schwierigkeiten, notwendige Innovationen in Medienunternehmen einzuführen. Lischka zufolge sind regionale Verlage mit dem digitalen Wandel eher überfordert, wenn sie die notwendigen Ressourcen nicht bereitstellen können. Unternehmen sollten laut Lischka jedoch zugleich effizient und flexibel agieren – also eine *ambidextre* (beidhändige) Strategie verfolgen.[37]

Konsequente und schrittweise Veränderung: Vor diesem Hintergrund – einerseits klare Anforderungen durch sich wandelnde digitale Gewohnheiten des Publikums, andererseits beschränkte Ressourcen und strittige Aussichten im Mediengeschäft – erscheint zwar eine konsequente Veränderung der Arbeitsweise umso mehr angebracht. Dennoch muss diese in den meisten Fällen – das kennen viele Journalistinnen und Journalisten – bei laufendem Geschäft verwirklicht werden.

In den folgenden Kapiteln geht es deshalb auch darum, zügig auf eine digitale Arbeitsweise umzustellen und die vom Autor dafür vorgeschlagenen Methoden mit Rücksicht auf die Beteiligten als *Bausteine* und *schrittweise* anzuwenden. Nach Lischka kann bei solchen einschneidenden Veränderungen der Qualitätsgedanke verbindend wirken und helfen, die Medienschaffenden in den Redaktionen mitzunehmen.[38]

---

[36] Christian Wellbrock, Frank Lobigs, Lukas Erbrich und Christopher Buschow, Coopetition Is King. Ökonomische Potenziale und medienpolitische Implikationen kooperativer Journalismusplattformen, Landesanstalt für Medien NRW, Whitepaper zu einer Studie im Auftrag der Landesanstalt für Medien NRW (Düsseldorf 2023), https://www.medienanstalt-nrw.de/fileadmin/user_upload/NeueWebsite_0120/Presse/Pressemitteilung/CoopetitionIsKing_Whitepaper_LFMNRW_2023.pdf, 08.04.2023, sowie Anna Ernst, „Abo-Allianz führender Medienhäuser": Diese Publisher bundeln an, Medieninsider, 18. Juni 2024, https://medieninsider.com/alles-plus-abo-allianz-spiegel-faz/22281/, 08.08.2024.

[37] Vgl. Juliane A. Lischka, Nachrichtenorganisation. Umbrüche durch Konvergenz, Crossmedialität, Multikanal- und Innovationsfähigkeit, S. 276, in: Christian Nuernbergk, Christoph Neuberger (Hrsg.), Journalismus im Internet. Profession – Partizipation – Technisierung, (Wiesbaden: Springer VS, 2., aktualisierte und erweiterte Auflage, 2018), S. 273–293. Zur Ambidextrie vgl. a. Tanja Köhler, Überleben im digitalen Wandel, Zehn Thesen zur Zukunft des Nachrichtenjournalismus, S. 58, in: Tanja Köhler (Hrsg.), Fake News, Framing, Fact-Checking: Nachrichten im digitalen Zeitalter, Ein Handbuch (Bonn: Sonderausgabe für die Bundeszentrale für politische Bildung, 2020; Bielefeld: transcript Verlag, 2020), S. 39–65.

[38] Lischka (2018), S. 285 f. Die Wissenschaftlerin betont in diesem Zusammenhang die Bedeutung von *change agents* in Redaktionen: Besonders innovative Mitarbeitende könnten zunächst in Projekten, dann im redaktionellen Alltag helfen, Veränderungen zu etablieren.

Weiterführende Literatur

Brost-Stiftung (Hrsg.), Perspektiven für den Lokaljournalismus an Rhein und Ruhr (Essen: Brost-Stiftung, 2020)

Matthias Daniel, Stephan Weichert (Hrsg.), Resilienter Journalismus. Wie wir den öffentlichen Diskurs widerstandsfähiger machen (Köln: Herbert von Halem Verlag, 2022)

Nic Newman mit Richard Fletcher, Craig T. Robertson, Amy Ross Arguedas und Rasmus Kleis Nielsen, Reuters Institute Digital News Report 2024 (Oxford: Reuters Institute for the Study of Journalism, 2024), https://reutersinstitute.politics.ox.ac.uk/digital-news-report/2024, 08.08.2024

Jeff Jarvis, The Gutenberg Parenthesis. The Age of Print and Its Lessons for the Age of the Internet (New York, London, Oxford, New Delhi, Sydney: Bloomsbury Academic, 2023)

Jupp Legrand, Benedikt Linden, Hans-Jürgen Arlt (Hrsg.), Welche Öffentlichkeit brauchen wir? Zur Zukunft des Journalismus und demokratischer Medien (Wiesbaden: Springer VS, 2023)

Wiebke Loosen, Anna von Garmissen, Elsa Bartelt, Tim van Olphen, Journalismus in Deutschland 2023. Aktuelle Befunde zu Situation und Wandel (Hamburg: Verlag Hans-Bredow-Institut, 2023)

Christoph Mayer, Rafael Weiß, Transformation Endgame – die nächsten 5 Jahre entscheiden, schickler.de, Mai 2023, https://www.schickler.de/2023/05/transformation-endgame-die-naechsten-5-jahre-entscheiden/, 15.01.2024

Weiterführende Links

Uwe Vetterick (Sächsische Zeitung), Ludwig Zeumer (Die Mehrwertmacher GmbH), Vortrag auf dem European Publishing Congress, 13.05.2019 in Wien: https://www.youtube.com/watch?v=H9bcbghKFBk

38-teiliges Dossier auf journalist.de unter dem Titel „Wie machen wir den Journalismus besser?" (2019): https://www.journalist.de/startseite/detail/article/wie-machen-wir-den-journalismus-besser

Literatur

Valérie Arnould, Local Publishers: Forget digital-first, become audiences-first, tablestakes-europe.org, 18. Mai 2020, https://www.tablestakes-europe.org/blog/local-publishers-forget-digital-first-become-audiences-first

Marc Bartl, Digital only: Madsack Mediengruppe stellt weitere Lokalblätter ein, kress.de, 28. September 2023, https://kress.de/news/beitrag/146385-digital-only-madsack-mediengruppe-stellt-weitere-lokalblaetter-ein.html

Brost-Stiftung (Hrsg.), Perspektiven für den Lokaljournalismus an Rhein und Ruhr (Essen: Brost-Stiftung, 2020)

Bundesverband Digitalpublisher und Zeitungsverleger, Bonner „General-Anzeiger" zählt mehr als 10.000 „GA+"-Abonnenten, bdzv.de, 27. Januar 2023, https://www.bdzv.de/service/presse/branchennachrichten/2023/bonner-general-anzeiger-zaehlt-mehr-als-10000-ga-abonnenten

Weiterführende Literatur

Bundesverband Digitalpublisher und Zeitungsverleger, Jeder Zweite liest täglich Zeitung, Pressemitteilung, 6. August 2024, https://www.bdzv.de/service/presse/branchennachrichten/2024/jeder-zweite-liest-taeglich-zeitung, 08.08.2024

Bundesverband Digitalpublisher und Zeitungsverleger, Printreichweite in soziodemografischen Zielgruppen I Leser pro Ausgabe, Quelle: MA (Medien-Analyse) Presse 2023 II, https://www.bdzv.de/fileadmin/content/7_Alle_Themen/Marktdaten/2023/Infografiken_2023/relevant_2.2023_Webgrafiken_v16.jpg

Bundesverband Digitalpublisher und Zeitungsverleger/Highberg, Trends der Zeitungsbranche 2024. BZDV/Highberg-Trendumfrage (Berlin, 13. Februar 2024), https://www.schickler.de/wp-content/uploads/2024/02/2024-02-13-BDZV-Highberg-Trendumfrage-2024.pdf

Bundesverband Digitalpublisher und Zeitungsverleger/Schickler, Trends der Zeitungsbranche 2022, BDZV/Schickler-Trendumfrage, (Berlin: bdzv.de, 2. Februar 2022), https://www.bdzv.de/fileadmin/content/6_Service/6-1_Presse/6-1-2_Pressemitteilungen/2022/PDFs/BDZV_Schickler_Trendumfrage_2022_Praesentation_2022-02-02.pdf

Matthias Daniel, Stephan Weichert (Hrsg.), Resilienter Journalismus. Wie wir den öffentlichen Diskurs widerstandsfähiger machen (Köln: Herbert von Halem Verlag, 2022)

Jan Diesteldorf, Papierpreise. Blättern in Gefahr, sueddeutsche.de, 7. Oktober 2022, https://www.sueddeutsche.de/medien/papierpreise-zeitungen-zeitschriften-papier-knapp-1.5665855

dpa Deutsche Presse-Agentur GmbH, #UseTheNews-Studie: Jungen Menschen fehlt bei journalistischen Nachrichten oft der Bezug zur eigenen Lebenswirklichkeit, Presseportal, 28. April 2021, https://www.presseportal.de/pm/8218/4901727

Kevin Dusch, Boxen statt Black Friday: Bild schlägt sich über Grenze von 700.000 Digital-Abos, Medieninsider, 19. Dezember 2023, https://medieninsider.com/boxen-statt-black-friday-bild-schlaegt-sich-ueber-grenze-von-700-000-digital-abos/19798/

Meinolf Ellers, „Unsere Stories sind die besten Abo-Verkäufer" – wie Norwegens Zeitungsverlage mit richtigen Inhalten loyale Kunden gewinnen, dpa Innovation Blog, Drive, 15. November 2018, https://innovation.dpa.com/2018/11/15/norwegens-zeitungsverlage-stories-abo-verkaeufer/

Anna Ernst, „Abo-Allianz führender Medienhäuser": Diese Publisher bundeln an, Medieninsider, 18. Juni 2024, https://medieninsider.com/alles-plus-abo-allianz-spiegel-faz/22281/, 08.08.2024

European Publishing Congress – EPC, 12 EN Uwe Vetterick Ludwig Zeumer "Online first in the local", YouTube, 13.05.2019, https://www.youtube.com/watch?v=H9bcbghKFBk

Funke Mediengruppe, Funke Medien Thüringen stellt Zustellung der Ostthüringer Zeitung in unwirtschaftlichen Gebieten von Greiz ein und fördert Digitalisierung auf dem Land, Pressemitteilung, 7. März 2023, https://www.funkemedien.de/de/presse/funke-medien-thueringen-stellt-zustellung-der-ostthueringer-zeitung-in-unwirtschaftlichen-gebieten-von-greiz-ein-und-foerdert-digitalisierung-auf-dem-land

Nic Newman mit Richard Fletcher, Craig T. Robertson, Amy Ross Arguedas und Rasmus Kleis Nielsen, Reuters Institute Digital News Report 2024 (Oxford: Reuters Institute for the Study of Journalism, 2024), https://reutersinstitute.politics.ox.ac.uk/digital-news-report/2024

Ulf Grüner, Christian Sauer, Qualitätsmanagement in Redaktionen. Das Coaching-Buch für Chefs & solche, die es werden (Norderstedt: Books on Demand, 2010)

Tobias Gürtler, Hohe Inflation: Wo die Deutschen zuerst den Rotstift ansetzen, wiwo.de, 25. Januar 2023, https://www.wiwo.de/unternehmen/dienstleister/sparverhalten-hohe-inflation-wo-die-deutschen-zuerst-den-rotstift-ansetzen/28941566.html

Helmut Hartung, Verlage gegen ÖRR: Die Sender machen die Zeitungen kaputt, faz.net, 30. Juli 2024, https://www.faz.net/aktuell/feuilleton/medien/ard-sender-zerstoeren-zeitungen-bayerische-verlage-klagen-gegen-br-19886423.html, 08.08.2024

Uwe Hasebrink, Sascha Hölig, Leonie Wunderlich, #UseTheNews. Studie zur Nachrichtenkompetenz Jugendlicher und junger Erwachsener in der digitalen Medienwelt (Arbeitspapiere des Hans-Bredow-Instituts l Projektergebnisse Nr. 55) (Hamburg: Verlag Hans-Bredow-Institut, April 2021)

Gabriele Hooffacker, Online-Journalismus, Texten und Konzipieren für das Internet. Ein Handbuch für Ausbildung und Praxis (Wiesbaden: Springer VS, 5., vollständig überarbeitete Auflage, 2020)

IVW – Informationsgemeinschaft zur Feststellung der Verbreitung von Werbeträgern e. V., 4. Quartal 2018. IVW-Zahlen zur Gesamtentwicklung am deutschen Pressemarkt, ivw.de, o. D., https://www.ivw.de/ivw/4-quartal-2018

IVW – Informationsgemeinschaft zur Feststellung der Verbreitung von Werbeträgern e. V., IVW-Auflagenstatistik – 4. Quartal 2023, ivw.de, Januar 2024, https://www.ivw.de/sites/default/files/pm_auflagenstatistik_20234.pdf

IVW – Informationsgemeinschaft zur Feststellung der Verbreitung von Werbeträgern e. V., Paid Content Nutzungsrechte pro Tag (tNR), Zeitraum: 11/2023, IVW, https://ausweisung.ivw-online.de/index.php?i=12&filter=0&sort=&mz_pc=202311

Wolfgang Janisch, Es geht um mehr als eine App, sueddeutsche.de, 21. Oktober 2022, https://www.sueddeutsche.de/medien/swr-zeitungsverlage-presseaehnlich-1.5674264

Jeff Jarvis, The Gutenberg Parenthesis. The Age of Print and Its Lessons for the Age of the Internet (New York, London, Oxford, New Delhi, Sydney: Bloomsbury Academic, 2023)

Journalistenakademie, Interview Walther von La Roche, YouTube, 12. Januar 2017, https://www.youtube.com/watch?v=Ih5fAYLBuRo&t=2s und https://www.gelbe-reihe.de/praktischer-journalismus/online-plus/video-walther-von-la-roche/

Wolfgang Koch, Ergebnisse der ARD/ZDF-Onlinestudie 2022. Reichweiten von Social-Media-Plattformen und Messengern, *Media Perspektiven* 10/2022, S. 471–478, https://www.ard-zdf-onlinestudie.de/files/2022/2210_Koch.pdf

Tanja Köhler (Hrsg.), Fake News, Framing, Fact-Checking: Nachrichten im digitalen Zeitalter, Ein Handbuch (Bonn: Sonderausgabe für die Bundeszentrale für politische Bildung, 2020; Bielefeld: transcript Verlag, 2020)

Tanja Köhler, Überleben im digitalen Wandel, Zehn Thesen zur Zukunft des Nachrichtenjournalismus, in: Tanja Köhler (Hrsg.), Fake News, Framing, Fact-Checking: Nachrichten im digitalen Zeitalter, Ein Handbuch (Bonn: Sonderausgabe für die Bundeszentrale für politische Bildung, 2020; Bielefeld: transcript Verlag, 2020), S. 39–65

Henning Kornfeld, Das Geheimrezept von Zeit Online gegen Abo-Kündigungen, kress.de, 13. Dezember 2022, https://kress.de/news/detail/beitrag/150559-das-geheimrezept-von-zeit-online-gegen-abo-kuendigungen.html

Henning Kornfeld, Abschied von Print auf die harte Tour, journalist, 7. November 2023, https://www.journalist.de/startseite/detail/article/abschied-von-print-auf-die-harte-tour

Weiterführende Literatur

Thomas Kupferschmitt, Thorsten Müller, Aktuelle Ergebnisse der repräsentativen Langzeitstudie ARD/ZDF-Massenkommunikation Trends 2021: Mediennutzung im Intermediavergleich, *Media Perspektiven* 7-8/2021, https://www.ard-media.de/fileadmin/user_upload/media-perspektiven/pdf/2021/210708_Kupferschmitt_Mueller_Korr_2021-9-13.pdf, S. 370–395

Jupp Legrand, Benedikt Linden, Hans-Jürgen Arlt (Hrsg.), Welche Öffentlichkeit brauchen wir? Zur Zukunft des Journalismus und demokratischer Medien (Wiesbaden: Springer VS, 2023)

Juliane A. Lischka, Nachrichtenorganisation. Umbrüche durch Konvergenz, Crossmedialität, Multikanal- und Innovationsfähigkeit, S. 276, in: Christian Nuernbergk, Christoph Neuberger (Hrsg.), Journalismus im Internet. Profession – Partizipation – Technisierung (Wiesbaden: Springer VS, 2., aktualisierte und erweiterte Auflage, 2018), S. 273–293

Wiebke Loosen, Anna von Garmissen, Elsa Bartelt, Tim van Olphen, Journalismus in Deutschland 2023. Aktuelle Befunde zu Situation und Wandel (Hamburg: Verlag Hans-Bredow-Institut, 2023)

Uwe Mantel, IVW 3/2020: So hoch ist die „Harte Auflage" wirklich, DWDL.de, 21. Oktober 2020, https://www.dwdl.de/zahlenzentrale/79906/ivw_32020_so_hoch_ist_die_harte_auflage_wirklich/

Christoph Mayer, Rafael Weiß, Transformation Endgame – die nächsten 5 Jahre entscheiden, schickler.de, Mai 2023, https://www.schickler.de/2023/05/transformation-endgame-die-naechsten-5-jahre-entscheiden/

Klaus Meier, DuMont, Funke und Co.: Die letzte gedruckte Zeitung erscheint 2033 – was müssen Verlage bis dahin tun? Meedia, 19.03.2022, https://www.meedia.de/publishing/dumont-funke-und-co-die-letzte-gedruckte-zeitung-erscheint-2033-was-muessen-verlage-bis-dahin-tun-836f4bbb96948224272d1128ddd26800

Nic Newman, Journalism, media, and technology trends and predictions 2024, Reuters Institute, University of Oxford, 9. Januar 2024, https://reutersinstitute.politics.ox.ac.uk/journalism-media-and-technology-trends-and-predictions-2024

Nic Newman, Nathan Gallo, Daily news podcasts: building new habits in the shadow of coronavirus, Reuters Institute, University of Oxford, 19. November 2020, https://reutersinstitute.politics.ox.ac.uk/daily-news-podcasts-building-new-habits-shadow-coronavirus

Christian Nuernbergk, Christoph Neuberger (Hrsg.), Journalismus im Internet. Profession – Partizipation – Technisierung (Wiesbaden: Springer VS, 2., aktualisierte und erweiterte Auflage, 2018)

Laura Hazard Owen, This company opens up the black box of what print newspaper subscribers are actually reading, Nieman Lab, 26. September 2019, https://www.niemanlab.org/2019/09/this-company-opens-up-the-black-box-of-what-print-newspaper-subscribers-are-actually-reading

Anna Paarmann, Viel konsequenter digital ausrichten, in: Matthias Daniel, Stephan Weichert (Hrsg.), Resilienter Journalismus. Wie wir den öffentlichen Diskurs widerstandsfähiger machen (Köln: Herbert von Halem Verlag 2022), S. 42–49

Roland Pimpl, Zeit & Zeit Online: So feiern beide Chefs ihre „langsamste Transformation der Medienwelt", Horizont, 11. Juli 2024, https://www.horizont.net/medien/nachrichten/zeit--zeit-online-so-feiern-beide-chefs-ihre-langsamste-transformation-der-medienwelt-221200, 08.08.2024

Benjamin Piel, Wir überleben nur, wenn wir besser werden, Zeit Online, 12.10.2017, https://www.zeit.de/politik/deutschland/2017-10/lokaljournalismus-wendland-plaedoyer-d17/

Jonas Schützeneder, Quo vadis, Lokaljournalismus? Wiebke Möhring über Stand, Probleme und Perspektiven eines relevanten Ressorts, *Communicatio Socialis* 53 (1) (Januar 2020), S. 8–17

Liv Skotheim, A local news focus brought BT back from the brink, Schibsted Future Report, o. J., https://futurereport.schibsted.com/a-local-news-focus-brought-bt-back-from-the-brink/

Rieke Smit, How to stay in touch with Generation TikTok?, Parent Online Newsletter, EESC info July 2024, 27. Juni 2024, https://www.eesc.europa.eu/en/news-media/eesc-info/eesc-info-july-2024/articles/119668, 08.08.2024

Douglas K. Smith, Rethinking your news products to connect with new audiences – lessons from Table Stakes Europe, tablestakes-europe.org, 26. Juli 2022, https://www.tablestakes-europe.org/blog/rethinking-your-news-products-to-connect-with-new-audiences-lessons-from-table-stakes-europe

Douglas K. Smith, Quentin Hope, Tim Griggs, Knight-Lenfest Newsroom Initiative, Why „produce and publish continuously to meet audiences needs" is Table Stakes, September 2017, https://betternews.org/produce-publish-continuously-meet-audience-needs-table-stakes/

Hannah Suppa, Lokaljournalismus mit Herz und Relevanz. Mein Blick auf den Lokaljournalismus, journalist, 11.02.2019, https://www.journalist.de/startseite/detail/article/lokaljournalismus-mit-herz-und-relevanz

Table Media, Erste Lokalmedienstudie von Table.Media. Große regionale Unterschiede bei der Zufriedenheit mit Lokaljournalismus / „Lokale Lücke" klafft bei der „aktiven Mitte", Table Media, April 2021, https://table.media/wp-content/uploads/2021/09/PM_Table-Media_Zufriedenheit_mit_Lokalmedien.pdf

Jan Stian Vold, Local business robot at Bergens Tidende changes business news, INMA Ideas Blog, 22. November 2022, https://www.inma.org/blogs/ideas/post.cfm/local-business-robot-at-bergens-tidende-changes-business-news

Anna-Lena Wagner, Lokaljournalistische Qualität und ihre Bestimmungsfaktoren. Theoretische Konzeption und empirische Befunde aus Nahraumperspektive (Wiesbaden: Springer VS, 2022)

Christian Wellbrock, Frank Lobigs, Lukas Erbrich und Christopher Buschow, Coopetition Is King. Ökonomische Potentiale und medienpolitische Implikationen kooperativer Journalismusplattformen, Landesanstalt für Medien NRW, Whitepaper zu einer Studie im Auftrag der Landesanstalt für Medien NRW (Düsseldorf: Landesanstalt für Medien NRW, 2023) https://www.medienanstalt-nrw.de/fileadmin/user_upload/NeueWebsite_0120/Presse/Pressemitteilung/CoopetitionIsKing_Whitepaper_LFMNRW_2023.pdf

Tilo Winkler, Was für eine großartige Teamleistung!, LinkedIn, o. D., https://www.linkedin.com/posts/tilowinkler_was-f%C3%BCr-eine-gro%C3%9Fartige-teamleistung-wir-activity-7039660867063271424-Js0X/

Zeitungsmarktforschung Gesellschaft der deutschen Zeitungen (ZMG) mbH, Reichweiten der Zeitungen 2024, Leser pro Ausgabe (LpA), Quelle: ma Presse 2024 II, https://zmg.de/fileadmin/Mediapool/Dokumente/Reichweiten___Auflagen/Charts_MediaAnalyse_2024_II_Pressedaten.pdf, 08.08.2024

Digitale Standards: Die Formel E-2 2

Zusammenfassung

Warum Standards für vorausschauende Planung und Produktion im Journalismus? Wie passt das zur Aktualität? Wie verändern Redaktionen ihre digitalen Prozesse dauerhaft? Was haben die Beteiligten davon? Dieses Kapitel erklärt, wie die E-2-Methode hilft, die digitale Arbeitsweise zu etablieren.

Schlüsselwörter

Standardisierung · Qualitätsmanagement · Aktualität · E-2 · Redaktionelle Führung

Hier geht es um die Nutzerinnen und Nutzer – das Publikum! Die Digitalisierung verändert die Gewohnheiten der Menschen bei der Mediennutzung. Zudem gibt es spezifische Qualitätsanforderungen an den Online-Journalismus, wie in Kap. 1 gezeigt.

Ergänzende Information Die elektronische Version dieses Kapitels enthält Zusatzmaterial, auf das über folgenden Link zugegriffen werden kann [https://doi.org/10.1007/978-3-658-44363-4_2]. Die Videos lassen sich durch Anklicken des DOI-Links in der Legende einer entsprechenden Abbildung abspielen, oder indem Sie diesen Link mit der SN More Media App scannen.

© Der/die Autor(en), exklusiv lizenziert an Springer Fachmedien Wiesbaden GmbH, ein Teil von Springer Nature 2024
O. Haustein-Teßmer, *Digitaler Erfolg im Lokaljournalismus*, Journalistische Praxis, https://doi.org/10.1007/978-3-658-44363-4_2

- Aber wie schafft es die Redaktion eines regionalen Mediums, bereits den Morgen-Peak auf der Website und in der App vernünftig und mit Qualitätsanspruch zu bedienen?
- Wie bleibt das Nachrichtenportal tagsüber dynamisch und aktuell?
- Wie ist es derselben Redaktion möglich, die Qualität, dazu noch den Lesegewohnheiten der Print-Leserschaft angepasst, in der gleichfalls zu beliefernden Tageszeitung zu halten?
- Wie gelingt dies bei gleichbleibendem oder schrumpfendem Personalbestand?

Die Herausforderungen für Medienschaffende sind komplex: Den Zielgruppen der Medien ist das herzlich egal. Es sind die Redaktionen, die um die *Aufmerksamkeit* und das *Vertrauen* des Publikums ringen. Journalistinnen und Journalisten sollen mehrere Kanäle ansteuern. Sie haben dabei online andere Verhaltensmuster zu berücksichtigen als für abgeschlossene Produkte wie Zeitungen oder auch Nachrichtensendungen, die zu einer bestimmten Uhrzeit laufen. Zugleich sind die Ressourcen bei vielen Medienunternehmen begrenzt. Den Rückgang der relevanten Umsätze hat bereits das erste Kapitel thematisiert.

Außerdem sind die Anforderungen widersprüchlich: Wer liefert denn kurzfristig für 6:30 Uhr morgens eine ausgereift recherchierte Geschichte ab – etwa dieselbe Lokalreporterin, die am Nachmittag zuvor bereits zu Interviews in der Stadt unterwegs und abends bei der Stadtverordnetenversammlung war? Wie kann der freie Mitarbeiter eines Regionalfernsehsenders die Aufgabe meistern, für Online den zusammenfassenden Artikel samt Links zusätzlich zum mehrminütigen Beitrag *vorher* rechtzeitig bereitzustellen?

Die Hypothese dieses Kapitels: Das klappt nur mit vorausschauender Planung und verlässlichen digitalen Standards. Wie es Redaktionen gelingt, diese Standards einzuführen, was Führungskräfte dabei beachten und Mitarbeitende lernen sollten, wird nachfolgend Schritt für Schritt erklärt. Redaktionelle Themenplanung als zentraler Baustein für mehr Qualität im Journalismus: Diese Erkenntnis ist bereits älter, und journalistische Planungskonzepte sind nicht erst seit der stark gewachsenen Online-Nutzung in der Diskussion. Journalistik-Professor Klaus Meier verweist auf die Debatte um tiefer gehende Recherchen und die „Autorenzeitung" ab Mitte der 1990er-Jahre.

Demnach wendeten sich Chefredaktionen und redaktionelles Management teilweise und verstärkt der ressortübergreifenden Themenplanung zu und von der Ressortplanung ab, um die damals maßgeblichen Printprodukte inhaltlich besser zu machen.[1]

---

[1] Vgl. Klaus Meier, Teams und Projektarbeit in der Zeitungsredaktion. Wie Bürokratien im Newsroom eingerissen und Abläufe optimiert werden können, *Fachjournalist* Nr. 5/Oktober

2 Digitale Standards: Die Formel E-2

Mit der Digitalisierung hat laut Meier die Planungsnotwendigkeit noch zugenommen: Redaktionen, ob sie nun ursprünglich Zeitung, Zeitschrift, Fernsehen oder Hörfunk machten, sehen sich demnach nicht nur darin gefordert, mehrere Kanäle zu bedienen. In den Nullerjahren, den ersten Jahren des 21. Jahrhunderts, geht dies mit dem Trend zur Reorganisation einher.

In redaktionellen Großräumen arbeiten Medienschaffende crossmedial zusammen. Themen werden am Newsdesk zentral verhandelt. Die Kommunikation ist dichter, Abläufe können gestrafft werden. – Kritikern zufolge sind zugleich der Arbeitsdruck gestiegen und bei regionalen Verlagen lokale Besonderheiten verloren gegangen.[2]

Bei Printprodukten sollte die vorausschauende Planung ein *Qualitätsdefizit* beheben. Diesen Mangel erkannten neben anderen die Journalisten und Ausbildungsleiter Paul-Josef Raue und Wolf Schneider. Sie sahen eine Lücke zwischen Anspruch und Wirklichkeit in den Redaktionen der Tageszeitungen. Einerseits gab es das Beharren auf Qualität und die Selbsterkenntnis, dass es eine journalistische Krise gebe, andererseits die Wirklichkeit in den veröffentlichten Medien. Darin fanden sich laut Raue und Schneider häufig Agenturtexte und Pressemitteilungen wieder, die Aufmacher waren oft ein Abklatsch der Tagesschau-Topnachricht vom Vorabend.[3]

Die Digitalisierung vergrößert das Problem: Online-Journalismus, insbesondere in seiner nicht linearen Ausprägung als Zusammenspiel von Text, Daten, Grafik, Bildern und Video in verschiedenen Formaten, ist komplexer als Print. Je aufwändiger, umso mehr – und umso frühzeitiger – muss geplant werden.[4] Dabei sind mehr Mitarbeitende beteiligt, und die Fäden müssen an einer Stelle zusammenlaufen. Neben der planvollen Recherche und multimedialen Produktion gewinnt damit eine *rechtzeitige Abnahme* der Beiträge vor der Online-Veröffentlichung an Bedeutung.

Newsdesk-Entwicklung und Online-Journalismus gehen in den meisten Redaktionen zunächst vor allem mit gesteigerter Aktualität einher. Das Konzept des Newsrooms gilt als willkommener Beschleuniger und ermöglicht zum Beispiel spät-

---

2002, S. 6–9, https://www.fachjournalist.de/PDF-Dateien/2012/05/FJ_5_2002-Teams-und-Projektarbeit-in-der-Zeitungsredaktion.pdf, 07.01.2024.

[2] Vgl. Klaus Meier, Newsroom – die Redaktion im digitalen Journalismus, *Medienwirtschaft* Heft 3/2007 sowie European Journalism Observatory, 11. Oktober 2007, https://de.ejo-online.eu/redaktion-oekonomie/redaktionsmanagement/newsroom-die-redaktion-im-digitalen-journalismus, 15.10.2023.

[3] Vgl. Wolf Schneider, Paul-Josef Raue, Das neue Handbuch des Journalismus und des Online-Journalismus (Bonn: Bundeszentrale für politische Bildung, 2012), S. 342.

[4] So argumentiert z. B. Markus Kaiser, Neue Erzählformen, S. 59 f., in: Markus Kaiser (Hrsg.), Innovation in den Medien. Crossmedia, Storywelten, Change Management (München: Verlag Dr. Gabriele Hooffacker, 2013), S. 56–66.

abends noch aktuelle Nachschübe in der Zeitungsproduktion. Bezogen auf die Funktion der Online-Medien heißt es häufig, im Internet gebe es ja keinen Redaktionsschluss. Eilmeldungen – in der Schweiz als „Blitzjournalismus" kritisiert – gelten immer noch als entscheidender Wettbewerbsvorteil im Internet. Die Nutzer erwarteten eine permanente Aktualisierung der Nachrichten, heißt es in einem Reader der Bundeszentrale für politische Bildung 2011 zur Begründung. Abgesehen davon, dass dies so uneingeschränkt – siehe Nachrichtenmüdigkeit und Nachrichtenvermeidung in Kap. 1 – noch nie stimmte: Daueraktualisierung verschärft nicht nur den Zeitdruck. Sie führt auch dazu, dass die journalistische Aufarbeitung von Hintergründen und Zusammenhängen auf der Strecke bleibt.[5]

Komplexe Umwelt: Gerade hintergründige Berichterstattung kann jedoch geboten sein und digitalen Journalismus erfolgreicher machen. „Angesichts komplexer Verhältnisse in Politik, Wirtschaft, Technik und Gesellschaft steigt der Bedarf an Erklärungen", schreibt Claudia Mast im „ABC des Journalismus". Ihr zufolge bekommt die Wissensvermittlung neben dem ereignisorientierten Journalismus mehr Bedeutung.[6] Hoher Zeitdruck, durch den Schwerpunkt auf redaktioneller Aktualität erzeugt, verhindert hingegen aufwendigere inhaltliche Methoden. Doch gerade diese können zum digitalen Erfolg beitragen (siehe Kap. 4).

Der Redaktionsberater Christian Sauer nennt konstruktiven Journalismus als Beispiel, der zwar auf Aktualität aufsetzt, jedoch mehr Zeit in der Vorbereitung

---

[5] Den Vorteil der Zeitungsaktualisierung hebt im Interview mit dem Medienmagazin „Insight" 2006 Ulf Schlüter, damals stv. Chefredakteur der „Financial Times Deutschland" und später in derselben Position bei der „Südwest Presse", hervor, vgl. Olivia Konieczny, Arbeiten im Newsroom. Vor- und Nachteile der Neuorganisation von Zeitungsredaktionen (Hamburg: Diplomica Verlag GmbH, 2013), S. 47. Ähnlich schildert der damalige Managing Editor Grischa Brower-Rabinowitsch die Arbeitsweise im Newsroom des „Handelsblatts" 2012, vgl. Claudia Mast, Claudia Mast, ABC des Journalismus. Ein Handbuch (Köln: Herbert von Halem Verlag, 13., komplett überarbeitete Auflage, 2018), S. 276 f. Das Credo, im Internet existiere kein Redaktionsschluss, findet sich in vielen Journalismus-Handbüchern, vgl. Jana Wiske, Markus Kaiser, Journalismus und PR. Arbeitsweisen, Spannungsfelder, Chancen (Köln: Herbert von Halem Verlag, 2023), S. 156. Zur These der „permanenten Aktualisierung" vgl. Markus Behmer, Bernd Blöbaum, Wolfgang Donsbach, Leif Kramp, Margreth Lünenborg, Maja Malik, Klaus Meier, Juliana Raupp, Siegfried Weischenberg, Wer Journalisten sind und wie sie arbeiten, bpb.de, 8. Juni 2011, https://www.bpb.de/shop/zeitschriften/izpb/massenmedien-309/7527/wer-journalisten-sind-und-wie-sie-arbeiten/, 15.10.2023. Die Vor- und Nachteile der Online-Aktualität im Zusammenhang mit integrierter redaktioneller Arbeitsweise diskutiert Klaus Meier, Klaus Meier, Journalistik (Konstanz, München: UTB Basics/UVK Verlagsgesellschaft mbH, 4. überarbeitete Auflage, 2018), S. 180 f.

[6] Zitiert nach Claudia Mast, ABC des Journalismus, S. 253 f.

2 Digitale Standards: Die Formel E-2

brauche: „Überall da, wo aktuelle Themen nachgearbeitet werden oder wo eine vorausschauende Themenplanung stattfindet, kann die konstruktive Herangehensweise zu ihrer eigentlichen Form auflaufen."[7]

Aktualität ist ein Nachrichtenfaktor – und überdies Kennzeichen des Journalismus. Allerdings haben sich nicht nur Bedürfnisse der Nachrichtenkonsumierenden verändert. Bereits die kontinuierliche Berichterstattung zu bestimmten großen Lagen oder Leitthemen verlangt planvolles Handeln in der Redaktion. Und geben sich Medien ein redaktionelles Konzept, um ihrem Qualitätsanspruch einen Rahmen zu geben, braucht es einen Plan für die Umsetzung.

Die Forscher Stephan Russ-Mohl und Tanjev Schultz schreiben in ihrem Journalismus-Lehrbuch: „Das schönste redaktionelle Konzept bleibt Makulatur, wenn es nicht immer wieder in realisierbaren Etappenzielen – etwa bei der Themenplanung – umgesetzt wird." Beide plädieren für eine angemessene und flexible Planung. Sie kann revidiert werden, wenn sich Journalistinnen und Journalisten wichtigen unvorhersehbaren Ereignissen widmen müssen.[8]

Sowohl bei Zeitschriften als auch im Hörfunk kennen die Beteiligten den Spagat zwischen aktueller und vorausschauend geplanter Berichterstattung. Zeitschriftenredaktionen können nicht tagesaktuell sein und mussten schon immer – ob nun „Der Spiegel" oder die „Bunte" – zeitgemäße Themen mit einem besonderen Dreh versehen, um damit am Kiosk oder im Abonnement punkten zu können. Auch Radiobeiträge, die schwierige Themen anpacken, müssen tiefer gehende Recherchen mit O-Tönen, Atmosphäre und Sounds versehen, um die Beträge verständlicher zu machen – und brauchen für besondere Formate wie Features genügend Zeit.

Bei solchen Produkten sind mittel- und langfristige Planungsrhythmen entscheidend – mit ein, zwei oder mehr Wochen Vorlauf. Auch Nachrichtenagenturen liefern den Redaktionen schon seit Jahrzehnten Planungsgerüste für zwei, vier Wochen und zu den wichtigsten Ereignissen ein ganzes Jahr im Voraus. Abgucken können der Tagesaktualität verschriebene Redaktionen laut Raue und Schneider vom Magazinjournalismus, wie Informationen analytisch aufbereitet, Reportagen und exklusive Geschichten angegangen werden.[9]

---

[7] Zitiert nach Christian Sauer, Wo und wann funktioniert konstruktiver Journalismus am besten? S. 42, in: Ulf Grüner, Christian Sauer (Hrsg.), Kritisch-konstruktiver Journalismus (Hamburg: Books on Demand, , 3. aktualisierte und erweiterte Auflage, 2019), S. 40–43.

[8] Vgl. Stephan Russ-Mohl, Tanjev Schultz, Journalismus. Das Lehr- und Handbuch (Köln: Herbert von Halem Verlag, 4., komplett überarbeitete Auflage, 2023), S. 134 ff.

[9] Schneider/Raue, S. 327. Zur vorausschauenden Planung bei Nachrichtenagenturen vgl. Henning Kornfeld, Kunden dürfen bei Terminen mitreden. Die dpa ergänzt „dpa-news" um die Plattform „dpa-Agenda", kress.de, 31. August 2012, https://kress.de/pro/beitrag/114111-kunden-duerfen-bei-terminen-mitreden.html, 15.10.2023.

Im lokalen und regionalen Journalismus gibt es ebenfalls Beispiele vorausschauender Planung. Sie sollen hier exemplarisch als Vorläufer und Anknüpfungspunkte für das anschließend dargestellte Planungsmodell des Autors genannt werden. So hat die Redaktion des „Kölner Stadtanzeigers" bereits um 2010 crossmedial geplant: Das Programm für den Online-Auftritt wurde dem damaligen Chef vom Dienst, Björn Schmidt, zufolge „zum Teil schon am Vortag" festgelegt; zugleich sollte Online sehr aktuell arbeiten – direkt nach Terminen oder bei Adhoc-Ereignissen.

Die „Westfälische Rundschau" plante Themenpakete zu wiederkehrenden Ereignissen wie Weihnachten, Frühjahrsputz und Open-Air-Konzerten Wochen im Voraus. Der „Trierische Volksfreund" hatte in den Nullerjahren nach Angaben von Alexander Houben, damals Chef vom Dienst, eine mittelfristige Themenplanung eingeführt: Dabei sind wesentliche Themen für die komplette nächste Woche durchgeplant worden.[10]

Effiziente Planung, verbunden mit einer Newdesk-Arbeitsweise, die Aufgaben der Editorinnen und Editoren zentral bündelt, erfolgt häufig aus Kostengründen: Selbst, wenn weniger Personal in der Produktion eingesetzt wird, sollen exklusive und tiefgehende Storys möglich bleiben. Je weiter die für die Planung Verantwortlichen dabei vorausschauen, umso interessanter wird der Ablauf auch für die benachbarten Abteilungen, das Marketing oder die Werbeabteilung. Die einen können zur neuen Serie im nächsten Quartal des Jahres eine Abo-Kampagne entwerfen. Die anderen können bereits im Jahresgespräch mit Anzeigenkunden auf ein redaktionelles Projekt als Werbeumfeld hinweisen.[11]

Der Nebeneffekt steht für die Redaktionen selbst natürlich nicht im Fokus. Es geht um Themen, die Kundinnen und Kunden ein Abo wert sind und die für Auf-

---

[10] Zum „Kölner Stadtanzeiger" vgl. Rainer App, „Crossmedia ist detaillierte Planung, rund um die Uhr", S. 320, in: Ulf Grüner, Christian Sauer, Qualitätsmanagement in Redaktionen. Das Coaching-Buch für Chefs & solche, die es werden (Norderstedt: Books on Demand, 2010), S. 319–322. Zur „Westfälischen Rundschau" vgl. Stefan Wirner, „Wir inszenieren Überraschungen", drehscheibe.org, 22. August 2011, https://www.drehscheibe.org/interview/wir-inszenieren-ueberraschungen.html, abgerufen am 17.10.2023. Zum „Trierischen Volksfreund" vgl. Alexander Houben, Total lokal auf allen Kanälen – die Tageszeitung als Marke im Internet (Referat beim Modellseminar Kreativ ohne Chaos) S. 22, in: Robert Domes, Kreativ ohne Chaos, Multimediales Arbeiten in den Lokalredaktionen, Modellseminar 1/2009, Bundeszentrale für politische Bildung: Lokaljournalismusprogramm, 11. bis 15. Mai 2009 (Augsburg, o. J.).

[11] Vgl. Robert Domes, Mit Inhalt und Präsenz punkten. Die Redaktion muss beim Marketing eine größere Rolle spielen (Interview mit Ralf Freitag, Leiter Medien und Kommunikation, „Lippische Landeszeitung"), S. 12, in: Bundeszentrale für politische Bildung (Hrsg.), drehscheibe+ Nr. 8. Zum Modellseminar „Die neue DNA des Lokaljournalismus – Rezepte für die erfolgreiche Zukunft" vom 19. bis 23. Mai 2014) (o. O., o. J.), S. 12–13.

merksamkeit sorgen. Wie bei der „Main-Post", die in ihrem Projekt „Aladin" ab 2016 den Umgang mit ihren wichtigsten Themen regelte. Solche Stoffe der Kategorie A, die aktuell, regional und profilgebend, reichweitenstark oder exklusiv sein sollten, melden die Reporter über das Planungstool Desk-Net (Kordiam) frühzeitig an. Das seinerzeit neu gegründete Themenmanagement gibt die Storys frei. Erst danach beginnt die Recherche.[12]

2.1 E-2 – vorausschauend planen und produzieren

In allen Redaktionen stellt sich die Frage, wie vorausschauende Planung mit der Produktion journalistischer Inhalte schlüssig verknüpft werden kann. Vorausschauend meint hier, über den Tag hinaus zu blicken, Journalismus mit mehr Weitsicht anzugehen. Es ist nicht damit getan, in einen Vorlauf zu kommen. Dieser ist in vielen Medienhäusern bei bestimmten Themen bereits üblich. Ob es um ein geplantes Themenpaket zu einem länger feststehenden Ereignis – nehmen wir eine Fußball-Weltmeisterschaft –, eine adventliche Artikelserie oder ein multimediales Schwerpunktthema zu den Wohnverhältnissen junger Familien in einer Stadt geht: Die folgenden Fragen bleiben entscheidend:

- Wie können sich die Verantwortlichen für das Themenmanagement ein verlässliches Bild davon machen, wie weit die Arbeit an den vereinbarten Beiträgen ist?
- Wie wird eine pünktliche Abgabe der beauftragten Artikel, Podcasts, Sendebeiträge und Posts gewährleistet?
- Wie passen die *Deadline* für Lieferanten und Redaktionsschlüsse zu den (künftigen) digitalen Prozessen der Redaktion?

Die Herausforderung bei der Themenplanung besteht also darin, diese entlang der redaktionellen Abläufe zu denken und zu integrieren. Dies ist insbesondere dann wichtig, wenn ein digitaler *Standard* neu eingeführt werden soll. Dann geht es darum, die journalistische *Qualität* zu sichern und beides dauerhaft im redaktionellen Betrieb zu verankern.

Breaking News stellen eine weitere Aufgabe an derart geforderte Redaktionen, Reporterinnen, Editoren oder freie Journalisten. Wenn das Rathaus brennt, wenn die Landrätin nach Bestechungsvorwürfen zurücktritt oder der lokale Spitzenverein

---

[12] Vgl. Henning Kornfeld, Wer A sagt, muss nicht E sagen. Wie die „Main-Post" Inhalte nach ihrem Wert für die Zeitung kategorisiert, in: Redaktionsmanagement. Wie sich die „Main-Post" neu aufstellt, *kress pro* Dossier 10/2018, S. 7.

den Fußball-Landespokal nach Elfmeterschießen gewinnt, ist Geschwindigkeit gefragt: Können wir in fünf Minuten damit online raus? Auch geschlossene Produkte wie die währenddessen in der Produktion befindliche Tageszeitung oder die Nachrichten im Radio müssen mit bedient werden, wenn die eilige Online-Berichterstattung prompt erledigt ist. In mittleren und kleinen Redaktionen sind dabei häufig dieselben Personen beteiligt.

Zeitdruck als potenzielle Fehlerquelle: Das fiktive Beispiel „Rathaus brennt" hat es in sich. Fotos, Videos, Text, O-Töne und Interviews werden gebraucht. Personal wird für ein unvorhersehbares Ereignis gebunden. Währenddessen bleiben andere Arbeiten liegen. Dies wird zum Problem, wenn zu wenige Mitarbeitende verfügbar sind. Die Qualitätskontrolle wie die Abnahme von Beiträgen und Feedback an die Reporterin kann ebenfalls zu kurz kommen.

Eng wird es, wenn der Newsdesk zur selben Zeit auch für andere Ressorts und Lokalausgaben tätig sein muss. In den Redaktionen regionaler Nachrichtenportale und Tageszeitungen sind solche Situationen keine Ausnahme. Das kommt häufiger vor, ist stressig für die Beteiligten – und kann zu Fehlern führen.

Das Planungskonzept in diesem Kapitel knüpft deshalb an bereits genannte Überlegungen an: Demzufolge steigen Qualität, journalistische Tiefe oder auch der Lese-Anreiz durch besondere Kniffe und „Überraschungen" dank frühzeitiger Planung – selbst wenn eine Redaktion tagesaktuell unterwegs ist und mehrmals täglich ihre Produkte aktualisiert.

Die wichtigsten Themen sollten die Beteiligten ausgeruht angehen. Rechtzeitig als Idee aufgebracht und abgewogen, werden sie in die redaktionelle Planung aufgenommen, und die Produktion startet mit Vorlauf. Der zweite Punkt – darin liegt eine große Chance – ist die zeitliche Entzerrung des Produktionsprozesses bis zur Abgabe eines Beitrags.

Angelehnt an die Arbeitsweise der zugleich mit dem Print-Erbe und dem Online-Journalismus befassten Medienunternehmen heißt das *Prinzip E-2* (sprich: „E minus zwei"). Die folgenden Absätze erläutern das Schema.

E steht für den Erscheinungstag. Im Jargon der Zeitungsredaktionen, Vertriebe und Druckereien ist damit das Veröffentlichungsdatum der Zeitung gemeint. Bevor es das Internet und die ersten Gehversuche mit Online-Journalismus gab, war es üblich, die für eine tagesaktuelle Zeitungsproduktion hergestellten Beiträge möglichst spät abzuliefern. Je länger ein Verlag den Redaktionsschluss in den Abend oder die Nacht hinauszögern konnte, umso aktueller war am nächsten Morgen das Blatt.

Bis in die Gegenwart lassen Verlage Tageszeitungen außerdem in Schüben drucken: Die Redaktion aktualisiert Meldungen auf der Politikseite oder im Sportteil; Wahlergebnisse, Siege und Niederlagen für die Spätausgaben. Die Druckerei be-

2.1 E-2 – vorausschauend planen und produzieren

lichtet die betreffenden Seiten nach dem Andruck und schiebt die Druckplatten dementsprechend später in die Printproduktion.
Diese Arbeitsweise lässt sich als *E-1* bezeichnen. Es gibt also zwangsläufig einen redaktionellen Flaschenhals in der Produktion und bei der Qualitätskontrolle am Abend. Dieser Flaschenhals droht dann zu verstopfen, wenn Beiträge parallel online gehen sollen.

Nachteile von E-1: Zum Redaktionsschluss am Abend drängen sich die fertiggestellten Beiträge. Dagegen stellt die Redaktion frühmorgens, mittags oder überhaupt tagsüber bis zum Nachmittag weniger Beiträge fertig. Beiträge, die einerseits online genutzt werden und andererseits bereits für Zeitungsseiten bearbeitet, kontrolliert und gegebenenfalls verbessert werden könnten. Dies ist sowohl aus der Perspektive der Kundinnen und Kunden als auch für Mitarbeitende in den Redaktionen nicht optimal:

- *Perspektive der Kundinnen und Kunden:* Sie bekommen tagsüber zu wenige, qualitativ anspruchsvolle und attraktive Beiträge zu sehen – bis auf Eilmeldungen aus dem Polizei-Ticker oder Zusammenfassungen der Nachrichtenagentur vielleicht. Auf den Websites mancher Medienmarke erhalten Online-Nutzende frische Inhalte erst nach der Produktion des E-Papers, manchmal erst zeitgleich mit der Zustellung der Tageszeitung – von der wir ja wissen, dass sie bei aktuellen Geschichten eh' immer zu spät im Briefkasten oder am Kiosk ist.
- *Redakteurinnen und Redakteure* kämpfen insbesondere abends mit zu vielen Themen, Beiträgen und Prozessen gleichzeitig. Das ist eine enorme Fehlerquelle! Und die redaktionellen Engpässe führen neben Schludrigkeiten zu Mehrarbeit und Überstunden. Viele Mitarbeitende kennen dies von besonders ereignisreichen Tagen.

Die Formel E-2 als Lösungsansatz: Was wäre, wenn ein Großteil der verabredeten Beiträge in den Redaktionen einfach einen Tag früher als bisher abgeliefert würde? Wenn als *Deadline*, als Redaktionsschluss der Vor-Vorabend des Veröffentlichungsdatums einer Zeitung gilt? Dann treten im redaktionellen Ablauf Möglichkeiten zur Entlastung auf.

Den zweiten Tag, zurückgerechnet vom Publikationsdatum, nennt der Autor in diesem Buch E-2. Das ist kein schöner Name. E-2 verdeutlicht allerdings einen zeitlichen Puffer. Dieser Puffer kann der Qualität, den beteiligten Menschen im Produktionsprozess und den digitalen Lesenden, Abonnierenden oder Zuschauenden dienen.

Vorteil redaktioneller Qualität: Wird der Redaktionsschluss auf den Vorabend des – Achtung, noch mal Jargon – Produktionstags einer Zeitung (oder auch

Sendung) gelegt, ergeben sich mehr Möglichkeiten zur qualitativen Kontrolle. Jemand kann sich den Beitrag einen Tag früher ansehen und Feedback an die Autorin oder den Autor geben.

Fehlende Informationen lassen sich ergänzen, eine noch offene Frage kann geklärt werden. Am folgenden Produktionstag selbst arbeiten Redakteurinnen und Redakteure intensiver und zugleich entspannter – und nicht erst geballt kurz vorm Redaktionsschluss – an dem Material und mit den Beiträgen.

Insbesondere die Zeitungsproduktion gewinnt an Präzision. Fehlerquoten können sinken – vom Layout über das Redigieren bis zur oft zu hektisch oder nachlässig formulierten Überschrift oder Bildunterschrift. Wie zu zeigen ist, ermöglicht das E-2-Prinzip am Produktionstag (E-1) eine bessere Verteilung der Arbeitsbelastung und verhindert auch Mehrarbeit.

Vorteile für Mediennutzende: Ein E-2 abgelieferter Beitrag – vorausgesetzt, er ist online publikationsreif abgegeben worden – kann bereits am nächsten frühen Morgen im Nachrichtenportal ausgespielt werden. Im besten Fall stellt der Beitrag für das Publikum eine gut recherchierte und aufbereitete Neuigkeit dar.

Wird das Material später für eine Zeitung oder eine Sendung verwendet, erhält das jeweilige Publikum besser aufbereitete Inhalte. E-2 befördert eine intensivere redaktionelle Arbeit. Damit der zeitliche Puffer überhaupt entstehen kann, müssen Redaktionen allerdings einige Vorbereitungen treffen (Abb. 2.1).

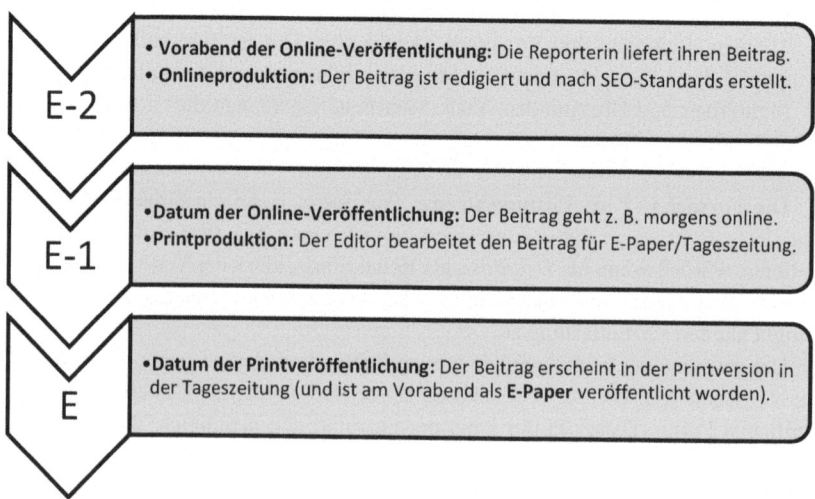

Abb. 2.1 Das E-2-Prinzip auf einen Blick. *Diese Grafik zeigt die Zwei-Schritte-Produktion für Online (zuerst) und Print (nachgeordnet) beispielhaft für die Redaktion eines regionalen Mediums, die integriert die digitalen und analogen Kanäle bedient. (Quelle: Oliver Haustein-Teßmer)*

2.1 E-2 – vorausschauend planen und produzieren

Das Prinzip E-2 – in zehn Schritten erklärt

E: steht für Erscheinungstag. Das ist das Veröffentlichungsdatum (einer Tageszeitung).

E-1: steht für den Tag vor dem Erscheinungstag (bei Zeitungen: Produktionstag). Wenn die Redaktion *online first* arbeitet, entspricht E-1 in der Regel dem Online-Veröffentlichungsdatum.

E-2: steht für das Datum zwei Tage vor dem Erscheinungsdatum (sprich: E minus zwei). E-2 ist zugleich der Abgabetermin für einen Großteil der Beiträge: Vereinbart werden Datum und *Uhrzeit!*

So funktioniert das Prinzip: Die Stadtreporterin will der Frage nachgehen, wie Familien mit Kindern bei steigenden Immobilienpreisen klarkommen.

1. Im *Themenplanungstool* schlägt die Reporterin ihr Thema *vor* der *Wochenrunde* ihres Teams vor. Die *Planerin* akzeptiert das Thema am Dienstag, 14. November.
2. Das Thema wird in der Planungssoftware mit festem, mit der Teamleitung abgesprochenen *Abgabetermin (Deadline)* versehen: Mittwoch, 22. November, 18:00 Uhr (= E-2).
3. Die Planerin bietet das Thema zur Online-Veröffentlichung am Donnerstag, 23. November (= E-1), an. Am Freitag, 24. November (= E) wird der Beitrag Aufmacher im Lokalteil.
4. Die Reporterin recherchiert das Thema ab 15. November. Sie stößt auf *exklusive* neue Daten: Die Grundstückspreise haben sich binnen vier Jahren verdoppelt. Sie informiert die Planerin.
5. Die Planerin *aktualisiert* die Themenplanung, bietet das Thema online für den 23. November, 6:00 Uhr, und als *Push-Meldung* für Smartphone-Nutzer an.
6. Die Reporterin gibt ihren Beitrag *für Online veröffentlichungsreif* am 22. November, bis 18 Uhr, ab. Die Planerin/eine Kollegin haben den Artikel gegengelesen (Vier-Augen-Prinzip).
7. *Online-first-Produktion:* Der Online-Spätdienst am Newsdesk sieht am 22. November nach 18 Uhr im Planungstool, dass der Beitrag fertig ist. Er verfeinert den Online-Teaser nach SEO-Kriterien. Er platziert den Beitrag mit Zeitschaltuhr für den 23. November, 6:00 Uhr, auf der Homepage. Die Push-Meldung legt er mit Zeitschaltuhr im Redaktionssystem an. Die Social-Media-Redakteurin erstellt aus mitgelieferten Bildern und kurzen Texten ein Reel für Instagram und Facebook.

8. Um 6:00 Uhr am 23. November geht der Beitrag online und um 6:30 Uhr als Push-Meldung auf die Handys der Nutzenden. Das Kurzvideo läuft um 8:45 Uhr auf Instagram, später auf Facebook.
9. *Nachgeordnete Printproduktion:* Um 10 Uhr am 23. November (E-1) beginnt die Print-Editorin mit der Arbeit an der lokalen Aufschlagseite der Zeitung. Sie bearbeitet Überschrift, Vorspann und Bildunterschrift, kürzt und setzt Zwischentitel ein. Es folgt das Korrekturlesen. Der wichtigste lokale Beitrag ist vor der Mittagspause fertig.
10. Am Freitag, 24. November (E-Tag) – im E-Paper schon am Vorabend – erscheint der *Print-Aufmacher* zur Explosion der Immobilienpreise und den geplatzten Hausbau-Träumen mehrerer Familien im Lokalteil der Tageszeitung.

Günstiger Zeitpunkt für die Einführung: Der Autor hat das E-2-Prinzip zunächst für die Redaktion der „Lausitzer Rundschau" eingeführt. Damals standen wesentliche Veränderungen an:

- Die Neue Pressegesellschaft beginnt 2019 damit, reine Online-Abo-Modelle (SWP+, LR+) einzuführen.
- Die Redaktion unterscheidet nun exklusive und originäre Inhalte aus der Redaktion, die nur noch Abonnierenden zugänglich sind, und frei verfügbare redaktionelle Artikel wie Polizeiberichte, auf öffentlich zugänglichen Veranstaltungen und Pressekonferenzen basierende Berichte, Bilderstrecken und Videos.
  – Das dahinterstehende digitale Geschäftsmodell heißt Freemium: Die Nachrichtenportale bieten eine Mischung aus frei zugänglichen und hinter einer Paywall nur für Abonnierende zugänglichen Beiträgen an.
- Die Beiträge hinter der Paywall sollen qualitativ hochwertig und möglichst aktuell – vor der Printproduktion – bereitgestellt werden.
- Dieselben Reporterinnen und Reporter, die zuvor Beiträge abgelieferten, die auf Zeitungskundinnen und -kunden zielten, sollen jetzt Online-Beiträge *online first* liefern.
- Die Kontrolle und Publikation der Online-Beiträge übernimmt ein Digitaldesk.
- Davon getrennt arbeitet nachgeordnet der Printdesk.

Hybride Produktion und E-2: Das Beispiel verdeutlicht die Herausforderungen, vor denen viele integrierte Redaktionen stehen. Sie sollen *online first* Beiträge von hoher Qualität liefern. Dazu gehören funktionelle, für Suchmaschinen und flüchtige Online-Lesende optimierte Überschriften und Teaser. Die Beträge müssen strukturiert mit Zwischenüberschriften, Linkempfehlungen und mehr abgegeben werden. Solche Online-Artikel sollten wiederum sorgfältig *vor* der Veröffentlichung abgenommen werden. Zugleich bilden das aus den Recherchen erstellte Material und die Beiträge derselben Reporterinnen und Reporter meist die Basis für weitere Produkte.

Das ist zum Beispiel eine regionale Tageszeitung, für die ein Beitrag noch einmal angefasst, redigiert und gemäß der Lesegewohnheiten präsentiert werden soll. Budget und Ressourcen für komplette, parallel arbeitende Redaktionseinheiten, die unabhängig voneinander Online und Print, Online und Radio oder Online und Fernsehen bedienen, sind bis auf Ausnahmen – bei überregionalen Medien oder beim öffentlich-rechtlichen Rundfunk – meist nicht vorhanden. Daher lassen sich solche Redaktionsmodelle, die in unterschiedlichen Graden integriert oder crossmedial arbeiten, als Hybride bezeichnen. *Für diese Organisationsform eignet sich E-2 besonders.*

Zeitliche Entzerrung: Die größte Herausforderung bei solchen hybrid arbeitenden Redaktionen ist der passende zeitliche Ablauf. Dieser ermöglicht es, verschiedene Medienkanäle standardisiert und den Qualitätsansprüchen genügend zu bedienen. Das eingesetzte Personal soll nicht überlastet werden. Im Gegenteil: Wie oben erläutert, brauchen gerade exklusive, Text, Daten und Bild kombinierende journalistische Produkte mehr Zeit, genauere Absprachen und Kontrollen sowie eben verlässlich einzuhaltende Routinen für Konferenzen, Absprachen, Abgabetermine und Publikationsprozesse.

Einstieg jederzeit möglich: Integrierte Redaktionen, bereits mit dem Fokus auf Online, profitieren vom Planungsmodell sicherlich am meisten. Dennoch kann das Prinzip E-2 jederzeit eingeführt werden (siehe Abschn. 2.5). Dabei ist es egal, an welchem Punkt der digitalen Transformation eine Redaktion steht. Es müssen nicht erst sämtliche Reporterinnen oder Editoren *online first* oder sogar zielgruppengerecht arbeiten. Auch wenn nur ein Teil der Redaktion so arbeitet oder diese Umstellung erst bevorsteht, lassen sich die Vorteile fürs Qualitäts- als auch Zeitmanagement nutzen.

Als die Produktion für die Zeitung und das Internet noch parallel lief, nahm die Chefredaktion beim „Trierischen Volksfreund" die wichtigsten lokalen Topthemen bereits am Vorabend (E-2) des Printproduktionstags (E-1) ab. Die vorgezogene Qualitätskontrolle verbesserte den Inhalt, Korrekturen waren gegebenenfalls noch am Produktionstag möglich.[13] Wichtiger als *online first* sind die vereinbarten Abläufe. Je mehr allerdings dabei das Digitale im Vordergrund steht, umso besser.

---

[13] Der Autor hat von 2010 bis 2015 als Nachrichtenchef des „Trierischen Volksfreunds" gearbeitet.

2.2 Planen und Aktualität verbinden

Aktualität und vorausschauende Planung als Spannungsfeld: Zum Wesen des Journalismus zählt es, auf der Höhe der Zeit und synchron mit der unmittelbaren Gegenwart zu berichten – anders als Publizistik in Form von Büchern, Essays oder Jahresheften. Der Journalistik-Forscher Klaus Meier spricht von den sozialen und zeitlichen Dimensionen des Journalismus.[14] Die Leserinnen und Leser von Online-Medien, täglich veröffentlichten Zeitungen und Sendungen sind es gewöhnt, schwerpunktmäßig aktuelle Informationen zu erhalten.

Wie verträgt sich die geforderte Aktualität mit dem E-2-Prinzip? Um dies für ihr Medium herauszufinden und mit den Erwartungen der Nutzenden übereinzubringen, sollten Redaktionsverantwortliche genauer hinschauen. Wichtige Fragen sind:

- Welche Neuigkeiten *rechtfertigen* Adhoc-Berichterstattung?
- Welche Verlautbarungen, Pressemitteilungen, Pressekonferenzen hingegen nicht?
- Wie können solche Ereignisse gegebenenfalls antizipiert und in einen zeitlich entzerrten, qualitätsvollen Redaktionsprozess eingebaut werden?

Empfehlenswert ist eine *Breaking-News-Analyse*. Wie entscheidet die Redaktion, welches Thema eilig ist? Welche Fälle aus dem journalistischen Alltag lassen sich dafür als Muster heranziehen? Dies kann regional unterschiedlich sein. In Großstädten können mehr medialer Wettbewerb und für einen Großteil der Öffentlichkeit relevante Ereignisse ausschlaggebend dafür sein, größere Ressourcen für Adhoc-Berichterstattung vorzuhalten. Im ländlichen Raum kommt es dagegen häufig vor, dass Redaktionen die meisten Nachrichten selbst generieren – aufbringen – müssen.

80:20 oder eher 95:5? Redaktionen, die das E-2-Prinzip bereits anwenden (siehe Interview, Abschn. 2.7), nennen öfter diese Größenordnung: 80 % der journalistischen Recherchen und Beiträge seien vorausschauend planbar. Journalistinnen und Journalisten befördern dies selbst, indem sie zunehmend darauf achten, die Bedürfnisse ihrer Zielgruppen zu adressieren.[15] Sie tun dies bei ihrer Arbeit für kostenpflichtige journalistische Angebote, um einen Unterschied zu frei verfügbaren Online-Informationen zu machen. Es geht ihnen darum, Website-

---

[14] Vgl. Klaus Meier, Journalistik (Konstanz, München: UTB Basics/UVK Verlagsgesellschaft mbH, 4. überarbeitete Auflage, 2018), S. 30 f.
[15] Vgl. Alexander Marinos, Nachrichten ohne News. Zwischenruf. Digitaljournalismus, in *Medium Magazin* 4/2023, S. 16.

2.2 Planen und Aktualität verbinden

Besucherinnen und -Besucher zu motivieren, als loyale und zahlende Nutzende wiederzukehren (siehe Abschn. 4.1).

Demzufolge behalten sich Führungskräfte vor, mit ihren Redaktionsteams bis zu 20 % der Beiträge aktuell (E-1) zu produzieren (Verhältnis 80:20). Ländlich gelegene Lokalredaktionen in Kleinstädten müssen dagegen nahezu jedes Thema erst als Nachricht entwickeln. Das ist durchaus vorteilhaft. Solche Produktionen sind mindestens originär, oft sogar exklusiv.

Der Vorteil ist jedoch verbunden mit der schwierigen Aufgabe, solche Beiträge als relevant zu präsentieren und redaktionell zu vermarkten. Vor diesem Hintergrund nennen manche sogar bis zu 95 % frühzeitig planbarer und produzierbarer Beiträge (95:5).

Aufwand für Breaking News ermitteln: Da es um nicht vorhersehbare Ereignisse geht, ist Redaktionen lediglich eine Schätzung möglich. Der Autor dieses Handbuchs empfiehlt wie folgt vorzugehen: Das betreffende Team überprüft einen vollen, vergangenen Monat und schaut sich die produzierten Beiträge an. Es ist sinnvoll, keine Ausnahmemonate mit außergewöhnlicher oder dominierender monothematischer Nachrichtenlage zu betrachten.

Checkliste: Wie eine Redaktion die notwendige Aktualität ermittelt

1. Es geht hierbei um den Aufwand für Beiträge, die am selben Tag online beziehungsweise auf Sendung gehen oder am Folgetag im E-Paper/in der Zeitung veröffentlicht werden:

Breaking News (adhoc; unvorhersehbare, höchst relevante Ereignisse)

- Wie viele Breaking News hat die Redaktion im definierten Zeitraum publiziert?
- Wie hoch war der Anteil an Breaking News (in Prozent) an der Gesamtproduktion?
- Wie hoch war der Personalaufwand für solche Adhoc-Beiträge jeweils?

Aktuelle Berichterstattung (vorhersehbar, ohne höchste Relevanz)

- Wie viele solcher aktuellen Beiträge hat die Redaktion im definierten Zeitraum produziert?
- Wie hoch war der Anteil an der Gesamtproduktion?
- Wie hoch war der Personalaufwand für die aktuelle Berichterstattung jeweils?

2. Im zweiten Schritt folgt eine kritische Inhaltsanalyse der bisherigen aktuellen Berichterstattung: Wann war es gerechtfertigt, die Beiträge ohne Vorlauf zu veröffentlichen?

Im Wettbewerb oder konkurrenzlos?

- War der aktuelle Beitrag jeweils konkurrenzlos? Oder stand der Beitrag *im Wettbewerb* zu den Beiträgen anderer Medien?
- Wenn der Beitrag im Wettbewerb stand: Wie zeigt sich dies an der Beitragsperformance? Online sollten Reichweite, neue Abos, Anteil bereits abonnierter Nutzender und andere Schlüsseldaten (Key Performance Indicators, vgl. Abschn. 3.2) gemessen und mit der durchschnittlichen Performance von Beiträgen des Mediums/Ressorts/Kanals verglichen werden
- Wenn der Beitrag nicht im Wettbewerb stand: Warum ist der Beitrag aktuell veröffentlicht worden? Wie unterscheidet er sich von Verlautbarungen oder Pressemitteilungen?

Qualitätsdiskussion

- Inwiefern erfüllten die aktuell veröffentlichten Artikel die Standards und den selbst gesetzten *Qualitätsanspruch* (z. B. Zielgruppen-Orientierung, siehe Abschn. 3.4 und 4.1) der Redaktion?

Beispielrechnung für den Aktualitätsbedarf: Ein kleineres Redaktionsteam produziert in einem vollen Monat, sagen wir, 100 Beiträge, ausgeklammert Meldungen, Notizen, Fließtext und Tabellen. Innerhalb dieses Zeitraums gibt es drei Eilmeldungen, also drei Prozent des gesamten Volumens. Die Redaktion ermittelt in der Rückschau außerdem, dass immerhin noch 50 Beiträge kurzfristig, also kurz vor der geplanten Online-Veröffentlichung und meistens am Abend vor der Printproduktion der Tageszeitung geliefert worden sind.

Das ergibt ein Verhältnis von 47:53. Es sind lediglich 47 % der Beiträge vorausschauend geplant und geliefert worden. Da die kritische und für die Beteiligten nachvollziehbare inhaltliche Überprüfung bei 50 und mehr Beiträgen relativ aufwendig ist, empfiehlt der Autor, sich auf Topstorys zu konzentrieren. Bei der Auswertung sollten lediglich größere Beiträge einbezogen werden, die es auf die Homepage der Website geschafft haben oder die als Aufmacher verwendet worden sind.

2.2 Planen und Aktualität verbinden

Artikel-Erfolg datengestützt bewerten: Mit einer Tabelle lassen sich die Schlüsselindikatoren für die Online-Performance vergleichen. Dabei kann die Redaktion aus Google Analytics oder eigenen Dashboards Daten ziehen (vgl. Abschn. 3.2 zur Datenorientierung). Schneiden die aktuell erstellten Beiträge dabei unterdurchschnittlich ab, ist eine Entscheidung fällig:

- Müssen Beiträge zu solchen Themen wirklich aktuell publiziert werden?
- Inwiefern haben sie ihren Zweck (nicht) erfüllt, den Zielen der Redaktion (nicht) gedient?

Ebenso einfach ist es, konkurrenzlose Beiträge der Redaktion zu hinterfragen: Warum sind diese trotzdem aktuell und somit unter Zeitdruck veröffentlicht worden? Die Qualitätsdiskussion dagegen fordert die Beteiligten erfahrungsgemäß heraus. Ähnlich wie beim Feedback (siehe unten, Abschn. 2.6) ist schwierig, solche Fragen mit zeitlichem Abstand, im Nachhinein, aufzuwerfen.

Besser ist es, *vor* einer Veröffentlichung und im Abnahme-Prozess Nachbesserungen zu einzufordern. Falls es diese Form der vorgelagerten Produktkritik in der Redaktion nicht gibt, sollte die kritische Rückschau spätestens am Tag nach der Veröffentlichung in der Redaktionskonferenz erfolgen.

▶ **Tipp Qualitätsdiskussion immer aus der Perspektive der Nutzenden:** Welchen Mehrwert bringt es den Lesenden/Nutzenden, wenn die Redaktion beim nächsten Mal planvoll statt höchstaktuell an dasselbe Thema herangeht? Woran *messen* wir den Erfolg des künftigen Beitrags?

Zu viel Aktualität: In vielen Redaktionen wird eine Analyse des Aktualitätsbedarfs ergeben, dass die Redaktion bisher zu viele Beiträge auf den letzten Drücker angeht. Dies hängt natürlich von der Ausrichtung der Medienmarke ab. Boulevardmedien arbeiten zum Beispiel mit einem deutlich höheren Anteil aktueller Nachrichten; und auch das jeweilige Sportteam einer Redaktion wird kurzfristig auf Ergebnisse, Personalien und bei der Live-Berichterstattung reagieren.

Der Anteil vermeidbarer Aktualität, abgezogen von den notwendigerweise aktuell produzierten Inhalten, ergibt das Mengenverhältnis von vorausschauend planbaren zu aktuell herzustellenden Beiträgen. Diese Aktualitätsquote allein ist nicht entscheidend! Es kommt darauf an, wie die Prozesse für vorausschauend geplante Themen (E-2-Prinzip) und die als notwendig erachtete redaktionelle Aktualität (adhoc oder E-1) ineinandergreifen. Was die Prozessverantwortlichen zu beachten haben:

- wie die Redaktion ein aktuell aufkommendes Thema in den Regelablauf einschieben kann,
- ob die Aufgaben- und damit Rollenverteilung in der Redaktion zum digitalen Prozess passt.

Was gilt als Breaking News? Um Entscheidungen zur Adhoc-Berichterstattung zu erleichtern, sollte eine Redaktion medienspezifisch und regionalisiert festlegen, welche Themen als eilbedürftig gelten. Dafür gibt es keine allgemein gültige Definition. Einem lokalen Medium sollte der Rathaus-Brand eine Eilmeldung wert sein. Der Wasser-Notstand im heißen Spreewald-Sommer mit Swimmingpool-Verbot kann regionalweit von Belang sein. Das tödliche Jahrhundert-Hochwasser im Sommer 2021 an der Ahr in Rheinland-Pfalz hat auch Redaktionen außerhalb der Region zu aktueller Berichterstattung bewegt.

Es geht um Nachrichten höchster Relevanz, die mehrere Nachrichtenfaktoren auf einmal betreffen oder triggern – wie das Mitgefühl angesichts einer Flutkatastrophe außerhalb der eigenen Region.[16] Eine Redaktion sollte ihre *Breaking-News-Kriterien* anhand mustergültiger Beispiele beschreiben und zusammen mit einem Fahrplan kurz und knapp intern kommunizieren.

Breaking-News-Fahrplan: Jede Redaktion kann für Adhoc-Ereignisse einige Vorkehrungen treffen. Es geht um Standards. Dies betrifft die verlässliche Informationskette bei höchst relevanten Ereignissen. Wie sind Teamleitungen notfalls erreichbar, die eine zusätzliche Reporterin entsenden, einen Redakteur bereithalten oder bei größeren Aufgaben einen Reportage-Pool einberufen sollen? Zudem sollte ein Adhoc-Einsatz an jedem Wochentag – auch Samstag und Sonntag! – möglich sein. Hilfreich ist ein fester und den einsetzbaren Redaktionsmitgliedern zugänglicher Katalog an Publikationsformaten. Für Online sind das beispielsweise:

- Eilmeldung
- Live-Ticker mit mobiler Zuliefermöglichkeit ins Redaktionssystem
- Einbinden von Social-Media-Posts und digitaler Zusendungen der Mediennutzenden.

---

[16] Zum Zusammenspiel der Nachrichtenfaktoren vgl. Alexander Marinos, Journalistische Praxis: Modernes Nachrichtenschreiben. Neu interpretierte Regeln für einen besseren Qualitätsjournalismus (Springer VS essentials) (Wiesbaden: Springer VS, 2021), S. 15 f.

2.2 Planen und Aktualität verbinden

Die Redaktion sollte alle Reporterinnen und Reporter mit Laptops *und* Smartphones für den mobilen Einsatz ausstatten. Alle in der Redaktion wissen, wie auch unter Zeitdruck ein (toolgestützter) Faktencheck funktioniert. Es gibt datenschutzkonforme und gepflegte Wikis, Intranetseiten, Share-Laufwerke mit Notfallrufnummern für Medien von Polizei, Feuerwehr und Leitstellen, Behördenleitungen sowie Politikerinnen und Politikern (siehe Überblick unten).

Aktuelles und Crossmedialität: Neben diesen für Online gedachten Maßnahmen braucht es gegebenenfalls eine Entsprechung für weitere, von der Redaktion bediente Kanäle und Produkte. Beispiele: Die Online-Berichterstattung kann zitiert, Online-Bilderstrecken können weiterverwendet werden. Social-Media-Interaktion lässt sich im Beitrag abbilden. Die Redaktion kann Aufrufe ans Publikum starten.

Das E-Paper kann Links zur Online- und Live-Berichterstattung anbieten. Dank konvergenter Geräte wie Tablets zum E-Paper-Lesen oder internetfähigen TV-Screens überwinden Leserinnen und Leser Medienbrüche – abgesehen von gedruckten Zeitungen. Printmedien können allerdings QR-Codes verwenden. Mit dem Scan des Codes per Handy gelangen Lesende dann beispielsweise zum Video im Online-Angebot.

Besondere redaktionelle Rollen für Aktualität: Sind die organisatorischen und technischen Vorkehrungen getroffen, muss eine Redaktion in der Lage sein, erhöhte Aktualität personell zu stemmen. Auch in mittleren und kleineren Teams, typisch für regionale Medienhäuser, lassen sich solche Rollen, abhängig vom Anteil der aktuell zu erledigenden Aufgaben (siehe oben), etablieren. Beispielsweise kann eine größere Stadtredaktion eine Position pro Tag für *Adhoc-Reportage* im Lokalen vorsehen. Mehrere kleinere Lokaleinheiten teilen sich gegebenenfalls eine solche Position.

Dies ist insbesondere sinnvoll, wenn die lokalen Redaktionen ohnehin nach einem *Regionalprinzip* zusammenarbeiten. Auch für Fachressorts ist eine solche Arbeitsteilung denkbar. Zeitungsredaktionen kennen das ähnliche Prinzip des ressortübergreifenden Spätdienstes. Der war auch in Zeiten ohne Internetmedien für abendliche Aktualisierungen zuständig.

Personalaufwand für Aktualität: Wie gezeigt nutzen Kundinnen und Kunden auch Medien online zunehmend flexibel (siehe Abschn. 1.2). Um an allen Wochentagen und zumindest von frühmorgens bis spätabends arbeitsfähig zu sein, kann es ebenfalls übergreifende Dienste geben. Eine Option sind gemeinsame Frühdienste und Spätdienste für Adhoc-Aufgaben und an Wochenenden. Diese Dienste kann die Redaktionsleitung um orts- und ressortgebundene Dienste tagsüber, von Montag bis Freitag, erweitern.

Führungskräfte müssen sich über die Grenzen solcher Vorkehrungen im Klaren sein. Eine fortgesetzte aktuelle Berichterstattung, die wie in der Corona-Pandemie von 2020 bis 2022 oder nach der russischen Invasion in die Ukraine im Februar 2022 über Monate anhält, verlangt mindestens temporär strukturelle Veränderungen.

Zum Beispiel kann dafür ein Redaktionspool gebildet werden. Reporterinnen, Redakteure, Mediengestalterinnen arbeiten darin über längere Zeit und fokussiert auf ein großes Thema zusammen. Dies ist zeitanteilig möglich. Ein Reporter widmet dann beispielsweise 40 % seiner Arbeitszeit den Poolaufgaben.

> **Auf einen Blick: Standards aktueller und Adhoc-Berichterstattung**
>
> *Definition:* Die Redaktion hat *Breaking News* anhand mustergültiger Beipiele orts- und medienspezifisch beschrieben und so eingegrenzt.
>
> *Kompetenzen:* Wer entscheidet, ob Breaking News den geplanten Ablauf verändern? Dies können regionale Team- und Ressortleitungen, Themenmanagement, Mitglieder der Chefredaktion oder andere, mit der Themenführung Beauftragte wie Nachrichtenredakteurinnen sein.
>
> *Fahrplan:* Es gibt einen intern zugänglichen und gepflegten Breaking-News-Fahrplan. Er enthält:
>
> - die *Informationskette* bei unvorhersehbaren Ereignissen. Beispiel: Frühdienst informiert Teamleitung, Teamleitung konsultiert Chefredaktion
> - einen *Katalog* geeigneter, sofort zugänglicher *Online-Formate* mit Tools für Adhoc- und Live-Berichterstattung sowie Interaktion mit den Nutzenden
> - einen Katalog für entsprechende Formate der anderen, von der Redaktion bedienten Produkte und Kanäle sowie Standards für die Vernetzung dieser Kanäle mit Online
> - *Notfallrufnummern* und Kontaktmöglichkeiten zur Polizei, zu Feuerwehr, Behörden, Politik
>
> *Ausstattung:* Die Redaktion kann mobil berichten und online von unterwegs zuliefern.
>
> *Rollen und Funktionen:* Die Redaktion hält spezifische Rollen für Adhoc- und fortgesetzte aktuelle Berichterstattung vor. Je nach Redaktionsgröße, Wochentag und Uhrzeit teamübergreifend.
>
> *Große Lagen* erfordern gegebenenfalls Poolbildung und (temporäre) Reorganisation der Redaktionsabläufe (Ahr-Flut, Corona-Pandemie, Russlands Invasion in die Ukraine und Folgen).

2.2 Planen und Aktualität verbinden

Aktualität und Planung greifen ineinander: Wenn die Standards für aktuelle Berichterstattung feststehen, ist die Redaktion eher in der Lage, sich auf das E-2-Prinzip einzulassen. Aktuelle und unvorhersehbare Themen lassen sich in den standardisierten Ablauf mit vorausschauender Planung und Abgabefristen einspeisen.

Dazu ein denkbares Beispiel: Eine *online first* arbeitende, auf *Breaking News* vorbereitete Redaktion hat in ihrer Wochenkonferenz die Themen für die folgende Woche inklusive Wochenende gesetzt. Die Reporterinnen und Reporter sind in der Spur. Die Abgabetermine jeweils einen Tag vor der Online-Veröffentlichung stehen fest. Plötzlich der Alarm: Sirenen ertönen, Blaulicht von Feuerwehr und Polizeiautos flackert in der Innenstadt. Das Rathaus steht in Flammen! So reagiert die Redaktion:

- **Tag 1:** Das Rathaus brennt in der Nacht. Dank der eingeübten Abläufe übernimmt zunächst ein Online-Frühdienst die *Erstberichterstattung*. Er informiert auf dem Smartphone, per WhatsApp, via Microsoft Teams, Google Chat oder im Slack-Kanal die zuständige Redaktion.
  Später kann die *Adhoc-Reporterin* übernehmen. Sie wird unterstützt von einem Fotografen und einer Videojournalistin. Die ursprünglich geplante Story für den Morgen-Peak online wird geschoben. Und zwar mindestens um einen ganzen Tag.
  Die Adhoc-Reporterin bereitet eine *exklusive Story für den zweiten Tag* vor. Wie konnte es zum Brand kommen? Wo residiert nun der Bürgermeister? Die Story stellt die Kollegin zum üblichen Redaktionsschluss am Vorabend der Online-Publikation fertig.
- **Tag 2:** Die exklusive Story geht morgens online. In der zugehörigen Zeitung kann die Redaktion entweder aufbauend auf der Adhoc-Berichterstattung oder ausnahmsweise parallel mit der Hintergrundstory punkten. Weitere Recherchen zur Brandursache und der geschätzten Schadenshöhe laufen. Redaktionsschluss für die Story ist wie üblich am Abend.
- **Tag 3:** Die weitere exklusive Story zur Brandursache geht früh online. Die geschobene, ursprünglich für Tag 1 geplante Online-Story zu einem anderen Topthema läuft mittags.
- **Tag 4:** Die weitere exklusive Story zur Brandursache wird Zeitungsaufmacher im Lokalteil. Auch die ursprünglich geplante Story erscheint jetzt gedruckt. Die Redaktion ist wieder im Regelablauf (E-2-Prinzip) (Abb. 2.2).

Je nach Umfang und Dauer der aktuellen Berichterstattung zum dominierenden Thema bindet die Redaktion mehr Personen ein und handhabt die

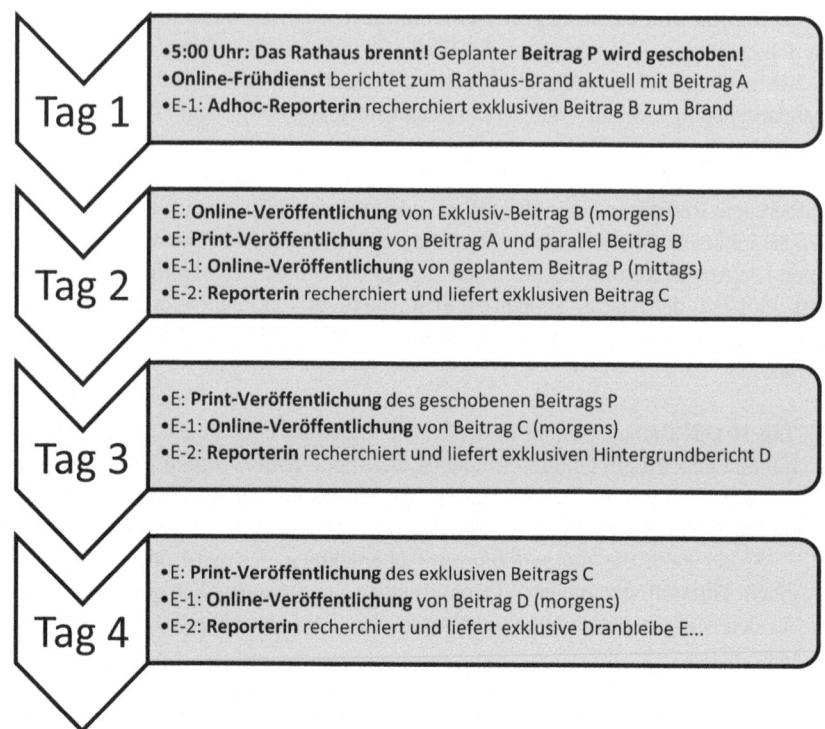

Abb. 2.2 Wie Aktualität und E-2-Prinzip zusammenpassen. *Beispiel Rathaus-Brand: So integriert die Redaktion das unvorhersehbare aktuelle Ereignis in den ansonsten mit Vorlauf geplanten inhaltlichen Prozess. (Quelle: Oliver Haustein-Teßmer)*

Themenplanung kurz- oder längerfristig flexibel. Das Gute: Die bereits vorausschauend produzierten Beiträge sind weiterhin brauchbar. Voraussetzung dafür ist, dass sie originär oder exklusiv sind.

Sie können beispielsweise auf Zielgruppen und deren Bedürfnisse hin ausgerichtet sein (siehe Kap. 4). Sie dürfen jedoch *nicht* auf Termine und Ereignisse hin geplant sein, weil dann eine Veröffentlichung zum festen Termin zwingend ist.

In größeren Medienorganisationen gibt es eigene Redaktionseinheiten für Aktuelles, auch für überregionale *Breaking News*. Kooperierende regionale Medienmarken übernehmen das zentral erstellte Beitragsangebot. Dabei konzentrieren sich die regionalen Partner auf die eigene Planung, regionale und lokale Aktualität.

2.3 Der Nutzen digitaler Regeln

Redaktionelle Führung: Weder Anweisungen noch verschriftliche Abläufe in Wikis und im Intranet allein verhelfen dem auf *Online First* ausgerichteten E-2-Prinzip zum Erfolg. Entscheidend ist bei einer solchen einschneidenden Veränderung die Führung des redaktionellen Prozesses. Was bedeutet Führung in diesem Fall? Zunächst eine bindende Übereinkunft, ein *Commitment* des Führungskreises, zur gewünschten digitalen Arbeitsweise. Chefredaktion und Teamleitungen für Ressorts, Lokalredaktionen und Produktionseinheiten am Newsdesk müssen dazu eine Vereinbarung treffen.

Diese Vereinbarung enthält zwingend die Grundregeln für vorausschauende Planung. Außerdem definiert sie die Ausnahmen: Wenn die Redaktion sich entscheidet, den Abgabetermin für ihre planbaren Storys auf den Vorabend der Online-Publikation zu legen, muss sie festlegen, welche Ausnahmen, zum Beispiel für *Breaking News* (siehe oben), möglich sind. Vor allem muss geklärt sein, *wer darüber entscheidet*.

Das Themenmanagement: Vorausschauende Planung, die Produktionsphase und Abgabefrist gehören beim E-2-Prinzip zusammen. Dadurch wird klar, dass die Planerin oder der Planer – egal, ob diese Rolle dezentral an eine Ressort- oder Teamleitung oder separat an ein zentrales Themenmanagement gebunden ist – Entscheidungskompetenz bekommt. Wer plant, muss festlegen, wann die *Deadline* ist und wann in welchem Kanal veröffentlicht wird. Damit liegt auch die Verantwortung für die Einhaltung der vereinbarten Planungs- und Produktionsregeln bei diesen Führungskräften.

Das Newsdesk-Team: Außerdem bekommen diejenigen in der Redaktion mehr Verantwortung für die Abläufe, die das gelieferte Ergebnis, wie einen Online-Beitrag, abnehmen und zur Veröffentlichung bereitstellen. An dieser Stelle der Hinweis: Stellen dieselben Redakteurinnen und Redakteure, die einen Beitrag recherchiert und erstellt haben, diesen auch online, gibt es ein strukturelles Problem: Es gibt keine Kontrollmöglichkeit des Prozesses durch Arbeitsteilung.

Dennoch läuft es in einigen Lokalredaktionen genau so. Das ist das Gegenteil von redaktioneller Führung! Arbeiten Redaktionen nach einem Newsdesk-Konzept, gibt es in der Regel Instanzen, die Beiträge abnehmen und zur Veröffentlichung freigeben. Natürlich kann dies auch eine Ressort- oder Teamleitung besorgen. Entscheidend ist, dass die Instanz dafür Prokura bekommt.

Die Vollmachten am Desk: Zur Vollmacht oder Prokura bei der Freigabe zur Veröffentlichung gehört die Befugnis, Beiträge abzulehnen, die nicht regelgerecht geliefert werden. Das sind Beiträge, die nachvollziehbar nicht zu den möglichen

Ausnahmen gehören. Ein heikler Punkt: Darf die diensthabende Digitaldesk-Redakteurin einen unvollständig und zu spät gelieferten Online-Artikel zurückweisen? Die Antwort muss natürlich lauten: ja. Denn der säumige Lieferant des Beitrags stört das Programm. Das betrifft die nachfolgend bereits geplanten Abläufe. In integriert oder crossmedial arbeitenden Redaktionen reichen die Folgen also von der Online-Veröffentlichung über die Ausspielung auf *Social Media* bis hin zur anschließenden Zeitungsproduktion. Die Befugnis, Beiträge notfalls abzulehnen, ist daher wesentlich.

▶ **Tipp Eskalation als Ausnahme:** Die Ablehnung eines Beitrags ist die *höchste Eskalationsstufe* bei inhaltlichen Konflikten. Sie sollte die Ausnahme bleiben. Deswegen ist der skizzierte, *mehrstufige Planungsprozess vor* der Abgabe und Veröffentlichung der Beiträge so entscheidend. In den Wochenkonferenzen, durch Rücksprachen und Planaktualisierungen lassen sich Konflikte rechtzeitig entschärfen.

Das Commitment der Führungskräfte gewichtet den redaktionellen Prozess höher als einzelne Entscheidungen und Absprachen zur Planung, Lieferung und Abgabe journalistischer Beiträge. Die Entscheidungsebenen im Redaktionsprozess sollten dafür transparent sein. Und es ist wichtig, dass es nicht zu viele Regeln gibt. Bei der „Lausitzer Rundschau" und der „Märkischen Oderzeitung", Medienmarken, für die der Autor tätig ist, passen die Grundsätze der Planung auf eine A-4-Seite.

Die Regeln sollten die besprochenen Ausnahmen benennen. Bei unerwarteten Problemen geht es um Flexibilität und Toleranz: Es kann passieren, dass eine Recherche zu wenig ergibt und der geplante Beitrag damit hinfällig wird. Reporterinnen und Reporter werden auch mal krank. Dann kommt es darauf an, mithilfe der vorausschauenden Planung Lücken zu schließen und den vereinbarten Pfad trotzdem nicht zu verlassen. Idealerweise führen die neuen Planungs- und Produktionsregeln nicht zu Mehrbelastung der Beteiligten, sondern zu Stabilität, Entlastung und verlässlichen Strukturen.

Was haben die Mitarbeitenden davon? Was stabile und verlässliche Strukturen den Beteiligten bringen, kann eine Stakeholder-Analyse verdeutlichen. In der folgenden Tabelle erfolgt diese Analyse vereinfacht und somit für den redaktionellen Alltag praktikabel.[17] In einem zweiten Schritt (zweite Tabelle) liefert

---

[17] Vgl. Bundesministerium des Innern und für Heimat, Bundesverwaltungsamt (Hrsg.), Handbuch für Organisationsuntersuchungen und Personalbedarfsermittlung, 4. Methoden und Techniken. 4.10 Stakeholderanalyse, orghandbuch.de (2021), https://www.orghandbuch.de/

2.3 Der Nutzen digitaler Regeln

sie redaktionellen Führungskräften Argumente für die digitale Transformation. Mitarbeitende erkennen wiederum ihre neuen Freiräume und Gestaltungsmöglichkeiten.

Eine solche Vorgehensweise beruht auf Einschätzungen, die sicherlich durch interne Umfragen bei den Mitarbeitenden untermauert werden können. Allerdings decken sie nicht alle Erwartungen, Sorgen und Wünsche auf. Deswegen kommt es bei der Einführung der vorausschauenden, aufs Digitale ausgerichteten Planung auf gute Kommunikation an (siehe Abschn. 2.5 und 2.6).

Betroffenheit, Erwartungen und Einfluss: Wenn eine Redaktion ihre Arbeitsweise umstellt, um digital erfolgreicher zu werden, unterscheiden sich Betroffenheit, Erwartungen und mögliche Einflussnahme der Beteiligten. Das hat mit der Position und den damit verbundenen Aufgaben zu tun.

Beispiel: Eine integriert arbeitende Redaktion, die Online und Printprodukte bedient, soll künftig vorausschauend nach dem E-2-Prinzip planen. In einem ersten Schritt schauen sich die Projektverantwortlichen jeden *Stakeholder*, hier begrenzt auf interne Rollen und Positionen, an. Sie fragen, ob die Beteiligten eher dafür oder dagegen sind (hilft später bei der Kommunikation), in welchem Maß sie jeweils betroffen sind, was sie erwarten (können) und auch, welchen Einfluss sie im redaktionellen Gefüge bezogen auf die Veränderungen haben (sollen).

Eine solche Bewertung kann jede Redaktion vornehmen, auch wenn sich die Rollen, Funktionen und natürlich insbesondere Haltung und Erwartungen unterscheiden.

Die Liste der Stakeholder ließe sich erweitern. Insbesondere bei Veränderungen der Arbeitszeiten (Frühdienste, Spätdienste) und der beruflichen Profile kommt der Betriebsrat ins Spiel. Externe Bezugsgruppen wie Lesende, Abonnierende, Multiplikatorinnen und Multiplikatoren lassen sich ebenfalls hinzuziehen. Beteiligte mit großem Interesse an den geplanten Veränderungen und vergleichsweise großem Einfluss gelten in der Managementlehre als entscheidende Faktoren.

Im Zusammenhang mit der vorausschauenden redaktionellen Planung konzentriert sich diese Analyse auf interne Stakeholder. Es geht dabei auch um jene, die zwar weniger Einfluss geltend machen können, jedoch sowohl gebraucht werden als auch mitgestalten. Dies arbeitet beispielhaft die folgende Analyse heraus, die einerseits die Erwartungen (aus Tab. 2.1) und andererseits den möglichen Nutzen gegenüberstellt, den ein Stakeholder haben kann.

OHB/DE/OrganisationshandbuchNEU/4_MethodenUndTechniken/Methoden_A_bis_Z/Stakeholderanalyse/Stakeholderanalyse_node.html, 08.01.2024. Dort gibt es auch Links zu Analyse-Tools und Handbüchern.

Tab. 2.1 Stakeholder-Analyse vor Einführung des E-2-Prinzips

Stakeholder	Haltung	Wie betroffen	Erwartungen	Einfluss
Chefredaktion	Dafür	Entscheidet Initiiert Einführung Braucht weitere Führungsebene(n) zur Umsetzung	Digitaler Erfolg Qualitätsgewinn Redaktion zieht mit	Groß. Kann entscheiden
Ressort-/Lokalleitungen	Eher dafür	Setzen Methode operativ um Sollen Erfolg kontrollieren	Wollen digitalen Erfolg Wollen Qualität Rechnen mit Konflikten im Team, Ressort	Groß. Führen Teammitglieder, werden gebraucht Chefredaktion im Nacken
Planerinnen, Planer (ggf. Teamleitungen)	Eher dafür	Setzen Methode operativ um Sollen Erfolg kontrollieren Sollen inhaltliche Konflikte frühzeitig erkennen und vermeiden – mehr Verantwortung	Wollen erfolgreich planen Rechnen mit Konflikten in der Reportage (Abgabezeiten), und mit Newsdesk (bei Eskalation) Mehrbelastung	Groß. Planung ist zentral, eigene Position wird aufgewertet Teamleitungen im Nacken
Digitalleitung	Dafür	Bekommt Prokura Sichert Online-Programm Soll Erfolg kontrollieren	Will digitalen Erfolg Rechnet mit Konflikten mit Teamleitungen und Reportage	Mittel. Beschafft Beiträge nicht selbst Auf Chefredaktion und Teamleitungen angewiesen
Printleitung	Eher dagegen	Online first heißt: Print nachgeordnet Reportage arbeitet nicht mehr auf Print hin Printteam muss sich umstellen	Will gute Zeitung machen Rechnet mit Konflikten mit Reportage, Planerinnen und Planern, Rechnet mit Mehrarbeit (an den Beiträgen), auch mit Entlastung (da Beiträge eher vorliegen)	Mittel. Muss Beiträge nachgeordnet annehmen. Kann Druck ausüben („alles muss rechtzeitig vorliegen")

(Fortsetzung)

2.3 Der Nutzen digitaler Regeln

Tab. 2.1 (Fortsetzung)

Stakeholder	Haltung	Wie betroffen	Erwartungen	Einfluss
Digital-Redakteurinnen und -redakteure	Dafür	Sollen online first umsetzen und Qualität prüfen Müssen im Auftrag der Digitalleitung handeln Stehen für das Online-Angebot ein	Sorge wegen Zeitdrucks und enger Abgabefristen Rechnen mit Konflikten wegen Planung und ungenügender, zu spät gelieferter Beiträge	Mittel. Sollen nach neuer Methode arbeiten Brauchen dafür Unterstützung der Vorgesetzten Mehr Verantwortung durch Abnahme, Veröffentlichung
Reporterinnen, Reporter	Teils dafür, teils dagegen	Sollen vorausschauend planen Müssen Aktualität rechtfertigen Arbeiten online first, müssen sich umstellen Einige hängen an der Zeitung (als Gesichter der Redaktion)	Sorge wegen Zeitdrucks und enger Abgabefristen Rechnen mit Mehrarbeit wegen Planung, Rücksprachen und neuen Online-Standards	Mittel/gering. Sollen nach neuer Methode arbeiten Vorgesetzte im Nacken Sind jedoch für inhaltliche Qualität verantwortlich
Printredakteurinnen und -redakteure (Editors, Producer)	Dagegen	Arbeit wird Digitalem nachgeordnet Online steht zwischen Reportage und Print Planerinnen und Planer bestimmen den Arbeitsablauf	Sorgen sich um Qualität, genügend Stoff für die Zeitung Sorge wegen Zeitdrucks (verspätete Lieferungen) Rechnen mit Konflikten wegen Planung und Reportage	Mittel/gering. Sollen nach neuer Methode arbeiten Vorgesetzte im Nacken Sind für Printproduktion zuständig, damit Einfluss auf Qualität

Nutzen-Analyse und Pro-Argumente: Das ist der zweite Schritt mit Blick auf die beteiligten Personen und Gruppen. Dabei lauten die Grundfragen aus deren Perspektive wie folgt:

- Was habe ich von vorausschauender Planung und online first?
- Was muss ich ändern, um das Beste daraus zu machen?

Als Beispiele dienen in der nachfolgenden Tabelle die Rollen Planerin, Reporterin und Printredakteurin.

Gute Argumente sind gefragt: Das obige Beispiel der geplanten Einführung des E-2-Prinzips zeigt, dass es Für und Wider für einschneidende Veränderungen gibt. Die Beteiligten müssen den Nutzen für sich erkennen. Dieser sollte größer sein als Nachteile und Sorgen, die sich in den Erwartungen spiegeln. Der Vergleich beider Rubriken ergibt einige Pro-Argumente (Tab. 2.2, rechte Spalte). Sie müssen schlüssig und nachvollziehbar sein, damit die betreffenden Kolleginnen und Kollegen mitziehen.

Tab. 2.2 Nutzen-Analyse und Pro-Argumente bei Stakeholdern

Rolle/Funktion	Erwartungen	Nutzen	Pro-Argumente
Planerinnen, Planer (ggf. Teamleitungen)	Wollen erfolgreich planen Rechnen mit Konflikten in der Reportage (Abgabezeiten), und mit Newsdesk (bei Eskalation) Mehrbelastung	Planung in der Hand Kontrolle über den Planungsstand Können aus einem Guss arbeiten Maßgeblichen Einfluss auf Qualität	Herausragende Rolle! Können maßgeblich Einfluss auf die Qualität nehmen und den digitalen Erfolg daraus genießen – wenn konsequent und wenn sie Zeit dafür einplanen. Dann auch weniger Konflikte mit Newsdesk **Lösungsansatz:** von anderen Aufgaben entlasten
Reporterinnen, Reporter	Sorge wegen Zeitdrucks und enger Abgabefristen Rechnen mit Mehrarbeit wegen Planung, Rücksprachen und neuen Online-Standards	Fokussieren sich mithilfe der Planung Liefern bessere Qualität, bekommen frühzeitig Rückmeldung zu Beiträgen Können sich guten Geschichten widmen Haben am digitalen Erfolg teil Aktualität anteilig, wird berechenbar	Planung und frühzeitige Abgabe mildern Aktualitätsdruck Bessere Storys sorgen für Qualität und Zufriedenheit **Lösungsansatz:** von anderen Aufgaben – für Zeitung liefern, Layoutaufgaben – befreien

(Fortsetzung)

2.3 Der Nutzen digitaler Regeln

Tab. 2.2 (Fortsetzung)

Rolle/Funktion	Erwartungen	Nutzen	Pro-Argumente
Printredakteurinnen und -redakteure (Editors, Producer)	Sorgen sich um Qualität, genügend Stoff für die Zeitung Sorge wegen Zeitdrucks (verspätete Lieferungen) Rechnen mit Konflikten wegen Planung und Reportage	Wenn die Planung klappt, mildert dies Engpässe und Stress am Produktionsabend Bessere Arbeitsverteilung, dadurch mehr Qualität Freiraum für Gestaltung durch Fokus auf Print	Qualität nimmt durch vorausschauende Planung und Produktion auch in Print zu, Verantwortung für Lieferung liegt bei Planung und Reportage; Reporterinnen und Reporter nehmen weniger Einfluss auf Print **Lösungsansatz:** Neue Rolle genau definieren und publik machen

Das Beispiel einer Planerin macht es deutlich: Bei frühzeitiger Planung, umsichtiger Produktion und rechtzeitiger Abgabe wird diese Rolle deutlich wichtiger und einflussreicher. Allerdings braucht die Planerin dann erstens Zeit dafür – die sie für andere Aufgaben nicht mehr haben wird. Und zweitens muss sie konsequent handeln. Zu den Aufgaben gehört es, säumige Reporter anzusprechen. Sie muss die Planung aktuell halten und abgesprochene beziehungsweise angekündigte Beiträge einfordern.

Belohnung können steigende Qualität und digitaler Erfolg sein – sichtbar mit steigender Reichweite, neuen Abos oder zufriedenen Nutzenden, die die angebotenen Artikel ausdauernder lesen, kommentieren und wiederkehren. Am Ende von Abschn. 2.6 wird erläutert, wie sich der Erfolg auszahlen kann – zum Beispiel über eine Teamprämie.

Reporterinnen und Reporter, die vermutlich anfangs genervt sind von der zusätzlichen Planungsaufgabe und neuem Druck durch rechtzeitige Abgabefristen, können ebenfalls ihren Vorteil daraus ziehen. Der Aktualitätsdruck nimmt zum Teil ab. Haben sie frühzeitig geplant, können sie kreativ arbeiten, ihre Storys werden inhaltlich besser und tragen bestenfalls zum digitalen Erfolg bei.[18]

Eine gute Voraussetzung dafür ist es, wenn Reporterinnen und Reporter an anderer Stelle entlastet werden. Eine strikte Trennung von Reportage und Redaktionsaufgaben erscheint hierbei ebenso hilfreich wie der Verzicht darauf, Reporterinnen und Reporter am Wochenende auch für Newsdesk-Dienste einzu-

---

[18] Vgl. Russ-Mohl/Schultz, Journalismus, S. 234.

setzen. Die klare Trennung von *Reporting und Editing* bedeutet nicht, dass Reporterinnen und Reporter sowie Editorinnen und Editoren nicht mehr miteinander sprechen![19]

Skeptische Printkolleginnen und -kollegen: Was ist, wenn sie nicht mitziehen? In vielen Redaktionen, die sich mitten in der digitalen Transformation befinden, sind ab und zu Sätze zu hören wie: „Wir müssen immer noch jeden Tag eine Zeitung machen." Das stimmt zwar. Sollte das Zeitungmachen jedoch wieder „wie früher" im Fokus stehen, gelingt kein Online-Programm, dass auch jüngere Generationen von Leserinnen und Lesern erreichen und zufrieden stellen soll.[20]

Es geht also um in der digitalen Transformation letztlich darum, mit dem Fokus auf Digitalisierung das eigene Medienunternehmen und die Jobs zu erhalten. Führungskräfte tun gut daran, diese dringende Herausforderung offen zu legen (siehe zur Kommunikation auch Abschn. 4.1). Außerdem lässt sich das Internet nicht irgendwie und nebenbei füttern.

2.4   Entwickeln digitaler Regeln

Klar und knapp formulierte Regeln: Das redaktionelle Ziel für die vorausschauende Planung und Produktion ist festgelegt. Die Verantwortlichkeiten sind geklärt. Der mögliche Nutzen für die Beteiligten liegt auf dem Tisch. Jetzt beginnen die Vorbereitungen für die Umsetzung: Wie kann ein gutes Regelgerüst für Planung und Produktion aussehen?

Eine Erfahrung besagt, dass dabei in der Kürze die Würze liegt. Wer liest schon umfangreiche Regelwerke von am Anfang bis zum Ende? Die Redaktion hat vielleicht eine ausformulierte Strategie erarbeitet. Diese ist im Rahmen eines Workshops entstanden. Es macht zwar Arbeit, daraus eine Essenz zu destillieren, die auf eine A-4-Seite passt. Entscheidend ist aber: Das Prinzip und die Abläufe sollten auf

---

[19] Vgl. Meier, Journalistik (2018), S. 170, der im angloamerikanischen Raum einen Trend zur engeren Abstimmung zwischen beiden Seiten – Editors und Reporters – ausmacht und im deutschsprachigen Raum eher Spezialistinnen und Spezialisten in den Newsrooms am Werk sieht.

[20] Schwächen in der Themenplanung erschweren es laut Alexandra Borchardt, jüngere Zielgruppen zu erreichen. Vgl. Alexandra Borchardt, Junge Nutzer verzweifelt gesucht – sieben Erkenntnisse über eine anspruchsvolle Zielgruppe, Medieninsider, 17. Mai 2021, https://medieninsider.com/junge-nutzer-verzweifelt-gesucht-sieben-erkenntnisse-fuer-die-alten-medien/5007/, 15.10.2023.

2.4 Entwickeln digitaler Regeln

einen Blick klar werden. Jede und jeder muss verstehen, um was es geht und warum das Ganze veranstaltet wird. Dafür dient ein knappes Handout. Es sollte diese Leitfragen beantworten:

> **Checkliste: Sieben Punkte fürs Handout zu vorausschauender Planung und Produktion**
> - Wer ist für die Themenplanung *verantwortlich?* Ob Planerin oder Themenmanager: Wie weit reicht deren Verantwortung (z. B. nur für Online, Online und Print, Online und Sendeplan)?
> - Mit welchem digitalen *Werkzeug* plant die Redaktion (Planungssoftware, Google Drive)?
> - Wer *liefert* die geplanten Themen? Wie weit reicht diese Verantwortung, muss ein Online-Artikel veröffentlichungsreif abgegeben werden?
> - Was heißt *fristgerechte* Lieferung? Welche Abgabefrist (z. B. Vorabend der Online-Veröffentlichung um 18 Uhr) gilt für vorausschauend planbare Beiträge?
> - Welche *Ausnahmen* gestattet die Redaktion von dieser zentralen Planungsregel? Das können Eilmeldungen sein, abgesprochene aktuelle Berichterstattung im Wettbewerbsgebiet zu bestimmten Ereignissen oder Live-Sportberichte. Wer *entscheidet* über Ausnahmen?
> - Wer *nimmt* die fristgerechten Lieferungen *ab?*
> - Wer darf nicht fristgerecht gelieferte Beträge im Eskalationsfall *ablehnen?*

Kontext und Zweck der digitalen Regeln: Diese Regeln gelten nicht ohne Kontext. Das ist wichtig! Denn jeder und jedem muss klar werden, welchem Zweck vorausschauende Planung und Produktion dienen. Bei der „Lausitzer Rundschau" und der „Märkischen Oderzeitung" und anderen Redaktionen, die sich an Planungsmodellen wie dem E-2-Prinzip orientieren, sind die Regeln daher sowohl mit der *Online-first-Strategie* als auch mit inhaltlichen Methoden wie der *zielgruppengerechten Arbeit* nach *Bedürfniskategorien (User Needs)*, verknüpft.

Deswegen sind die Reporterinnen und Reporter angehalten, die Artikel zuerst für Online zu liefern – und zwar in passenden Längen und Umfängen. In vielen Redaktionen werden solche Beiträge nach T-Shirt-Größen benannt: S, M, L und XL. Diese Kategorien berücksichtigen, dass die Beiträge sowohl online als auch für Print und E-Paper funktionieren müssen.

- Für Online ist eine Mindestlänge inklusive Überschrift, Online-Teaser, mindestens einem Bild und drei bis vier Absätzen Grundtext notwendig.
- Die Beiträge passen von der Zeichenzahl her auch für die wichtigsten E-Paper- und Printformate. Ein Online-Artikel der T-Shirt-Größe L kann zum Beispiel dem Aufmacher auf der lokalen Aufschlagseite der Tageszeitung entsprechen.

Mit diesen digitalen Standards kann also auch der Printdesk einer Medienmarke gut leben.

▶ **Tipp Nicht zu viel regeln:** Es ist gut, wenn die Redaktion hier nicht überreguliert, sich auf die wichtigen Storys konzentriert und zum Beispiel Meldungen und andere Kurzformate ausspart. Hauptsache, die ungeplante Eilmeldung wird aktuell mit der Deskleitung abgesprochen.

T-Shirt-Größen für Beiträge muss jede Redaktion individuell definieren: Das hängt mit den zu beliefernden Kanälen und zum Beispiel unterschiedlichen Print-Layouts zusammen. Wie lang darf ein Print-Aufmacher sein? Das definiert auch, wie lang der passende Online-Beitrag sein sollte. In der Tab. 2.3 heißen die relevanten Beträge Topstory. Das drückt aus: Diese Beiträge sind wirklich wichtig, den Kleinkram reguliert die Redaktion nicht.

Auch die Ausgestaltung der Beiträge (siehe rechte Spalte der Tabelle oben, Erläuterung) hängt von den Gegebenheiten in einer Redaktion ab: Liefert der Reporter bereits „bratfertig"? Oder gibt es Online-Spezialistinnen, die einem gelieferten Artikel vor der Veröffentlichung den letzten Schliff verleihen? Alle Beteiligten

Tab. 2.3 Drei Beispiele für Beitragslängen nach T-Shirt-Größen

Beitragsgröße	Zeichenzahl	Erläuterung
Topstory L	4000 Zeichen inklusive Leerzeichen/ Infobox bis 500 Zeichen	Soll veröffentlichungsreif geliefert werden mit: • Überschrift • Online-Teaser • Zwischenüberschriften • mindestens einem Bild samt Bildunterschrift • eingebetteten Links, Beiträgen, Videos ect.
Topstory M	2500	Siehe Topstory L
Topstory S	1800	Siehe Topstory L

2.4 Entwickeln digitaler Regeln

müssen die wesentlichen Standards für einen gelungenen Online-Artikel kennen. Es ist gut, diese Standards online – im Intranet oder in einem Google-Drive-Dokument, aktuell zu halten.

Pflege der Online-Standards: Da sich im Internet manches rasch ändert, ist der Aufbau zusätzlicher Expertise in der Redaktion ratsam – zum Beispiel SEO-Fachleute. Das sind Mitarbeitende, die sich mit *Search Engine Optimization* bestens auskennen und auch mitbekommen, wenn Google und Co wieder mal an den Algorithmen geschraubt haben. Dann werden die SEO-Regeln angepasst und im Intranet oder auf Google Drive aktualisiert veröffentlicht.

Reportage und Editieren getrennt: Wenn es in einer integrierten Redaktion darum geht, sowohl Online als auch Print zu beliefern, ist sind weitere Fragen zu klären:

- Wie weit geht die Tätigkeit der Reporterinnen und Reporter? Ab wann übernimmt der Desk beziehungsweise übernehmen die Editorinnen und Editoren für Online und Print?
- Was ist, wenn ein Artikel nur gedruckt oder im E-Paper veröffentlicht werden soll (*print only*): Wer liefert dann, wer bearbeitet und nimmt den Beitrag ab?

Der Autor plädiert für eine strikte Trennung der Reportage und der Editierung. Für Reporterinnen und Reporter hat dies einen klaren Vorteil: Wer den Beitrag zuerst für Online liefert, ist spätestens mit der fristgerechten Abgabe fertig. Dann können sich die Mitarbeitenden in der Reportage auf Themenentwicklung, Planung und Recherche konzentrieren.

Aber auch für die Redakteurinnen und Redakteure ist die Aufgabenfülle klarer umrissen: Redigieren, Bereitstellung für die Veröffentlichung und gegebenenfalls Freigabe gehören dazu. Natürlich bleibt Rücksprache mit Reporterinnen und Reportern wichtig, wenn etwas unklar ist! Ein geregeltes System mit der konsequenten redaktionellen Trennung von Reportage und Editieren *ersetzt kein Gespräch*.

Gedruckte Beiträge: Natürlich gibt es auch in einer solchen integrierten Redaktion Inhalte, die der Zeitung vorbehalten sind. Das können Ankündigungen, Terminhinweise, klassische Veranstaltungsberichte (die online selten funktionieren) oder spezielle Kolumnen sein. Das ist kein Problem, wenn definiert ist, wer für die Beauftragung, Bearbeitung und Veröffentlichung zuständig ist.

In der Redaktion des Autors gibt es am Desk getrennt die fürs Digitale und die fürs Gedruckte zuständigen Redakteurinnen und Redakteure. Die Regel lautet dort: Print-only-Stücke macht der Printdesk. Anders herum ist die Lieferung der allein für die Zeitung gedachten Beiträge keine Reportage-Aufgabe mehr. Stattdessen liefern freie Mitarbeitende auf Bestellung solche Artikel.

▶ **Tipp Wie soll es heißen?** Wenn das Regelwerk steht, wäre ein griffiger Name gut – der das spezifische E-2-Prinzip der Redaktion mit Leben füllt. Das Konzept kann nüchtern E-2-Produktionsregeln heißen. Oder „Nie mehr Flaschenhals!", „Qualität 2030", „Besser planen". Es lohnt sich, darüber nachzudenken. Vielleicht kann die Redaktion über einen Namen abstimmen.

2.5 Etablieren digitaler Regeln

Einführung der neuen Regeln: Einfach die bisherige Arbeitsweise beenden, am besten per Anweisung, und dann den neuen Ablauf in der Redaktion verkünden? Das ist der beste Weg zu scheitern. Es ist für alle angenehmer, *schrittweise* auf vorausschauende Planung und Produktion umzustellen. Wie das gelingt, darum geht es in diesem Abschnitt.

Um überhaupt umstellen zu können, muss ein Team sich den Vorlauf erarbeiten. Am schwierigsten erscheint dies in Redaktionseinheiten, die ohnehin unter hoher Belastung stehen. Wie Lokalredaktionen. Daher schauen wir uns das Lokale beispielhaft und genauer an.

Fallbeispiel Lokalredaktion: Die Lokalredaktion einer kleinen Stadt mit, sagen wir, vier Reportern und Reporterinnen, hat es bisher ganz gut hinbekommen, immer rechtzeitig zum Redaktionsschluss der Zeitung genügend Stoff in die Seiten zu füllen. Auch die Eilmeldungen für Online hat unser Beispielteam selten vergessen und ordentlich geliefert. Jetzt kommt die einschneidende Veränderung auf die Lokalredaktion zu.

In unserem Beispiel soll dieselbe Lokalredaktion künftig zuerst Online bedienen. Die Reporterinnen und Reporter sind gefordert, sie hatten gerade eine Schulung dazu, „Schreiben für Online". Die ganzen Regeln wie SEO-Standards sitzen nicht so recht. Und die nächste Veränderung dräut schon: Arbeiten nach Zielgruppen, das ist der letzte Schrei, und auch diese Redaktion soll damit in die Lage versetzt werden, mit ihren Beiträgen erfolgreich neue Online-Abos einzusammeln.

Die Reaktionen sind gemischt. „Und wir müssen schließlich jeden Tag auch noch die Zeitung füllen", stöhnt der Blattmacher-Kollege. Die erfahrene Online-Redakteurin sagt hingegen: „Da müssen wir bestimmt immer noch mal komplett ran, wenn die Reporter ihre Stücke online abgeben."

Heikle Phase der Einführung: Diese Gemenge-Lage ist typisch, es gibt Skepsis und natürlich auch berechtigte Zweifel. Das weiß jede und jeder, der oder die mit digitaler Transformation zu tun hat. Wie also vorgehen – zielstrebig und umsichtig zugleich? Es gleich mehrere Dinge bei der Vorbereitung zu beachten.

2.5 Etablieren digitaler Regeln

Umstellung auf E-2: Diese sechs Punkte sollten Redaktionen beachten

1. *Zeitpunkt der Umstellung:* Niemals in der Haupturlaubszeit, im Advent, vor Weihnachten, zur Osterkampagne des Verlagsmarketings oder kurz vor den Sommerferien! Günstigere Monate sind vermutlich Januar, Februar, September und Oktober.
2. *Zeitraum überlegen:* Monate – da klingt es schon an. Es dauert nicht eine, sondern erfahrungsgemäß zwei Wochen, um stabil in den Vorlauf zu kommen. Mindestens zwei Wochen kommen hinzu, um auf eigenen Füßen zu stehen. Im zweiten Monat nachsteuern.
3. *Vorlaufphase planen:* Welche Menge an Beiträgen ist notwendig, um eine volle Woche Online-Programm zu machen? Wie viele Beiträge, um im selben Zeitraum den Lokalteil zu bestücken (Beispiel Lokalredaktion)? Daraus lässt sich ableiten, welche Mindestmenge eine Reporterin, ein Reporter durchschnittlich täglich liefern muss.
4. *Leistungsfähigkeit des Teams:* Nun muss die Führungskraft, die Lokalchefin oder die Regionalleiterin, beurteilen, ob die Mindestmengen vom eigenen Team zu stemmen sind. Produzieren Reporter ohnehin verlässlich „Stehsatz"? Oder sollte jemand unterstützen?
5. *Unterstützung sichern:* Unterstützen ist immer besser! Erstens, weil das eigene Team dann entspannter herangeht. Und die unterstützende Kraft kann aus dem Team kommen, das als nächstes auf E-2 umstellt. Vielleicht hilft die benachbarte Lokalredaktion mit einer Kollegin aus. Oder das Nachrichtenressort oder der Reportage-Pool stehen bereit.
6. *Aushilfsphase planen* (= Umstellungswoche): Diese Unterstützung muss so lange eingeplant werden, wie es braucht, um Artikel für etwa zwei Tage Online-Programm bzw. Lokalteil herzustellen. In unserem Beispiel (siehe unten) wird die Unterstützerin mindestens eine Woche gebraucht.

Start der Umstellung: Falls machbar, sollte die Unterstützung großzügig geplant werden. Es kann schließlich jemand krank ausfallen! Nun kommt es auf die Absprachen an. Wer bis dato noch keine auf die Themenplanung orientierte Wochenkonferenz hatte, wird nun mindestens zum Start eine solche Runde brauchen. Warum? Es geht wie gesagt um vorausschauende Planung und Produktion. Oder eben darum, endlich nicht mehr von der Hand in den Mund zu leben.

Dazu sollte die Planerin vorweg noch einmal kritisch auf den Anteil planbarer Themen schauen – siehe Abschn. 2.2. In diese *Wochenkonferenz* kommen die Reporterinnen und Reporter der Lokalredaktion gut vorbereitet! Das bedeutet: Alle haben attraktive Themenvorschläge für die kommenden Tage dabei. Das kommende Wochenende bedenken sie mit. Wie viele Vorschläge gebraucht werden, kann die Konferenzleitung, in unserem Beispiel die Lokalchefin, überschlagen und sollte die Zahl natürlich *vorher* offenlegen.

Die entscheidende Wochenkonferenz: Nehmen wir an, die Konferenz ist am Montag. Die Umstellung auf E-2 steht unmittelbar bevor. Dann plant die Lokalredaktion in dieser Besprechung mindestens die Wochentage Dienstag, Mittwoch, Donnerstag, Freitag, Samstag, Sonntag und dann in der Folgewoche Montag voraus – mit der benötigten Menge an relevanten Online-Beiträgen.

Im Folgenden heißen diese Beiträge auch *Topstorys*, um sie von nicht ganz so wichtigen Themen zu unterscheiden. Warum gleich eine Woche im Voraus planen? Weil in der zweiten Woche E-2 schon Standard sein wird!

> **Beispielrechnung: So kommt die Redaktion in den Vorlauf**
> - *Wie viele Beiträge werden in den kommenden sieben Tagen online gebraucht?* Unser Beispiel: Die Lokalredaktion mit vier Reporterinnen und Reportern soll für das tägliche Online-Programm mindestens vier eigene Geschichten liefern. Das macht $7 \times 4 = 28$ Topstorys.
>   – In jeder gedruckten Ausgabe des Lokalteils werden vier eigene Reportage-Geschichten gebraucht. Dienstag bis Dienstag macht sieben Erscheinungstage. Sind $7 \times 4 = 28$ Topstorys.
> - *Schlussfolgerung:* Da dieselbe Lokalredaktion sowohl Online als auch Print/E-Paper bedient, müssen die 28 Topstorys in der ersten Arbeitswoche der Umstellung produziert werden!
> - *Aufgabe fürs Stammpersonal:* Wenn keiner im Urlaub ist, gibt es in der Lokalredaktion vier Reporterinnen und Reporter. Annahme: Sie liefern pro Tag ein bis zwei Topstorys, jeder pro Woche acht. Das ist viel, allerdings in vielen Lokalredaktionen üblich. Weitere Annahme: Ein Reporter wird vor allem für Adhoc-Storys eingesetzt, bleibt also außen vor. Drei Positionen für geplante Reportage, Wochenleistung acht Geschichten pro Person: Macht *maximal* $8 \times 3 = 24$ Topstorys, die geplant werden *können*.
> - *Aufgabe für Unterstützerin:* Eine Reporterin aus der Nachbarredaktion rückt als Unterstützerin ein. Sie steigt gleich in der ersten Woche Montag ein. Täglich übernimmt sie ein bis zwei Storys. In einer Arbeitswoche schafft sie acht Topstorys.

2.5 Etablieren digitaler Regeln

> - *Puffer einplanen!* Das Stammpersonal weiß, es *muss* verlässlich 20 Storys liefern. Das Team von drei Leuten *kann* ggf. auch vier Storys mehr liefern. Die unterstützende Reporterin ackert und bringt ihre acht Storys an. Dafür muss die Planerin die Kollegin sehr gut briefen und auf zügig machbare Geschichten ansetzen.
> - Zur Not könnte auch der Adhoc-Reporter des Lokalteams eine Planungslücke schließen, damit am Ende die 28 benötigten Topstorys pro Woche stehen.

28 Geschichten – hart erarbeitet: Die schafft unsere Beispiel-Lokalredaktion mit externer Unterstützung in der Umstellungswoche. Betrachtet werden hier erst einmal nur die Wochenarbeitstage, ohne Samstag und Sonntag. An jedem Tag muss das erweiterte Team also fünf bis sieben Beiträge fertigstellen. Dazwischen liegt jedoch ein Wochenende. *E-2 ist also in diesem Fall das Minimum.*

Die folgende Tabelle zeigt die Details. Einen Beitrag für Online plant unsere Beispielredaktion ausnahmsweise E-6: Das ist Beitrag 21, produziert am Montag. Der wird in diesem Beispiel erst am folgenden Sonntag veröffentlicht. Für Print wird derselbe Beitrag E-7 vorbereitet; die unterstützende Reporterin liefert eine Woche im Voraus.

Die Umstellung verlangt also eine sehr umsichtige Themenauswahl. Das Beitragsthema muss auch nach einer Woche noch relevant und gültig sein. Es ist außerdem geschickte Arbeitsverteilung im Team gefragt.

So arbeitet die Redaktion: In der Umstellungswoche muss die Lokalredaktion in den Vorlauf kommen.

- *Das Stammpersonal* (Tab. 2.4, Zeile 3, Reportage-Team) produziert täglich mindestens vier Beiträge und in dieser Woche 20 Beiträge (1–20 in der Tabelle).
- *Die unterstützende Reporterin* aus der Nachbarredaktion haut in die Tasten und liefert in fünf Arbeitstagen insgesamt acht weitere Geschichten (Zeile 4, Unterstützerin, Beiträge 21–28 in der Tabelle). Vier dieser Beiträge laufen dann am folgenden Sonntag *online first* und am Montag der Folgewoche in der gedruckten Zeitung.
- Die weiteren vier Beiträge der Unterstützerin ergänzen am Montag das *Online-Programm* der Lokalredaktion – und wiederum Dienstag Print. Dies ist nur ein Vorschlag! Wenn an einem Tag nicht nur eine einzige Autorin veröffentlicht werden soll: bitte Beiträge in der Planung tauschen.
- Wem E-7 für Beitrag Nummer 21 in der Zeitung zu vorausschauend ist, der kann also auch anders mischen. Wichtiger ist der Vorlauf von mindestens einem Tag.

- Wer der aushelfenden Kollegin aus der Nachbarredaktion nicht zu viel aufhalsen will: Das eigene Team könnte wie gesagt in diesem Beispiel der Umstellungswoche von Dienstag bis Freitag je einen Beitrag mehr liefern.

Der Wechsel zu Online First erfolgt in diesem Beispiel am Sonntag, zum Ende der Umstellungswoche. Der Autor unterstellt dabei, dass am Feiertag keine Zeitung erscheint. Ab jetzt gilt die Regel *zuerst Online, Print später.* In der Tab. 2.4 lässt sich dies anhand der dunkel- und hellgrau gekennzeichneten Felder (Zeile 7, Online first und Zeile 8, Print danach) nachvollziehen.

Die folgende Tab. 2.5 erläutert, wie es für unsere Beispiel-Lokalredaktion in der zweiten Woche weitergeht. Das ist die erste komplette Woche mit vorausschauender Planung und Produktion nach dem E-2-Prinzip. Wegen der besseren Übersicht sind die Beiträge wieder beginnend mit 1 nummeriert.

Die nachfolgend *fett umrandeten Tabellenfelder* verdeutlichen noch einmal das E-2-Prinzip: Die Beiträge 1–4 aus dem Reportage-Team werden am Montagabend fertig. Am Dienstag werden sie online veröffentlicht. Am Mittwoch sind sie in der Tageszeitung zu lesen.

Herausforderung integrierte Redaktion: Sehen Sie nun bitte noch einmal genauer hin. Der Blick auf Tab. 2.5 offenbart nämlich eine Schwäche der integrierten

Tab. 2.4 Arbeitsverteilung in der Umstellungswoche auf E-2

Produktion										
Wochentag	Mo	Di	Mi	Do	Fr	Sa	So	Mo	Di	Mi
Reportage-Team	1 2 3 4	5 6 7 8	9 10 11 12	13 14 15 16	17 18 19 20					
Unterstützerin	21	22 23	24 25	26 27	28					

Veröffentlichung										
E-1 (alt)		1 2 3 4	5 6 7 8	9 10 11 12	13 14 15 16	17 18 19 20				
Online first (neu)							21 22 23 24	25 26 27 28		
Print danach (neu)								21 22 23 24	25 26 27 28	

2.5 Etablieren digitaler Regeln

Tab. 2.5 Vorausschauende Planung und Produktion in Woche zwei nach E-2-Umstellung

Produktion

Wochentag	So	Mo	Di	Mi	Do	Fr	Sa	So	Mo	Di
Reportage-Team		1	5	9	13	17			1	5
		2	6	10	14	18			2	6
		3	7	11	15	19			3	7
		4	8	12	16	20			4	8
		21	22	23	24					

Veröffentlichung

E-1 (alt)										
Online first	21	25	1	5	9	13	17	19	22	1
	22	26	2	6	10	14	18	20	23	2
	23	27	3	7	11	15		21	24	3
	24	28	4	8	12	16				4
Print danach		21	25	1	5	9	13		17	21
		22	26	2	6	10	14		18	22
		23	27	3	7	11	15		19	23
		24	28	4	8	12	16		20	24

redaktionellen Arbeit. Bedient eine Redaktion zugleich Online und Print, wie es oft der Fall sein dürfte, bleibt ein Widerspruch:

- Die Redaktion produziert ab Montag der Woche zwei für die folgenden sechs Print-Erscheinungstage Mittwoch, Donnerstag, Freitag, Samstag, Montag und Dienstag.
- Dafür sind – in unserem Beispiel – vier Topstorys pro E-Tag nötig. Macht 24 Beiträge, die das Team von Montag bis Freitag erstellen muss.
- Im selben Zeitraum gibt es allerdings sieben Online-Veröffentlichungstage! Dienstag, Mittwoch, Donnerstag, Freitag, Samstag, Sonntag und Montag (bereits Woche drei).
- Dafür wären 28 Online-Beiträge notwendig – wenn das digitale Angebot an jedem Tag, egal ob Wochentag oder Wochenende, gleich umfangreich sein soll.

Lösung für integrierte Teams: Die Reporterinnen und Reporter stellen für Samstag dieser zweiten Woche lediglich zwei sowie am Sonntag und Montag jeweils drei Beträge bereit, siehe die fett umrandeten Online-first-Publikationstage Sa-Mo zum Ende der zweiten Woche. Das ist ein Kompromiss, der den Liefermengen-Widerspruch zwischen Online und Print auflöst.

- *Nachteil:* Die Kundinnen und Kunden bekommen online dann am Samstag, Sonntag und Montag weniger Beiträge als an den übrigen Wochentagen angeboten. Eine Verteilung der Beiträge wäre auch anders möglich. Allerdings wird das Angebot in jedem Fall reduziert.
- *Vorteil:* Unsere Beispiel-Lokalredaktion kommt mit regelmäßig 24 geplanten Storys pro Woche hin. Das ist effizienter und berücksichtigt, dass das Team anders als in der Einführungswoche ohne externe Unterstützung auskommen muss.

▶ **Tipp Newsletter fürs Lokale:** Damit die Kundinnen und Kunden auch am Wochenende ausreichend Lesestoff vor Augen haben, kann die Redaktion mit einem wöchentlichen Newsletter zusätzlich auf die besten Storys der vergangenen Tage aufmerksam machen. Ein solcher Newsletter kann zum Beispiel Freitagabend oder Samstagmorgen gesendet werden.

Reportage bleibt unter Druck: Ohne die Unterstützung aus der Umstellungswoche sind auch 24 Beiträge für unsere Beispiel-Lokalredaktion eine Menge Holz. Um das Nadelöhr-Problem am Wochenende abzumildern, können freie Mitarbeitende zusätzliche Stoffe liefern, wenn das Budget fürs Honorar dies hergibt.

Ein reines Online-Medium hat solche Sorgen nicht. Es kann sich „weniger ist mehr" leisten – und auf Klasse statt Masse setzen. Denn online ist der Blick auf den Journalismus ein anderer: Die Redaktion lernt, Zielgruppen und ihre Bedürfnisse besser zu bedienen und auf relevante Themen über den einzelnen lokalen Bereich und Fachressorts hinaus zu setzen (siehe Kap. 4).

Zu Beginn der digitalen Transformation sollten gerade hybride Redaktionen, die digital zulegen und weiterhin Print bedienen sollen, sich selbst entlasten. Praxistipps:

Sechs Praxistipps: Wie Redaktionen effizient planen
- Arbeitet die Redaktion integriert oder crossmedial, sollte die zu liefernde *Beitragsmenge für Online und Print gleich groß* sein.
    - Ist die von den Reporterinnen und Reporter abgeforderte Zahl der Printbeiträge größer, bricht der Vorlauf wieder zusammen!
    - Ist das gewünschte Online-Programm zu umfassend, wird es für alle zu anstrengend!
- Die *Faustregel* lautet: In einer Fünf-Tage-Woche müssen Beiträge für sieben Tage Online-Programm entstehen.

- Die *wöchentliche Planung* hilft bei tagesaktuell arbeitenden Medien, sodass vorausschauend geplante und produzierte Beiträge nicht veralten.
- Eine Redaktion kann *samstags und sonntags Reporterinnen und Reporter einsetzen*. Vorteile: andere und mehr Gesprächspartnerinnen und -partner, das Team kann samstags aktuell für Montag arbeiten. Das setzt allerdings voraus, dass der Personalstock das hergibt. Denn Wochenenddienste ziehen freie Tage unter der Woche nach sich.
- Länger im Voraus planen und produzieren ist möglich: *Aus E-2 wird E-n*. Bei exklusiven Geschichten kein Problem. Mit auf Ereignisse und Jahrestage fixierten Themen geht das jedoch nicht!
- E-2-Planung sollte *kein starres Gerüst* sein. Natürlich lassen sich Themen tauschen und verschieben. Dabei hilft geübter Umgang mit einem *digitalen Planungstool* (vgl. Kap. 3).
- Das E-2-Prinzip ist für integriert arbeitende Redaktionen mit Zeitungsgeschichte entwickelt worden. *Es hilft, sich von Print zu lösen*. Der *Fokus* sollte auf dem *Online-Programm* liegen.
- Eine *Zeitung* kann dann als *Best-of* des Online-Programms betrachtet werden. Voraussetzung dafür ist, sich das Printprodukt noch einmal inhaltlich vorzunehmen: Was ist verzichtbar? Wie kleinteilig muss die Zeitung noch sein? Wie viel Lokales und Sublokales ist nötig?

2.6 Digitale Veränderungen führen

Stressige Übergangsphase: Dieses Kapitel hat bisher die Einführung des E-2-Prinzips beschrieben. Was fehlt, ist die Routine im vorausschauenden Planen. Deshalb kann einiges schiefgehen. Teams führen die vorausschauende Planung und Produktion zwar ein – und fallen doch wieder in alte Gewohnheiten zurück.

Der eine Reporter plant nicht gern und hat nach eigenen Angaben seine guten Geschichten selbstverständlich im Kopf. Die andere Reporterin hat regelmäßig Schwierigkeiten mit ihrem Zeitmanagement und reißt vereinbarte Abgabefristen. Die Planerin hat vergessen, ein geplatztes Thema aus dem Planungstool zu nehmen. Der Printeditor schnappt sich verzweifelt ein Stück, das für übermorgen geplant ist – und füllt damit flugs eine Lücke auf der vierten Lokalseite. Gerade zu Beginn der neuen Arbeitsweise passieren solche Dinge. Es wird also stressig für alle Beteiligten.

Zwei Dinge reduzieren negativen Stress: sich genügend Zeit für den Übergang zu nehmen und das Ansprechen und Besprechen von Problemen. Klingt nicht nach Patentrezept? Ist es auch nicht. Dahinter verbergen sich Führungsaufgaben. Dazu zählen geeignete Kommunikationsformen, das Beobachten und Auswerten der Ergebnisse. Darum soll es in diesem Abschnitt gehen.

Führen der vorausschauenden Planung und Produktion: Am Anfang dieses Kapitels ist vom notwendigen *Commitment* im Führungskreis der Redaktion die Rede gewesen. Es geht darum, sich selbst auf die Anwendung des neuen Regelwerks (E-2) zu verpflichten. Die größte Verantwortung tragen hierbei die Planerinnen und Planer. Sie setzen ja die gewählten Themen. Sie verknüpfen die Idee eines journalistischen Themas mit konkreter Planung. Sie begrenzen schließlich den Recherche- und Produktionszeitraum bis zur Abgabefrist.

Dabei sind die Lasten unterschiedlich verteilt: In einem lokalen oder regionalen Medium haben naturgemäß die lokalen und regionalen Planenden das Meiste zu stemmen. Es ist folgerichtig, den lokalen Planungsrunden in der Redaktion größte Aufmerksamkeit zu widmen: Bei einer schrittweisen Umstellung, Team für Team, halten Chefredaktion und lokale Teamleitung die erste Wochenrunde am besten gemeinsam ab – um dem Thema Gewicht zu geben.

Teamleitungen benötigen Freiraum fürs Planen! Wer zugleich beste Reporterin und Lokalchefin sein soll oder will, wird eher scheitern. Planen ist Führungsarbeit.

Der Sinn der neuen Regeln: Natürlich sind alle froh, wenn sie jeden Tag das Programm irgendwie stemmen – und auch noch die Zeitung aus der Druckmaschine fällt. Dennoch sollte sich jede und jeder klarmachen: Redigieren unter Zeitdruck, schnell reingekloppte Berichte, die Geschichte aus dem Notizblock, die keiner kannte, die aber jetzt schnell online muss – das beschreibt zwar Zustände in vielen Redaktionen. Vor allem aber sind solche chaotischen Abläufe Fehlerquellen und Gründe für Abstriche an der Qualität.

Mögen Leserinnen und Leser Rechtschreibfehler, Grammatikbolzen oder halb fertig redigierte Sätze? Wer das Gespräch mit Abonnentinnen und Abonnenten führt, weiß: Es gibt zwar eine gewisse Fehlertoleranz beim Publikum. Aber wer zahlt, hat Qualitätsansprüche ans Produkt. Der Verweis auf Geschwindigkeit und Hektik in der Redaktion ist ein eher schwaches Argument gegenüber berechtigter Kritik der Kundinnen und Kunden. Die neuen Regeln sind also kein Selbstzweck. Sie sollen allen Beteiligten helfen, besser zu arbeiten, um das Produkt zu verbessern.

> **Tipp Ulf Grüner und Christian Sauer empfehlen,** bei Veränderungen systematisch vorzugehen. Um sich selbst als Managerin und Manager über die Probleme klar zu werden und die Herausforderungen für das Team zu ermessen, empfehlen die Coaches die SWOT-Analyse. Die An-

2.6 Digitale Veränderungen führen

wendung des S.M.A.R.T.-Konzepts erleichtert nach Grüner und Sauer wiederum das Formulieren der Ziele.[21]
Wie man mit SWOT und S.M.A.R.T. praktisch arbeitet, erläutert das Online-Notizbuch zum Handbuch „Qualitätsmanagement in Redaktionen" von Ulf Grüner und Christian Sauer: https://de.slideshare.net/ulghh/notizbuch-qualitaetsmanagement-in-redaktionen

Konsequent führen: Weil die neuen Regeln zur digitalen Arbeitsweise eben kein Selbstzweck sind, muss es *Konsequenzen* geben, wenn es nicht rund läuft. Das hört sich hart an. Gemeint ist jedoch zunächst und vor allem, dass jemand gerade während der *Einführungsphase* an die neuen Abläufe erinnert und kritisch hinterfragt: Bringen alle Reporterinnen und Reporter geeignete Themen in die Planungsrunde ein? Wenn nicht: nachhaken, einfordern und auch mal schnell eine Idee entwickeln.[22]

Dies verantwortet die Planerin, die diesbezüglich auch weisungsbefugt sein muss. Wenn die Themen gesetzt sind und der Abgabetermin feststeht, ist viel zu besprechen. Wie läuft die Arbeit am verabredeten Beitrag? Rückfragen sind gerade am Anfang notwendig: Wird das Thema heute fertig, wie in der Planungssoftware eingetragen?

Wenn jemand Schwierigkeiten mit zeitigen Abgabe hat: Fragen, wo das Problem liegt, wo Entlastung möglich ist. Führungskräfte signalisieren mit Fragen Interesse und teilen mit: Ich bin ansprechbar. Es ist sicherlich schwer, alle Teammitglieder im Alltag und in ihrer Rolle gleichermaßen zu sehen und einzuschätzen. Fest vereinbarte, regelmäßige Besprechungen, ob am Telefon, per Videocall oder persönlich, helfen dabei.[23]

Alles schnell wieder vergessen? Gerade zu Beginn der neuen Arbeitsweise ist es wichtig, dass ein Team sich die Regeln noch einmal in aller Kürze in Erinnerung rufen

---

[21] Vgl. Ulf Grüner, Christian Sauer, Qualitätsmanagement in Redaktionen. Das Coaching-Buch für Chefs & solche, die es werden (Norderstedt: Books on Demand, 2010), S. 102 ff. (SWOT-Methode) und 130 ff. (Anwendung von S.M.A.R.T.).
[22] Vgl. Grüner/Sauer, Qualitätsmanagement, S. 168–171. Die Autoren empfehlen eine Ideen-Konferenz mit transparenten Regeln.
[23] 1:1-Gespräche sollten regelmäßig stattfinden und gut vorbereitet werden. Der langjährige Chef des Halbleiterherstellers Intel, Andrew S. Grove (lebte 1936 von bis 2016), schreibt, dass es in den geplanten „one-to-ones" vorrangig darum gehen soll, voneinander zu lernen und Informationen auszutauschen. Grove schlägt dafür eine Stunde alle zwei Wochen vor. Das Teammitglied bereitet die Agenda vor, die der oder die Vorgesetzte vorab erhält. Es geht um (messbare) Arbeitsergebnisse und mögliche aufkommende Probleme. Der Vorsitzende kann als Coach fungieren, lernt, stellt Fragen. Die Gesprächsergebnisse sollten notiert werden. Weniger wichtige Gesprächsthemen kommen in einen Themenspeicher. Vgl. Andrew S. Grove, High Output Management (New York: Vintage, 1995), S. 72–78.

kann. Dabei hilft es, wenn allen eine knackige Zusammenfassung, zum Beispiel ein Handout auf einer A-4-Seite, zur Verfügung steht. Klar muss insbesondere sein, dass die beteiligten Reporterinnen und Reporter eine zentrale Verantwortung übernehmen. Sie bringen – zur jeder Planungsrunde – aktiv Themen ein und sind – jedes Mal – vorbereitet. Wenn dies nicht der Fall ist, sollten Vorgesetzte dies direkt ansprechen. Das geschieht nicht erst hinterher, im Einzelgespräch. Sondern, da das Versäumnis das ganze Team betrifft, direkt in der Planungsrunde. Ebenso wichtig ist es, dass die Planerinnen und Planer Lücken in der Planung rechtzeitig erkennen und gegebenenfalls Unterstützung einfordern. Das gilt nicht nur für das einzelne Team und das Gespräch mit Reporterinnen und Reportern.

Auch wenn erst bei der Gesamtschau auf das Medienprodukt in der großen Wochenkonferenz Engpässe auffallen, gehört das auf den Tisch. Denn dann kann im Lokalen vielleicht eine Nachbarredaktion aushelfen, oder ein geplanter Beitrag ist für mehr als einen lokalen Online-Kanal geeignet.

Feedback geben: Gleichermaßen den Kontakt zu den Teammitgliedern halten und drohende Probleme bereits vor dem Auftreten erkennen, wäre perfekt. Allerdings ist klar: Was schiefgehen kann, geht auch irgendwann mal schief. Die Reporterin mit dem schlechten Zeitmanagement hat erneut erst mitten in der Nacht geliefert. Oder sie fummelt am Beitrag herum, der eigentlich in 30 min online gehen soll, und niemand vom Desk kann zugreifen. Außerdem hätte die Editorin den Artikel längst auf einer Lokalseite platzieren müssen – um nicht selbst in Zeitnot zu geraten.

Zu solchen verketteten Problemen muss es ein Feedback geben. Dieses setzt voraus, dass der oder die Vorgesetzte Kenntnis von solchen Problemen erlangt – also *sieht*, was da gerade schiefläuft. Es wird sich in der Regel niemand über den anderen beschweren. Das ist auch gut so: Dann entstünde eine Kultur des Misstrauens. Sehen heißt, dass die Führungskraft den Themenplan im Blick behält, täglich überprüft und die Produktionsfortschritte kontrolliert. Fällt jemand dabei auf, folgt das Feedback, und zwar zügig, wertschätzend und direkt.

Vier Bausteine für wertschätzendes Feedback[24]
Ziel: Das Kritikgespräch unter vier Augen (positiv/negativ) hat in diesem Zusammenhang das Ziel, dass die kritisierte Person die neue Arbeitsweise wie verabredet beherzigt – zum Beispiel Abgabefristen einhält.

---

[24] Vgl. Grüner/Sauer, Qualitätsmanagement, S. 134 ff und S. 141. Die Autoren empfehlen eine konstruktive (lösungsorientierte) Kommunikation, S. 143 f.

2.6 Digitale Veränderungen führen

> *Vorbereitung:* Der oder die Feedbackgebende muss die Gesprächssituation bedenken. Dabei sind auch nonverbale Signale wichtig. Nicht im Vorbeigehen kritisieren! Ort und Zeit bewusst und präzise wählen. Oberste Stufe (eskalierend) ist das Gespräch mit Termin und im Büro des/der Vorgesetzten.
> *Sachlich bleiben:* Das Feedback gilt dann als akzeptierte Gesprächsform, wenn es nach vorn gerichtet und reglementiert ist. Es analysiert Stärken und Schwächen. Maßstäbe werden sachlich erläutert.
> *Wer wie Feedback gibt:* Der/die Vorgesetzte kritisiert (und lobt) konkret und begründet. Die kritisierte Person erhält die Möglichkeit zur Stellungnahme. Zuhören und nachfragen sind wichtig.
> *Nachbereitung:* Im Gespräch gibt es eine Vereinbarung. Beispiele: Die kritisierte Person hält die Abgabefristen für planbare Beiträge künftig ein, dazu wird es ein weiteres Gespräch in vier Wochen geben. Das Vereinbarte kann mündlich oder (eskalierend) schriftlich festgehalten werden.
> (nach Grüner/Sauer)

Nicht zu lockerlassen: Zur Feedback-Kultur gehören wie oben aufgelistet Verabredungen – wie es nächstes Mal besser klappt oder: wie jemand besser zum Ziel kommt. Geht erneut etwas schief, darf die Führungskraft das nicht ignorieren – und muss auch ein Konfliktgespräch vorbereiten, das sich vom regulären Feedback deutlich unterscheidet. Es ist formeller im Gesprächsrahmen und Ablauf. Wer Probleme mit solchen Situationen hat, kann das trainieren und zum Beispiel geeignete Workshops zur Gesprächsführung und Konfliktfällen besuchen.

Das ist auch eine Aufgabe für die hauseigene Personalentwicklung – und gehört zum Grundwissen redaktioneller Führungskräfte. Falls es hier Lücken in der Weiterbildung gibt, sollte die Redaktionsleitung das im Gespräch mit der Personalleitung oder Geschäftsführung thematisieren. Bei der Analyse eines Konflikts hilft es wiederum, wenn die Regeln des vorausschauenden Planens und Produzierens ebenso klar formuliert sind wie die Rollen und Zuständigkeiten. Welche Instanz hat die Befugnis, einen durchgerutschten, nicht dem Standard entsprechenden Artikel zurückzuweisen? Auch solche Eskalation muss mitgedacht werden.

▶ **Tipp Dokumentieren:** Es hilft, wenn im Planungstool bei auftretenden Problemen ein sachlicher Vermerk erfolgt: Thema zu spät geliefert, Thema für Online nicht geeignet oder ähnlich. Dann gibt es einen Anknüpfungspunkt für Feedback oder Konfliktgespräch. Wenn alles geklärt ist: Vermerk löschen! Es geht nicht ums Anprangern.

Bewusst führen, verlässlich kommunizieren, Konflikte aushalten und lösen: Das sind zwar Standards, die auch für Redaktionen gelten sollten. Bei einer einschneidenden Veränderung wie der Einführung der vorausschauenden Planung und Produktion nach dem E-2-Prinzip kann es wie gesagt jedoch stressig werden. Dann helfen die hier kurz erläuterten Instrumente gerade in der Einführungsphase.

Wann ist diese schwierige Phase eigentlich zu Ende? Ganz einfach: Wenn die Redaktion den zu Beginn ermittelten Anteil planbarer Geschichten nach den spezifischen neuen Regeln verlässlich erstellt. Wenn lediglich Eilmeldungen, angemeldete aktuell erstellte Beiträge und abgesprochene Ausnahmen davon abweichen. Das kann mehrere Monate dauern.

Im Gespräch bleiben: Bis dahin bleibt es wichtig, dass die neuen Standards in geraffter Form bei den wichtigsten Konferenzen und auch den Führungskräfte-Workshops angesprochen werden. Auch wenn es manchmal ganz schön nervt. Es hilft, wenn bei Fehlern niemand beschönigt. Allerdings ist Sachlichkeit und nachvollziehbare Kritik die Grundlage. Beispiel: Jemand hat Regel A nicht eingehalten. Also ist hier konkret etwas schiefgegangen und hat gegebenenfalls andere mit betroffen. Deshalb spricht die Führungskraft die regelverletzende Person konkret darauf an.

Als Argumente taugen messbare Erfolge und vorbildliche Ergebnisse (*Best Practice*), verglichen mit dem kritisierten Arbeitsergebnis. Der datenorientierte Vergleich zeigt, ob und wie Lesende, Nutzende und Abonnierende einen journalistischen Beitrag wahrnehmen. „Rules and consequences" gilt für alle, von der Chefredaktion bis zu den Teammitgliedern.[25]

Fehler erlaubt: Wohlgemerkt, die sachliche und wertschätzende Kritik (siehe oben, vier Bausteine fürs Feedback geben) und die an den transparenten Regeln orientierte redaktionelle Führung beziehen sich in diesem Kapitel auf das Konzept vorausschauender Planung und Produktion, das E-2-Prinzip. Damit diese Formel

---

[25] Das Prinzip der klaren und einfachen, allen bekannten Regeln, deren Bruch Folgen haben muss, „rules and consequences", wenden Lehrkräfte erfolgreich in Schulklassen an. Der Autor dankt seinem Chefredakteurskollegen Claus Liesegang und dessen Ehefrau Claudia Liesegang für diesen Hinweis.

2.6 Digitale Veränderungen führen

wirken kann, gehört dazu die gemeinsame Verpflichtung des Teams, die wenigen Grundregeln zu respektieren und danach zu handeln.

Damit ist nicht gemeint, dass niemand Fehler machen darf! Erstens ist dies unmöglich. Und zweitens, Thema der folgenden Kap. 3 und 4, ist die Planung ja die Basis für mutige digitale Experimente – Journalismus für Zielgruppen und deren Bedürfnisse zum Beispiel. Experimentieren bedeutet, das Fehler erlaubt sind. Die später in diesem Handbuch genannten Praxisbeispiele aus Redaktionen berücksichtigen dies und legen Wert auf eine echte Fehlerkultur.[26]

Best Practice loben: Das beste Argument für die neue Arbeitsweise liefern nachweisliche digitale Erfolge. Die vorausschauende Planung und Produktion soll Online-Beiträge messbar besser machen. Kennzahlen dafür können neue Abos, höhere Reichweite oder längere Lesedauer sein, aber auch eine höhere Interaktion zum behandelten Thema auf Social Media (siehe Kap. 3).

Es ist wichtig, dass sich eine Redaktion erstens Ziele setzt und zweitens die erreichten Meilensteine des Teams auch zu würdigen weiß. Lob ist leider unterschätzt. Doch es kann mit Beispielen konkretisiert werden, die dann als Vorbild dienen können, Best Practice eben.

Belohnung und Prämie: Bei der „Lausitzer Rundschau" und der „Märkischen Oderzeitung" hat Chefredakteur Claus Liesegang eine wirksame Teamprämie eingeführt. Der jährlich ausgeschüttete Betrag je Team reicht für ein gemeinsames Essen im Restaurant, einen Bootsausflug oder einen Bowling-Abend. Belohnt wird jedes Team, das sich im Vergleich zum Vorjahreszeitraum verbessert und einen messbaren Anteil am digitalen Erfolg hat.

Grundlage sind die Erfolge der von den Reporterinnen und Reportern geplanten, produzierten und veröffentlichten Beiträge. Auch die Desk-Teams und das Online-Produktmanagement werden beteiligt – sie erhalten eine Prämie, orientiert am durchschnittlichen Erfolg aller Beteiligten. Das ist nur ein Beispiel für die goldene Regel: Erfolge feiern!

Im Abschn. 2.7 spricht eine Expertin, die das E-2-Prinzip erfolgreich mit ihrem Team anwendet und eigene Lösungen für den Konfliktfall entwickelt hat. Das anschließende Kap. 3 widmet sich den wichtigsten praktikablen Werkzeugen auf dem Weg zum digitalen Erfolg.

---

[26] Vgl. das Beispiel der „Main-Post" in Abschn. 4.5. Die Redaktion arbeitet mit Bedürfniskategorien, um Zielgruppen und Themenfelder besser zu bedienen. Dabei steht das zentrale Themenmanagement den Redaktionsmitgliedern auch fürs Coaching zur Verfügung.

2.7 Interview mit Linda Heinrichkeit: „Mehr Freiraum und mehr Ruhe"

Linda Heinrichkeit leitet bei der „Westdeutschen Allgemeinen Zeitung" (WAZ) die Lokalredaktion in Bottrop. Seit dem Frühjahr 2023 arbeitet sie mit ihrem Team kontinuierlich nach der E-2-Regel (Abb. 2.3).[27]

Wie läuft das genau bei Euch ab?

Linda Heinrichkeit: Wir planen Themen grundsätzlich nach der Online-Veröffentlichung, und die Printplanung liegt bei der Redaktionsleitung, also bei mir oder meinem Stellvertreter. Wenn wir in Konferenzen über Themen sprechen, dann reden wir nicht mehr darüber, wann sie Print erscheinen sollen, sondern darüber, welche Themen wir machen. Und in der Regel ist es so, dass bei uns eine komplette Printausgabe einen Tag vorher vorliegt. Mit Ausnahmen natürlich.

Wie hoch ist der Anteil der E-2 produzierten Beiträge?

Linda Heinrichkeit: In Bottrop liegen wir bei 80 %. Das ist in größeren Städten sicherlich anders, weil da noch mehr Aktualität reinkommt und häufiger etwas passiert, weshalb man die Planung noch mal umwerfen muss. Natürlich

Abb. 2.3 Bildunterschrift: Linda Heinrichkeit im Video-Interview am 14. August 2023. Screenshot: Oliver Haustein-Teßmer (▶ https://doi.org/10.1007/000-c7f)

---

[27] Redigiertes Transkript des am 14. August 2023 aufgezeichneten Video-Interviews.

kann eine E-2-Produktion auch dadurch gestört sein, dass man sehr knapp besetzt ist oder nach Wochenenden nicht so hinterherkommt, wie man sich das wünschen würde. Aber in den kleineren Redaktionen lässt sich das eigentlich ganz gut handhaben.

Welche Artikel werden denn so gut wie nie E-2 hergestellt? Sind das Breaking News?

Linda Heinrichkeit: Ja, das können aber auch kleinere Neuigkeiten sein, banale Polizeimeldungen. Es können auch mal größere geplante Ereignisse sein, von denen wir wissen, das ist ein wichtiges Thema, das haben wir nicht exklusiv, da wollen wir schnell mit raus.

Wie zahlt diese Arbeitsweise auf die digitalen Erfolge ein? Bringt das mehr neue Abos, steigt das Engagement Eurer Leserinnen und Leser, gibt es mehr Reichweite? Werden die Artikel besser?

Linda Heinrichkeit: Ich weiß nicht, ob man diese Verbindung so klar ziehen kann. Was es definitiv bringt, ist mehr Freiraum und mehr Ruhe. Und das wiederum führt dazu, dass man sich mehr Zeit nehmen kann, über Themen nachzudenken. Wenn ich nicht den Druck im Nacken habe, ich muss heute irgendeine Lücke in der Zeitung füllen, dann kann ich ein Thema sicherlich besser aufbereiten, mehr in die Tiefe gehen, mir mehr Gedanken über Darstellungsformen machen als früher, wo es morgens oft hieß: ‚Wir müssen so und so viele Seiten füllen', und eigentlich hatte kaum jemand was fertig. Insofern trägt E-2 sicherlich grundsätzlich zur Qualität der Stücke bei.

Wie habt Ihr denn die Teams überzeugt mitzumachen?

Linda Heinrichkeit: Eigentlich war das gar nicht so schwer, obwohl ich ein relativ altes Team habe, was sehr printgewöhnt war. Die Fristen haben sich einfach verschoben. Eigentlich zieht man ja alles nur einen Tag vor. Und ein Stück, was übermorgen in der Zeitung sein soll, muss halt heute Nachmittag fertig sein und nicht morgen Nachmittag. Daran haben sich alle ganz gut gewöhnt. Zumal alle, die vorher ein bisschen skeptisch waren, ich gehörte auch dazu, schnell gemerkt haben, dass das eben diese Ruhe reinbringt. Ich würde auch sagen, dass das Überstunden reduziert, weil man besser plant und vorausschauender arbeitet.

Warum warst Du skeptisch?

Linda Heinrichkeit: Skeptisch war ich, weil das so ein aufgedrücktes Regelwerk ist. Man meint ja, das nimmt einem Freiheit, weil ich mich gegebenenfalls rechtfertigen muss, wenn vielleicht doch noch mal etwas aktuell gemacht wird, das nicht der reinen E-2-Lehre entspricht. Das ist bei uns aber nicht der Fall. Es kann Gründe personeller Natur oder sonstige Engpässe geben, die dafür sorgen, dass auch ein prinzipiell durchaus schiebbares Thema heute aber mitmuss, weil wir einfach nichts anderes haben. Ich glaube, wie bei vielen guten Regeln braucht es immer die Möglichkeit, Ausnahmen machen zu können, ohne das bürokratisch aufzuladen.

Wie sanktioniert Ihr gegebenenfalls Regelverletzungen?

Linda Heinrichkeit: Das Regelverletzung nennen, glaube ich, wäre jetzt ein bisschen zu hart. Ich habe ein kleines Team, wir sind sechs Leute, da gibt es ein kollegiales Verhältnis, wir arbeiten gut miteinander zusammen. Wenn ich jetzt das Gefühl hätte, dass jemand sich da konsequent querstellen würde, dann müsste man sicherlich ein persönliches Gespräch führen, aber dann wäre das auch ein Grundsatzgespräch und nicht an Einzelbeispielen aufgehängt. Das ist aber bei uns einfach nicht der Fall. Wenn etwas mal nicht am Nachmittag um fünf, sondern erst am nächsten Tag um elf fertig ist, dann ist das auch völlig in Ordnung. So viel Flexibilität muss man dann schon haben.

Nun ist es ja so, dass Ihr für Online auch ein Programm braucht. Wenn die Leute morgens aufstehen und aufs Handy gucken, wollen die auch Informationen aus Bottrop aktuell haben. Vielleicht in der Mittagspause noch mal und vor allen Dingen wird das abends wichtiger. Wie bekommt Ihr das hin?

Linda Heinrichkeit: Wir timen schon Themen vor, also ein starkes Stück für den Abend oder für den nächsten Morgen etwas Frisches, Gutes. Bei zeitlosen Stücken gucken wir, wann passt das? Vielleicht ist es am Abend eher eine längere Lesegeschichte und am Morgen eher etwas Nachrichtlicheres. Wenn ich die Stücke habe, dann kann ich das ja relativ frei planen.

Weiterführende Literatur

Ulf Grüner, Christian Sauer, Qualitätsmanagement in Redaktionen. Das Coaching-Buch für Chefs & solche, die es werden (Norderstedt: Books on Demand, 2010)

Klaus Meier, Journalistik (4. überarbeitete Auflage, Konstanz, München: UTB Basics/UVK Verlagsgesellschaft mbH, 2018)

Stephan Russ-Mohl, Tanjev Schultz, Journalismus. Das Lehr- und Handbuch (4., komplett überarbeitete Auflage, Köln: Herbert von Halem Verlag, 2023)

Jana Wiske, Markus Kaiser, Journalismus und PR. Arbeitsweisen, Spannungsfelder, Chancen (Köln: Herbert von Halem Verlag, 2023)

Weiterführende Links

Das Organisationshandbuch des Bundesministeriums des Innern und des Bundesverwaltungsamts erklärt die Stakeholder-Analyse verständlich und gibt Hinweise zu weiterführenden Methoden. https://www.orghandbuch.de

Weiterführende Literatur

Das Europäische Journalismus-Observatorium (EJO) beobachtet nach eigenen Angaben Trends im Journalismus und in der Medienbranche europaweit und vergleichend. Dabei geht es auch um digitales Medienmanagement: https://de.ejo-online.eu/

Literatur

Rainer App, „Crossmedia ist detaillierte Planung, rund um die Uhr", in: Ulf Grüner, Christian Sauer, Qualitätsmanagement in Redaktionen. Das Coaching-Buch für Chefs & solche, die es werden (Norderstedt: Books on Demand, 2010), S. 319–322

Markus Behmer, Bernd Blöbaum, Wolfgang Donsbach, Leif Kramp, Margreth Lünenborg, Maja Malik, Klaus Meier, Juliana Raupp, Siegfried Weischenberg, Wer Journalisten sind und wie sie arbeiten, bpb.de, 8. Juni 2011, https://www.bpb.de/shop/zeitschriften/izpb/massenmedien-309/7527/wer-journalisten-sind-und-wie-sie-arbeiten/

Alexandra Borchardt, Junge Nutzer verzweifelt gesucht – sieben Erkenntnisse über eine anspruchsvolle Zielgruppe, Medieninsider, 17. Mai 2021, https://medieninsider.com/junge-nutzer-verzweifelt-gesucht-sieben-erkenntnisse-fuer-die-alten-medien/5007/

Bundesministerium des Innern und für Heimat, Bundesverwaltungsamt (Hrsg.), Handbuch für Organisationsuntersuchungen und Personalbedarfsermittlung, 4. Methoden und Techniken. 4.10 Stakeholderanalyse, orghandbuch.de (2021), https://www.orghandbuch.de/OHB/DE/OrganisationshandbuchNEU/4_MethodenUndTechniken/Methoden_A_bis_Z/Stakeholderanalyse/Stakeholderanalyse_node.html

Bundeszentrale für politische Bildung (Hrsg.), drehscheibe+ Nr. 8. Zum Modellseminar „Die neue DNA des Lokaljournalismus – Rezepte für die erfolgreiche Zukunft" vom 19. bis 23. Mai 2014 (o. O.: Bundeszentrale für politische Bildung, o. J.)

Robert Domes, Kreativ ohne Chaos, Multimediales Arbeiten in den Lokalredaktionen, Modellseminar 1/2009, Bundeszentrale für politische Bildung: Lokaljournalismusprogramm, 11. bis 15. Mai 2009 (Augsburg: Bundeszentrale für politische Bildung, o. J.)

Robert Domes, Mit Inhalt und Präsenz punkten. Die Redaktion muss beim Marketing eine größere Rolle spielen (Interview mit Ralf Freitag, Leiter Medien und Kommunikation, „Lippische Landeszeitung"), in: Bundeszentrale für politische Bildung (Hrsg.), drehscheibe+ Nr. 8. Zum Modellseminar „Die neue DNA des Lokaljournalismus – Rezepte für die erfolgreiche Zukunft" vom 19. bis 23. Mai 2014 (o. O.: Bundeszentrale für politische Bildung, o. J.), S. 12–13

Andrew S. Grove, High Output Management (New York: Vintage, 1995)

Ulf Grüner, Christian Sauer (Hrsg.), Kritisch-konstruktiver Journalismus (Hamburg: Books on Demand, 3. aktualisierte und erweiterte Auflage, 2019)

Ulf Grüner, Christian Sauer, Qualitätsmanagement in Redaktionen. Das Coaching-Buch für Chefs & solche, die es werden (Norderstedt: Books on Demand, 2010)

Alexander Houben, Total lokal auf allen Kanälen – die Tageszeitung als Marke im Internet (Referat beim Modellseminar Kreativ ohne Chaos, in: Robert Domes, Kreativ ohne Chaos, Multimediales Arbeiten in den Lokalredaktionen, Modellseminar 1/2009, Bundeszentrale für politische Bildung: Lokaljournalismusprogramm, 11. bis 15. Mai 2009 (Augsburg: Bundeszentrale für politische Bildung, o. J.), S. 22

Markus Kaiser (Hrsg.), Innovation in den Medien. Crossmedia, Storywelten, Change Management (München: Verlag Dr. Gabriele Hooffacker, 2013)

Markus Kaiser, Neue Erzählformen, S. 59f., in: Markus Kaiser (Hrsg.), Innovation in den Medien. Crossmedia, Storywelten, Change Management (München: Verlag Dr. Gabriele Hooffacker, 2013), S. 56–66

Olivia Konieczny, Arbeiten im Newsroom. Vor- und Nachteile der Neuorganisation von Zeitungsredaktionen (Hamburg: Diplomica Verlag GmbH, 2013)

Henning Kornfeld, Kunden dürfen bei Terminen mitreden. Die dpa ergänzt „dpa-news" um die Plattform „dpa-Agenda", kress.de, 31. August 2012, https://kress.de/pro/beitrag/114111-kunden-duerfen-bei-terminen-mitreden.html

Henning Kornfeld, Wer A sagt, muss nicht E sagen. Wie die „Main-Post" Inhalte nach ihrem Wert für die Zeitung kategorisiert, in: Redaktionsmanagement. Wie sich die „Main-Post" neu aufstellt, *kress pro* Dossier 10/2018, S. 7

Alexander Marinos, Journalistische Praxis: Modernes Nachrichtenschreiben. Neu interpretierte Regeln für einen besseren Qualitätsjournalismus (Wiesbaden: Springer VS, 2021) (Springer VS essentials)

Alexander Marinos, Nachrichten ohne News. Zwischenruf. Digitaljournalismus, in *Medium Magazin* 4/2023, S. 16

Claudia Mast, ABC des Journalismus. Ein Handbuch (Köln: Herbert von Halem Verlag, 13., komplett überarbeitete Auflage, 2018)

Klaus Meier, Journalistik (Konstanz, München: UTB Basics/UVK Verlagsgesellschaft mbH, 4. überarbeitete Auflage, 2018)

Klaus Meier, Newsroom – die Redaktion im digitalen Journalismus, in: *Medienwirtschaft* Heft 3/2007 sowie European Journalism Observatory, 11. Oktober 2007, https://de.ejo-online.eu/redaktion-oekonomie/redaktionsmanagement/newsroom-die-redaktion-im-digitalen-journalismus

Klaus Meier, Teams und Projektarbeit in der Zeitungsredaktion. Wie Bürokratien im Newsroom eingerissen und Abläufe optimiert werden können, *Fachjournalist* Nr. 5/Oktober 2002, S. 6–9, https://www.fachjournalist.de/PDF-Dateien/2012/05/FJ_5_2002-Teams-und-Projektarbeit-in-der-Zeitungsredaktion.pdf

Redaktionsmanagement. Wie sich die „Main-Post" neu aufstellt, *kress pro* Dossier 10/2018

Stephan Russ-Mohl, Tanjev Schultz, Journalismus. Das Lehr- und Handbuch (Köln: Herbert von Halem Verlag, 4., komplett überarbeitete Auflage, 2023)

Christian Sauer, Wo und wann funktioniert konstruktiver Journalismus am besten? in: Ulf Grüner, Christian Sauer (Hrsg.), Kritisch-konstruktiver Journalismus (Hamburg: Books on Demand, 3. aktualisierte und erweiterte Auflage, 2019), S. 40–43

Wolf Schneider, Paul-Josef Raue, Das neue Handbuch des Journalismus und des Online-Journalismus, (Bonn: Bundeszentrale für politische Bildung, 2012)

Stefan Wirner, „Wir inszenieren Überraschungen", drehscheibe.org, 22. August 2011, https://www.drehscheibe.org/interview/wir-inszenieren-ueberraschungen.html

Jana Wiske, Markus Kaiser, Journalismus und PR. Arbeitsweisen, Spannungsfelder, Chancen (Köln: Herbert von Halem Verlag, 2023)

Praxistipps für digitale Redaktionen 3

> **Zusammenfassung**
>
> Wie planen Redaktionen verlässlich und zielführend? Was bringen Nutzerdaten-Analysen? Warum sollen Journalistinnen und Journalisten Zielgruppen ansprechen? Müssen dabei immer tiefgehende Geschichten herauskommen? Das Kapitel entwickelt praktikable Lösungen für den digitalen Alltag.

> **Schlüsselwörter**
>
> Redaktionsprozess · Workflow · Themenplanung · Datenorientierung · Zielgruppen · Audiences

Eine neue digitale Arbeitsweise einzuführen ist das Eine. Die andere, wichtigere Sache: Wie füllen Redaktionen das Konstrukt mit Leben? Schließlich geht es um guten Journalismus, von dessen digitaler Verbreitung die Beteiligten beruflich existieren können. Vorausschauend zu planen und zu produzieren, das gelingt manchen Redaktionen sehr gut. Andere fragen sich: Wie bringen wir das zusammen, unser Verständnis von Journalismus, Qualität und die notwendigen digitalen Abläufe? Wie macht das Team verlässlich mit? Technologie allein wird dabei nicht helfen.

Ergänzende Information Die elektronische Version dieses Kapitels enthält Zusatzmaterial, auf das über folgenden Link zugegriffen werden kann [https://doi.org/10.1007/978-3-658-44363-4_3]. Die Videos lassen sich durch Anklicken des DOI-Links in der Legende einer entsprechenden Abbildung abspielen, oder indem Sie diesen Link mit der SN More Media App scannen.

© Der/die Autor(en), exklusiv lizenziert an Springer Fachmedien Wiesbaden GmbH, ein Teil von Springer Nature 2024
O. Haustein-Teßmer, *Digitaler Erfolg im Lokaljournalismus*, Journalistische Praxis, https://doi.org/10.1007/978-3-658-44363-4_3

Es kommt darauf an, wie genutzte Werkzeuge, zum Beispiel zur Themenplanung, aber auch inhaltliche Methoden die redaktionellen Prozesse abbilden, Ziele unterstützen und wie Redaktionen diese Techniken nutzbringend für die Beteiligten einsetzen.

Vom Ziel her zu denken, ist entscheidend, wenn neue digitale Technologien und Methoden in eingeführt werden. Software, Plattformen und inhaltliche Strategien sollten besseren Journalismus unterstützen. Drei Fragen stehen am Anfang:

- Was soll mit einer neuen Technologie oder Methode publizistisch erreicht werden?
- Wie wenden Journalistinnen und Journalisten die Werkzeuge demzufolge am besten an?
- Welche Tools brauchen sie nicht unbedingt?

Leider läuft es in der Praxis vieler Medienhäuser oft genug anders: Ein anderer Verlag hat neue Technik angeschafft. Das spricht sich in der Branche herum. Dann kauft das nächste Unternehmen das vermeintliche Wunder-Tool ein, lässt sich dazu technologisch beraten. Die praktikable Anwendung wird sich schon irgendwie ergeben.

Eben nicht! Dieses Handbuch mit dem Fokus auf journalistische Ziele empfiehlt Redaktionsverantwortlichen deshalb, strukturiert und pragmatisch vorzugehen. Das beginnt mit der redaktionellen Themenplanung, die den Redaktionsprozess der vorausschauenden Planung und Produktion (E-2-Prinzip, siehe Kap. 2) unterstützt.

3.1 Was strukturierte Themenplanung bewirkt

Was ist das Ziel? Viele Redaktionen sind sich der wachsenden Schwierigkeiten bewusst: Die Aufgaben werden komplexer. Dasselbe Team muss mehrere digitale und sehr oft weiterhin die traditionellen Kanäle wie Print oder Programme fürs Radio oder Fernsehen bedienen. Wenn es halbwegs läuft, stehen zwar Termine und Ereignisse fest und werden in Redaktionskalendern gepflegt. Daran sind wiederum Einsatz- und Schichtpläne orientiert. Der journalistische und inhaltliche Fokus – wie in den Redaktions- und Planungskonferenzen diskutiert – wird so noch nicht abgebildet.

Dies wird zum Problem, wenn die Redaktion nach einer neuen journalistischen Methode arbeiten will, um den digitalen Erfolg zu befördern. Dann muss bereits in der Planungsphase klar und transparent sein, was jemand mit einem Beitrag

3.1 Was strukturierte Themenplanung bewirkt

erreichen möchte. Welche journalistischen Formate sollen in welchem Produkt und publizistischen Kanal ausgespielt werden? Erst, wenn sich diese Aspekte in den von der Redaktion genutzten Werkzeugen widerspiegeln, lässt sich der Redaktionsprozess vernünftig steuern.

Digitale Themenplanung: Das passende Gefäß, um den redaktionellen Ablauf von der Themenidee bis zum fertigen Beitrag transparent zu machen, ist ein Themenplanungstool. Es gibt Dutzende solcher Planungswerkzeuge für das Content-Planning im Marketing oder für Social Media. Die meisten sind cloudbasiert. Sie werden über eine Internetschnittstelle und mit dem Browser benutzt. Auch Anbieter von Redaktionssystemen oder spezialisierte Hersteller sind damit auf dem Markt.

Wichtig ist bei der Auswahl oder Neujustierung einer bereits eingekauften Software, dass sich der bestehende oder geplante Workflow wie eine vorausschauende Multikanal-Planung und – Produktion (siehe Kap. 2) damit komplett abbilden lässt. Eine neue inhaltliche digitale Methode sollte sich ebenfalls abbilden lassen. Sowohl der neue Arbeitsablauf als auch die Methode lassen sich mit der fokussierten Nutzung der Themenplanung verbinden und werden dadurch bestenfalls befördert.[1]

> **Zehn Aspekte, die das Themenplanungstool abbilden sollte**
> - *Redaktionsstruktur:* Teams, Ressorts, Rollen (Autor, Fotograf, freie Mitarbeiterin usw.), darstellbar am Thema und in organisatorischen Übersichten
> - *Produktstruktur:* Kanäle für Online, Print (Zeitungsbücher, Seiten, Elemente), Social Media, Sendungen usw.
> - *Formate:* Mit welcher Art Beitrag, zum Beispiel Länge, Zeichenmenge/T-Shirt-Größen; mit welcher Stilform, wie Reportage, Bericht und Kommentar, soll ein Thema angegangen werden?
> - *Inhaltliche Struktur:* Arbeitet die Redaktion zielgruppenzentriert, kann am Thema die adressierte Zielgruppe, eine Bedürfniskategorie (englisch: *user need*), eingetragen oder ausgewählt werden

---

[1] Die folgenden Ausführungen gehen auf mehrere Jahre praktischer Erfahrung mit Themenplanungstools bei der „Lausitzer Rundschau" und der „Märkischen Oderzeitung" zurück. Die angesprochenen Punkte hat der Autor für einen Impuls-Vortrag bei einem Online-Workshop mit der Redaktion des „Westfalen-Blatts" im August 2023 zusammengefasst. Er dankt Uli Windolph, dessen Team sowie Redaktionscoach Christian Sauer für die fruchtbare Diskussion.

- *Workflow-Status:* Ist der Beitrag eine Idee, geplant, in Arbeit, fertig, produziert?
- *Veröffentlichungsdaten:* Die Abgabefrist (*Deadline*) ist vermerkt. Es kann einzutragen werden, wann ein Beitrag online geht (Zeit-Slot) beziehungsweise veröffentlicht wird
- *Marktplatz-Funktion:* Ein Thema/Beitrag kann mehreren Produkten (in einer Mediengruppe, auch unternehmensübergreifend) angeboten bzw. zugeordnet werden
- *Verknüpfungen* (optional): Kann die Themenplanung Statusmeldungen zu verknüpften Beiträgen aus dem Redaktionssystem darstellen? Das erleichtert die Produktionssteuerung.
- *Beauftragungen und Lieferungen:* Können (freie) Mitarbeitende direkt beauftragt werden und über das Themenplanungstool Beiträge liefern?
- *Archivfunktion:* Ältere Einträge können durchsucht, wiederverwendet, dargestellt werden

Vor der Einführungsphase: Egal ob die Software für die Themenplanung neu eingeführt oder deren Nutzung verbessert werden soll – das muss gut vorbereitet werden. Ähnlich wie bei der Einführung der vorausschauenden Planung und Produktion (Kap. 2) steht am Beginn eine Übereinkunft der Redaktion, zuerst im Führungskreis: Alle verpflichten sich darauf, künftig die redaktionelle Themenplanung nach vereinbarten Standards zu nutzen.

Dies schließt Nebenplanungen, Sonderlösungen für bestimmte Ressorts und einzelne Mitarbeitende sowie einen nachlässigen Umgang mit dem Werkzeug aus. Wenn die Redaktion das vereinbarte Planungstool bloß rudimentär nutzt, es nebenbei Google-Dokumente in der Cloud, auf internen Laufwerken abgelegte Themenlisten gibt und solange Führungskräfte dies tolerieren, ist das zentrale Planungstool für die Steuerung des Redaktionsprozesses unbrauchbar.

Kleines Regelwerk: Planung ist notwendig, darf jedoch die Teams auch nicht überfordern. Deswegen braucht die Themenplanung einige wenige, aber grundlegende Regeln zur Nutzung. Sie sollten die folgenden Fragen klären:

- Wie sieht der Standardeintrag eines Themas aus?
- Was wird geplant – und vor allem: *was nicht?*

Ausgenommen von der Pflicht zum Planen können zum Beispiel standardisierte Printmeldungen sein. Auch Online-Eilmeldungen lassen sich höchstens nachträglich

3.1 Was strukturierte Themenplanung bewirkt

in die Themenplanung einpflegen. Erst wenn die reguläre Planung wieder greift oder jemand den eiligen Online-Beitrag regulär später auf einer Zeitungsseite platzieren soll, macht ein Eintrag Sinn. Wenn klar ist, worauf sich die Themenplanung beschränkt, sollten die weiteren Aufgaben definiert werden:

- Bis wann sind neue Themen einzutragen?
- Wer pflegt Schichtenpläne mit welchen Deadlines?

Verbunden sind die Planungsregeln sinnvollerweise mit den Regeln für die Produktionsworkflows. Das betrifft Abgabefristen, Standardlängen von Artikeln, Kanalzuordnungen oder den Lieferzustand. Beispiel:

- Was bedeutet der Status „fertig" im Themenplanungstool?
- Liegt der Beitrag dann veröffentlichungsreif für Online vor?

Vor dem Start der alltäglichen Nutzung: Wenn sich der Führungskreis einer Redaktion auf die einheitliche Nutzung der Themenplanung verständigt hat und das Regelwerk steht, kommt es auf die schrittweise Einführung an. Am besten, in der Redaktion gibt es eine zuständige Instanz für das Werkzeug: Das kann eine Produktverantwortliche (*Product Owner*) sein. Auch jemand, der maßgeblich mit dem Werkzeug arbeitet und Einfluss im Team hat, zum Beispiel die Deskleiterin oder der Chef vom Dienst, kommt infrage.

Diese Person sollte sich mit dem Tool auskennen, Fortbildungen dazu machen, andere Redaktionen zum Vergleich befragen. Denn im späteren Alltag wird er oder sie als Kontakt bei Fragen rund um das Themenplanungstool genannt.

Dieselbe Person, gegebenenfalls unterstützt von internen oder externen Trainerinnen und Trainern, sollte ein *Training, Lernmodule* oder ein *Schulungsprogramm* aufsetzen. Denn alle Beteiligten müssen die wesentlichen Funktionen der Themenplanungssoftware kennen und zu benutzen wissen.

Erst testen, dann regulär starten: Es empfiehlt sich, die neu ausgedachten Redaktionsprozesse anhand des Themenplanungstools ausgiebig zu testen – und zwar, bevor es alle Teams in die Hand bekommen. Entweder gibt es eine freiwillige Testgruppe aus erfahrenen und neu eingestiegenen Mitarbeitenden in der Redaktion. Oder es gibt ein Ressort, eine Lokalredaktion, die bereit sind, die Abläufe der Themenplanung als erste auszuprobieren.

Soll die Einführung der beschleunigten digitalen Transformation dienen, sollte das Pilotteam hierbei relativ weit oder offen dafür sein. Die Beteiligten sollten Freiraum zum Testen und Ausprobieren haben, sich einbringen und Feedback geben können. Es ist viel Lob angesagt, wenn die Pilotphase gut klappt. Währenddessen entstehen vorzeigbare Beispiele: Ein mustergültiger Themeneintrag kann anderen Teams als Vorbild dienen und in ein Handout einfließen nach dem Motto: So ist es richtig!

Es ist sinnvoll, sich vor dem Ausrollen des Werkzeugs in der gesamten Redaktion zu überlegen, welche Argumente aus Sicht der Beteiligten für eine prozessorientierte Themenplanung sprechen (siehe Stakeholder-Analyse, Abschn. 2.3):

> **Vorteile der prozessorientierten Themenplanung**
> Was bringt das Themenplanungstool den Einzelnen, dem Team und dem *Produkt*? Jede Redaktion sollte dies für sich anhand der vorhandenen Rollen und Funktionen in der Organisationsstruktur durchspielen. Beispiele:
>
> - *Planerinnen und Planer:* Behalten die Gesamtübersicht und Kontrolle über Aufträge, Planungsstand und Lieferungen, wie in einer „ständigen Redaktionskonferenz"[2]
> - *Deskleitung:* Kann die Produkte besser steuern, sieht das Programm frühzeitig
> - *Reporterinnen und Reporter:* Arbeiten frühzeitig mit einer Recherche-Hypothese, haben ihre Themen im Griff, Beitragsqualität steigt
> - *Editorinnen und Editoren* (online): Können das Online-Programm abbilden, sind informiert
> - *Blattmacherinnen und Blattmacher* (Print): Bekommen seitengenaue Übersicht der zu platzierenden Themen, werden schneller, können Arbeit besser einteilen

Ausrollen nach Zeitplan: Ist die Pilotphase erfolgreich gelaufen und bildet das Themenplanungstool den redaktionellen Prozess wie gewünscht ab, sollte eine Umstellung Team für Team erfolgen. Dies hat den Vorteil, dass die einen von den anderen lernen. Ein begleitender Coach oder die Mitarbeitenden des Software-Herstellers können sich bei Rückfragen und nötigen Anpassungen auf das jeweilige Team konzentrieren.

---

[2] Zum Ideal einer ständigen Redaktionskonferenz vgl. zum Beispiel Claudia Mast (Hrsg.), ABC des Journalismus. Ein Handbuch (13., komplett überarbeitete Auflage, Köln: Herbert von Halem Verlag, 2018), S. 268, sowie Markus Kaiser, „Der Begriff Zeitung wird häufig falsch verstanden", nordbayern.de, 30. Januar 2018, https://www.nordbayern.de/region/nuernberg/der-begriff-zeitung-wird-haufig-falsch-verstanden-1.7154821, 18.02.2024.

3.1 Was strukturierte Themenplanung bewirkt

Es ist gut möglich, die Einführung der vorausschauenden redaktionellen Planung und Produktion nach der Formel E-2 (Kap. 2) mit der konsequenten Anwendung der Themenplanung zu verknüpfen. Weitere, wesentliche Veränderungen sollten jedoch separat erfolgen. Das Arbeiten nach Audiences oder auch die Einführung eines kompletten neuen Redaktionssystems brauchen nämlich mehr Zeit. Und wenn zu viele Bälle in der Luft sind, geht auch mehr schief.

▶ **Tipp** **Der Zeitplan** fürs Ausrollen des Themenplanungstools sollte je Team eine Einführungswoche vorsehen. Eine zweite Woche mit wachsamem Blick auf die Planungsprozesse ist fair.

Während der Einführungsphase: Mit der erfolgreichen Einführung ist es normalerweise nicht getan. Erfahrungsgemäß brauchen die Nutzerinnen und Nutzer in der Redaktion Unterstützung, Anleitung und Feedback. Es ist zweckmäßig, wenn das Themenplanungstool gerade zu Beginn in den Konferenzen präsent ist: Die Themenübersichten laufen im Konferenzraum oder in der videogestützten Konferenz auf dem Bildschirm mit.

Die inhaltlichen Diskussionen in Konferenzen sollten den verabredeten Planungsregeln entsprechen: Sollen die Themeneinträge eine zielgruppenfokussierte Arbeitsweise widerspiegeln, überprüfen die Planenden oder – falls zuständig – das Themenmanagement oder die Deskleitung das vorliegende Themenangebot *vor* den Konferenzen daraufhin.

Sollten missverständliche Einträge und nicht zielführende Formulierungen („Stadtverordnetenversammlung in XY" statt konkretem Thema) auffallen, sind gerade zu Beginn der systematischen Themenplanung *Rückfragen als Führungsmethode* wichtig:

- Welche Story siehst Du/sehen Sie in diesem Thema?
- Wen willst Du/wollen Sie mit dem Thema ansprechen?
- Wie lautet Deine/Ihre Recherche-Hypothese?
- Welchen Arbeitstitel könnte Deine/Ihre Story haben?

Motivieren als Führungsaufgabe: Mit solchen Fragen können Führungskräfte ihre Teams motivieren, den Fokus ihrer Geschichten herauszuarbeiten und schlüssig – in einem Satz, ähnlich einer Überschrift – einzutragen. Das ist oft schon der erste Schritt für eine gelungene Story. Wenn jemand das besonders gut hinbekommt, ist das erwähnenswert und lässt sich gerade in den ersten Wochen als Vorbild nutzen! Wenn jemand formell mit dabei ist und fleißig Themen einträgt – die inhaltlich jedoch besser sein können, ist die regelmäßige Nutzung ein Lob wert. Dies wird verbunden mit dem Hinweis, wie es besser geht. Es ist hilfreich für alle Beteiligten, wenn das Regelwerk nicht überbordend ausführlich ist. Die Redaktion konzentriert sich auf die relevanten Themen und *protokolliert nicht jede Kleinigkeit* im Themenplanungstool. Freiräume, beispielsweise ein Ideenspeicher für noch nicht ausgereifte Themen, die jemand zur Diskussion stellen möchte, sind sinnvoll. Auch dafür muss eine Konferenzleitung sich und dem Team Zeit geben. Sonst bleiben die tollsten Ideen ungenutzt.

Konflikte bei der Themenplanung: Sind die Regeln, die Ausnahmen und die Freiräume festgelegt, ist auch klar, wie das Themenplanungstool auf keinen Fall zu nutzen ist – was also zu Konflikten führen würde. Die Planungsverantwortlichen sollten das – gern mit einer Prise Humor – klarstellen. „Einfach ‚Schon wieder Familien-Gedöns im Stadtrat' als Thema eintragen, ohne Arbeitstitel, ohne Fokus auf unsere wichtigste Zielgruppe Familien, ohne Story-Idee, das geht gar nicht", wäre ein konkreter Hinweis auf das Unerwünschte.

Das andere Extrem sind Einträge, die maßlos übertreiben und eine Story versprechen, die so überhaupt nicht zustande kommt. Vorsicht bei Superlativen schon in der Themenankündigung! „Der beste Metzger der Stadt", „das teuerste Bauvorhaben aller Zeiten" und „der grausamste Kriminalfall" – wenn solche Arbeitshypothesen später Einzug in veröffentlichte Beiträge als Überschrift halten, aber nicht durch Fakten belegt sind, ärgert das Lesende, neue Kundinnen und Kunden ebenso wie treue Abonnentinnen und Abonnenten. Qualität im Journalismus geht anders.

Konflikte lösen: Es kommt vor, dass wiederholte Rückfragen und Feedback nichts bringen und das überschaubare Regelwerk bei manchen auf Ignoranz stößt. Dann lassen sich Konfliktgespräche und gegebenenfalls die Eskalation des Konflikts im Arbeitsalltag der Redaktion nicht vermeiden. Wenn das Thema und der Beitrag im Ergebnis wiederholt nicht genügen, wenn Themen partout nicht wie vereinbart und zu spät geliefert werden, ist eine klare Ansprache folgerichtig (siehe auch Abschn. 2.3 und 2.6).

Sonst würde der ganze Prozess, der Zweck systematischer Themenplanung, infrage gestellt und das Signal an andere wäre: Ist doch eh' egal. Eine Redaktionsleitung sollte die zielführende Themenplanung so lange auf der Agenda der Besprechungen lassen, wie noch nicht alles rund läuft. Ziel ist es ja, dass die Themenplanung und das dafür genutzte Werkzeug allen Mehrwert bringen. Am Ende sollen messbar bessere journalistische Beiträge entstehen (siehe Abschn. 3.2) (Abb. 3.1).

Wie digitale Themenplanung aussehen kann, verdeutlicht das unten mit einem Screenshot auszugsweise abgebildete Beispiel der „Lausitzer Rundschau". Deren Lokalredaktion in Cottbus plant in einer wöchentlichen Konferenz für bis zu

3.1 Was strukturierte Themenplanung bewirkt

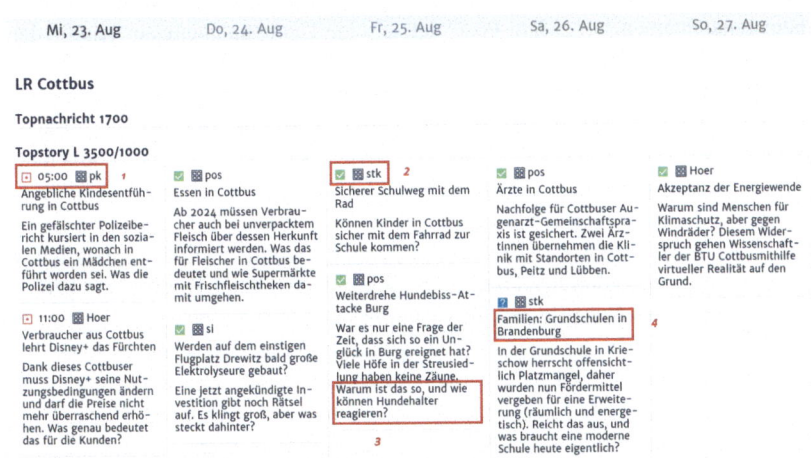

Abb. 3.1 Wie eine Lokalredaktion ihre Themen plant. *Der Screenshot zeigt einen Ausschnitt aus der Themenplanung der Lokalredaktion Cottbus der „Lausitzer Rundschau"* (siehe zur Erläuterung den folgenden Absatz). *(Quelle: Desk-Net, Neue Pressegesellschaft, Ulm/Screenshot: Oliver Haustein-Teßmer)*

zwei Wochen im Voraus. Dabei liegt der Fokus auf den wichtigsten Themen. Die Redaktion nennt die Beiträge zu diesen Themen Topstorys.

Die geplanten Beiträge sind hinsichtlich ihrer *Länge* gekennzeichnet (hier als T-Shirt-Größe L). An den Einträgen ist der jeweilige *Status*, beispielsweise „Autor hat akzeptiert" (weißes Häkchen auf grünem Grund, rote Ziffer 2) oder „publiziert" (Symbol rotes Quadrat mit Punkt) ersichtlich. Auch der geplante oder tatsächliche Zeitpunkt der Veröffentlichung sind am Thema vermerkt (Ziffer 1).

Recherche-Hypothese: Jeder Eintrag enthält möglichst den Fokus der Recherche. Das kann in Form einer offenen Frage wie bei dem geplanten Thema nach einer Hunde-Bissattacke im Spreewalddorf Burg (Ziffer 3) geschehen: „Warum ist das so, und wie können Hundehalter reagieren?" Adressiert die Autorin eine vorhandene Zielgruppe (Audience), wird diese genannt, Beispiel „Familien" (Ziffer 4).

Damit ist klar: Die Autorin geht das Thema „Was braucht eine moderne Schule heute eigentlich?" aus der Perspektive von Eltern mit Kindern im schulpflichtigen Alter an (siehe Abschn. 3.3). Der im Screenshot gezeigte Ausschnitt spiegelt die Arbeitsweise der Redaktion wider. Das Team produzierte zu jenem Zeitpunkt (August 2023) etwa ein Drittel seiner Beiträge zielgruppenfokussiert.

Umfassende Steuerung per Themenplanung: Themenplanungstools lassen viele Möglichkeiten zum Qualitätsmanagement und zur Produktsteuerung zu. Das

Themenmanagement der „Main-Post" nutzte seine Themenplanung auch dafür, die als stärkste Geschichten angesehenen Stoffe der Kategorie A zunächst zu sichten und dann zur Recherche und Produktion freizugeben.

Die Redaktion des Nachrichtenmagazins „Der Spiegel" hat ihr selbstkonfiguriertes Redaktionssystem mit integrierten Modulen zur Themenplanung und zur Produktsteuerung verknüpft. So bildet die verwendete Technologie den kompletten Herstellungsprozess in einer Systemumgebung ab. Vergleichbare Lösungen bieten Hersteller von Contentmanagement-Systemen an oder ermöglichen die Prozesssteuerung durch Schnittstellen zu geeigneten Planungsprogrammen.[3]

Grenzen der toolgestützten Themenplanung: Je größer die Zahl der zu steuernden Kanäle und Produkte ist und je anspruchsvoller das redaktionelle Konzept, umso wichtiger werden solche technologischen Hilfsmittel. Themenplanung dient laut den Journalismus-Forschern Stephan Russ-Mohl und Tanjev Schultz der Umsetzung der journalistischen Vision „in realisierbaren Etappenzielen" (siehe Kap. 2). Andererseits warnen die beiden Autoren davor, allzu perfekt durchzuplanen und damit die Redaktion zu überfordern.[4]

3.2 Wie Datenorientierung hilft

Wozu diese ganzen Daten? In der digitalen Transformation passiert vieles mit sehr unterschiedlicher Geschwindigkeit. Das eine Redaktionsteam schreitet voran. Die Kolleginnen und Kollegen sind total begeistert von den neuen Möglichkeiten und rufen intern einen Wettbewerb um die erfolgreichste Story der Woche aus. Wer gewinnt mit seinem Beitrag die meisten neuen Digital-Abos? Schaffen wir am Freitag noch ein, zwei Abos mehr und schließen die Online-Woche mit einem neuen Rekord ab? In der Redaktion des Autors, bei der „Lausitzer Rundschau" und

---

[3] Zur „Main-Post" vgl. Henning Kornfeld, Wer A sagt, muss nicht E sagen. Wie die „Main-Post" Inhalte nach ihrem Wert für die Zeitung kategorisiert, in: Redaktionsmanagement. Wie sich die „Main-Post" neu aufstellt, *Kress pro* Dossier 10/2018, S. 7. Die planvolle Arbeitsweise beim „Spiegel" erläutert das zuständige Team im Entwicklerblog, vgl. Spiegel-Team Workflows & Systeme, Wie wir unsere Workflows und Systeme für „Pay First" umgebaut haben, DevBlog Spiegel, 5. Juli 2022, https://devspiegel.medium.com/wie-wir-unsere-workflows-und-systeme-f%C3%BCr-pay-first-umgebaut-haben-257572d21c85, 15.10.2023.

[4] Zitiert nach Stephan Russ-Mohl, Tanjev Schultz, Journalismus. Das Lehr- und Handbuch (Köln: Herbert von Halem Verlag, 4., komplett überarbeitete Auflage, 2023), S. 136.

3.2 Wie Datenorientierung hilft

der „Märkischen Oderzeitung", war es vor allem das Sportteam, das auf Zahlen zur Online-Nutzung abfuhr – und sich am liebsten gleich mit den anderen Teams messen wollte.

Andere waren da längst noch nicht so weit. Während die Sportcrew schon auf Steigerungen bei Conversions und Media Time hinfieberte, aber auch mit einem weinenden Auge auf die Churn-Rate, also Kündigungen von Abos, schaute, standen viele noch vor einem Rätsel. Was bedeuten diese englischen Begriffe überhaupt? Was sollen wir mit den ganzen Daten? Wir sind doch Journalistinnen und Journalisten! „Ich habe schon verstanden, jetzt geht es nur noch um Klicks", sagte ein Kollege beim Espresso im Redaktionsbüro. Ja, nicht nur.

Datenorientierung bedeutet Kulturwandel: Wer die digitalen Veränderungen in der Medienbranche erlebt und mitgestaltet, hat es mit solchen Ungleichzeitigkeiten zu tun. Es dauert bei manchen länger, ehe sie sich auf die Digitalisierung einlassen. Die ist, ob Führungskräfte nun wollen oder nicht, ein echter Kulturwandel. Und der braucht Zeit, und die Verantwortlichen müssen viel erklären. Ob Mitarbeitende dann gleich voranstürmen oder zögernd unterwegs sind: Das Wichtigste ist, dass sie sich auf den Weg machen.[5]

Was die digitalen Daten und den täglichen Zahlensalat betrifft, den sich viele Redaktionen und Verlage auf Dashboards anzeigen lassen: Sie können den Veränderungsprozess positiv beeinflussen. Oder eben auch manchen verstören. Es ist nicht bloß entscheidend, in welchen Zahlen sich Redaktionen messen lassen. Sondern wie die Fachleute und Führungskräfte es schaffen, die Daten einleuchtend zu interpretieren und zu übersetzen.

Wie viel Datenorientierung? Da solche Erklärungsversuche nicht Stunden brauchen dürfen, ist es wichtig zu überlegen, wie weit Datenorientierung geht.

- Welche Kennzahlen sind wichtig – und zwar nicht nur für die Vertriebsexpertin, die Datenanalystin und den KPI-Master?
- Was kann die Redaktion mit ausgewählten Kennzahlen konkret anfangen?
- Wie setzen Journalistinnen und Journalisten die Erkenntnisse aus der Nutzungsdatenanalyse von Websites gewinnbringend für ihre Arbeit ein?
- Was ist zu viel des Guten?

---

[5] Den Zusammenhang zwischen Kennzahlen und der digitalen Unternehmenskultur betont Joachim Dreykluft, der bei NOZ/mh:n Medien das 2022 aufgelöste HHLab für digitale Forschung und Entwicklung leitete, vgl. Marcus Schuster, Den Innovationsgeist wecken, *Kress pro* 02/2019, S. 24–28, S. 25.

Um Antworten auf diese Fragen geht es in diesem Abschnitt. Es gleicht Erfahrungen aus der redaktionellen Praxis mit der Fachdiskussion um die Datenorientierung ab. Dabei geht es nicht darum, jeden *Key Performance Indicator (KPI)*, also jede Leistungskennzahl, genau zu untersuchen und den einen, bestmöglichen KPI-Katalog zu präsentieren. Den gibt es nämlich nicht, wie wir sehen werden. Allerdings zeigen praktische Beispiele, wie Medienunternehmen erfolgreich und journalistisch mit Daten arbeiten.

Warum überhaupt Erfolge messen? Ganz einfach: Vorausschauende Planung, Produktion und die systematische Themenplanung sind ja kein Selbstzweck. Die in den vorausgegangenen Kap. 2 und Abschn. 3.1 erläuterten Werkzeuge verändern die digitalen Arbeitsprozesse der Redaktion. Es geht darum, eine neue Qualität mit dem Journalismus zu erreichen, sodass digitaler Erfolg überhaupt möglich wird. Aber was heißt das jetzt wieder? Eine Redaktion muss, um diese Frage zu beantworten, ihre Ziele klar benennen.

In privatwirtschaftlich organisierten Medienunternehmen wird die Redaktion das nicht allein tun und muss sich mit der Geschäftsführung, dem Lesermarkt und dem Werbemarkt abstimmen. Es geht schließlich ums Geld verdienen und darum, wie Journalismus daran mitwirkt. Dann rückt die Zahl der Abonnentinnen und Abonnenten in den Fokus. Und damit die Frage: Wie viele neue digitale Abos sollen in einem bestimmten Zeitraum hinzukommen?

Oder es geht um Reichweite, bei allen Nutzenden, bei registrierten oder bereits abonnierten Kundinnen und Kunden oder neuen Zielgruppen. Typische Analyse-Fragen sind dann: Wie viele Menschen lesen, hören oder sehen einen Beitrag? Wie lange bleiben sie in der App und auf der Website?[6]

Die Grund-Kennzahlen: Websites bestehen, vereinfacht gesagt, aus einzelnen Seiten. Die Aufrufe dieser Seiten lassen sich messen, ein einzelner Seitenaufruf heißt Page Impression (PI) oder Page View. Ein Website-Besuch, genannt Visit, kann mehrere Seitenaufrufe nach sich ziehen – der Nutzer oder die Nutzerin klickt dann mehr als einen Artikel an. Schon früh haben Website-Betreiber auch die Verweildauer, also die zeitliche Länge eines Visits, betrachtet. Diese Kerndaten aus der Internet-Frühphase sind immer noch angesagt.[7]

---

[6] Als Beispiel für strikte Steuerung des digitalen Geschäfts nach KPI gilt Ippen Digital. Fachleute in der Zentrale in München helfen den regionalen Nachrichtenportalen der Mediengruppe, ihre Beiträge erfolgreich zu vermarkten und stoßen auch neue Themen an, die online gerade im Trend liegen. Vgl. Rupert Sommer, Thomas Kaspar: „Wir setzen auf knüppelharte Effizienz", kress.de, 11. April 2018, https://www.kress.de/pro/beitrag/134547-thomas-kaspar-wir-setzen-auf-knueppelharte-effizienz.html, 03.12.2023. Kaspar (danach in der gleichen Position bei der „Frankfurter Rundschau" und seit 2024 wieder bei Ippen Digital) war damals Chefredakteur der Ippen-Zentralredaktion, zusammen mit Markus Knall.

[7] Zu den Grund-Kennzahlen vgl. Hooffacker, Online-Journalismus, S. 45 f., S. 49.

3.2 Wie Datenorientierung hilft

Auf Tiktok zählt zum Beispiel, wie oft und wie lange die Nutzenden die kurzen Videos anschauen. Nicht so sehr steht im Mittelpunkt, mit wem sie etwas teilen oder interagieren, was beim in die Jahre gekommenen sozialen Netzwerk Facebook lange Zeit wichtiger zu sein schien. Und, na klar, die Klicks sind auch noch wichtig, lieber skeptischer Kollege aus der Redaktion! Denn sie geben einen Anhaltspunkt, ob ein Thema viele Menschen oder eher wenige interessiert – im Vergleich zu anderen Beiträgen desselben Online-Mediums.

Neue Abos im Blick: Mit der Einführung von digitalen Abo-Modellen (Paid Content) – an dieser Stelle überspringen wir einige Entwicklungsschritte im Online-Journalismus – sind weitere KPI hinzugekommen. Die Zahl neuer Abo-Abschlüsse, genannt *Conversions*, zum Beispiel (Abb. 3.2). Wenn jemand ein

Abb. 3.2 Sichtbare Datenorientierung in der Redaktion. *Tagesziele für neue Abos: Øyulf Hyertenes zeigt Dashboards auf Bildschirmen an der Bürowand mit Kennzahlen von „Bergens Tidende". Das norwegische Medienhaus gilt für regionale Verlage in Europa als Vorreiter im datenorientierten Journalismus. Foto: Oliver Haustein-Teßmer.* (Das Foto ist während des Besuchs mit Kolleginnen und Kollegen der Neuen Pressegesellschaft bei der „Bergens Tidende" im März 2019 entstanden. Der Autor dankt Øyulf Hjertenes für die freundliche Genehmigung zur Veröffentlichung)

Abo abgeschlossen hat, kann die digitale Datenanalyse anonymisiert darüber Aufschluss geben, wie diese Abonnentin oder dieser Abonnent eine Medienwebsite benutzt. Neben Page Views, unspezifischer, lassen sich zum Beispiel Subscriber Views genauer betrachten:

- Welche Geschichten lesen die Abonnierten am liebsten, was lesen sie als Nächstes, oder springen sie danach wieder ab?
- Wie lange lesen zahlenden Kundinnen und Kunden bestimmte Artikel, in bestimmten Ressorts, zu einem besonderen Thema oder Anlass?
- Liest der Sportfan, der sich wegen des exklusiven Artikels zum jüngsten Trainerwechsel bei seinem Lieblingsfußballverein ein Plus-Abo gegönnt hat, auch andere Sportbeiträge gern oder sogar die Kulturnachrichten?

Theoretisch lassen sich viele Gewohnheiten der Mediennutzung analysieren – unterstützt mit Künstlicher Intelligenz und automatisiert.[8] Aus den Daten lassen sich Tacho-Grafiken, Balken- und Tortendiagramme und natürlich Ranglisten der meistgelesenen, meist kommentierten oder am häufigsten auf Social Media geteilten Beiträge erstellen.

Artikel-Scores fassen Daten zusammen: Wer blickt da noch durch? Die Tiefenanalyse von Nutzungsdaten gehört in die Hände von Expertinnen und Experten. Dennoch muss die Redaktion wissen und daraus lernen können, was ihre Leserinnen und Leser mit den digitalen Beiträgen anfangen. Um dies zu ermöglichen, haben viele Redaktionen Scores (deutsch: Punktestände) aus mehreren Kennzahlen gebildet.

Als eine der ersten deutschsprachigen Redaktionen hat „Welt", damals noch „WeltN24", 2015 einen Artikel-Score entwickelt. Der sollte die Leistung der Redaktion, gemessen nach Qualität und Reichweite der veröffentlichten Online-Artikel, in einem einzigen Zahlenwert zusammenfassen.

Seitenaufrufe, durchschnittliche Lesedauer des einzelnen Beitrags, Anteil des Traffics aus sozialen Netzwerken, Bleibequote (wie hoch ist der Anteil der Artikel-Nutzenden, die danach noch einen „Welt"-Artikel lesen?) und Video-Aufrufe aus

---

[8] Die „Spiegel"-Redaktion setzt Künstliche Intelligenz ein, um Nutzungsscores zu berechnen. Auch der Einsatz einer dynamischen Paywall kann automatisiert gesteuert werden – je nach Loyalität sehen Besucherinnen und Besucher einer Website einen Artikel frei zugänglich (wenn sie erst neu auf der Website sind) oder als kostenpflichtig (wenn sie schon häufiger auf der Website waren). Vgl. Wie der Spiegel jetzt KI in der Redaktion und im Vertrieb einsetzt, kress.de, 7. Juni 2023, https://www.kress.de/news/beitrag/145459-wie-der-spiegel-jetzt-ki-in-der-redaktion-und-im-vertrieb-einsetzt.html, 03.12.2023.

dem Artikel, ob nun über Websites oder App ausgespielt, hat ein Programm dafür ausgewertet. Die Chefredaktion bekam die Ergebnisse des Vortags am nächsten Morgen auf den Tisch – und schickte eine Mail mit den „Top 10/Flop 10" an das Team – als Diskussionsgrundlage für die Konferenzen.[9]

Die Stärken der Scores: Die Redaktion hantiert nur noch mit einer symbolischen Kennzahl. Und die Bestandteile, aus denen sich der Score – bei „Welt" eine Ziffer bis 10, bei der „Main-Post" bis 40 – lassen sich gewichten. Soll beispielsweise die Artikelqualität, gemessen an der durchschnittlichen Lesedauer, relativ mehr Berücksichtigung finden als die Reichweite, muss die Score-Formel entsprechend angepasst werden. Das ist sinnvoll, weil Page Views auch noch den kürzesten Lese-Versuch eines Gelegenheitsnutzers erfassen. Deshalb sagt *hohe Reichweite* wenig über die Qualität eines Beitrags aus, die *Lesedauer* schon.[10]

Schwächen der Score-Methode laut Fachleuten: Kombinationen aus zu vielen Kennzahlen oder Artikel-Scores, die nicht zwischen nicht abonnierenden und bereits abonnierten Kundinnen und Kunden unterscheiden.

Spezielle Scores für separate Redaktionsziele: Wegen dieser Schwächen sind manche Redaktionen dazu übergegangen, spezielle Scores einzurichten. Die „Main-Post" bietet ihren Redakteurinnen und Redakteuren einen Nutzungsscore mit der Kennzahl Seitenaufrufe als wichtigstem Kriterium an. Zusätzlich gibt es einen Neukunden-Score mit Fokus auf Abo-Abschlüssen. Diese Scores und die daraus gebildeten Artikel-Ranglisten sind für das Themenmanagement unter der Leitung von Tobias Köpplinger und die Conversion-Unit, geleitet von Justus Stiller-Neidlein, Grundlage des regelmäßigen Austauschs mit den Redaktionsteams.

Laut den beiden Teamleitern steht dabei im Fokus, Anregungen für neue Themen aus den Daten zu erhalten. Bei weniger erfolgreichen Beiträgen sollen die redaktionellen Teams lernen, wie die damit verknüpften Themen *künftig erfolgreicher* angegangen werden. Die Qualitätsdiskussion, sagten die Teamleiter bei der „Main-Post" im Sommer 2023, habe sich durch KPI versachlicht. Die Scores dienen laut Köpplinger jedoch nicht der Leistungskontrolle: „Uns interessiert nicht,

---

[9] Vgl. Reichweite ist nicht alles, kress.de, 26. Februar 2016, https://www.kress.de/pro/beitrag/128806-reichweite-ist-nicht-alles.html, 03.12.2023.

[10] Zum Artikel-Score bei der „Main-Post" vgl. Henning Kornfeld, Überraschende Abobringer im Lokalen, S. 35 *Kress pro* 06/2023, S. 34–38. Die Media Time als Indikator für Qualität betont das Drive-Projekt der Deutschen Nachrichten-Agentur dpa mit der Unternehmensberatung Highberg (früher Schickler) und mehreren deutschsprachigen Verlagen (siehe auch Abschn. 4.3 und 4.4.). Vgl. Lennart Johannknecht, Rolf-Dieter Lafrenz, Redaktionen produzieren falsche Inhalte, schickler.de, April 2023, https://www.schickler.de/2023/04/redaktionen-produzieren-die-falschen-inhalte/, 11.01.2024.

ob ein Autor überperformt oder ein Schnarchzapfen ist – das würde die jeweilige Redaktionsleitung merken und über Führung lösen."[11]

Daten-Service für die Redaktion: Brauchbar ist ein solcher Artikel-Score auch für gestresste Redaktionen, die schnell einen Überblick über ihre gut laufenden Beiträge samt Handlungsempfehlung brauchen. Die „Lausitzer Rundschau" und die „Märkische Oderzeitung" bieten dafür einen Mailservice an: Redaktionsteams erhalten täglich auf Wunsch eine Liste mit besonders gut laufenden Beiträgen aus ihrem jeweiligen Ressort. Der Überblick bezieht sich auf die vergangenen zwei Tage; der Score berücksichtigt Page Views, Conversions, durchschnittliche Lesedauer und Subscriber Views.

Was können eine Reporterin, ein Reporter oder deren Teamleitung damit anfangen? Sie erkennen, bei welchen Geschichten es sich lohnt, noch einmal nachzudrehen: Gibt es einen weiteren Aspekt, der die angesprochene Zielgruppe betrifft? Welches Nutzerbedürfnis (User Need) kann im nächsten Beitrag befriedigt werden? Intern heißt dieser KPI-gestützte Newsletter deswegen auch *Nachdreh-Alert* – nach dem Vorbild bei den Kolleginnen und Kollegen der „Neuen Osnabrücker Zeitung".[12]

---

16 Leistungskennzahlen im Online-Journalismus und was sie bedeuten[13]
Seitenaufrufe (Page Views, Page Impressions): Klicks auf eine Webseite
Visits: Besuche einer Website (ein Besuch generiert ggf. mehrere Seitenaufrufe)
Lesedauer (Media Time): Nutzungszeit bezogen auf Beitrag

---

[11] Zitiert nach Kornfeld, Abobringer, S. 37.

[12] Mit dem Team der „Neuen Osnabrücker Zeitung" (NOZ) haben Kolleginnen und Kollegen der Neuen Pressegesellschaft (NPG) 2021 bei Table Stakes Europe, einem Programm der World Association of News Publishers (WAN-IFRA), gefördert von der Google News Initiative, zusammengearbeitet, vgl. auch Abschn. 4.1. Der Autor dankt Joachim Dreykluft, Jan Golka (NOZ Digital) und Felix Langfeld (NPG Digital) für den Austausch zum Nachdreh-Alert. Nach Themen zum Dranbleiben schaut auch die Redaktion der „Main-Post", vgl. Kornfeld, Abobringer, S. 35.

[13] Liste zusammengestellt aus der in diesem Abschnitt erwähnten Literatur. Den Begriff Geist verwenden die Redaktionen der Neuen Pressegesellschaft für einen Beitrag, der weder ein neues Online-Abo erzielt noch eine bestimmte Anzahl von bereits abonnierten Kundinnen und Kunden erreicht: Kaum jemand sieht diesen Beitrag. Zur Definition loyaler Nutzender vgl. Abschn. 4.1.

3.2 Wie Datenorientierung hilft

> *Verweildauer:* Nutzungszeit einer Website (kombiniert mit Seitenaufrufen, Visits)
> *Traffic-Quellen:* Woher die Nutzenden kommen, z. B. direkt, über Google, aus sozialen Netzwerken
> *Interaktionen:* Shares, Likes, Kommentare auf Websites, in sozialen Netzwerken
> *Conversions:* Wandlung ins digitale Abo (z. B. über Abo-Seite, Beitragsseite hinter der Paywall)
> *Subscriber Views:* Seitenaufrufe, bezogen auf Abonnentinnen und Abonnenten
> *Loyale Nutzer:* Betrachtung des Verhaltens wiederkehrender Nutzender
> *Absprungrate* (Bounce Rate)/Bleibequote: Anteil der Nutzenden mit nur einem Klick/mehr als einem Klick
> *Öffnungsrate* (Newsletter): Anteil der Nutzenden, die den Newsletter betrachten
> *Click-Through-Rate* (Newsletter): Anteil der Nutzenden, die im Newsletter etwas anklicken
> *Artikelmenge:* Zahl produzierter Beiträge in einem bestimmten Zeitraum
> *Geisterquote:* Anteil nicht erfolgreicher Artikel, gemessen an Mindestzahl z. B. von Conversions, Subscriber Views
> *Retention-Rate:* Misst die Kundenbindung, Anteil der verbliebenen Kundinnen und Kunden (Abo), bezogen auf einen bestimmten Zeitraum. Rechnung: Kundenzahl am Jahresende minus Neukunden im Jahresverlauf, geteilt durch Kundenzahl am Jahresanfang. Ausgedrückt in Prozent (mal 100)
> *Churn-Rate:* Anteil der Kündigerinnen und Kündiger, bezogen auf einen bestimmten Zeitraum

Zielgruppenfokus und Bedürfniskategorien (vgl. Abschn. 4.1 bis 4.4) lassen sich auch als Kennwerte eines Beitrags erfassen. Am besten passiert dies direkt im Redaktionssystem und am Beitrag, wobei die jeweils adressierte Zielgruppe oder das passende Bedürfnis (User Need) manuell oder automatisiert verschlagwortet werden. Die Messung erfolgt ähnlich wie bei der Analyse nach Ressorts oder Lokalbereichen. Wie gut funktioniert die Zielgruppe Familien? Oder auch: Spricht ein Beitrag Familien und ihr Bedürfnis nach Kontext und Wissen, bezogen auf das Themenfeld Mobilität, an?

Werden solche Auswertungen übersichtlich in Reports aufbereitet, bekommt die Redaktion Klarheit über Erfolg und Hinweise auf Dinge, die sich verbessern lassen. Weist ein Beitrag über familiengerechte und bezahlbare E-Autos zum Beispiel eine unterdurchschnittliche Lesedauer auf, sollte sich die Redaktion die Artikelstruktur noch einmal anschauen. Falls das Thema relevant bleibt, sollte der Beitrag überarbeitet werden: Sind die Informationen so aufbereitet, dass sie sich leicht erfassen lassen und zum Weiterlesen anreizen?

Daten medienspezifisch anpassen. Dieses Beispiel zeigt auch: Welche Kennzahlen eine Redaktion nutzt und wie bestimmte Beiträge gekennzeichnet (*getaggt*) werden, hängt von den jeweiligen journalistischen Zielen ab. Die eine regionale Medienmarke setzt eben auf Familien mit Kindern als Kernzielgruppe. Das regionale Wirtschaftsmagazin adressiert online mit fundierten Beiträgen Fachleute, Unternehmen und Behördenleitungen. Datenorientierung ist zwar allgemeine digitale Aufgabe. Doch die Medien müssen ihre Systematik jeweils anpassen.

„Wie uns viele unserer Kolleginnen und Kollegen sagen, gibt es keine alleinige Strategie oder gute Metrik, weil jede Community besonders ist und jede Redaktion einzigartige Herausforderungen und Ziele hat", schreiben die Forscherinnen und Journalistinnen Melody Kramer und Betsy O'Donovan, die 2019 eine Blaupause für die versierte KPI-Nutzung in Redaktionen am American Press Institute veröffentlicht haben.[14] Ihre Grundsätze lauten:

> **Grundsätze für die Arbeit mit Leistungskennzahlen in Redaktionen**
> 1. *Erst die Ziele*, dann die passenden Key Performance Indicators definieren. Alle müssen diese Ziele kennen und ausführlich diskutieren. Ändert sich ein Ziel, hat das höchste Priorität
> 2. *Hinterfragen*, wie die Werte zustande kommen. Dafür braucht es neben Expertinnen und Experten datenversierte Journalistinnen und Journalisten, die *für ihre Redaktion übersetzen*
> 3. *Messungen individualisieren:* Für eine lokale Reporterin können andere Metriken wichtig sein als für den Wirtschaftsredakteur (es kann Konsultationen dazu geben)

---

[14] Betsy O'Donovan, Melody Kramer, How to build a metrics-savvy newsroom, American Press Institute, 13. März 2019, https://americanprstg.wpenginepowered.com/publications/how-to-build-a-metrics-savvy-newsroom/, 11.01.2024. Die Grundsätze basieren auf Umfragen unter 24 Fachleuten in 20 Redaktionen in den USA, 2018/2019. Eine Zusammenfassung auf Deutsch bietet Barbara Brandstetter, Starke Konzentration im Zeitungsgeschäft, kress.de, 11. April 2019, https://www.kress.de/pro/beitrag/137065-starke-konzentration-im-zeitungsgeschaeft.html, 03.12.2023.

3.2 Wie Datenorientierung hilft

> 4. *Dashboards* sind *nicht zum Angeben* da, sondern bieten eine Diskussionsgrundlage: Was kann eine Redaktion besser machen? (guter Ansatz für internes Coaching)
> 5. *Kennzahlen* sind nur sinnvoll, wenn sie auf Dashboards oder in internen Newslettern an die Redaktion erläutert und veranschaulicht werden
> 6. *KPI* geben Hinweise auf mögliche neue Themen zur Berichterstattung und Produkte – außer Dashboards und Newslettern ist also ein (kreativer) Austausch darüber wichtig
>
> (nach O'Donovan/Kramer, sinngemäß zusammengefasst vom Autor)

Sich vom Nordstern leiten lassen: Natürlich können Redaktionen allerhand Daten aus redaktionellen Aktivitäten erfassen: die Zahl der veröffentlichten Newsletter, Facebook-Posts, Beiträge zu einem bestimmten Thema oder eben die Klicks. Wichtiger ist es allerdings, ob die Metriken Veränderungen im Sinn der Ziele belegen. Darauf verweist der Unternehmensberater und Vordenker der Table-Stakes-Methode (siehe Abschn. 4.1), Doug Smith.

Braucht eine Website mehr digitale Abonnentinnen und Abonnenten, muss demzufolge die passende Kennzahl, Conversions oder Abo-Abschlüsse, mit im Fokus stehen. Dafür bietet es sich an, einen *North Star*, auf Deutsch: Nordstern, zu definieren, an dem sich das Team orientiert. Das kann eine Steigerung der Zahl digitaler Abos innerhalb eines bestimmten Zeitraums sein.[15]

Wer neue Abos gewinnt, sollte im Blick haben, wie lange die Kundinnen und Kunden im Abo bleiben – und sich halten lassen. Dies haben Medienhäuser nach Angaben der Unternehmensberatung Schickler in der Vergangenheit häufig dem Vertrieb überantwortet – mit der Bitte um geeignete Maßnahmen zur *Retention* (deutsch: Kundenbindung).

Schickler-Geschäftsführer Rolf-Dieter Lafrenz hält dies für wenig zielführend. Er beruft sich dabei auf Erkenntnisse aus der Digitalinitiative Drive, an der mehrere regionale Medienhäuser in Deutschland beteiligt sind und ihre Nutzungsdaten vergleichen.

---

[15] Zu Doug Smith und North-Star-Metriken vgl. Alexandra Borchardt, Leadership first. Redaktionen (gut) führen in der digitalen Medienwelt, S. 490 f., in: Tanja Köhler (Hrsg.), Fake News, Framing, Fact-Checking: Nachrichten im digitalen Zeitalter. Ein Handbuch (Bonn: Sonderausgabe für die Bundeszentrale für politische Bildung, 2020; Bielefeld: transcript Verlag, 2020), S. 479–493.

Demnach zeigten die Auswertungen bis Ende 2020, dass weniger als ein Prozent der Nutzenden mehr als zwei Minuten auf den Nachrichtenportalen unterwegs waren. Gerade täglich wiederkehrende Mediennutzende mit langer Verweildauer blieben jedoch im Abo. Redaktionen können die Lese- oder Nutzungsdauer befördern und – bezogen auf Artikel, Ressorts, bestimmte Tageszeiten oder Redakteurinnen und Redakteure – ins Zentrum der Datenanalyse rücken. Lafrenz: „Wir glauben, dass die Media Time bisherige KPIs wie Traffic, Conversion oder viele Artikel-Scores ablösen wird."[16]

3.3 Warum es auf die Zielgruppe ankommt

Der redaktionelle Prozess mit vorausschauender Planung und Produktion (Kap. 2), gestützt durch systematische Themenplanung (Abschn. 3.1), stellt das Grundgerüst im digitalen Journalismus dar. Datenorientierung (Abschn. 3.2) hilft Journalistinnen und Journalisten wiederum, mehr über die Leserinnen und Leser zu erfahren. Je nach Medium und Region kommt es dabei auf spezifische Kennzahlen und deren Interpretation an.

Hey, Google: Nun kommt ein *weiterer Baustein* für den erfolgreichen digitalen Wandel hinzu: Es geht um den Fokus auf die *spezifischen Zielgruppen*. Warum ist das wichtig? Versetzen wir uns in eine Online-Nutzerin hinein. Niemand wird in den Online-Eingabeschlitz bei Google, der Suchmaschine, eingeben: „Was ist hier heute los?", sondern beispielsweise „Konzert Cottbus heute".

Oder, wenn am Fenster die Blaulichter eines vorbeifahrenden Feuerwehr-Löschzugs zu sehen und Sirenengeheul zu hören sind: Wie erfährt ein besorgter Anwohner mehr? Indem er in sein Smartphone, bei Facebook oder Google, schnell seinen Ort und einen passend erscheinenden Schlüsselbegriff eintippt: „Rosenheim Brand" oder „Rosenheim Feuerwehr" zum Beispiel. Manche tippen das nicht, sondern fragen dazu neuerdings KI-Chatbots, Apples Siri oder sprechen „Hey Google" ins Handy-Mikrofon und stellen so ihre Anfrage.

Wie Tech-Plattformen lernen: Entsprechend funktionieren auch die großen Plattformen im Internet. Von den Nutzenden lernen die Anbieter von Suchmaschinen und sozialen Netzwerken durch das Auswerten der eingegebenen Informationen und der auslesbaren Spuren im Internet sehr viel: über die bevorzugte geografische

---

[16] Rolf-Dieter Lafrenz, Ohne Media Time keine Euros – Nutzungszeit ist der wichtigste KPI für digitale Abos, schickler.de, o. D. (2020), https://www.schickler.de/2020/12/ohne-media-time-keine-euros-nutzungszeit-ist-der-wichtigste-kpi-fuer-digitale-abos/, 11.01.2020.

3.3 Warum es auf die Zielgruppe ankommt

Region, über inhaltliche Vorlieben – zum Beispiel die auf Social Media geteilte Leidenschaft für eine Musikerin wie Beyoncé oder einen Fußballverein wie Schalke 04. Aus Seitenaufrufen, Online-Einkäufen, Beitragsnutzung, Vernetzung, Likes, geteilten Inhalten und Suchbegriffen lassen sich Nutzungsprofile erstellen.

Die Tech-Konzerne nutzen dieses Wissen auch, um Werbung passend und zunehmend personalisiert, also auf individuelle und *vermutete* Bedürfnisse hin, auszuspielen. Internetnutzende profitieren ebenfalls. Es ist ihnen möglich, auf passende Internetangebote und auch Gleichgesinnte zu stoßen: Da mag noch jemand meinen Verein, und es gibt schon eine Facebook-Gruppe, ein Forum bei Reddit aus der Region für mein Hobby, noch mehr Fans von Sport oder Musik. Eine Menge Leute scheinen ähnliche Interessen zu haben!

Gewohnheiten und Bedürfnisse: Einerseits lassen sich solche Erkenntnisse geschäftlich nutzen. Beispiel Amazon: Der Online-Händler zeigt Kundinnen und Kunden bekanntermaßen nach einer Produktsuche ähnliche Waren an, gibt Ranglisten zu den bestverkauften Büchern, Lampen oder Kopfhörern aus und *empfiehlt* Produkte anhand des Kaufverhaltens, Bewertungen und – soweit das Nutzungsdaten hergeben – ähnlich tickender Kundinnen und Kunden. Andererseits verdeutlichen die Beispiele: Menschen haben spezifische Gewohnheiten, Bedürfnisse und Interessen.

Jede und jeder tickt da etwas anders – kennt man aus der eigenen Familie. Apropos Familie: Diese bildet trotz der individuellen Unterschiede zwischen den einzelnen Mitgliedern dennoch eine Art Mini-Interessenverband. Und die eine Familie mit Kindern im schulpflichtigen Alter hat wiederum vermutlich ähnliche Interessen und Fragen an Schule und Bildung wie andere Familien in ähnlicher Lebenslage. Es ist denkbar, dass es sich hierbei um eine Zielgruppe handelt.

Was wollen die Mediennutzenden? Ob jemand, der gelegentlich nach Konzerten in seiner Stadt googelt, sich zur Zielgruppe „Musikfans in der Stadt XY" oder, noch spezifischer, „Musikfans von Beyoncé in XY" rechnen lässt? Und ist jemand, der mehr über den Brand in Rosenheim wissen wollte, als die Sirenen tönten, generell an Informationen über Feuerwehr und Rettungskräfte interessiert? Das sind Fragen, die sich nur übers Ausprobieren, also journalistische Experimente, beantworten lassen. Dazu soll dieser Abschnitt ermuntern. Jedenfalls besteht die herausfordernde Aufgabe im digitalen Journalismus darin, seinen Nutzerinnen und Nutzern *entgegenzukommen*.

Nur wenige wollen im Internet mühsam selbst herausfinden, was interessant und hilfreich sein könnte. Dazu gibt es viel zu viel online. Zweitens fehlt Menschen oft die Zeit. Oder sie nehmen sie sich nicht, um wirklich hilfreiche Informationen zu suchen, zu prüfen und zu nutzen. Für Journalistinnen und Journalisten ist das eine Chance. Sie können ihre Zielgruppen, im Englischen *Audiences* genannt, auf ihre Dienstleistung – verlässliche Information und Einordnung – präzise aufmerksam machen.

„**Zielgruppenansprache**" (Claudia Mast) ist zugleich handwerklich ein Muss: Online-Lesende, besonders am Smartphone, sind flüchtige Lesende. Sie scannen ihre Bildschirme, entscheiden in Sekunden-Bruchteilen, ob sich hinter einer Überschrift, einem Teaser, einem Bild und einem Link eine für sie relevante Story verbirgt.

Wie sprechen Redaktionen Zielgruppen praktisch an? In der folgenden Übersicht gibt es drei echte Artikel-Beispiele dazu: Wir schauen auf Dachzeile, Überschrift und der Teasertext. Diese Elemente eines Beitrags nehmen Internetnutzende neben dem Teaserbild oft als erstes wahr. Zugleich füttern Journalistinnen und Journalisten mit solchen Kerninformationen die Suchmaschinen.[17]

Zielgruppenansprache bei Online-Artikeln[18]
Beispiel 1:
    Bahnstreik
    RE2 Cottbus – Berlin zusätzlich gesperrt – was Fahrgäste beachten müssen
    UPDATE, 19 Uhr: Die wichtigste Lausitz-Verbindung zwischen Cottbus und Berlin solle am Freitag wieder gesperrt werden. Das hätte vor dem Wochenende viel Stress für Reisende und Pendler bedeutet. Jetzt macht ein Bahnstreik das Chaos perfekt.

---

[17] Begriffsdefinition bei Mast, ABC (2018), S. 187, zu Strategien der Zielgruppen vgl. S. 247 ff.

[18] Die Artikel-Teaser gehören zu den folgenden Beiträgen. Jan Siegel, Bahnstreik: RE2 Cottbus – Berlin zusätzlich gesperrt – was Fahrgäste beachten müssen, lr.de, 6. Dezember 2023, https://www.lr-online.de/lausitz/cottbus/re2-cottbus-berlin-strecke-wird-wieder-gesperrt-_-was-fahrgaeste-beachten-muessen-72442609.html, 11.01.2024; Jakob Kerry, Tesla Grünheide: Eine Testfahrt im Shuttle zwischen Erkner und der Gigafactory, moz.de, 12. November 2023, https://www.moz.de/lokales/erkner/tesla-gruenheide-eine-testfahrt-im-shuttle-zwischen-erkner-und-der-gigafactory-72051643.html, 11.01.2024; Monika Wach, Böller und Raketen aus Polen: Polenböller – was beim Kauf für Silvester 2023 zu beachten ist, moz.de, 23. November 2023, https://www.moz.de/lokales/schwedt/polenboeller_-feuerwerk-und-raketen-aus-polen-fuer-silvester-2023-was-beim-kauf-zu-beachten-ist-72297839.html, 11.01.2024.

3.3 Warum es auf die Zielgruppe ankommt

> *Beispiel 2:*
> **Tesla Grünheide**
> **Eine Testfahrt im Shuttle zwischen Erkner und der Gigafactory**
> Zwischen Erkner und der Gigafactory Grünheide fährt seit zwei Monaten der Tesla-Shuttle. Wie stark ist er ausgelastet, was sagen die Mitarbeitenden? Wir haben eine Testfahrt gemacht.
>
> *Beispiel 3:*
> **Böller und Raketen aus Polen**
> **Polenböller – was beim Kauf für Silvester 2023 zu beachten ist**
> Der Jahreswechsel ist in Sichtweite und im Nachbarland Polen hat der Verkauf von Feuerwerk bereits begonnen. Klassische „Polenböller" sind in Deutschland jedoch verboten, was beim Kauf zu beachten ist.

Lese-Anreiz: Bei den drei Beispielen handelt es sich um bereits publizierte Artikel-Teaser auf lr.de bzw. moz.de. Der Fokus liegt jeweils auf einer bestimmten Zielgruppe, für die die Redaktion eine spezifische Ansprache entwickelt hat (siehe Abschn. 4.1). Allerdings eignen sich die Beispiele auch, um zu verdeutlichen, welche Aufgabe Journalistinnen und Journalisten haben.

- *Beispiel 1* richtet sich an Berufspendelnde in der Hauptstadtregion Berlin-Brandenburg. Der Autor spricht die Zielgruppe bereits in der Überschrift an und weist auf den Mehrwert („was Fahrgäste beachten müssen") des Beitrags hin. Den regionalen Bezug, eine wichtige, von einem Warnstreik der Lokführer betroffene Bahnverbindung nach Berlin, hebt der Autor besonders hervor.
- *Beispiel 2*: Auch hier arbeitet der Reporter mit lokaler Exklusivität und richtet sich insbesondere an Tausende Mitarbeitende des E-Auto-Werks von Tesla in Brandenburg. Dazu gehören auch Pendelnde, allerdings mit Fokus auf eine Teil-Zielgruppe, Tesla-Beschäftigte.
- In *Beispiel 3* liefert die Reporterin einen spezifischen Mehrwert für Menschen, die zum Einkaufen von Brandenburg aus nach Polen fahren. Diese Zielgruppe, regional spezifisch, nennt die Redaktion deutsch-polnische Nachbarn. Besonderheit: Das Thema kehrt jedes Jahr vor Silvester, regional variiert und aktualisiert, wieder.

▶ **Tipp Überschriften und Teaser** für Online sollten sowohl schnell über eine Website oder die App scannende Lesende als auch Suchmaschinen bedienen. Dafür sind Grundlagen-Kenntnisse in Search Engine Optimization (SEO) nützlich. Mehr im Google Starter Guide: https://developers.google.com/search/docs/fundamentals/seo-starter-guide?hl=de

Der Einstieg in den Online-Beitrag ist also besonders wichtig. Dachzeile, Überschrift und Teaser weisen Lesende darauf hin, um was es in dem betreffenden Beitrag geht. Das Ziel ist es, die Online-Nutzenden zum Klick auf den Beitrag zu bewegen. Dazu muss augenfällig sein – unterstützt durch die passende Bildauswahl, das Teaserbild –, dass der Beitrag *aus der Perspektive der Nutzenden* relevant ist. Spricht der Autor wie in Beispiel 1 Berufspendelnde, Fahrgäste und Reisende direkt an, weckt er gegebenenfalls Informationsbedürfnisse, allerdings auch Erwartungen.

Das heißt, ein solcher Einstieg in den Online-Beitrag ist vergleichbar mit einem *Produktversprechen*: Der Artikel als Ganzes enthält für die genannte Zielgruppe relevante Informationen. Entsprechend muss der Beitrag aufgebaut sein. Leitend für den Aufbau sind Fragen, die sich aus der Zielgruppen-Perspektive stellen. Das bedeutet nicht, dass partikulare Interessen einer Zielgruppe die journalistische Planung und Recherche dominieren! Es heißt jedoch, dass Journalistinnen und Journalisten *für* ihre Leserinnen und Leser schreiben – und nicht *über* ein Thema und die Menschen, die es betrifft.

Zielgruppengerecht planen, recherchieren und produzieren

Planung

- Betrifft das Thema eine oder mehrere spezifische Zielgruppen?
- Welche Zielgruppe adressiert die Reporterin (zuerst)?
- Welche Beiträge mit Fokus auf andere Zielgruppen können folgen?
- Diskussion über Bedürfnisse (User Needs): Was interessiert die Zielgruppen dringend? (vgl. Abschn. 4.3)

Recherche

- Welche Stimmen, Protagonistinnen und Protagonisten der Zielgruppe, werden gehört?
- Wer kommt im Beitrag zu Wort?
- Welche Expertin ist in der Lage, Fragen für die Zielgruppe zu beantworten?
- Wie wahre ich journalistische Distanz?

3.3 Warum es auf die Zielgruppe ankommt

Produktion
Zielgruppengerechter Aufbau journalistischer Beiträge:

- Wie wird die Zielgruppe in Überschrift und Teaser angesprochen?
- Roter Faden: Wie steigt der Grundtext aus der Perspektive der Zielgruppe ein?
- Struktur: Zwischenüberschriften führen die Zielgruppe durch den Beitrag
- Erzählebenen: Gibt es zusätzliche Informationen, die für die Zielgruppe relevant sind?
- Passende Links: Auswahl verwandter Beiträge für dieselbe Zielgruppe
- Bild(er): Wie kann das Thema bezogen auf die Zielgruppe illustriert werden?

Ein Beitrag sollte nicht überladen wirken: Ein Fokusthema, eine Zielgruppe pro Beitrag, sonst ist das für viele Menschen zu verwirrend.

Wie ermitteln Redaktionen ihre Zielgruppen? Damit eine Redaktion erfolgreich mit Zielgruppen-Fokus arbeiten kann, ist Vorwissen notwendig. Darauf weist Gabriele Hooffacker hin. Journalistinnen und Journalisten müssen bei Themen Hooffacker zufolge erkennen, ob diese für die jeweilige „eigene Zielgruppe" neu oder vermutlich bereits bekannt sind: „Und dazu muss man wissen, für wen man schreibt."

Plant die Redaktion ein Dossier zur „Droge Alkohol", kann sie sich laut Hooffacker an den Bedürfnissen von Eltern, Pädagoginnen und Pädagogen orientieren. Oder sie richtet sich an Kolleginnen und Kollegen, Mitarbeitende in einer bestimmten Wirtschaftsbranche und problematisiert „Alkohol am Arbeitsplatz".[19]

Zielgruppen und Produkt: Der Zielgruppen-Fokus betrifft außerdem das redaktionelle Konzept. Dieses reicht laut Hooffacker vom Aufbau einer Website bis hin zur zielgruppengerechten Sprache. Die Ausrichtung des jeweiligen journalistischen Produkts prägt den spezifischen Zugang zu Zielgruppen: Stehen auch Menschen mit Handicap im Fokus der Redaktion, sind Barrierefreiheit und einfache Be-

---

[19] Zitat nach Gabriele Hooffacker, Online-Journalismus, Texten und Konzipieren für das Internet. Ein Handbuch für Ausbildung und Praxis (Wiesbaden: Springer VS, 5., vollständig überarbeitete Auflage, 2020), S. 61. Beispiel eines zielgruppenfokussierten Dossiers auf S. 78 f.

nutzbarkeit der Website oder App wichtig. Seniorinnen und Senioren möchten vielleicht anders angesprochen werden als Jugendliche – ob im Beitrag, im Austausch mit der Redaktion im Kommentarbereich oder auf Social Media.

Hooffacker prägt den Begriff von der „eigenen Zielgruppe", die eine Journalistin kennen muss. Vereinfacht gesagt, müssen Medienschaffende online stets gezielt auf ihre Beiträge aufmerksam machen. Denn es gibt viele Angebote, die um Nutzerinnen und Nutzer werben oder sie ablenken. Laut Hooffacker sind Zielgruppen im Online-Journalismus verwandt mit den Communities – wenn das journalistische Konzept zur Zielgruppe passende Interaktionen, also Partizipation, ermöglicht.[20]

Unterschiedliche Perspektiven auf ein Thema können jeweils einen Nutzwert für die angesprochene Zielgruppe darstellen. Die Neu-Ulmer Journalismus-Professorin Barbara Brandstetter und der Chefredakteur der „Deutschen HandwerksZeitung", Steffen Range, sehen diesen Ansatz als Chance, um Wirtschaftsjournalismus attraktiv zu halten.

Anhand einer Zinsentscheidung der Europäischen Zentralbank (EZB) erläutern die Autorin und der Autor in ihrem Handbuch zum Wirtschaftsjournalismus: „Journalisten schaffen Relevanz für ihre Zielgruppe, wenn sie verdeutlichen, dass die Entscheidung der EZB kein abstraktes wirtschaftliches Ereignis ist, sondern sie als Kreditnehmer oder Sparer unmittelbar betrifft." Wenn die EZB sich für ein hohes Zinsniveau einsetzt, können sich Kredite verteuern – Sparerinnen und Sparer könnten ihr Geld besser anlegen.[21]

Diversifikation der Zielgruppen: Das Beispiel zeigt, dass sich Zielgruppen untergliedern lassen. Sowohl eine Kreditnehmerin als auch ein Sparer sind auf dem Finanzmarkt Verbraucherin und Verbraucher, jedoch mit unterschiedlichen Bedürfnissen und Erwartungen.

Auch die Folgen des Abgas-Skandals bei dem Autohersteller Volkswagen lassen sich journalistisch aus verschiedenen Blickwinkeln betrachten. Journalistinnen und Journalisten könnten ihre Fragen aus der Warte der Kundinnen und Kunden formulieren, die womöglich ein mit Schummel-Software ausgestattetes Fahrzeug gekauft haben.

Aber auch potenzielle Autokäuferinnen und -käufer, die zwischen VW und anderen Marken entscheiden sollen, oder die Mitarbeitenden bei VW, die sich um das

---

[20] Zur zielgruppengerechten Sprache vgl. Hooffacker, Online-Journalismus, S. 142; zu Zielgruppen und Online-Communities (bei Social Media) vgl. S. 150.
[21] Zitiert nach Barbara Brandstetter, Steffen Range, Wirtschaft. Basiswissen für die Medienpraxis. Journalismus Bibliothek 14 (hrsg. von Stephan Weichert, Andreas Elter und Martin Welker) (Köln: Herbert von Halem Verlag, 2017), S. 46. Zum folgenden Absatz vgl. S. 47.

3.3 Warum es auf die Zielgruppe ankommt

Image ihres Arbeitgebers sorgen, sind mögliche Zielgruppen der Berichterstattung – abhängig von der Ausrichtung eines Mediums. Die regionale Zeitung in Wolfsburg punktet mit dem Aspekt der Mitarbeitenden, und das überregionale Mobilitätsmagazin beantwortet die Fragen zum Autokauf.

Zielgruppen-Konzepte: Journalistinnen und Journalisten tun sich mit der Definition von Zielgruppen trotz allem schwer. Der Eichstätter Journalismus-Forscher Klaus Meier erklärt das mit der Tradition der „Omnibus-Medien". Journalistische Produkte sind ihm zufolge also eher als Angebote für alle konzipiert. Begriff und Konzepte zu Zielgruppen stammen dagegen aus dem Marketing.

In diesem Fachbereich nutzen Fachleute beispielsweise das Sinus-Modell des gleichnamigen Instituts für Markt- und Sozialforschung. Es unterscheidet zehn, sich zum Teil überschneidende Milieus nach sozialer Lage und Wertvorstellungen. Stephan Russ-Mohl und Tanjev Schultz halten das Modell für brauchbar, um auch dem Journalismus Anhaltspunkte für Publika und Zielgruppen zu geben.[22]

Die Kommunikationswissenschaftlerin Claudia Mast grenzt in ihrem Buch „ABC des Journalismus" Zielgruppen- von Fachthemen, gesellschaftlichen, lebensweltlichen und unterhaltenden Themen ab (Tab. 3.1):

Zwar lässt sich einwenden, dass Mast die in der Tabelle genannten Zielgruppen-Themen willkürlich von anderen Themenbereichen abgrenzt. Denn wie gezeigt

Tab. 3.1 Zielgruppen und Themen

Zielgruppen-Thema	Mögliche Zielgruppe/n
Mode	Modebewusste Frauen, modebewusste Männer, Familien
Reisen	Familien mit Kindern, Singles, Seniorinnen und Senioren
Mobilität	Familien, Pendlerinnen und Pendler, Unternehmerinnen und Unternehmer
Technik	Computerfreaks, Gamer, Musikfans, Ingenieurinnen und Ingenieure
Leben	Familien, Paare, Alleinerziehende
Wohnen	Mieterinnen und Mieter, Häuslebauer, Vermieterinnen und Vermieter, Familien
Arbeiten	Jobsuchende, Arbeitgeberinnen und Arbeitgeber, Pendlerinnen und Pendler

Mast, ABC (2018), S. 236.
(nach Zielgruppen-Themen nach Mast. Mögliche Zielgruppen ergänzt vom Autor)

---

[22] Vgl. Klaus Meier, Journalistik (Konstanz, München: UTB Basics/UVK Verlagsgesellschaft mbH, 4. überarbeitete Auflage, 2018), S. 104 f. Russ-Mohl/Schultz (2023) erläutern das Sinus-Modell auf S. 43.

korrespondieren auch Familie und Gesundheit, die Mast zu den Lebenswelt-Themen rechnet, oder gesellschaftliche Themen wie Sport und Wirtschaft, mit bestimmten Zielgruppen. Eine solche Liste der Zielgruppenthemen ist jedoch ein nützlicher Anfang, um daraus jeweils eigene Zielgruppen abzuleiten.

Die in der rechten Spalte der Tabelle vom Autor ergänzten Beispiele machen drei Dinge deutlich:

1. Es gibt häufig mehrere Zielgruppen, die für ein Thema ansprechbar sind.
2. Die Zielgruppen selbst interessieren sich für verschiedene Themen: Familien mit Kindern können Adressat einer Geschichte über den Bau einer Wohnsiedlung am Stadtrand sein. Oder sie möchten ein Auto kaufen und mehr über Elektromobilität und Ladesäulen in der Nähe erfahren.
3. Ein Familienmitglied kann auch Pendlerin mit spezifischen Interessen an Mobilität sein – Menschen lassen sich mehreren Zielgruppen zurechnen.

▶ **Tipp Übung – Zielgruppen-Tabelle ergänzen:** In einer dritten Spalte lassen sich den Zielgruppen konkrete Themen zuordnen: Zum Beispiel dem Zielgruppen-Thema Wohnen mit dem Fokus auf Hausbesitzerinnen und -besitzer: „Was kostet mich der Einbau einer neuen Wärmepumpe?" Bitte selbst ausprobieren!

Ausprobieren ist am wichtigsten: Weil es Überschneidungen von Themen und Zielgruppen gibt und die Bedürfnisse sowohl geografisch als auch soziodemografisch geprägt sein können, gibt es kein allgemein gültiges Patent für die Zielgruppenansprache. Das Konzept *Audiences First* (siehe auch Abschn. 4.1) verlangt Mut zum Experimentieren!

Zielgruppen oder Audiences? Nicht nur Journalistinnen und Journalisten beäugen beide Begriffe skeptisch. Auch die Werbebranche kann sich anderes vorstellen. Die Beraterin und Journalistin Alexandra Borchardt zitiert Toan Nguyen, Geschäftsführer von Jung von Matt Nerd. Der setzt Zielgruppen mit „alte Denke vom Bespielen eines passiven Publikums" gleich und sagt lieber *Stilgruppen*. Borchardt wiederum definiert Audiences als „Bedürfnis- oder Wertegemeinschaften, die bestimmte Gewohnheiten oder Vorlieben teilen". Diese schätzten es, in einem bestimmten Ton, zu bestimmten Zeiten mit bestimmten Produkten angesprochen zu werden.[23]

---

[23] Zitate nach Alexandra Borchardt, Sind Audiences schon wieder News von gestern? alexandraborchardt.com, 1. April 2023, https://alexandraborchardt.com/de/sind-audiences-schon-wieder-news-von-gestern/, 06.12.2023. Vgl. Borchardt auch zu folgendem Absatz.

3.3 Warum es auf die Zielgruppe ankommt

Abgrenzen der Begriffe: Audiences grenzt Borchardt damit von Themenfeldern, Persona-Konzepten und dem Fokus auf Altersgruppen ab. Themenfelder, gemanagt von Themen-Teams, seien ein inhaltliches Angebot; der Audiences-Ansatz geht der Autorin zufolge darüber hinaus.

Persona, also die Definition von erfundenen Personen, die eine bestimmte Zielgruppe vom Alter und vom Verhalten her repräsentieren sollen, und die sich Journalistinnen und Journalisten dann als Leser oder Leserin vorstellen sollen, gelten Borchardt als thematisch einschränkend. Um mehr über eine mögliche Zielgruppe herauszufinden, bietet Borchardt die folgenden Leitfragen an:

Fragegerüst: Wie ermittle ich eine Zielgruppe?[24]
- Ist die Zielgruppe groß genug?
- Bringen wir genug Leidenschaft für diese Zielgruppe auf?
- Gibt es genügend Kompetenz für die Bedürfnisse der Zielgruppe in der Redaktion?
- Konkurrieren wir um die Zielgruppe mit einem starken Wettbewerber?
- Sind die Nutzenden der Zielgruppe potenziell zahlungsbereit?

(nach Borchardt)

Journalismus für Zielgruppen testen: Steht die Zielgruppen-Definition, hilft vor allem Testen. Wie im Abschn. 3.2 zu den Leistungskennzahlen erläutert, kann die Redaktion Ziele für die Reichweite, Abo-Abschlüsse und das Nutzungsverhalten bereits registrierter oder abonnierten Kundinnen und Kunden festlegen. Dann wird beobachtet: Wie laufen die für eine bestimmte Audience produzierten Beiträge? Bereits nach vier bis acht Wochen sollte klar sein, ob das gewünschte Ergebnis eintritt. Es ist gut, wenn jemand in der Redaktion die Daten nicht nur auswertet, sondern auch für Laien übersetzen kann.

In einigen Medienunternehmen gibt es Fachleute fürs Audience Development. Deren Aufgabe besteht darin, den Erfolg zu analysieren, in die redaktionellen Teams zu melden, Hinweise zu passenden Themen und Fortsetzungen zu geben –

---

[24] Borchardt, ebd.

und aus den Nutzungsdaten mehr zu machen: Lernmaterial, das eine Redaktion auch in der Zielgruppenansprache bei der Produktentwicklung besser macht.[25]

Zielgruppen managen: Mehrere wissenschaftliche Autorinnen und Autoren empfehlen, das Zielgruppen-Konzept in eine journalistische Strategie einzubetten. Claudia Mast unterscheidet dabei drei Zugänge: informationsorientiert, kritikorientiert und publikumsorientiert. Als publikumsorientiert und damit auch an Zielgruppen ausgerichtet ordnet Mast den Journalismus ein, der Unterhaltung, Entspannung, Rat und Orientierung bieten soll. Sie nennt als konkret adressierbare Zielgruppen Steuerzahler, Verbraucher, Anleger oder Familien.

Komplexe Themen sollen exemplarisch erzählt und personalisiert aufbereitet werden – neue Storytelling-Formate können Mast zufolge das Konzept ergänzen. Allerdings erblickt die Kommunikationswissenschaftlerin auch beim informationsorientierten Journalismus zunehmenden Bedarf, den Publika Hintergründe zu erläutern: „Angesichts komplexer Verhältnisse in Politik, Wirtschaft, Technik und Gesellschaft steigt der Bedarf an Erklärungen." Ebenso ist es laut Mast neben der kritischen Berichterstattung wichtiger geworden, Orientierung zu bieten.[26]

3.4 Zielgruppen im Fokus: Chancen und Risiken

Kontroversen und offene Fragen: Im vorausgegangenen Abschn. 3.3 ist es bereits angeklungen. Medienschaffende sind zum Teil skeptisch und zucken zusammen, wenn sie das Management von Audiences und Zielgruppen sprechen hören. Auch die begleitenden Kommunikations- und Journalismus-Forschung diskutiert Chancen und Risiken der Zielgruppenansprache. Es ist wichtig, sich einige der Argumente genauer anzusehen – denn es handelt sich um grundsätzliche Überlegungen zur normativen Aufgabe des Journalismus und zu notwendigen Änderungen wegen der Digitalisierung.

Die Ausrichtung nach Zielgruppen bietet Russ-Mohl und Schultz zufolge im Journalismus die Möglichkeit, die journalistische *Qualität* zu steigern. Die Gefahr liegt nach Ansicht der Forscher in einem „Kreislauf der Selbstbestätigung": Be-

---

[25] Vgl. Meier, Journalistik (2018), S. 49. Die praktische Arbeit als Spezialistin für Audience Development hat die spätere stv. Chefredakteurin der „Nürnberger Nachrichten", Barbara Zinecker, 2018 in einem Video erläutert, vgl. Stefan Wirner, „Wie eine Lesertante 2.0", drehscheibe.org, 2. Juli 2018, https://www.drehscheibe.org/video/wie-eine-lesertante-2-0.html, 11.01.2024.

[26] Mast, ABC, S. 249 ff., Zitat auf S. 250.

3.4 Zielgruppen im Fokus: Chancen und Risiken

dient eine Redaktion lediglich *Teilpublika*, droht demnach sowohl Journalistinnen und Journalisten als auch deren Leserinnen und Lesern ein *Filterblasen-Effekt*. Schlimmstenfalls kreisen Medien demzufolge immer um dieselben Themen, und es kommen keine neuen und außergewöhnlichen Perspektiven mehr hinzu. Ein weiteres Risiko erblicken die beiden Autoren des Lehr- und Handbuchs Journalismus darin, dass sich Redaktionen mit dem Fokus auf Zielgruppen zu sehr der Technologie (Datenanalysen) und dem Kommerz unterwerfen würden – und zum Beispiel lediglich bestimmte, für Werbekunden attraktive Eliten bedienen.

Abteilungsübergreifende Aufgabe: Dass sowohl die Verknüpfung von Zielgruppen und Nutzerbedürfnissen (User Needs) mit dem Journalismus als auch die Nutzungsanalysen wichtig sind, bestreiten Russ-Mohl und Schultz nicht: „Keine Redaktion kann es sich leisten, ihre Nutzer nicht zu kennen und nicht ernst zu nehmen." Sie fordern daher in Medienhäusern einen interdisziplinären Zugang zur Publikumsforschung. Die Daten des Werbemarkts dazu müsse auch die Redaktion kennen.[27]

Das gilt genauso gut umgekehrt, lässt sich mit Blick auf den digitalen Journalismus ergänzen. Redaktionen und digitales Produktmanagement verfügen heute über erheblich mehr Erkenntnisse zu Zielgruppen als noch vor ein paar Jahren und in reinen Printzeiten. Deswegen lohnt es sich, darüber abteilungsübergreifend zu diskutieren. Erfolgreiche Produkte – journalistisch, vertrieblich und werblich – entstehen im Austausch und mit Blick auf die Kundinnen und Kunden.

> **Tipp Kontroverse Kolumne:** Julia Bönisch, früher Mitglied der Chefredaktion der „Süddeutschen Zeitung" (SZ) und seit 2024 Vorständin der Stiftung Warentest, plädiert im „Journalist" dafür, Medienhäuser in der Digitalisierung strategisch und über Abteilungsgrenzen hinweg zu führen. Sie fordert mehr Management in der Redaktion. Nach der Veröffentlichung 2019 verließ Bönisch die SZ. Lesenswerter Beitrag!
> https://www.journalist.de/startseite/detail/article/wir-brauchen-gute-manager-an-der-spitze-von-redaktionen

Umdenken erforderlich? Auch die Kommunikationsforscherin Claudia Mast betont eher die Chancen der Orientierung am Publikum. Sie unterscheidet *Input-Orientierung* – an Ereignissen, nach Ressorts und Fachredaktionen- und *Output-Orientierung* von Journalistinnen und Journalisten, die mehr darauf schauen, für

---

[27] Vgl. zu Chancen und Risiken Russ-Mohl/Schultz, Journalismus, S. 38. Zitat zu Zielgruppen auf S. 225; zur Nutzung der Publikumsforschung vgl. S. 226.

wen sie berichten. Sie rät zum Perspektivenwechsel: „Das Publikum erwartet heute mehr als früher verwertbare Informationen bis hin zu Services oder handlungsanleitendenden Ratschlägen – aber auch Unterhaltung und Entspannung."

Der Journalistik-Professor Klaus Meier erläutert, dass die Publikumsorientierung und -forschung den Journalismus seit den 1990er-Jahren um mehr Service und Unterhaltung erweitert habe. Meier verweist jedoch auf das Spannungsverhältnis zwischen Zielgruppen-Fokus einerseits und der öffentlichen Verantwortung sowie der politischen Funktion des Journalismus andererseits.[28]

Veränderte Publikumserwartungen: Neuere Untersuchungen verweisen allerdings darauf, dass Journalistinnen und Journalisten auch das Thema Politik problembewusst und neu angehen müssen. Die Forscherin Inge Kreutz, Mitglied der Chefredaktion beim „Trierischen Volksfreund", hat in ihrer Doktorarbeit zur lokalen Politikberichterstattung durch Befragungen von Leserinnen und Lesern herausgefunden, dass jüngere Menschen weniger Interesse an diesem Themenfeld zeigen als ältere, printerfahrene Leserinnen und Leser. Bezogen auf ein ostdeutsches Teilpublikum bei der „Lausitzer Rundschau" stellt Kreutz fest, dass das Bewusstsein für die Leistungen des politischen Lokaljournalismus gesunken sei.

Die Autorin schlägt daher mit Verweis auf die Chancen der Datenanalyse *innovative Konzepte und Formate* vor, um politische Berichterstattung attraktiver zu machen. Zugleich stößt Kreutz eine Debatte an: Redaktionen sollten überlegen, welche Werte ihnen jenseits der ökonomischen Erfolgsfaktoren wichtig seien. In jeder Nachrichtenlage erzielten politische Themen weniger Reichweite, neue Abos und geringere Öffnungsquoten beim E-Paper als andere. Kreutz plädiert für einen Mittelweg zwischen Publikumsorientierung und normativen Ansprüchen.[29]

Don't be an askhole: Die Orientierung an Zielgruppen sollte keine Einbahnstraße sein. Darauf verweist Jennifer Brandel, Gründerin mehrerer digitaler journalistischer Projekte in den USA und Vordenkerin des *Engaged Journalism*, was sich mit sozial engagiertem Journalismus übersetzen lässt.

Brandel schreibt, dass die Erkenntnisse über die eigene Audience, zum Beispiel aus Befragungen und Analysen, zum einseitigen Verhältnis zwischen Journalismus

---

[28] Vgl. zur Input- und Output-Orientierung Mast, ABC, S. 224 f. Zitat von Mast auf S. 226. Zum Spannungsfeld zwischen Zielgruppen-Fokus und öffentlicher Funktion des Journalismus vgl. Meier, Journalistik (2018), S. 106.

[29] Vgl. Inge Kreutz, Lokale Politikberichterstattung. Inhalte, Leistungen, Formate und Attraktivitätsfaktoren aus der Perspektive des Publikums (Wiesbaden: Springer VS, 2023). Zu jüngeren Altersgruppen und Spezifika ostdeutscher Leserinnen und Leser vgl. die Zusammenfassung der Studienergebnisse auf S. 233 ff., zu den praktischen Konsequenzen S. 245 ff.

3.4 Zielgruppen im Fokus: Chancen und Risiken

und Publikum führen, wenn Journalistinnen und Journalisten bei drängenden Themen nicht dranbleiben, sich weder bedanken noch auf Bedürfnisse ihrer Zielgruppe wirklich eingehen.

Zielgruppen nur als Ressource für die schnelle Story zu betrachten, mache Journalistinnen und Journalisten zu „askholes" – also neugierigen Ausfragenden um der Story willen, die sich nicht weiter mit den Menschen hinter der Geschichte beschäftigen wollten.[30]

Neue Normen? Das Publikum, aufgeteilt in mehrere Zielgruppen oder Gemeinschaften, die eine Redaktion regelmäßig und leidenschaftlich bedient. Journalistinnen und Journalisten, die permanent im Austausch mit diesen Zielgruppen stehen: Das klingt wie ein erweiterter normativer Rahmen für digitalen Journalismus.

Leserinnen und Leser haben jedenfalls im an Informationen, Meinungen und Falschmeldungen reichen Internet mehr Einfluss auf den Journalismus. Denn sie entscheiden, was sie anklicken, genauer wissen wollen und welcher Journalismus ihnen Geld wert ist.

Der Kaufentscheidung, dem Abschluss eines digitalen Abos, gehen meistens Abwägungen voraus: Was bringt mir ein bestimmtes Medium oder ein aktueller Beitrag, lösen sie meine Probleme? Die Forscherinnen Elisabeth Lueginger und Martina Thiele betonen diesen Aspekt in ihrer Untersuchung von „Publika des Journalismus".[31]

Arbeiten *für* und *mit* Audiences: Vor dem Hintergrund der eingangs diskutierten Frage, welches digitale Geschäftsmodell erfolgreich ist, bekommt das Arbeiten *mit* Audiences jedenfalls größere Bedeutung als andere journalistische Herangehensweisen.

Felix Simon, wissenschaftlicher Mitarbeiter am Reuters Institute for the Study of Journalism und freier Journalist, schreibt, dass Medienunternehmen verstärkt

---

[30] Jennifer Brandel, Don't be an Askhole: Toward an ethical framework for engagement, medium.com, 11. Juli 2018, https://medium.com/we-are-hearken/ethicsofengagement-db3ff5279603, 06.12.2023. Kritisch zu „market-driven journalism" äußern sich auch Armin Scholl, Maja Malik und Volker Gehrau, Journalistisches Publikumsbild und Publikumserwartungen. Eine Analyse des Zusammenhangs von journalistischen Vorstellungen über das Publikum und Erwartungen des Publikums an den Journalismus, S. 19 f. in: Wiebke Loosen, Marco Dohle (Hrsg.), Journalismus und (sein) Publikum. Schnittstellen zwischen Journalismusforschung und Rezeptions- und Wirkungsforschung (Wiesbaden: Springer VS, 2014), S. 17–33.

[31] Vgl. Elisabeth Lueginger, Martina Thiele, Die Publika des Journalismus, S. 577 f. in: Martin Löffelholz, Liane Rothenberger (Hg.), Handbuch Journalismustheorien (Wiesbaden: Springer VS, 2016), S. 565–583.

Überzeugungsarbeit leisten müssten, warum sie und ihr Tun von Bedeutung sind: „Ein wenig ‚audience engagement' über soziale Netzwerke, das gelegentliche Beantworten von Lesernachrichten oder Kolumnen, die den alten Zeiten nachtrauern und die Öffentlichkeit um Unterstützung anbetteln, reichen dafür nicht aus."[32]

> **Chancen und Risiken der Zielgruppen-Orientierung**
> Diese Liste fasst die Diskussion der oben genannten Expertinnen und Experten über Chancen und Risiken der Arbeit nach Zielgruppen und Audiences zusammen. Die Übersicht zeigt auch die Konsequenzen auf.
> *Chancen:*
>
> - Output-Orientierung bezieht Perspektive der Leserinnen und Leser ein
> - Journalismus aus der Perspektive der Zielgruppe führt zu Aufmerksamkeit
> - Jüngere Menschen, Politikferne oder Desinteressierte lassen sich adressieren
> - Bedürfnisse und Lebenslagen diverser gesellschaftlicher Gruppen stehen im Fokus
>
> *Risiken:*
>
> - „Kreislauf der Selbstbestätigung" von Journalistinnen, Journalisten und Zielgruppen
> - Normative, öffentliche Aufgabe des Journalismus vs. Zielgruppen-Ansprache
> - Journalistinnen und Journalisten als „askholes" (Jennifer Brandel)
> - Inkonsequenz: Ein bisschen Publikumsorientierung hilft nicht weiter
>
> *Konsequenzen:*
>
> - Zielgruppen-Ansatz muss zu *journalistischen Werten* der Redaktion passen
> - Fokus auf Audiences darf *keine Einbahnstraße* sein – Augenhöhe mit dem Publikum

---

[32] Zitiert nach Felix Simon, Auf zu neuen Ufern? Die Zukunft der journalistischen Geschäftsmodelle, Neue Zürcher Zeitung, 23. Mai 2020, https://www.nzz.ch/feuilleton/journalismus-die-geschaeftsmodelle-der-zukunft-ld.1557252, 06.12.2023.

3.4 Zielgruppen im Fokus: Chancen und Risiken

- *Zielgruppen-Strategie* ist notwendig: konsequente Publikumsorientierung!
- Nicht nur die Redaktion! *Alle Teams im Medienunternehmen beteiligen*

Bedeutung für die journalistische Praxis: Der Fokus auf Zielgruppen oder Audiences ist nachweislich wichtig für den digitalen Erfolg, und er ist kein Selbstzweck. Letztlich soll Journalismus der Gesellschaft dienen. Aus diesem Grund brauchen Journalistinnen und Journalisten Aufmerksamkeit für ihr Anliegen. Der Weg dahin führt über eine geeignete, zu den eigenen Werten und Konzepten passende Ansprache der Zielgruppen. Im zweiten Kapitel ist bereits gezeigt worden, warum vorausschauende Planung, Recherche und Produktion wichtig sind. Wenn eine Redaktion den Fokus auf Zielgruppen legt, braucht sie zwingend diesen redaktionellen Prozess: Je mehr die Beteiligten auf Qualität achten, umso besser können sie Zielgruppen treffend informieren und beteiligen.

Die wichtigsten Grundfragen: Es ist nach Überzeugung des Autors dieses Handbuchs nicht notwendig, dass Journalistinnen und Journalisten künftig jeglichen Beitrag für eine Audience *konzipieren*. Vermutlich lässt sich nicht jede Zielgruppe regelmäßig bedienen. Oder die anvisierte Gemeinschaft ist leider nicht groß genug. Es gibt vielleicht keinen Reporter oder keine Redakteurin, die für den Dienst an dieser Gruppe brennt und dafür dauerhaft eingesetzt werden kann.

Ebenso wenig ist es sinnvoll, jede eilige und für viele Menschen relevante Story (vgl. Abschn. 2.2) in ein Zielgruppen-Korsett zu pressen. Es gibt allerdings einige Grundfragen, die Journalistinnen und Journalisten beantworten sollten, bevor sie einen Beitrag beginnen, strukturieren und veröffentlichen. Die Antworten sollten sich beispielsweise in Überschriften und Teasern widerspiegeln.

Vier Grundfragen: Wie ich auf die Qualität meines Beitrags hinweise
- Für wen schreibe ich/nehme ich auf/filme ich?
- Warum sollen diese Nutzenden auf meinen Beitrag klicken?
- Wie schaffe ich es, dass sie meinen Beitrag zu Ende lesen/anschauen/hören?
- Warum ist mein Beitrag eine Registrierung, ein Abo oder eine Mitgliedschaft wert?

3.5 Exkurs: Journalismus nach Drehbuch

Wissen über Zielgruppen pflegen: Je mehr Journalistinnen und Journalisten über ihre Zielgruppen lernen, umso mehr Wissen häuft sich an. Das gilt es zu bewahren, daraus zu lernen und auszubauen. Wer kennt noch die erfolgreichsten Beiträge aus dem vergangenen Jahr, warum kamen sie bei den Nutzenden besser an als andere Artikel derselben Redaktion? Welche anderen Beiträge taugen zum Vorbild, was hat ihren Erfolg ausgemacht?

Wenn ein Team neue Zielgruppen und mehr Menschen mit seinem Journalismus erreichen will: Wie geht es vor und dokumentiert die Arbeitsschritte, damit andere später leicht mit einsteigen können? Wächst der digitale Erfolg, geht es darum, daraus zu lernen, Erfolg zu verstetigen – und wiederum Neues zu wagen. Der folgende Exkurs zu journalistischen Playbooks oder Drehbüchern dient dem Ziel, methodisch zu arbeiten und dabei – wie meistens in Medienunternehmen notwendig – zeitsparend unterwegs zu sein.

Reports aus der Datenanalyse: Dank der Digitalisierung ist es möglich, die erfolgreichsten Beiträge aus einer Redaktion nicht nur fortlaufend zu messen, sondern auch übersichtlich in einem *Report* aufzuführen. Welche zehn Artikel aus den Lokalredaktionen waren bezogen auf die Zielgruppe Familien mit Kindern in den vergangenen zwölf Monaten am erfolgreichsten? Welcher Beitrag hat die meisten Internetnutzenden dazu gebracht, ein Abo abzuschließen? Zu welchem Thema gab es die meisten Kommentare?

Die längerfristige und vergleichende Betrachtung solcher Ergebnisse gibt Denkanstöße für die Praxis. Vorbildlich gelöste Aufgaben im Journalismus werden hervorgehoben und sorgen für Diskussionen: Wie kann die Redaktion solche Erfolge wiederholen? Lässt sich daraus für neue Ideen lernen?

Je anspruchsvoller ein neues journalistisches Projekt werden soll, umso eher ist systematisches Vorgehen gefragt. Das Netzwerk Recherche e. V. hat 2018 eine deutschsprachige Version des Investigativ-Handbuchs von Mark Lee Hunter herausgebracht, das „Drehbuch für Recherche" (mit Luuk Sengers).

Spannend für alle Journalistinnen und Journalisten ist daran, dass Hunter und Sengers das redaktionelle Marketing zum festen Bestandteil journalistischer Arbeit erklären. Ihr Marketingplan für die Veröffentlichung einer investigativen Recherche sieht einen regelmäßigen Ablauf für die Ansprache und das Einbinden der Zielgruppe(n) vor:

3.5 Exkurs: Journalismus nach Drehbuch

> **Veröffentlichen für die Zielgruppe: Investigativer Journalismus**[33]
> - Infoquellen auf die Veröffentlichung vorbereiten
> - den Informanden danken
> - Link zum Artikel möglichst vorab teilen
> - Andere Nutzende um das Teilen des Beitrags bitten, vor allem Experten mit vielen Followern
> - Das Publikum bereits während der Recherche um Ideen bitten
> - Dokumente und Datenbanken mit dem Publikum teilen, es zum Stöbern einladen
> - „Ermögliche dem Publikum, Anmerkungen zu Deinem Artikel zu machen."
> - Organisiere Diskussion, Debatte, Lesung, Seminar, Ausstellungen
> - andere Medien einbinden und auf Veröffentlichung hinweisen

Für wen schreibst Du? Gerade investigativer Journalismus, also eine Kernaufgabe des kritikorientierten, auch politischen Journalismus, kommt den Autoren zufolge nicht ohne strukturiertes redaktionelles Marketing aus. Die Grundfrage „Für wen schreibst Du?" könne ein investigativer Journalist mit „alle, die eine Rolle in der Geschichte spielen" beantworten.

Die Folge: „Deine Zielgruppe besteht also zu großen Teilen auch aus Deinen Informationsquellen", schreiben Hunter und Sengers.[34] Dabei können Informanten natürlich auch für eine größere Gruppe stehen, zum Beispiel die betroffenen Anwohnerinnen und Anwohner an einem Fluss, in dem das Wasser und damit das Trinkwasser für eine ganze Region knapp zu werden droht.

Die Google News Initiative des Suchmaschinen-Konzerns Alphabet (Google, YouTube) widmet sich der Förderung von digitalem Journalismus und bietet ebenfalls Drehbücher an, deren Fokus eher auf der zielgerichteten Auswertung der Nutzungsdaten liegt und das Audience-Development als wesentliche Aufgabe von Redaktionen begreift. In diesen Playbooks finden sich eine Reihe von Tools und Methoden, die sich übernehmen lassen. Kleinere und mittlere Redaktionen finden erlernbare und bereits getestete Konzepte, um ihre Zielgruppen besser kennen zu lernen.

---

[33] Vgl. Luuk Sengers und Mark Lee Hunter, Drehbuch der Recherche. Das verborgene Szenario. Journalistische Recherchen planen und organisieren, Berlin: Netzwerk Recherche e. V. 2018, S. 72 ff., netzwerkrecherche.org, https://netzwerkrecherche.org/wp-content/uploads/2018/07/nr-Werkstatt-25_web.pdf, 12.12.2023.

[34] Sengers/Hunter, S. 74.

Tab. 3.2 Wie Redaktionen journalistische Angebotslücken finden und schließen

Kategorie	Was erwarten die Leserinnen und Leser?	Was bieten wir ihnen?	Wo gibt es eine Angebotslücke?	Wie schließen wir die Lücke?
Journalistisches Angebot (Inhalt)	• … • … • …	• … • … • …	• … • … • …	• … • … • …

Vgl. Google News Initiative Reader Revenue Playbook (Stand: 2023), Chapter 2: Establish your reader revenue foundations. Exercise 3: Identify opportunities to strengthen your value proposition, https://newsinitiative.withgoogle.com/digital-growth/reader-revenue/playbook #ex3, 11.01.2024

Quelle: Google News Initiative, Reader Revenue Playbook, Exercise 3 zum Leistungsversprechen (*value proposition*)

Zum Beispiel eine einfache Tabelle, um die Erwartungen von Lesenden mit dem eigenen bestehenden Angebot abzugleichen. Daraus entwickelt eine Redaktion dann Ideen, wie die aufgezeigten Lücken geschlossen werden können. Die Tabelle ist *als Übung geeignet*. Sie lässt sich variieren und erweitern, um beispielsweise Erwartungen und Angebot abzugleichen und so den Mehrwert eines journalistischen Angebots, dessen Vermarktung (Produktplatzierung) oder das Nutzungserlebnis (*User Experience, UX*) auf der Website zu verbessern (Tab. 3.2):

Was Leserinnen und Leser erwarten, lässt sich anhand der Nutzungsdaten ermitteln: Welche Beiträge laufen also besonders erfolgreich? Es wird auch jeweils deutlich, was nicht funktioniert – und was die Redaktion dennoch anbietet. Was heißt das für künftige Planung und Recherchen, wie lässt sich die Lücke im Angebot schließen? Diese Übung lässt sich natürlich auch bei der Analyse von journalistischen Beiträgen verwenden, die auf bestimmte Zielgruppen gemünzt sind.

Das Playbook von Google für Audience-Development empfiehlt anders als dieses Handbuch, zur Vereinfachung der Zielgruppenansprache ein Persona-Konzept zu nutzen. Aus der Datenanalyse sollen also Archetypen von Lesenden kreiert werden. Bei der Beitragsproduktion sollen Journalistinnen und Journalisten die Persona vor Augen haben.

Zahlreiche Playbooks gibt es für die Vermarktung von Produkten und kommerzielle Absichten. Im Journalismus scheinen sich hingegen vor allem Non-Profit-Medienorganisationen und Startups darüber Gedanken zu machen, wie sich digitaler Erfolg systematisch und zum Nachmachen geeignet steuern lässt. So gibt es einige Leitfäden, um alternative, wertebasierte Journalismus-Konzepte wie Community-Journalismus oder *Engaged Journalism* erfolgreich zu gestalten.

3.5 Exkurs: Journalismus nach Drehbuch

Wie sich Gemeinschaften oder Zielgruppen einbinden lassen, hat Leon Fryszer für den genossenschaftlich organisierten Digitalpublisher „Krautreporter" aufgeschrieben. Dort geht es darum, die Mitglieder selbst bei Recherchen zu beteiligen und die Bindung zum Medium zu erhöhen.[35] Als Anleitung für systematisches Arbeiten mit Zielgruppen im Journalismus lässt sich auch ein Beitrag des Journalisten und Hochschuldozenten Christian Fahrenbach lesen. Die Methode, aus der sich ein Drehbuch entwickeln kann, lehrt Fahrenbach an der Hamburg Media School:

Anleitung für systematische Arbeit mit Zielgruppen[36]
Definieren: Für wen möchte ich arbeiten?
Analysieren: Zielgruppe eingrenzen nach Alter, Interessen, Wohnorten, Aktivitäten (z. B. in der Freizeit), Konsumverhalten, Mobilität
Abgrenzen: eine möglichst eng gefasste Zielgruppe stärkt die Loyalität zum Angebot
Interessen: Journalistinnen und Journalisten können selbst zur Zielgruppe gehören – laut Fahrenbach erleichtern es eigene Interessen, am Ball zu bleiben
Bedürfnisse: Das Nutzungsverhalten bestimmt die Auswahl des Medienkanals (z. B. Podcast) oder der Plattform (z. B. Tiktok)
Dialog: Der Austausch mit der Zielgruppe bringt mehr Wissen über das, was Menschen hören, lesen und sehen wollen. Das kostet jedoch Zeit.
Zuhören auf allen Plattformen ist das A und O (Social Media gehört dazu!)
Planen: Die Produktion der Inhalte erfolgt strategisch und operativ geplant (vgl. Kap. 2). Die Strategie muss überprüft und ggf. angepasst werden

(nach Fahrenbach)

---

[35] Vgl. Leon Fryszer, Krautreporter: The Engaged Journalism Playbook, Krautreporter 2019, https://s3.eu-central-1.amazonaws.com/engagedjournalism/pdf/KrautreportersEngaged-JournalismPlaybook-edited.pdf, 11.01.2024.
[36] Christian Fahrenbach, DJ-Dozent Dr. Christian Fahrenbach über Zielgruppen: So findest du deine Community, HMS-Blog, o. D. (2023), https://www.hamburgmediaschool.com/blog/dj-dozent-dr-christian-fahrenbach-ueber-zielgruppen-so-findest-du-deine-community, 11.01.2024.

Eigene Drehbücher entwickeln: Letztlich gibt es zwar kein allgemeines Drehbuch für den zielgruppengerechten Journalismus. Redaktionen können sich jedoch an einigen Vorbildern orientieren, egal ob diese vor allem wertebasiert Journalismus voranbringen möchten oder eben kommerziell motivierte journalistische Projekte, wie sie die Google News Initiative auch fördert.

Dazu gibt es bei den weiterführenden Links Hinweise zu online verfügbaren Playbooks. Nachfolgend erläutert eine Praktikerin im Interview, wie sie mit ihrer Redaktion ihre Arbeitsweise von der Planung bis zur Produktion verändert hat. Ein weitergehendes Projekt zur journalistischen Arbeit mit Audiences, Table Stakes Europe, wird im anschließenden Kap. 4 vorgestellt.

3.6 Interview mit Katja Hansen: „Klasse statt Masse"

Katja Hansen ist Medienkauffrau und Kulturwissenschaftlerin. Sie leitete ein Videoportal und koordinierte die Online-Redaktion der „Landeszeitung" (LZ) in Lüneburg. Von Februar 2022 bis Juli 2024 führte sie mit Anna Paarmann und Malte Lühr die Redaktion und entwickelte den Lokaljournalismus der LZ digital weiter (Abb. 3.3).[37]

Abb. 3.3 Katja Hansen im Video-Interview am 6. Oktober 2023. Screenshot: Oliver Haustein-Teßmer (▶ https://doi.org/10.1007/000-c7g)

---

[37] Redigiertes Transkript des Video-Interviews vom 6. Oktober 2023.

3.6 Interview mit Katja Hansen: „Klasse statt Masse"

Wie digital ist Euer Workflow inzwischen?

Katja Hansen: Relativ digital, die Strukturen sind vorhanden. Aber man merkt in stressigen Situationen noch immer, dass der eine oder die andere in alte Verhaltensmuster zurückfällt. Das ist aber ganz normal in Veränderungsprozessen. Wir haben unsere Desk-Strukturen noch einmal verändert. Im Dezember 2022 sind wir auf One Platform des Redaktionsnetzwerks Deutschland (RND) aufgesprungen. Das Redaktionssystem unterstützt die Redakteurinnen und Redakteure sehr darin, online first zu arbeiten.

Bei Online-Workflows ist genaue Nutzerdatenanalyse wichtig. Welche Schlüsseldaten nutzt Ihr?

Katja Hansen: Bei den Übersichten sind wir ein Stück weit ans RND und deren Redaktionssystem gebunden. Wir gucken auf Reichweite insgesamt, dann auf Reichweite bei den bestehenden Abonnierenden und auf die Abo-Abschlüsse. Das ist ein Dreiklang.

Welche inhaltlichen Methoden nutzt Ihr, um Eure Leserinnen und Leser digital besser zu erreichen?

Katja Hansen: Natürlich gibt es Schwerpunktthemen, die hier in Lüneburg besonders gut gehen. Das liegt an den hiesigen Bürgerinnen und Bürgern, und das sind zum Beispiel Familienthemen und Verkehrsthemen. Wir schauen aber auch im Einzelnen auf die Artikel. Was braucht es, um ein Thema gut zu transportieren? Braucht es eine Bildstrecke, braucht es eine Karte? Im Videobereich sind wir leider gerade nicht so stark. Alle haben im digitalen Wandel wahnsinnig viel zu tun. Was allerdings stimmen muss, so banal es klingt, sind Überschriften und Teaser. Daran geht nichts vorbei, und da bemühen wir uns. Aber auch das bedeutet, jedes Mal wieder zu gucken, ob uns das gelungen ist oder nicht. Ich glaube, wenn diese Basis nicht stimmt, braucht man beim Rest nicht groß herumzubasteln.

Habt Ihr Themenfelder und Audiences ausprobiert und mangels Erfolg wieder verworfen?

Katja Hansen: Wir hatten gerade wieder eine Diskussion. Zum Wintersemester 2023/2024 sind viele Erstsemester in die Stadt gekommen. Hätten wir nicht ein Abo für die? Die Frage ist berechtigt, wobei man da aus den üblichen Abo-Konzepten ausbrechen müsste. Wir tun uns mit der Zielgruppe Studierende schwer, weil diese häufig nicht so lange in der Stadt bleiben.

Habt Ihr für solche Zielgruppen auch Leitfäden oder Drehbücher erarbeitet?

Katja Hansen: Nein, wir haben keine speziellen Leitfäden. Wir nutzen natürlich Best Practices, die wir verwenden, weiterentwickeln und im RND-Netzwerk teilen. Bei einem Projekt mit dem Tool 100eyes …

… eine Dialog-Software, um über Messenger-Dienste und E-Mail in den Kontakt mit Euren Zielgruppen zu kommen …

… da ging es speziell um Zugezogene. Meine Kollegin Anna Paarmann hat außerdem vor dem Launch des Familien-Newsletters im Sommer 2023 eine große Zielgruppen-Analyse zum Thema Familien erstellt.

Ihr habt festgelegt, wie viele lokale Online-Artikel täglich geliefert werden. Wie kontrolliert Ihr das?

Katja Hansen: Ja, wir haben eine Mengenvorgabe fürs gesamte Team. Je Wochentag 15 lokale Artikel, Samstag und Sonntag je acht. Das behält überwiegend der Digitaldesk im Blick, weil der plant. Die Vorgabe steht allerdings zur Diskussion. Denn es ist klar, dass Veränderung Zeit braucht. Und wir müssen den Fokus darauf legen, dass wir wirklich gut sind. Da gibt es auch einen Wandel in der Branche. Man hat Online lange so behandelt: Da kommt alles rein. Print war die kuratierte Tagesausgabe. Ich glaube allerdings, dass man sich auch online seinen Ruf versauen kann. ‚Alles rein' ist nicht der beste Weg. Wir können Printthemen nicht einfach online kippen, sondern müssen die Beiträge aufbereiten. Dann geht es um Klasse statt Masse. Und wenn ich das meinem Team sage, dann muss ich mich ein Stück von Mengenvorgaben lösen. Mir ist klar, dass wir eine gewisse Menge bringen müssen. Es geht darum, so viel Luft zu lassen, dass die Veränderung und ein Lernprozess stattfinden können.

Weiterführende Literatur

Tanja Köhler (Hrsg.), Fake News, Framing, Fact-Checking: Nachrichten im digitalen Zeitalter. Ein Handbuch, Bonn: Sonderausgabe für die Bundeszentrale für politische Bildung (Bielefeld: transcript Verlag, 2020)

Inge Kreutz, Lokale Politikberichterstattung. Inhalte, Leistungen, Formate und Attraktivitätsfaktoren aus der Perspektive des Publikums (Wiesbaden: Springer VS, 2023)

Betsy O'Donovan, Melody Kramer, How to build a metrics-savvy newsroom, American Press Institute, 13. März 2019, https://americanprstg.wpenginepowered.com/publications/how-to-build-a-metrics-savvy-newsroom/, 11.01.2024

Martin Löffelholz, Liane Rothenberger (Hrsg.), Handbuch Journalismustheorien (Wiesbaden: Springer VS, 2016)

Wiebke Loosen, Marco Dohle (Hrsg.), Journalismus und (sein) Publikum. Schnittstellen zwischen Journalismusforschung und Rezeptions- und Wirkungsforschung (Wiesbaden: Springer VS, 2014)

Weiterführende Links

Google News Initiative Reader Revenue Playbook (Stand: 2023): https://newsinitiative.withgoogle.com/digital-growth/reader-revenue/playbook

Weiterführende Literatur

Luuk Sengers und Mark Lee Hunter, Drehbuch der Recherche. Das verborgene Szenario. Journalistische Recherchen planen und organisieren (Berlin: Netzwerk Recherche e. V. 2018), https://netzwerkrecherche.org/wp-content/uploads/2018/07/nr-Werkstatt-25_web.pdf

The Engaged Journalism Playbook, Krautreporter 2019, https://s3.eu-central-1.amazonaws.com/engagedjournalism/pdf/KrautreportersEngagedJournalismPlaybook-edited.pdf

Übersicht von Playbooks zum Community Journalism bei beeabee, einem Projekt von Correctiv, The Bristol Cable, The Bureau of Investigative Journalism und Vereniging Veronica: https://beabee.io/die-wichtigsten-guides-zu-community-journalismus/

Anleitung zu grenzüberschreitendem investigativem Journalismus – Cross-Border Playbook des Netzwerks für Osteuropa-Berichterstattung: https://playbook.n-ost.org/

Literatur

Alexandra Borchardt, Leadership first. Redaktionen (gut) führen in der digitalen Medienwelt, in: Tanja Köhler (Hrsg.), Fake News, Framing, Fact-Checking: Nachrichten im digitalen Zeitalter, Ein Handbuch (Bonn: Sonderausgabe für die Bundeszentrale für politische Bildung, 2020; Bielefeld: transcript Verlag, 2020), S. 479–493

Alexandra Borchardt, Sind Audiences schon wieder News von gestern? alexandraborchardt.com, 1. April 2023, https://alexandraborchardt.com/de/sind-audiences-schon-wieder-news-von-gestern/

Jennifer Brandel, Don't be an Askhole: Toward an ethical framework for engagement, medium.com, 11. Juli 2018, https://medium.com/we-are-hearken/ethicsofengagement-db3ff5279603

Barbara Brandstetter, Starke Konzentration im Zeitungsgeschäft, kress.de, 11. April 2019, https://www.kress.de/pro/beitrag/137065-starke-konzentration-im-zeitungsgeschaeft.html

Barbara Brandstetter, Steffen Range, Wirtschaft. Basiswissen für die Medienpraxis. Journalismus Bibliothek 14 (hrsg. von Stephan Weichert, Andreas Elter und Martin Welker) (Köln: Herbert von Halem Verlag, 2017)

Christian Fahrenbach, DJ-Dozent Dr. Christian Fahrenbach über Zielgruppen: So findest du deine Community, HMS-Blog, 2023, https://www.hamburgmediaschool.com/blog/dj-dozent-dr-christian-fahrenbach-ueber-zielgruppen-so-findest-du-deine-community

Leon Fryszer, Krautreporter: The Engaged Journalism Playbook, Krautreporter 2019, https://s3.eu-central-1.amazonaws.com/engagedjournalism/pdf/KrautreportersEngagedJournalismPlaybook-edited.pdf

Google News Initiative Reader Revenue Playbook (Stand: 2023), Chapter 2: Establish your reader revenue foundations. Exercise 3: Identify opportunities to strengthen your value proposition, https://newsinitiative.withgoogle.com/digital-growth/reader-revenue/playbook#ex3

Gabriele Hooffacker, Online-Journalismus, Texten und Konzipieren für das Internet. Ein Handbuch für Ausbildung und Praxis (Wiesbaden: Springer VS, 5., vollständig überarbeitete Auflage, 2020)

Lennart Johannknecht, Rolf-Dieter Lafrenz, Redaktionen produzieren falsche Inhalte, schickler.de, April 2023, https://www.schickler.de/2023/04/redaktionen-produzieren-die-falschen-inhalte/

Markus Kaiser, „Der Begriff Zeitung wird häufig falsch verstanden", nordbayern.de, 30. Januar 2018, https://www.nordbayern.de/region/nuernberg/der-begriff-zeitung-wird-haufig-falsch-verstanden-1.7154821

Jakob Kerry, Tesla Grünheide: Eine Testfahrt im Shuttle zwischen Erkner und der Gigafactory, moz.de, 12. November 2023, https://www.moz.de/lokales/erkner/tesla-gruenheide-eine-testfahrt-im-shuttle-zwischen-erkner-und-der-gigafactory-72051643.html

Tanja Köhler (Hrsg.), Fake News, Framing, Fact-Checking: Nachrichten im digitalen Zeitalter, Ein Handbuch (Bonn: Sonderausgabe für die Bundeszentrale für politische Bildung, 2020; Bielefeld: transcript Verlag, 2020)

Henning Kornfeld, Überraschende Abobringer im Lokalen, *Kress pro* 06/2023, S. 34–38

Henning Kornfeld, Wer A sagt, muss nicht E sagen. Wie die „Main-Post" Inhalte nach ihrem Wert für die Zeitung kategorisiert, in: Redaktionsmanagement. Wie sich die „Main-Post" neu aufstellt, kress pro Dossier 10/2018, S. 7

Inge Kreutz, Lokale Politikberichterstattung. Inhalte, Leistungen, Formate und Attraktivitätsfaktoren aus der Perspektive des Publikums (Wiesbaden: Springer VS, 2023)

Rolf-Dieter Lafrenz, Ohne Media Time keine Euros – Nutzungszeit ist der wichtigste KPI für digitale Abos, schickler.de, Dezember 2020, https://www.schickler.de/2020/12/ohne-media-time-keine-euros-nutzungszeit-ist-der-wichtigste-kpi-fuer-digitale-abos/

Martin Löffelholz, Liane Rothenberger (Hrsg.), Handbuch Journalismustheorien (Wiesbaden: Springer VS, 2016)

Wiebke Loosen, Marco Dohle (Hrsg.), Journalismus und (sein) Publikum. Schnittstellen zwischen Journalismusforschung und Rezeptions- und Wirkungsforschung (Wiesbaden: Springer VS, 2014)

Elisabeth Lueginger, Martina Thiele, Die Publika des Journalismus, in: Martin Löffelholz, Liane Rothenberger (Hrsg.), Handbuch Journalismustheorien (Wiesbaden: Springer VS, 2016), S. 565–583

Claudia Mast (Hrsg.), ABC des Journalismus. Ein Handbuch (13., komplett überarbeitete Auflage, Köln: Herbert von Halem Verlag, 2018)

Klaus Meier, Journalistik (Konstanz, München: UTB Basics/UVK Verlagsgesellschaft mbH, 4. überarbeitete Auflage, 2018)

Betsy O'Donovan, Melody Kramer, How to build a metrics-savvy newsroom, American Press Institute, 13. März 2019, https://americanprstg.wpenginepowered.com/publications/how-to-build-a-metrics-savvy-newsroom/

Reichweite ist nicht alles, kress.de, 26. Februar 2016, https://www.kress.de/pro/beitrag/128806-reichweite-ist-nicht-alles.html

Stephan Russ-Mohl, Tanjev Schultz, Journalismus. Das Lehr- und Handbuch (Köln: Herbert von Halem Verlag, 4., komplett überarbeitete Auflage, 2023)

Armin Scholl, Maja Malik und Volker Gehrau, Journalistisches Publikumsbild und Publikumserwartungen. Eine Analyse des Zusammenhangs von journalistischen Vorstellungen über das Publikum und Erwartungen des Publikums an den Journalismus, in: Wiebke Loosen, Marco Dohle (Hrsg.), Journalismus und (sein) Publikum. Schnittstellen zwischen Journalismusforschung und Rezeptions- und Wirkungsforschung (Wiesbaden: Springer VS, 2014), S. 17–33

Marcus Schuster, Den Innovationsgeist wecken, *Kress pro* 02/2019, S. 24–28

Luuk Sengers und Mark Lee Hunter, Drehbuch der Recherche. Das verborgene Szenario. Journalistische Recherchen planen und organisieren (Berlin: Netzwerk Recherche e. V., 2018), netzwerkrecherche.org, https://netzwerkrecherche.org/wp-content/uploads/2018/07/nr-Werkstatt-25_web.pdf

Weiterführende Literatur

Jan Siegel, Bahnstreik: RE2 Cottbus – Berlin zusätzlich gesperrt – was Fahrgäste beachten müssen, lr.de, 6. Dezember 2023, https://www.lr-online.de/lausitz/cottbus/re2-cottbus-berlin-strecke-wird-wieder-gesperrt-_-was-fahrgaeste-beachten-muessen-72442609.html

Felix Simon, Auf zu neuen Ufern? Die Zukunft der journalistischen Geschäftsmodelle, Neue Zürcher Zeitung, 23. Mai 2020, https://www.nzz.ch/feuilleton/journalismus-die-geschaeftsmodelle-der-zukunft-ld.1557252

Rupert Sommer, Thomas Kaspar: „Wir setzen auf knüppelharte Effizienz", kress.de, 11. April 2018, https://www.kress.de/pro/beitrag/134547-thomas-kaspar-wir-setzen-auf-knueppelharte-effizienz.html

Spiegel-Team Workflows & Systeme, Wie wir unsere Workflows und Systeme für „Pay First" umgebaut haben, DevBlog Spiegel, 5. Juli 2022, https://devspiegel.medium.com/wie-wir-unsere-workflows-und-systeme-f%C3%BCr-pay-first-umgebaut-haben-257572d21c85

Monika Wach, Böller und Raketen aus Polen: Polenböller – was beim Kauf für Silvester 2023 zu beachten ist, moz.de, 23. November 2023, https://www.moz.de/lokales/schwedt/polenboeller_-feuerwerk-und-raketen-aus-polen-fuer-silvester-2023-was-beim-kauf-zu-beachten-ist-72297839.html

Wie der Spiegel jetzt KI in der Redaktion und im Vertrieb einsetzt, kress.de, 7. Juni 2023, https://www.kress.de/news/beitrag/145459-wie-der-spiegel-jetzt-ki-in-der-redaktion-und-im-vertrieb-einsetzt.html

Stefan Wirner, „Wie eine Lesertante 2.0", drehscheibe.org, 2. Juli 2018, https://www.drehscheibe.org/video/wie-eine-lesertante-2-0.html

Fritz Wolf, Salto Lokale. Das Chancenpotenzial lokaler Öffentlichkeit. Zur Lage des Lokaljournalismus (15. MainzerMedienDisput, Chancen lokaler Öffentlichkeit) (Rengsdorf/Hardert: MainzerMedienDisput, November 2010)

Neue Methoden für digitalen Journalismus

4

Zusammenfassung

Welche inhaltlichen Methoden bringen den Journalismus voran und fördern digitalen Erfolg? Das Kapitel vertieft das Wissen über Zielgruppen, deren Bedürfnisse und Themenfelder. Es erläutert, wie Redaktionen die neuen Konzepte regional anpassen und verknüpfen können.

Schlüsselwörter

Audiences First · Table Stakes · User Needs · Themenfelder · Deep Journalism · Konstruktiver Journalismus

Dieses Kapitel hat zwei Ziele: Es soll redaktionellen Führungskräften und den mit der digitalen Transformation befassten Journalistinnen und Journalisten *Mut machen*, sich tiefer und dauerhaft auf neue digitale Arbeitsweisen einzulassen. Zugleich will es beispielhaft belegen, dass die *Kooperation* von Medienschaffenden und ihren Unternehmen den digitalen Erfolg befördert – auch wenn die Medienhäuser im Wettbewerb zueinander stehen. Denn letztlich stellen sich alle derselben Herausforderung: neue Wege zu finden, um mit digitalem Journalismus Geld zu verdienen und auch jüngere und weniger medienbegeisterte Menschen zu erreichen.

Ergänzende Information Die elektronische Version dieses Kapitels enthält Zusatzmaterial, auf das über folgenden Link zugegriffen werden kann [https://doi.org/10.1007/978-3-658-44363-4_4]. Die Videos lassen sich durch Anklicken des DOI-Links in der Legende einer entsprechenden Abbildung abspielen, oder indem Sie diesen Link mit der SN More Media App scannen.

© Der/die Autor(en), exklusiv lizenziert an Springer Fachmedien Wiesbaden GmbH, ein Teil von Springer Nature 2024
O. Haustein-Teßmer, *Digitaler Erfolg im Lokaljournalismus*, Journalistische Praxis, https://doi.org/10.1007/978-3-658-44363-4_4

Geld verdienen kann auch bedeuten: Es gilt, Fördereinrichtungen zu überzeugen, Spenden oder freiwillige Mitgliedsbeiträge einzusammeln. Egal ob Non-Profit- oder For-Profit-Journalismus: Kolleginnen und Kollegen brauchen für ihre Arbeit Aufmerksamkeit und Zuspruch des Publikums. Und dieses setzt sich aus unterschiedlichen Zielgruppen mit bestimmten Bedürfnissen zusammen (vgl. Kap. 3). Wie Redaktionen beides, Zielgruppen und Bedürfnisse, erfolgreich digital adressieren, erläutern die folgenden Abschn. 4.1 bis 4.4.

Zielgruppen und deren Bedürfnisse sind zwar unterschiedlich. Sie müssen jedoch stets intensiv erforscht und adressiert werden. Befördert durch den Digitalisierungsschub in der Covid-Pandemie, haben sich mehrere Initiativen mit dieser medialen Herausforderung befasst. Im Abschn. 4.1 liegt ein Schwerpunkt auf der vertieften Beschäftigung mit Zielgruppen, auf Englisch *Audiences*.

Es befasst sich genauer mit der Table-Stakes-Methode, die Douglas K. Smith mit seinem Team in den USA entwickelt hat und die die World Association of News Publishers (WAN-IFRA) mit Unterstützung und Geld der Google News Initiative in Europa etabliert hat. Im Interview (Abschn. 4.2) gewährt Laurel Wennen, bis Juni 2024 WAN-IFRA-Projektmanagerin, Einsicht in die Ergebnisse von Table Stakes Europe. Die in Überblicken zusammengefassten Erkenntnisse sind auch ohne eine Teilnahme an einem solchen Programm in der Praxis nützlich oder anwendbar.[1]

Große Hoffnung setzen Medienverlage in den Journalismus nach Bedürfniskategorien. Daher stellt dieses Kapitel die Methode eingehend vor. Es berücksichtigt dabei die Entwicklungen auf der Basis des von Dmitry Shishkin (seit Januar 2024 CEO von Media International und Mitglied des erweiterten Group Executive Boards der Ringier AG) wesentlich beförderten Modells der *User Needs*. Außerdem erläutert der Autor die journalistische Praxis im bislang beispiellosen Drive-Projekt, initiiert von der Deutschen Presse-Agentur, der Unternehmensberatung Highberg (zuvor Schickler) mit mehreren deutschsprachigen Verlagen (Abschn. 4.3 und Interview mit Highberg-Partner Christoph Mayer, Abschn. 4.4). Checklisten und Praxisbeispiele erleichtern es Redaktionen, solche Bedürfniskategorien bei der Themenplanung, der Recherche und der Beitragsproduktion zu nutzen.

Anschließend stellt Abschn. (4.5) vor, wie sich das Arbeiten mit Audiences und Bedürfniskategorien sowie die kompetente Arbeit auf bestimmten Themenfeldern, neuerdings: *Deep Journalism*, verknüpfen lassen. Beispiele von Redaktionen, die statt auf Ressorts und Silo-Denken zunehmend auf übergreifende Thementeams setzen, erläutern die Strategie dahinter und können Medienschaffenden als Blaupause dienen.

---

[1] Neben Table Stakes Europe gibt es weitere Programme, die digitale Erlöse befördern sollen, zum Beispiel die Readers First Initiative der International News Media Association (INMA), vgl. https://www.inma.org/Initiatives/Readers-First/.

Als **Paradigmenwechsel** gilt jüngeren Generationen in der Medienbranche der konsequente Bezug auf Werte und Haltung. Es ließe sich diskutieren, wie neu und brauchbar die darauf aufbauenden Konzepte insbesondere für den Lokaljournalismus sind. Dies ist nicht Gegenstand dieses Handbuchs. Allerdings gibt das vorliegende Kapitel einen kurzen Überblick und geht beispielhaft auf den Trend zu lösungsorientiertem Journalismus (*constructive journalism*) ein. Im Interview (Abschn. 4.6) erläutert Christian Eißner, Coach und Mitglied der Geschäftsleitung bei Die Mehrwertmacher GmbH (Dresden), Erkenntnisse aus einem konstruktiv angelegten Lokaljournalismus-Projekt in drei Bundesländern.

Obwohl es anfangs überwiegend alternative, gemeinnützige oder neu gegründete Medien waren, die sich wertebasierten Konzepten verschrieben haben, entdecken traditionelle Medienunternehmen darin Chancen, den Journalismus zum eigenen und zum Nutzen der Gesellschaft zu reformieren. Am Schluss dieses Kapitels gibt es deshalb Hinweise zu weiterführender Literatur sowie einschlägigen Links.

4.1 Arbeiten mit Audiences

Traditionelle Medienunternehmen, zum Beispiel Printverlage, tun sich häufig schwer mit konsequenter Digitalisierung. Es ist nicht so, dass die Verantwortlichen oder Mitarbeitende das Problem nicht erkennen: Das Printgeschäft schrumpft, die Umsätze mit dem klassischen Abo-Geschäft und Werbeerlöse aus den betroffenen Produkten sinken. Jüngere Menschen sind vorwiegend online unterwegs – und Verlage müssen wie alle anderen um die Zeit und die Aufmerksamkeit der Zielgruppen im Internet buhlen.

Zahlreiche Unternehmen haben sich und dem Personal daher digitale Weiterbildungen verordnet, haben neue Redaktionssysteme und andere teure Werkzeuge angeschafft. Sie kommen aber mit ihrem digitalen Geschäft nicht wirklich voran (vgl. Kap. 1). Douglas „Doug" K. Smith, ein US-amerikanischer Unternehmensberater und Buchautor, der lange für McKinsey tätig war und zahlreiche Medienunternehmen berät, hat dafür eine Erklärung: Die betreffenden Verlage stellen ihm zufolge nicht *messbare Leistung*, sondern bloß digitale Aktivitäten in den Vordergrund.[2]

---

[2] Douglas K. Smith et al., Focus only on performance. Use specific, measurable, outcome-based goals to drive performance. Better News, The Essentials, betternews.org, September 2017, https://betternews.org/focus-performance/, 02.01.2024. Bei Better News handelt es sich um ein Projekt des American Press Institute des Knight-Lenfest Local News Transformation Fund, das Praxisbeispiele erfolgreicher digitaler Transformation vorstellt.

Orientierung an Leistung und Ergebnissen: Smith ist Architekt eines „performance-driven change"-Modells, das er Table Stakes genannt hat. Seit den Jahren 2019/2020 leitet er ein zuvor in den USA erprobtes Programm auch in Europa. Table Stakes Europe (TSE) ist ein Angebot der World Association of News Publishers (WAN-IFRA), gefördert von der Google News Initiative. Es soll insbesondere lokalen und regionalen Medienhäusern eine Steigerung ihres digitalen Erlöses bringen.

Dieses Unterkapitel stellt TSE aus zwei Gründen genauer vor: Der Autor kann erstens eigene Erfahrungen seiner Mediengruppe aus diesem Programm beisteuern – und eine Übersetzung und Interpretation für andere Medienhäuser anbieten. Auch mithilfe der Erfahrungen der bisherigen Teilnehmenden, mehr als 80 regionale Medienunternehmen aus verschiedenen europäischen Staaten, lässt sich einiges direkt selbst ausprobieren.

Zweitens setzt das Programm, ähnlich wie dieses Handbuch, an der jeweils vorhandenen Basis in den Redaktionen und Medienunternehmen an. Egal wie weit die Medienhäuser bisher gekommen sind und wie groß das Wissen ist: Entscheidend ist es, sich zügig auf den Weg zu begeben – und sich dabei dem *digitalen Erfolg* zu verpflichten.

Die Verpflichtung der Beteiligten (*Commitment*) steht am Anfang von TSE: Wer sich um eine Teilnahme bewirbt, erklärt sich mit allen Konsequenzen dazu bereit mitzumachen. Was dies bewirken kann, wird am Ende dieses Abschnitts klar. Darin geht es um Fallstudien einzelner Teilnehmender und deren messbare Erfolge. Die Verpflichtung auf ein Mindestmaß an Leistungen – das ist im Grunde auch die Übersetzung von Table Stakes.

Der Begriff kommt aus der Welt des Glücksspiels. Jemand muss eine bestimmte Summe, eine Stange Poker-Chips (*stakes*) mitbringen, um sich an den Spieltisch im Casino setzen zu dürfen. So lässt sich der Grundgedanke auf die Medienwelt übertragen: Welchen Mindesteinsatz muss jeder Bereich, jedes Team, jede Journalistin, jeder Autor eines neuen Online-Beitrags leisten, um Zeit und Aufmerksamkeit des in Zielgruppen segmentierten Publikums zu gewinnen – und mit Journalismus Geld zu verdienen?

▶ **Tipp Table Stakes** meint den Mindesteinsatz, den Medienunternehmen aufbringen müssen, um mit digitalem und lokalem Journalismus erfolgreich zu sein: https://www.tablestakes-europe.org/faq

„The newsroom is the business": Das sagt Smith und meint damit, dass den Redaktionen die wirtschaftliche Schlüsselrolle in der digitalen Transformation zukommt. Vor allem Journalistinnen und Journalisten sind es, die im Wettbewerb um

4.1 Arbeiten mit Audiences

die Gunst des Online-Publikums stehen. Sie müssen mit der Qualität ihrer Produkte dafür sorgen, dass die Nutzerinnen und Nutzer sich dafür interessieren, wiederkehren, auch für den Journalismus bezahlen und letztlich dabeibleiben.

Laut Doug Smith geht es in erster Linie darum, mit dem Journalismus bei den Zielgruppen Gewohnheiten zu erzeugen, anders gesagt: Mediennutzung selbstverständlich zu einem Teil des Alltags zu machen. Dem Table-Stakes-Vordenker zufolge sind Problemlösung und Service als Elemente des guten Journalismus gefragt. Klingt logisch, oder? Ist aber nicht so einfach, wie es sich anhört.

Wer macht mit? Mit der Betonung der Performance, der Leistung, fangen die Schwierigkeiten nämlich schon an. Ist die eigene Redaktion, sind die Mitarbeitenden bereit, sich auf diese erfolgsorientierte Arbeitsweise einzulassen? Vermutlich nicht alle. Es gibt in jedem Team ein paar Leute, die wollen nicht wirklich mitmachen. Die meisten warten erst einmal ab, wenn die Chefin oder der Chef mit einem Projekt wie Table Stakes um die Ecke kommt.

Und es ist eher eine Minderheit, die mit Begeisterung und engagiert von Tag eins an dabei ist. Genau mit diesen Teammitgliedern sollte die systematische Arbeit mit Audiences beginnen, rät Smith: „Identify those in your team who are ready and supportive". Es braucht ihm zufolge Pionierinnen und Pioniere für den digitalen Erfolg.[3]

Keine Patentlösung, sondern harte Arbeit: Die ersten Experimente mit Table Stakes in einigen großstädtischen US-Medienhäusern haben auch gezeigt, dass es nicht *die* Superlösung für die Probleme der gesamten Verlagswelt gibt. Beispielsweise eine Zielgruppe, die überall funktioniert und verlässlich mit digitalen Abos das Geschäft refinanziert. Oder die eine „Wunderwaffe" (*silver bullet*), die verlässlich digitale Erlöse bringt. Der Unternehmensberater Tim Griggs, mit Smith außerdem Co-Autor eines Buchs über die Table-Stakes-Methode, verweist in einem Erfahrungsbericht darauf, dass es auf das Zusammenspiel aller Abteilungen, darunter Marketing, Vertrieb und Werbemarkt, ankommt.

Es ist harte Arbeit, mit lokalem Journalismus einen Erlös-Mix aus Abos, Werbung, neuen Produkten – eigene Newsletter zum Beispiel oder auch Merchandising – und anderen Dienstleistungen hinzubekommen. Einige pragmatische Erkenntnisse aus der Sicht lokaler Medien in den USA:[4]

---

[3] Zitate nach Lucinda Jordaan, 'In the 21st century, the newsroom is the business' – Doug Smith on sustaining journalism, wan-ifra.org, 29. September 2023, https://wan-ifra.org/2023/09/in-the-21st-century-the-newsroom-is-the-business-doug-smith-on-sustaining-journalism/, 02.01.2024.

[4] Zu diesem und folgendem Abschnitt sowie der Übersicht vgl. Tim Griggs, What are the seven „Table Stakes" essentials? Better News, The Essentials, betternews.org, September 2017, https://betternews.org/what-are-table-stakes/, 02.01.2024.

> **Table Stakes: Was sich von US-Medien lernen lässt**
> *Workflows:* Die Arbeitsweise der Redaktion muss zur Arbeit mit Audiences passen. Wenn das Digitale nicht im Vordergrund steht, kann sich die Redaktion nicht darauf konzentrieren, ihre digitalen Beiträge passgenau für digital erreichbare Zielgruppen zu liefern.
> *Werkzeuge:* Die (technologischen) Werkzeuge müssen diese digitalen Workflows unterstützen. Das betrifft das Redaktionssystem oder die Themenplanungssoftware sowie die Kommunikationstools. Wenn die Redaktion diese Werkzeuge nicht zielgruppenbezogen, schnell und intuitiv nutzen kann, kostet das Nerven, Zeit und gegebenenfalls Zuspruch des Zielpublikums.
> *Daten:* Wie die technologischen Werkzeuge müssen Daten für die Redaktionen nutzbar gemacht und gegebenenfalls auch übersetzt werden. Für die Redaktion ist am wichtigsten: Was lässt sich aus den Daten für die praktische journalistische Arbeit mit Zielgruppen lernen? Hierbei geht es um das Minimum an Datenwissen, das alle Beteiligten haben und verstehen müssen.
> *Überschriften:* Klingt banal, ist aber die Grundlage aller journalistischen Arbeit mit Zielgruppen. Die Überschriften und natürlich auch die Teaser eines Online-Beitrags müssen all' die Bemühungen um eine spezifische lokale Audience stets widerspiegeln.
> (nach Tim Griggs, ergänzt vom Autor)

Das Prinzip der sieben Table Stakes haben Smith, Griggs und andere aus den genannten Erfahrungen in den USA abgeleitet. Ein Schema, dass die anwendenden Teams anleiten soll, sich schrittweise auf die intensive Arbeit mit Audiences einzulassen. Bei Table Stakes geht es Smith nach eigenen Angaben darum, dass die Medienunternehmen nicht aufgeben und sich stattdessen auf die einzigartigen Qualitäten ihres Lokaljournalismus besinnen. Dieser soll strategisch und im Sinn der Zielgruppen digital weiterentwickelt werden.

„Table Stakes macht nur dann Sinn, wenn man wirklich daran glaubt, dass die Branche noch zu retten ist", sagt Andreas Müller, Geschäftsführer des Medienhauses Aachen.[5] Er war mit seinem Team Teilnehmer der ersten Runde von Table

---

[5] Markus Schöberl, Was ist eigentlich Table Stakes, das Programm, über das bei allen Zeitungen gesprochen wird?, pv digest, 9. April 2020, https://pv-digest.de/was-ist-eigentlich-table-stakes-das-programm-ueber-das-bei-allen-zeitungen-gesprochen-wird/, 02.01.2024 (Schöberl hat das Interview im Auftrag von WAN-IFRA geführt, gleichlautend hier: https://www.tablestakes-europe.org/interview-mit-andreas-mueller).

4.1 Arbeiten mit Audiences

Stakes Europe (TSE) 2020. Bei TSE sollen die beteiligten Unternehmen deswegen auf jeden Fall vor dem Beginn der methodischen Arbeit ihre größte Herausforderung formulieren. Diese ist zweckmäßig verbunden mit einer Vision. Zwei Beispiele:

- Ein Medium möchte die Zahl der digitalen Abos binnen zwei Jahren verdoppeln.
- Ein Verlag möchte seine Redaktion durch digitale Erlöse binnen vier Jahren vollständig refinanzieren.

Wichtig sind stets messbare Ergebnisse, die den Erfolg dokumentieren. Herausforderung und Vision, die Zielstellung, exakt und mit Zeitvorgabe, zu formulieren: Dies ist bei jedem journalistischen Projekt, unabhängig ob eine Redaktion oder ein ganzes Medienhaus an solchen Programmen teilnimmt, hilfreich.

Perspektivwechsel der Medienschaffenden: Um die selbst gesteckten Ziele zu erreichen, müssen die Beteiligten vieles ausprobieren. Der Weg führt über die sieben Table-Stakes-Regeln, sagt deren Erfinder Doug Smith. Das setzt voraus, dass sich Medienhäuser mit ihren Zielgruppen eingehend beschäftigen.

Dafür empfiehlt der Chef-Coach den Perspektivwechsel von der Tanzfläche, dem alltäglichen, geschäftigen Gewusel in den Redaktionen, auf die Zuschauertribüne: um Abstand zu gewinnen zum Alltag im Medienhaus und um die Perspektive des externen Marktes zu verstehen. Drei mögliche Fragen für Unternehmen in der digitalen Transformation:[6]

- Wer liest eigentlich noch (unsere) Zeitung?
- Wie nutzen dagegen jüngere Menschen Medien?
- Welche Bedürfnisse haben (unsere) unterschiedliche(n) Zielgruppen?

Wie Journalistinnen und Journalisten mit der Table-Stakes-Methode „Stück für Stück" (Laurel Wennen, siehe Interview, Abschn. 4.2) Zielgruppen und ihre Bedürfnisse ansprechen, neue digitale Gewohnheiten – die Mediennutzung betreffend – erzeugen können, erläutern die folgenden Absätze.

---

[6] Vgl. Douglas K. Smith, Quentin Hope, Tim Griggs, Table Stakes. A Manual for Getting in the Game of the News, A Project of the Knight-Lenfest Newsroom Initiative (John S. and James L. Knight Foundation: Kindle Edition, 2017), S. 210 f. Zum Wechsel in die Zuschauerperspektive vgl. Doug Smith, Überdenken Sie Ihre Nachrichtenprodukte, um neue Zielgruppen zu erreichen – die Erkenntnisse von „Table Stakes Europe", tablestakes-europe.org, 2021, https://www.tablestakes-europe.org/berdenken-sie-ihre-nachrichtenprodukte, 02.01.2024.

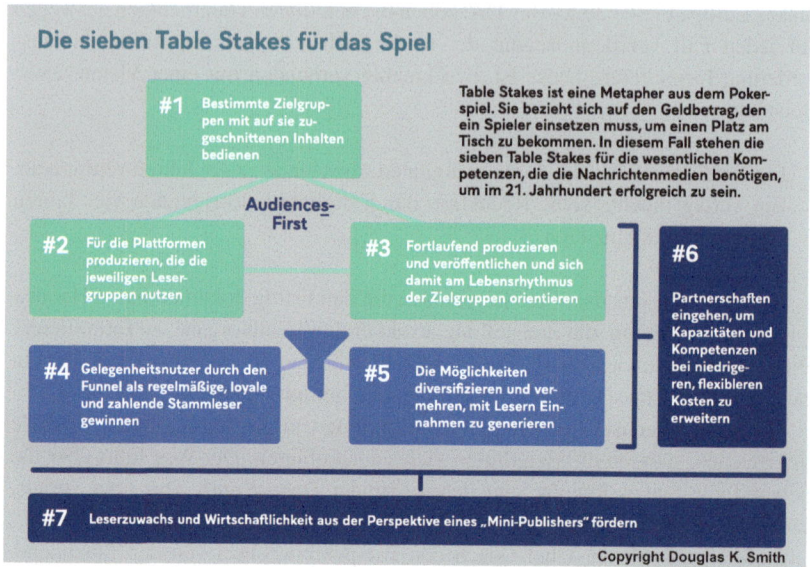

Abb. 4.1 Die sieben Table Stakes. *Die sieben Table Stakes stehen für die Kompetenzen, die Medienunternehmen für den digitalen Erfolg entwickeln müssen. Copyright: Douglas K. Smith/ Quelle: WAN-IFRA Report, Januar 2022* (Der Autor dankt Doug Smith und Laurel Wennen für die Unterstützung und die freundliche Genehmigung zur Veröffentlichung der Grafik)

Audiences first: Die sieben Table Stakes stellen die *redaktionelle Arbeit* mit Audiences an die erste Stelle (siehe unten, Abb. 4.1). Die ersten drei Regeln befassen sich deshalb im Kern mit Journalismus. Sie erläutern, für welche Zielgruppen (Table Stake #1), wo – auf welchen Plattformen – (#2) und wie (#3) Journalistinnen und Journalisten publizieren sollten.

Die Regeln vier und fünf nehmen die Nutzerinnen und Nutzer in den Fokus, es geht um das digitale Geschäft: Wie entwickeln Medienunternehmen gelegentliche Online-Nutzende zu bleibenden digitalen Kundinnen und Kunden (#4)? Welche weiteren Produkte und Dienstleistungen können Medien diesen Kundinnen und Kunden anbieten (#5)?

Die Table-Stakes-Regeln sechs und sieben sind übergreifend für alle Abteilungen und Teams einer Medienorganisation wichtig: partnerschaftliche Zusammenarbeit und Kooperationen (#6) sparen Zeit, Aufwände und auch Geld. Beispiele: Aus den Experimenten des einen Verlags mit lokalen Zielgruppen können andere lernen. Funktioniert das Dashboard mit den zentralen Daten eines Medienunternehmens sehr gut für eine Redaktion, kann eine andere Redaktion diese Anwendung übernehmen oder anpassen.

4.1 Arbeiten mit Audiences

Besonders wichtig ist aus Sicht des Vordenkers dieser Methode, Doug Smith: In die Abteilungen eines Medienhauses, von der Redaktion über Werbe-Fachleute bis hin zum Produktmanagement und Vertriebsexpertinnen und -experten, sollte ein *unternehmerischer und verlegerischer Geist* einziehen (#7). Er nennt dies „Mini publisher perspective".[7]

Mini-Publishers: Die Teams, die sich in den Medienunternehmen mit Zielgruppenansprache befassen, sollten Smith zufolge wie kleine Verlage handeln. Den in einem Audiences-Projekt engagierten Mitarbeitenden sollte es darauf ankommen, neue und mehr Lesende zu begeistern – und wirtschaftliche Ziele mitzutragen. Die andere Seite der Medaille: Das Management muss dies aktiv befördern.

Denn Mini-Publisher-Teams bekommen Verantwortung übertragen, die über die journalistische Produktion von Beiträgen hinausreicht. Jedes Team sollte laut Smith sein spezifisches Publikum selbst weiterentwickeln dürfen und bei Entscheidungen über Vertriebskanäle, Einnahmequellen (in Form von Abonnements oder anderen Erlösquellen), zu Qualitäts- und Markenwachstum sowie finanziellem Erfolg einbezogen werden.

Nutzer gewinnen, binden und halten: Wie das funktioniert, lernen Medienunternehmen bei Table Stakes nach der Funnel-Methode. Die Aufgabe besteht darin, gelegentliche Nutzerinnen und Nutzer auf das journalistische Online-Angebot erst aufmerksam und ihnen dann die Wiederkehr schmackhaft zu machen. Sie sollen die angebotenen Beiträge gern weiterempfehlen. Dabei wird schon deutlich, welcher Stellenwert der journalistischen Qualität bei der Arbeit mit Audiences zukommt. Nur wenn Redaktionen dabei dauerhaft überzeugen, lassen sich die Nutzerinnen und Nutzer auf eine Online-Registrierung, ein Abo für Website, App, Newsletter oder eine Mitgliedschaft ein.

Wie Redaktion und andere Abteilungen zusammenarbeiten: Allerdings kommt es bei der Arbeit am Trichter (englisch: *funnel*) der Kundschaft auf ein Zusammenspiel verschiedener Abteilungen an. Am oberen Ende des Funnels kann die Redaktion mit vertrauenswürdigen und qualitätsvollen Informationen für neue Nutzende sorgen. Damit diese Kundinnen und Kunden eine Gewohnheit der Nutzung entwickeln, braucht es auf den Trichterebenen darunter neben fortgesetzter Zielgruppenansprache aus der Redaktion auch die „persönliche und wertschätzende Ansprache" neuer Kundinnen und Kunden.

Marketing und Vertrieb, technologisch unterstützt durch automatisierte Willkommensmails, begleitende Newsletter zu Zielgruppenthemen oder das personalisierte

---

[7] Zu diesem und den folgenden beiden Absätzen vgl. Douglas K. Smith, Betting on the success of local journalism, *Columbia Journalism Review*, 3. Juni 2018, https://www.cjr.org/business_of_news/local-journalism.php, 02.01.2024.

Ausspielen von Beiträgen für bestimmte Zielgruppen wirken daran entscheidend mit. Bei Table Stakes heißen diese notwendigen Taktiken auf allen Funnel-Ebenen „Trichterdisziplin".[8]

▶ **Tipp** Der Verband WAN-IFRA bietet Reports und Fallstudien an, die den interdisziplinären Ansatz für die Entwicklung von Zielgruppen beschreiben. https://www.tablestakes-europe.org/resourcesandtools

Übersetzen der Methode in die Praxis: Das zehnmonatige Programm Table Stakes Europe (TSE) vermittelt vertieftes Wissen über den zügigen Einstieg in eine digitale Strategie. Fachleute und Coaches erläutern passende Werkzeuge und Methoden aus dem Change-Management (siehe Interview, Abschn. 4.2). In diesem Handbuch dient das Programm als Beispiel für einen pragmatischen, journalistisch geprägten Ansatz.

Die folgenden praktischen Ableitungen nehmen die redaktionelle Arbeit in den Blick und bieten Hilfestellungen für die Praxis an – auch ohne eine Teilnahme an dem Programm. TSE-Architekt Doug Smith betont ja, dass es in erster Linie um den leistungsorientierten Wandel geht.

Journalistinnen und Journalisten müssen demzufolge ihr professionelles Verhalten ändern und bessere Ergebnisse liefern – sonst gibt es keinen digitalen Erfolg. Während laut Smith dabei der lösungs- und serviceorientierte Journalismus im Vordergrund steht, sollten Medienunternehmen „aktivistische" Maßnahmen vermeiden:[9]

> **Arbeiten mit Audiences: Vier vermeidbare Fehler in Medienhäusern**
> *Große Reorganisation und Restrukturierungen* VOR dem Erlernen eines Audiences-first-Ansatzes. Dennoch muss die Arbeitsweise am Digitalen orientiert sein (siehe oben, Tim Griggs)
> *Training* statt learning-by-doing und Performen: Schulungen als Trockenübungen bringen eher wenig; Experimentieren mit echten Zielgruppen, sich dabei Ziele setzen (Abos, Reichweite, mehr Nutzende erreichen)! Das macht mehr Spaß und führt zu echten Veränderungen

---

[8] Vgl. Doug Smith, Journalismus für einen echten Mehrwert im Leben der Zielgruppen. Table Stakes Europe Runde 2 im Rückblick, S. 11 f., in: World Association of News Publishers, Google News Initiative (Hrsg.), Zielgruppen besser verstehen. Bericht des zweiten Jahres des Table Stakes Europe Programms, WAN-IFRA Report (Januar 2022), S. 8–12, sowie Griggs (2017).

[9] Vgl. zu diesem Absatz und der folgenden Übersicht Jordaan (2023).

4.1 Arbeiten mit Audiences

> *Organisationsfehler:* Redaktion und Business-Leute als getrennte Silos funktionieren nicht bei der Arbeit mit Audiences, sagt Smith. Er empfiehlt interdisziplinäre Mini-Publisher-Teams mit Beteiligung aller relevanten Bereiche wie Redaktion, Marketing/Vertrieb, Tech, Produktmanagement und Werbung
>
> *Nur reden:* Es muss zügig losgehen! Die Teilnehmenden am Table-Stakes-Programm haben meistens einen Startpunkt in Form eines Kick-offs gesetzt. Danach haben die ersten Audiences-Teams, geführt von jeweils einem *Audience Owner*, ihre Arbeit begonnen.
>
> (nach Douglas K. Smith, erläutert vom Autor)

Kick-off: Eine solche Auftaktveranstaltung, die offen ist für alle Mitarbeitenden der beteiligten Abteilungen, muss natürlich gut vorbereitet sein. Dazu zählt Smith, dass die Verantwortlichen ihre Herausforderung(en) verständlich formuliert und dabei ihre Ausgangslage reflektiert haben. Dabei hilft der genannte Balkonblick auf die Tanzfläche des publizistischen Alltags (siehe oben). Die formulierte Herausforderung und das daraus abgeleitete Ziel der veränderten Arbeitsweise machen allen Beteiligten deutlich, warum die Veränderungen in einem Medienunternehmen notwendig sind.

Es lässt sich ergänzen: Wenn diese Notwendigkeit den Beteiligten grundsätzlich einleuchtet und sie verstehen, dass sie selbst es in der Hand haben, etwas zu verändern – mit „einer Menge harter Arbeit" (Smith) an den machbaren Zielen –, kann es losgehen.[10]

Perspektivwechsel einleuchtend erklären: Das Table-Stakes-Team der Neuen Pressegesellschaft (für die der Autor tätig ist) hat zum Start der intensiven Arbeit mit Audiences auf einleuchtende Beispiele gesetzt, um den Perspektivwechsel – weg vom generalistischen Ansatz im Lokaljournalismus und hin zum zielgruppenorientierten Journalismus – zu erläutern.

Praktischer Fall aus einer Präsentation 2021: Die lokale Redaktion erfährt von Mobbing an einer Schule. Bisher hätten die Redakteurinnen und Redakteure das Thema aufgegriffen und berichtet, was die Ministerin, die Schulleitung zu den Vorwürfen sagen. Nimmt die Redaktion allerdings eine Zielgruppen-Perspektive ein, ändert sich der journalistische Ansatz grundsätzlich:

- Worum sorgen sich *Eltern* mit schulpflichtigen Kindern dieser Schule nach dem Vorfall?
- Wie sollen *Lehrkräfte* in der Region mit Diskriminierung umgehen?

---

[10] Zitiert nach Smith (CJR, 2018).

Es gibt also mindestens zwei lokale Zielgruppen mit jeweils eigenen Bedürfnissen. Aus der Sicht der Familien mit schulpflichtigen Kindern kann es in der Berichterstattung nun darum gehen:

- „Welche konkreten Gefahren lauern in Schulen?
- Wie sieht der Alltag auf dem Schulhof tatsächlich aus?
- Was können und tun Eltern, um ihre Kinder zu schützen?
- Was sind die konkreten Folgen für Kinder, die unter verbaler Gewalt leiden?"[11]

Spezifische lokale Zielgruppen im Blick: Die unten gezeigte Grafik (Abb. 4.2) ist ein Auszug aus einer englischsprachigen Präsentation der Neuen Pressegesellschaft (Ulm) während des Table-Stakes-Europe-Programms 2021. Am Beispiel Mobbing in der Schule erklärt das Schaubild den Unterschied zwischen dem generalistischen Themenansatz und dem auf bestimmte lokale Zielgruppen ausgerichteten Journalismus. Die konkreten Themen für die Audiences (rechte Hälfte der Grafik) gehen über die eigentliche Nachricht hinaus. Sie sprechen Bedürfnisse der Zielgruppen an.

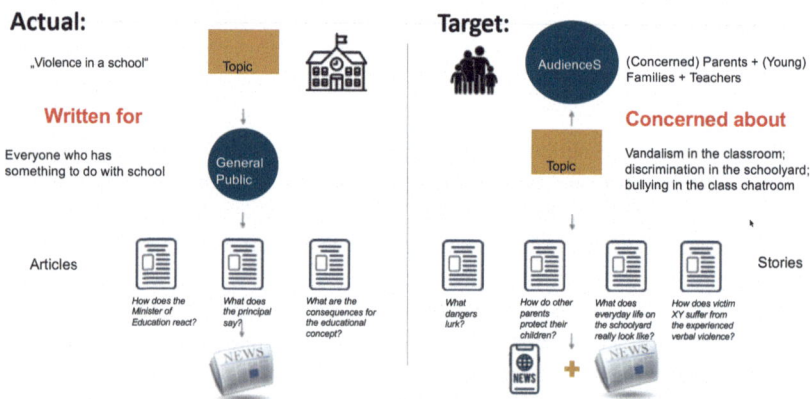

Abb. 4.2 Der Unterschied zwischen Themen und Zielgruppen. *Über etwas und für ein allgemeines Publikum zu schreiben ist etwas anderes, als aus der Perspektive von spezifischen Zielgruppen auf dasselbe Thema einzugehen.* (Quelle: Uschi Häberle/Neue Pressegesellschaft, Ulm)

---

[11] Zitiert nach WAN-IFRA Report (2022), S. 12, 29.

Wenn die Redaktion recherchiert, wie es wirklich auf Schulhöfen abgeht, vermittelt sie bestimmten Zielgruppen wie Lehrkräften, Eltern und Jugendlichen *Kontextwissen*. Ein weiterer Beitrag über die Lage und das Leiden eines Betroffenen kann *Mitgefühl* wecken. Ein Rat gebender Artikel kann Fachleute befragen und Eltern *eine Stimme geben*: Wie schützen Eltern ihre Kinder vor Mobbing und Diskriminierung?

Die Zielgruppe Eltern mit Kindern in einer bestimmten Region macht auch deutlich: Zwar lassen sich vermutlich für jede Redaktion ähnliche Fragestellungen entwickeln. Allerdings wird es lokale und regionale Unterschiede geben. In einer Großstadt mit einer Bevölkerungszahl von mehr als 500.000 kann das Schulproblem verschärft und vervielfacht sein; und es gibt andere, diverse Akteurinnen und Akteure als in einer vergleichsweise kleinen, ländlich gelegenen Kreisstadt mit nur einer weiterführenden Schule.

„Für die Auswahl der Zielgruppe gibt es weder eine Blaupause noch eine Standardmethode. Daten können hilfreich sein, aber auch Vorstellungskraft – und die Bereitschaft, sich auf Versuche einzulassen", heißt es im Report zum Programm Table Stakes Europe 2021. Dennoch gibt der Report *vier Leitfragen* für das Ermitteln von Zielgruppen an die Hand:[12]

> **Vier Leitfragen zur Auswahl einer Zielgruppe (Audience)**
> - Welche Bedürfnisse haben die Menschen in unserer Region?
> - Welche Inhalte machen uns attraktiv für jemanden, der (beispielsweise) über die nötigen Mittel für ein Abonnement verfügt?
> - Haben wir jemanden in unserem Team, der auf einem Gebiet wirklich bewandert ist?
> - Begeistert diese Expertin/dieser Experte sich für die Sache?
>
> (Quelle: WAN-IFRA Report, Januar 2022)

In drei Schritten lassen sich diese Fragen lokal spezifisch konkretisieren. Um festzustellen, ob die Redaktion eine passende Zielgruppe gefunden hat, kann sie auf allgemein verfügbare demografische Daten oder auch Informationen aus der hauseigenen Marktforschung (oder anderer Verbände und Unternehmen) zurückgreifen. Redaktionen sollten sich dabei von den Fachleuten im Vertrieb, Marketing oder Lesermarkt eines Medienunternehmens unterstützen lassen. Die drei Schritte lauten:

---

[12] Zitat und folgende Übersicht nach WAN-IFRA Report (2022), S. 30.

1. Wie groß sind die Zielgruppe und ihr wirtschaftliches Potenzial?
2. Wie kann die Redaktion diese Zielgruppe regelmäßig ansprechen?
3. Gibt es in der Redaktion Kapazität *und* Leidenschaft dafür?

Größe und Potenzial einer Zielgruppe: Bei der „Lausitzer Rundschau" hat das Sportteam zum Beispiel die Größe der regelmäßig erreichbaren Sportfans des Fußballvereins FC Energie Cottbus so geschätzt: Etwa 5000 Personen gingen regelmäßig in der Regionalliga ins Stadion. Wenn das Stadion ausverkauft ist, wären es 22.500. Hypothese: Regelmäßig zuschauende Fans sind eher bereit, Geld für exklusive Informationen zu ihrem Lieblingsclub auszugeben, sie zahlen ja auch Eintritt.

Das wirtschaftliche Potenzial ist manchmal nicht so einfach zu ermitteln – Familien zum Beispiel können sehr unterschiedliche soziale und wirtschaftliche Voraussetzungen haben. Aber vielleicht gibt es Potenzial für andere Einnahmequellen aus der journalistischen Berichterstattung (Table Stake #5): Wollen Anzeigenkunden Familien mit Kindern erreichen? Ließe sich also ein Familien-Newsletter über Werbung refinanzieren?

Menschen, die gern ins Restaurant essen gehen, könnten exklusive Restaurant-Rezensionen oder Tipps zum Nachkochen in einem Nachrichtenportal ein Abo wert sein. Oder sie sind für Kochkurse zu begeistern. Solche Überlegungen haben beispielsweise beim Bonner „General-Anzeiger" zur Herausgabe eines erfolgreichen Foodie-Newsletters mit dem Namen „Bonn Appetit" geführt. Wichtig ist, dass die spezifischen Bedürfnisse und Interessen stark genug sind – sodass sich eine darauf abgestimmte Berichterstattung lohnt. Da hilft nur Ausprobieren.[13]

Regelmäßiges Bedienen der Zielgruppe: Der zweite Schritt zur geeigneten Zielgruppe verlangt bereits eine produktorientierte Herangehensweise. Wie soll die Zielgruppe regelmäßig angesprochen werden? Für den Anfang, so hat es Table-Stakes-Architekt Doug Smith betont, ist es wichtig, dass eine Redaktion eine regelmäßige und standardisierte Berichterstattung hinbekommt. Mindestens zwei, besser drei Beiträge pro Woche und im nächsten Schritt ein unterstützender Newsletter können ein geeigneter Einstieg sein.

Loyale Nutzende: Laut Google sind 15 Besuche pro Monat auf einer Nachrichten-Website, laut Smith eher 25 Besuche pro Monate ein Signal für andauerndes Interesse am journalistischen Angebot. Wenn eine Redaktion also möchte, dass auch neue Kundinnen und Kunden regelmäßig auf ihre Website oder

---

[13] Vgl. WAN-IFRA Report (2022), S. 32 f. sowie Brian Veseling, Bonn Appetit: Der neue Newsletter des General-Anzeigers für Feinschmecker, 2021, https://www.tablestakes-europe.org/ga-bonn-de, 02.01.2024.

zur App zurückkehren, müssen sie jemandem, der an 15 verschiedenen Tagen pro Monat nach neuen Beiträgen schaut, möglichst Neuigkeiten anbieten, im Durchschnitt also alle zwei Tage.[14]

Kapazität und Leidenschaft für die Zielgruppe: Dazu ist Selbstreflexion nötig! Denn dieser dritte Schritt ist wirklich wichtig und kann Redaktionen erfahrungsgemäß verunsichern. Ein paar Zielgruppen sind meistens schnell vorgeschlagen und gefunden. Und es gibt einige Expertinnen und Experten im Team. Die zentrale Frage bleibt allerdings: Haben diese Fachleute in der Redaktion die Kapazität dafür und auch Lust darauf, die definierte Zielgruppe regelmäßig zu bedienen?

Wird die Aufgabe auf eine ohnehin schon belastende Alltagssituation oben draufgepackt, kann das schiefgehen. In diesem Zusammenhang stellt sich also zwingend eine Anschlussfrage. Was kann eine Redaktion stattdessen *weglassen*?

Stop doing! Ist nicht so leicht. Es gibt jedoch eine einfache Methode, um Dinge zum Weglassen herauszufinden: Das betreffende Team legt eine Liste mit Dingen an, die laut den bekannten Messdaten (Nutzungsanalyse, siehe Kap. 3) ohnehin wenig Aufmerksamkeit finden.

Die Kolleginnen und Kollegen im Medienhaus Aaachen („Aachener Zeitung") haben Berichte und Meldungen über Schützenfeste, Sportlerehrungen und Verleihungen von Bundesverdienstkreuzen als verzichtbar erkannt. Das Team des britischen Verlags Baylis Media schrieb langweilige Verlautbarungen, „nette" Bildergeschichten und langatmige Beiträge für begrenzte Zielgruppen auf seine Stop-doing-Liste.[15]

Zu viel zu tun? Checkliste: Wie Stop doing im Journalismus gelingt
1. Ein Team einigt sich auf verzichtbare journalistische Themen.
2. Deren Verzichtbarkeit ist durch Datenanalyse – zu wenig Reichweite, keine Abos, kaum Interesse loyaler Nutzender an diesen Themen – belegt. Alle kennen diese Daten.
3. Es gibt eine Übereinkunft dazu: Ab sofort lassen wir diese kaum beachteten Themen weg.
4. In den Abläufen finden die verbannten Themen weder Platz in Themenkonferenzen noch in der Themenplanungssoftware oder „auf kurzem Weg" informell ins Online-Angebot!

---

[14] Vgl. WAN-IFRA Report (2022), S. 9.
[15] Vgl. Schöberl (2021) und WAN-IFRA Report (2022), S. 44.

> 5. Für betroffene Multiplikatoren und Lobbyistinnen der Themen müssen Teamleitungen eine schlüssige Kommunikation vorbereiten – und ebenfalls mit Daten argumentieren.
> 6. Vielleicht lässt sich ein bisher langweiliges Thema auch per Zielgruppenansprache neu auffassen. Das hilft Nutzerinnen und gegebenenfalls im Gespräch mit Multiplikatoren.
>
> Beispiel zu 6.: Statt das kaum gelesene „Wort zum Sonntag" der lokalen evangelischen Pastorin weiterhin zu veröffentlichen, kann ein Reporter ihr exklusiv Fragen stellen. „Was bietet der Gottesdienst jungen Familien, die mit Kindern in die Kirche kommen?"
> Grundlage dieser Checkliste sind praktische Erfahrungen bei „Lausitzer Rundschau" und „Märkischer Oderzeitung".[16]

Experimentieren mit Audiences: Hat die Redaktion ihre eher überflüssigen Tätigkeiten identifiziert und sind die Expertinnen und Experten motiviert und bereit? Dann kann es losgehen mit den Audiences-Experimenten. In den folgenden Absätzen geht dieser Abschnitt auf einige Fallstudien ein. Dabei stehen gemessene Erfolge (siehe Abschn. 3.2 zu Schlüsselindikatoren und Datenanalyse) und Herausforderungen im Fokus. Basis sind Reports und andere Veröffentlichungen des Programms Table Stakes Europe.

Eine Übersicht am Ende dieses Kapitels listet auf dieser Grundlage Vorschläge für möglicherweise lohnende Zielgruppen auf. Gegebenenfalls ist vermerkt, welche lokalen und regionalen Besonderheiten es gibt.

Die „Nordwest Zeitung" (Oldenburg in Niedersachsen) nahm sich für 2021 vor, insgesamt 1200 neue digitale Abos mit Familienthemen zu gewinnen. Dies hätte einer Verdopplung gegenüber dem Vorjahr 2020 entsprochen. Im Oktober 2021 schien ein Ziel von 900 Abos zum Jahresende erreichbar – ein Plus von 50 %. Im Interview verwies Max Holscher, Mitglied der Chefredaktion bei der NWZ, auf die Erfahrung seiner Redaktion, dass es für stetige Zuwächse auch dauerhafter Werbung bedürfe: „Machen wir Gewinnspiele oder Quizzes, dann bekommen wir schnell Abonnenten. Ohne Marketing tröpfelt es eher."

---

[16] Matthias Krapf, „Tiroler Tageszeitung" (Österreich), beschreibt im Interview, warum Stop Doing manchmal schwer ist und Details den Blick fürs Große, Ganze verstellen, vgl. Markus Schöberl, TSE participant perspective: interview with Tiroler Tageszeitung, wan-ifra.org, 5. Juli 2021, https://wan-ifra.org/case/tse-participant-perspective-interview-with-tiroler-tageszeitung/, 02.01.2024.

4.1 Arbeiten mit Audiences

Die intensive Arbeit mit Audience in dem TSE-Programm hat sich laut Holscher insofern positiv ausgewirkt, als dass sein Team noch fokussierter gewesen sei. Mit dem verstärkten Fokus auf Familien als Zielgruppe baute die Redaktion einen kostenlosen Newsletter auf, der bis dato auf 3000 Abos kam. Bis Dezember 2023 etablierte das Medienhaus aus Oldenburg 15 Newsletter, davon zehn auf Themenfelder und weitere Zielgruppen wie Gartenfreunde, umweltbewusste Menschen oder Foodies ausgerichtet.[17]

Der Bonner „**General-Anzeiger**" (GA) widmet sich ebenfalls Genießerinnen und Genießern. Mit Unterstützung der von Google aufbereiteten „News Consumer Insights" ermittelte die Redaktion laut der stellvertretenden Chefredakteurin Sylvia Binner ein Potenzial von bis zu 750.000 Menschen in der Region. Als Ziel setzte sich das aus der Chefredaktion geführte Foodie-Team, das aus vier Reporterinnen und Reportern (zeitanteilig) sowie Fachleuten für Projektmanagement, Datenanalyse und Leserbindung bestand, 2000 Newsletter-Abos im ersten Jahr 2021.

Ende 2023 hatte dieses Angebot nach Angaben des Medienhauses bereits 4500 Abonnentinnen und Abonnenten, die wöchentlich „Bonn Appetit" erhalten. Die Refinanzierung erfolgt über Werbung im Newsletter. Die Redaktion bietet der Zielgruppe Einkaufstipps, Rezepte, Restaurant-Empfehlungen, Wein-Quizze und Listicles wie die „schönsten Biergärten" an. Bis Dezember 2023 stieg die Zahl der Newsletter des GA auf 15 an, davon neun auf regionale Themenfelder und zwei an Audiences ausgerichtet.[18]

Der „**Nordkurier**" (Neubrandenburg in Mecklenburg-Vorpommern) startete im Dezember 2020 einen „Heimweh"-Newsletter für frühere Bewohnerinnen und Bewohner der Region. Das Angebot wuchs laut Unternehmen binnen eines Jahres auf 2800 Abos. Zeitweilig stagnierte das Wachstum nach Angaben des damaligen Digital Transformation Managers, Alex Drößler (ab 2022 Digitalchef beim Landwirtschaftsverlag in Münster). Dem begegnete das Team laut Drößler erfolgreich mit Abo-Formularen unter jedem geeigneten Online-Artikel zu Heimatthemen.

Eine Refinanzierung war demnach zum Beispiel über Werbung für Stellenangebote, Immobilien und mit Anzeigen einer Rückkehrer-Kampagne möglich. Beim folgenden Newsletter-Projekt, einem Angebot für die Ferieninsel Usedom, band der „Nordkurier" laut Rößler anders als bei „Heimweh" von Beginn an Touristik-Fachleute, Marketing und Produktmanagement mit ein.[19]

---

[17] Nordwest-Zeitung gewinnt mit Newsletter für Familien neue Abonnenten, in: WAN-IFRA Report (2022), S. 34–37.

[18] Vgl. Veseling sowie WAN-IFRA Report (2022), S. 33 f. Nutzungsdaten zum Newsletter des „General-Anzeigers" Bonn vgl. https://medien.ga.de/ga-newsletter-bonn-appetit-detailseite/, 02.01.2024.

[19] Vgl. Nordkurier pflegt über Newsletter Kontakt zu Auswanderern, in: WAN-IFRA Report (2022), S. 40–42.

NWT Media, ein schwedisches Medienhaus mit Sitz in Karlstad (Region Värmland) hat sich bei Table Stakes 2022 systematisch den Bedürfnissen jüngerer Menschen angenähert. Dadurch änderte sich, im Vergleich mit dem Service für ältere Zielgruppen, die digitale Arbeitsweise noch einmal. Ausgangspunkt: NWT hatte wie viele skandinavische Medienunternehmen bereits voll auf das digitale Abo und die eigene Website gesetzt.

Allerdings reicht dies nicht. „Das Durchschnittsalter der Print-Leser ist 71, und Online-Plattformen können das Tempo, mit dem das Unternehmen Print-Abonnenten verliert, nicht voll ausgleichen", heißt es in der Fallstudie, die WAN-IFRA dazu veröffentlicht hat. Daher teilten die Medienfachleute von NWT „die Jüngeren" in zwei Altersgruppen ein. Hier die 18- bis 29-Jährigen, dort die 30- bis 45-Jährigen. Bei den Älteren, so das Ergebnis der hauseigenen Datenanalyse, sollen Familien und Themen wie Gesellschaft, Immobilien und Neueröffnungen von Geschäften im Zentrum stehen. Der Fokus liegt auf digitalen Abos.

Neuer Ansatz für die jungen Erwachsenen: Ganz anders der Ansatz für die 18- bis 29-Jährigen. Als Zielgruppe hat NWT Berufseinsteigende identifiziert. Das Themenfeld heißt berufliche Karriere und setzt auf inspirierende Storys (vgl. Abschn. 4.3 zu den Bedürfniskategorien). Die Redaktion soll mehr Beiträge zur Unterhaltung, über Beziehungen und berührende Geschichten liefern, aber auch aktuelle Nachrichten.

Bei der jüngsten erwachsenen Altersgruppe stehen die Markenbildung und Kampagnen im Fokus, keine Abos. Eine Social-Media-Strategie betrachtet das schwedische Medienhaus als zwingend. Um die Bedürfnisse, Interessen und Leidenschaften der Jüngeren besser zu verstehen, empfiehlt NWT Weiterbildung der Mitarbeitenden – und die Einstellung neuer Kolleginnen und Kollegen.[20]

---

16 Vorbilder für regionale Zielgruppen im Journalismus
- Wohnungssuchende (Schwäbisch Media)
- Bergfreunde („Tiroler Tageszeitung", Österreich)
- Weibliche Führungskräfte, Startup-Unternehmerinnen („Les Echos", Frankreich)

---

[20] Vgl. Sechs Schritte, die dazu beitrugen, jüngere Leser zu gewinnen und die Lesereinnahmen zu steigern. Fallstudie 1: NWT, Schweden, in: World Association of News Publishers, Google News Initiative (Hrsg.), Spezifische Zielgruppen aufbauen und einbinden. Erkenntnisse aus der dritten Runde von Table Stakes Europe. WAN-IFRA Report (Januar 2023), S. 14–16.

4.1 Arbeiten mit Audiences

- Regionale Unternehmerinnen und Unternehmer („Lausitzer Rundschau")
- Teslanians („Märkische Oderzeitung", bezogen auf E-Auto-Fans, Mitarbeitende und Menschen, die nahe der Tesla-Fabrik in Brandenburg leben)
- Junge Frauen („Neue Osnabrücker Zeitung")
- In der Schweiz lebende Portugiesen („24 Heures", Schweiz/"Mensagem de Lisboa", Portugal)
- Werdende Eltern („Rheinische Post")
- Frauen und True Crime („Schwäbisches Tagblatt", Podcast)
- Grenzpendlerinnen und -pendler (an der schweizerisch-französischen Grenze, „Tribune de Genève")
- Evangelikanische Gemeinschaft („Nederlands Dagblad")
- Soldaten der Spanischen Legion und ihre Angehörigen („La Voz de Almería")
- Berufsanfängerinnen und -anfänger („Quarter Life"-Artikelserie, „The Conversation", Großbritannien)
- Amateur-Fußballfans („La Voix du Nord", Frankreich)
- Basketballfans von Brose Bamberg („Fränkischer Tag")
- Muslimische Gemeinschaft („Birmingham Live", Großbritannien)

Quellen: WAN-IFRA Reports zu Table Stakes Europe, 2020–2023.[21] Bereits vorher im Abschn. 4.1 genannte Audiences sind nicht erneut aufgelistet.

Neue Herausforderungen durch Gen Z und Alpha: Das Beispiel aus Schweden zeigt, dass auch skandinavische Medienunternehmen, die als digitale Vorreiter in Europa gelten, bezogen auf die Generationen Z und Alpha (von 1995 bis 2010, beziehungsweise nach 2010 Geborene), vor neuen Herausforderungen stehen. Ob das intensive Arbeiten mit Audiences allein für den digitalen Erfolg ausreicht, erscheint vor diesem Hintergrund diskussionswürdig.

Eine wachsende Zahl von Medienhäusern kombiniert einen Zielgruppenansatz und die Arbeit mit Bedürfniskategorien (vgl. Abschn. 4.3). Einige verbinden die zielgruppenzentrierte Arbeit mit wertebasierten Konzepten wie dem konstruktiven Journalismus (vgl. Abschn. 4.5). Zu den Verfechterinnen dieses Ansatzes gehört die Medienforscherin und Journalistin Alexandra Borchardt, die auch für Table

---

[21] Vgl. WAN-IFRA Report (2022), WAN-IFRA Report (2023) sowie World Association of News Publishers, Google News Initiative (Hrsg.), Erfolgreich durch Audiences-First. Bericht des ersten Jahres von Table Stakes Europe (WAN-IFRA, 2020).

Stakes Europe als Coach tätig ist. Borchardt spricht sich auch für mehr Diversität in den Redaktionen, sowohl inhaltlich als auch personell aus – passend zum Audiences-first-Konzept.[22]

Kritik aus der Forschung: Andere Fachleute bewerten die Verknüpfung von Zielgruppen mit wertebasierten Ansätzen kritisch. Horst Pöttker, emeritierter Professor für Theorie und Praxis des Journalismus an der TU Dortmund, äußert sich skeptisch zum erweiterten Verständnis von Journalismus. Die „professionelle Grundpflicht zum Publizieren dessen, was ist" nennt Pöttker als wesentliche Aufgabe und formuliert aus medienethischer Sicht ein Risiko des engagierten Journalismus: „Mit Engagements für gute Sachen jenseits der professionellen Aufgabe, auch mit Engagement für die Demokratie, ist die Versuchung verbunden, Informationen wegzulassen, von denen anzunehmen ist, dass sie dieser Sache schaden könnten."[23]

4.2 Interview mit Laurel Wennen: „Hartes Stück Arbeit"

Laurel Wennen hat als Projektmanagerin beim Weltverlegerverband WAN-IFRA bis Juni 2024 vier Runden Table Stakes Europe (TSE) geleitet. Das von der Google News Initiative unterstützte Programm soll Verlagen helfen, digitale Umsätze zu steigern, beginnend mit Veränderungen in den Redaktionen (Abb. 4.3).[24]

WAN-IFRA und der Erfinder von Table Stakes, Doug K. Smith, haben mit mehr als 80 regionalen Medienhäusern aus ganz Europa zusammengearbeitet. Was reizt die Verleger an der TSE-Idee?

Laurel Wennen: Ich denke, ein wichtiger Punkt ist, dass Table Stakes für alle Verlage geeignet ist, unabhängig von ihrer Größe, ihrem Hintergrund oder ihrem je-

---

[22] Vgl. Günter Herkel, Mehr Vertrauen durch mehr Vielfalt?, Menschen Machen Medien, mmm.verdi.de, 11. Juli 2023, https://mmm.verdi.de/medienpolitik/mehr-vertrauen-durch-mehr-vielfalt-90545, 02.01.2024. Vgl. zu den Erfahrungen aus Table Stakes Europe auch Teemu Henriksson, 'Everyone has the power to contribute to success': Lessons from five years of coaching Table Stakes Europe teams (Interview mit Valérie Arnould and Martin Fröhlich), 18. Juli 2024, https://wan-ifra.org/2024/07/everyone-has-the-power-to-contribute-to-success-lessons-from-five-years-of-coaching-table-stakes-europe-teams/, 10.08.2024.

[23] Zitiert nach Horst Pöttker, Rezension: Alexandra Borchardt: „Mehr Wahrheit wagen. Warum die Demokratie einen starken Journalismus braucht" und Birk Meinhardt: „Wie ich meine Zeitung verlor. Ein Jahrebuch.", *journalistik.online* 1/2021, https://journalistik.online/ausgaebe-01-2021/alexandra-borchardt-mehr-wahrheit-wagen-warum-die-demokratie-einen-starken-journalismus-braucht-und-birk-meinhardt-wie-ich-meine-zeitung-verlor-ein-jahrebuch/, bzw. Horst Pöttker, *rezensionen:kommunikation:medien*, 14. Januar 2021, abrufbar unter https://www.rkm-journal.de/archives/22500, 02.01.2024.

[24] Video-Interview am 25. August 2023 aufgezeichnet, Übersetzung des redigierten englischen Transkripts.

4.2 Interview mit Laurel Wennen: „Hartes Stück Arbeit"

Abb. 4.3 Laurel Wennen im Video-Interview mit dem Autor am 25. August 2023. Screenshot: Oliver Haustein-Teßmer (▶ https://doi.org/10.1007/000-c7j)

weiligen Stand im digitalen Transformationsprozess. Wenn Du gerade erst anfängst, kann es für Dich funktionieren. Wenn Du mittendrin steckst oder vielleicht schon weiter bist, gibt es unglaublich viele und hilfreiche Lektionen, die Verlage aus dem Programm mitnehmen können. Ein weiterer Aspekt ist, dass die Werkzeuge und Methoden von Doug es den Verlagen erlauben, sie so einzusetzen, wie es für sie am besten funktioniert. Sie müssen es nicht genauso machen oder gar jedes Tool verwenden.

Was ist für die Redaktionen einfach zu implementieren, und was stellt ein größeres Problem dar?

Laurel Wennen: Bei Table Stakes steht das Publikum an erster Stelle, neben dem Change-Management und der Leistungsorientierung. Es ist anfangs leichter, die Zielgruppen innerhalb einer Community zu erkennen. Jeder hat die Foodies, die Familien oder ähnliches. Zumindest kann jeder ein paar dieser Audiences identifizieren. Der schwierigere Teil der digitalen Transformation besteht je nach Unternehmen und Standort darin, alle Beteiligten an Bord zu holen. Die verschiedenen Geschäftsbereiche eines Verlags haben jeweils unterschiedliche Ziele und Vorstellungen davon, was getan werden sollte. Deshalb ist es sicherlich herausfordernd, alle an einen Tisch zu bekommen. Wenn man wirklich eine dauerhafte Veränderung anstrebt, braucht es Zeit. Geduld kann Verlegern schwerfallen. Aber es ist hilfreich, wenn man Stück für Stück, Ergebnis für Ergebnis vorgeht. Und jedes Table Stakes-Team zeigt sich begeistert von der *Stop doing-* oder *Do less-*Methode. Denn bei jeder Transformation gibt es vermutlich Dinge, die viel Zeit in Anspruch nehmen, aber nicht unbedingt ertragreich sind. Man sollte sich angewöhnen, diese Dinge neu zu bewerten und zu überlegen, wie man sie anders oder seltener macht. Manchmal ist es sogar besser, damit aufzuhören. Das erfordert aber schwierige Gespräche und ein hartes Stück Arbeit.

Sie sagen, dass noch mehr Zusammenarbeit zwischen Medienunternehmen für den Erfolg entscheidend ist. Was raten Sie den regionalen Verlegern?

Laurel Wennen: Regionalverlage haben mehr Gemeinsamkeiten, als den Leuten manchmal bewusst ist. Es gibt eine Menge gleichgearteter Herausforderungen. Viele Table-Stakes-Teams haben uns berichtet, dass es sehr hilfreich sei zu erfahren, dass sie nicht die Einzigen sind, die mit einem bestimmten Problem konfrontiert sind oder die eine bestimmte Arbeitsweise anstreben. Es ist gut zu wissen, dass es da draußen Leute mit den gleichen Problemen gibt, die dann als Resonanzboden für Herausforderungen, Ideen oder *Best Practice* dienen können. Was die Konkurrenz angeht, so liegt es natürlich an den Verlegern, wie nahe sie einander kommen möchten. Ich rate dazu, offen auf andere zuzugehen, um Rat oder nach Ideen zu fragen, und andere Gruppen zu finden, von denen man lernen kann.

Ein großes Problem bleibt der Churn, schnell gekündigte Digitalabonnements. Was hilft dagegen?

Laurel Wennen: Die Konzentration auf Table Stakes – also Journalismus, bei dem das Publikum im Vordergrund steht – ist eine ziemlich gute Grundlage. Es geht darum, eine bestimmte Zielgruppe zu identifizieren und zu befragen, um Journalismus zu betreiben, der dieser Gruppe hilft, sich mit ihren Bedürfnissen und Interessen zurechtzufinden. Newsletter sind eine Möglichkeit, dies zu unterstützen. Wenn man sich die Zeit nimmt, seine Zielgruppen zu verstehen und sich wirklich auf sie einzulassen, befördert dies Bindung und Gewohnheit. Wenn die Kunden dank dieses Engagements den Inhalt und das Abonnement eher als Wert für sich begreifen, steigt die Wahrscheinlichkeit, dass sie bleiben. Es hilft ebenso, Deine Nutzerdaten analysieren, um Deine Zielgruppen besser zu verstehen, aber auch um zu erkennen, welche Verhaltensmuster sie zeigen. Bei Table Stakes würden wir sagen: *design-do*. Teste einfach etwas, schau, wie es läuft, warte ab, wie das Publikum reagiert, und dann gehst Du den nächsten Schritt. Sei es, um etwas Neues auszuprobieren oder nur, um Kleinigkeiten zu ändern.

4.3 Arbeiten mit Bedürfniskategorien

Was interessiert die Leserinnen und Leser wirklich? Im Jahr 2020 haben sich die Unternehmensberatung Schickler (heute Highberg), die Deutsche Presse-Agentur dpa und mehrere Verlage zusammengetan, um dies herauszufinden – und neue Wege im Journalismus auszuprobieren. Ziel des Projekts Drive, eine Kurzform für *Digital Revenue Initiative* (auf Deutsch Initiative zur Förderung digitaler Erlöse), ist es, ein

4.3 Arbeiten mit Bedürfniskategorien

größeres digitales Publikum dauerhaft zu erreichen, zu zahlenden Kundinnen und Kunden zu entwickeln und möglichst bei der Stange zu halten. Nach drei Jahren klingt eine Zwischenbilanz von Drive auf den ersten Blick ernüchternd.

Die Nutzerdaten-Analyse hunderter Beiträge von 50 beteiligten Nachrichtenportalen aus 21 Verlagen hat demnach gezeigt: „Fünf Prozent der veröffentlichten Artikel sind für 50 % der Lesezeit auf dem Portal verantwortlich."[25] Wenn Lesezeit – also die online gemessene Verweildauer auf Artikeln – die Kundenzufriedenheit widerspiegelt, wird hier eine Schieflage deutlich. Auch wenn Redaktionen mit Bedacht entscheiden, welche Artikel sie hinter die Paywall tun, also davon ausgehen, dass die betreffenden Beiträge ein Abo wert sind, liegen sie oft daneben: 90 % der verplusten Artikel generierten kein neues Paid-Content-Abo, lautet das Zwischenfazit des Projekts vom Sommer 2023.[26]

Überdosis Nachrichten: Grundsätzlich haben die beteiligten regionalen Verlage zu viele Nachrichtenstücke im Online-Angebot, wie das Drive-Team im BDZV-Jahresreport Digital 2023 schreibt. Die Projektbeteiligten haben frühzeitig gegengesteuert und zunächst in mühsamer nachträglicher Handarbeit Hunderte Artikel genauer angeschaut. Es ging um jene Beiträge, die vergleichsweise gut, bezogen auf Lesezeit und Abo-Abschlüsse, funktionierten. Es kam heraus: In den erfolgreichen Beiträgen sind jeweils bestimmte Bedürfnisse der Leserinnen und Leser besser angesprochen worden.

Inzwischen lassen die Drive-Datenfachleute bei den Partnerverlagen veröffentlichte Beiträge automatisiert nach Bedürfnissen analysieren. So können die beteiligten Redaktionen aus den Erfolgen bestimmter Artikel schneller lernen. Sie planen ähnlich fokussierte Artikel oder ergänzen Beiträge, die weitere Bedürfnisse ihrer Zielgruppen ansprechen.

User Needs als Trend: Mit dieser Entscheidung steht das Drive-Projekt nicht allein da. Weltweit arbeiten Medienunternehmen mit ihren Redaktionen und Produktmanagements, unterstützt von Datenspezialisten, daran, *User Needs*, auf Deutsch Bedürfnisse der Nutzenden, in die Themenplanung und die Artikelproduktion zu integrieren. Solche Experimente beschreibt Nic Newman vom Reuters Institute for the Study of Journalism als weltweiten „key trend". Dieser habe bei internationalen Redaktionen wie der „New York Times" ebenso Einzug gefunden wie bei lokalen und regionalen Medienangeboten im deutschsprachigen Raum.

---

[25] Christoph Mayer, Katja Fleischmann, Lennart Johannknecht, Moritz Goldschmidt, User Needs, Personalisierung, optimale Paywalls. Wie DRIVE das Digitalgeschäft der Verlage voranbringt, S. 111, in: Bundesverband Digitalpublisher und Zeitungsverleger, Jahresreport Digital 2023. Change the Game. Mit einem Themenspecial: Künstliche Intelligenz (Berlin: BDZV e. V., 2023), S. 110–114. BDZV-Mitglieder können diesen Report kostenlos auf https://www.bdzv.de/ herunterladen.

[26] Ebd.

Laut Newman ist die Bedürfnisorientierung eine mögliche Antwort auf das Problem der Nachrichtenvermeidung. „News avoidance" hatten Medien anhand von Reichweiten-Rückgängen im Multikrisen-Jahr 2022 bereits als wachsendes Verhalten eines Teils der Online-Nutzenden festgestellt: Manche wollten einfach nicht mehr ständig Neues über Corona-Tote oder – seit dem Überfall Russlands auf die Ukraine – über gefallene Soldaten und verletzte, misshandelte oder getötete Zivilisten erfahren. Daher sind einige Verlage laut Reuters Institute dazu übergegangen, ganze Medienprodukte bedürfnisorientiert auszurichten.[27]

Wie sich Bedürfniskategorien definieren lassen: Als Vorreiter der Debatte und bei aktuellen User-Needs-Modellen gilt der Digitalexperte Dmitry Shishkin, seit Januar 2024 Chief Executive Officer für das internationale Geschäft des Schweizer Verlags Ringier. Shishkin stellte mit seinem Team bei der BBC nach eigenen Angaben 2016 fest, dass die internationalen, nicht englischsprachigen Online-Angebote der BBC oft nur als weitere Nachrichtenquelle wahrgenommen und genutzt wurden. Die Herausforderung: Sie mussten sich also von anderen News-Angeboten abheben.

Dennoch ergab Shishkins Analyse von mehr als 5000 Artikeln der „BBC News Russian" ein Ungleichgewicht: Die meisten Artikel waren nachrichtlich gehalten und befriedigten demnach lediglich das Leserbedürfnis *update me*, also „informiere mich (über Neuigkeiten)". Diese Beiträge machten kaum einen Unterschied zu anderen Angeboten.

Zugleich artikulierten die Nutzerinnen und Nutzer weitere Bedürfnisse, die BBC-Autoren jedoch seltener aufgriffen. Das ergaben laut Shishkin anonymisierte Publikumsbefragungen des BBC *Research Teams*. Aus der Analyse entwickelte er ein Modell von sechs zentralen Bedürfnissen. Dabei wollte die BBC insbesondere jüngere Zielgruppen besser bedienen.[28]

---

[27] Nic Newman, Journalism, media, and technology trends and predictions 2023, reutersinstitute.politics.ox.ac.uk, 10. Januar 2023, https://reutersinstitute.politics.ox.ac.uk/journalism-media-and-technology-trends-and-predictions-2023, 10.08.2023. Im Beitrag verweist Newman auf ein Investorenpapier der New York Times, aus dem deren User-Needs-Modell hervorgeht. Siehe auch New York Times, Investor Day Presentation, 13. Juni 2022, Folien 83–85, https://nytco-assets.nytimes.com/2022/06/NYT-Investor-Day-2022-Presentation-mC05z.pdf, 10.08.2023. Der Reuters Institute Digital News Report 2024 hat aus Umfragen einen User Needs Priority Index erstellt. Demnach sollten Medien z. B. mehr Perspektiven auf ein Thema berücksichtigen oder häufiger inspirierend berichten. Vgl. Nic Newman mit Richard Fletcher, Craig T. Robertson, Amy Ross Arguedas und Rasmus Kleis Nielsen, Reuters Institute Digital News Report 2024 (Oxford: Reuters Institute for the Study of Journalism, 2024), S. 28.

[28] Dmitry Shishkin, User needs in content publishing: the slide that started it all, five years later, auf linkedin.com, 10. Mai 2022, https://www.linkedin.com/pulse/user-needs-content-publishing-slide-started-all-five-years-shishkin/, 10.08.2023. Siehe auch Caroline Scott, How BBC World Service engages younger audiences by fulfilling six reader needs, journalism.co.uk,

4.3 Arbeiten mit Bedürfniskategorien

> **User-News-Modell der BBC nach Dmitry Shishkin**[29]
> - *Update me*: Informiert mich über Neuigkeiten
> - *Give me perspective*: Liefert mir eine Einordnung oder Meinung
> - *Educate me*: Vermittelt mir Wissen
> - *Keep me on trend*: Haltet mich auf dem Laufenden
> - *Amuse me*: Unterhaltet mich
> - *Inspire me*: Inspiriert mich, regt mich an (oder auf)

Bedürfnisse nach Region und Medienmarke: Die *User Needs* sind in zahlreichen internationalen Büros der BBC eingeführt worden. Dennoch weist Shishkin darauf hin, dass sich Bedürfnisse lokal und gemäß der inhaltlichen und fachlichen Ausrichtung eines Mediums unterscheiden können. Deshalb steht ihm zufolge am Anfang immer eine Befragung der Nutzenden. Das Modell dürfe niemals aus der Redaktion selbst kommen. Er rät anderen Redaktionen: „Go out there and talk to people as to why they consume news."[30] Durch seine Beratertätigkeit hat Shishkin nach eigenen Angaben mehr als 15 verschiedene Ausprägungen eines solchen Modells kennen gelernt und begleitet.

Inzwischen hat er selbst mit einem niederländischen Anbieter von redaktionellen Analyse-Tools, Smartocto, ein aktualisiertes Modell veröffentlicht. Es besteht aus acht *User Needs*, die in vier Bereiche gruppiert werden: Wissen, Verstehen, Handeln und Fühlen.[31] Dieses „User Needs Model 2.0" und die Tatsache, dass auf

---

https://www.journalism.co.uk/video/delivering-something-different-bbc-world-service-fulfills-six-user-needs-to-engage-younger-audiences/s400/a731718/, 16.08.2023.

Die Rezeptionsforschung kennt das Thema wesentlich länger. Als einer der Pioniere auf dem Feld der *User Needs* gilt der britische Kommunikationswissenschaftler Denis McQuail (lebte von 1935 bis 2017). McQail entwickelte 1972 ein Modell von vier Leserbedürfnissen mit: Neben dem Informationsbedürfnis zeigen Medienkonsumenten demnach ein Bedürfnis nach persönlicher Identität, eines nach sozialer Integration und Interaktion sowie das Unterhaltungsbedürfnis, vgl. Claudia Mast (Hrsg.), ABC des Journalismus. Ein Handbuch (Köln: Herbert von Halem Verlag, 13., komplett überarbeitete Auflage, 2018), S. 98 f.

[29] Deutsche Übersetzung der Begriffe vom Autor. Das Ur-Modell erläutert Shishkin hier genauer: Dmitry Shishkin, Five lessons I learned while digitally changing BBC World Service, LinkedIn Pulse, 3. Juli 2017, https://www.linkedin.com/pulse/five-lessons-i-learned-while-digitally-changing-bbc-world-shishkin/, 13.08.2023.

[30] Dmitry Shishkin, 3 key questions about news needs, your content strategy and value proposition, wan-ifra.org, 26. August 2022, https://wan-ifra.org/2022/08/3-key-questions-about-news-needs-your-content-strategy-and-value-proposition/, 13.08.2023.

[31] Rutger Verhoeven, Dmitry Shishkin et al., The evolution of audience-driven publishing. User needs model 2.0., whitepaper (smartocto, März 2023), Folie 21. Das Whitepaper kann unter https://smartocto.com/research/userneeds/ nach Anmeldung kostenlos bestellt werden.

Datenanalyse spezialisierte Unternehmen um Medienhäuser als Kunden für Bedürfnis-Projekte werben, zeigen, dass nicht allein technikaffine Journalistinnen und Journalisten große Hoffnungen darin setzen. Zumindest lässt sich mit Software, Tools, Beratung und Trainings zu Bedürfniskategorien Geld verdienen.

Bedürfnis-Kategorien im deutschsprachigen Raum: Für das Drive-Projekt mit inzwischen mehr als 25 Verlagen (Stand: Dezember 2023) haben Projektbeteiligte sich durch Shishkin und seine Modelle inspirieren lassen. Auch Erkenntnisse zu Bedürfnissen aus dem skandinavischen Medienkonzern Schibsted („Svenska Dagbladet"/SvD in Stockholm, „Bergens Tidende" in Norwegen) flossen ein. Der langjährige SvD-Chefredakteur und Senior Vice President bei Schibsted, Fredric Karén, gilt als digitaler Vordenker in der Branche.

Schließlich einigte sich das Drive-Projekt auf sechs Bedürfniskategorien und dazu passende Formate:

- *Update me* (für klassische Nachrichtenstücke)
- *Help me* (beispielsweise Terminankündigungen, Ratschläge)
- *Educate me* (Hintergrund- und Erklärstücke)
- *Give me perspective* (Analysen, Kommentare)
- *Inspire me* (ermutigende, lösungsorientierte Geschichten) und
- *Divert me* (unterhaltsame Geschichten, siehe Abb. 4.4).[32]

Regionale Adaption von *User Needs*: Frederike Gollner, Paywall Owner bei Golem Media und bis Juni 2024 Conversion-Managerin bei der Neuen Pressegesellschaft in Brandenburg für die beiden bei Drive mit ausgewerteten Nachrichtenportale lr.de („Lausitzer Rundschau") und moz.de („Märkische Oderzeitung", „Oranienburger Generalanzeiger") erläutert, warum die Definitionen regional noch einmal angepasst worden seien. „Es gibt nicht das eine richtige Rezept, weil jedes Verlagshaus auf einer anderen Stufe im digitalen Transformationsprozess steht und sich neue Modelle demnach nicht so einfach wie eine Schablone übertragen lassen", schreibt Gollner.[33]

Ähnlich beschreibt es Carsten Voß, Chefredakteur Digitale Medien bei Aschendorff Medien („Westfälische Nachrichten", „Münstersche Zeitung"), dessen Team

---

[32] Katja Fleischmann, Warum „Inspire me"-Artikel die wertvollsten Digital-Inhalte sind, Blogpost Drive, 3. März 2023, https://www.presseportal.de/pm/8218/5455290, 16.08.2023.

[33] Frederike Charlotte Gollner, Die Verknüpfung von Leserbedürfnissen mit Audiences bei MOZ.de/LR.de, S. 117, in: Bundesverband Digitalpublisher und Zeitungsverleger, Jahresreport Digital 2023. Change the Game. Mit einem Themenspecial: Künstliche Intelligenz (Berlin: BDZV e. V., 2023), S. 115–121.

4.3 Arbeiten mit Bedürfniskategorien

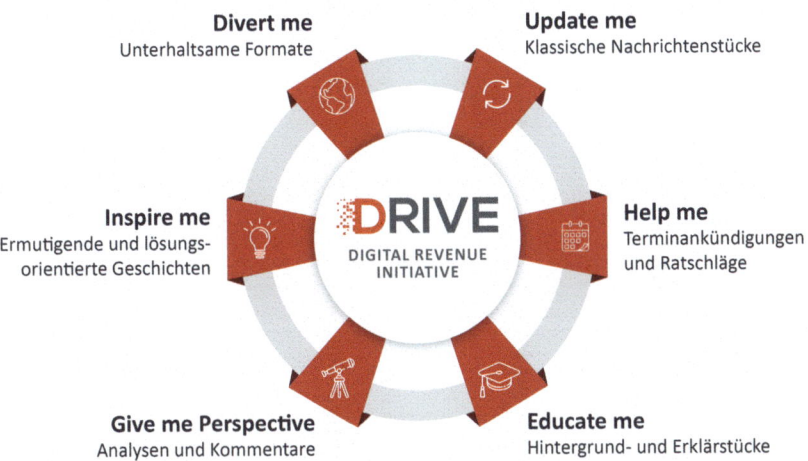

Abb. 4.4 User-Needs-Modell bei Drive. *Das User-Needs-Modell mit sechs Bedürfniskategorien der Digital Revenue Initiative (Drive). (Quelle: dpa/Schickler DRIVE)*

ebenso wie lr.de und moz.de fünf Bedürfniskategorien ableitete und diese in der redaktionellen Arbeit etablierte.[34] Beide regionalen Ansätze eint allerdings, dass die Redaktionen zunächst Testgruppen bildeten und dann experimentierten. Detaillierte Nutzerbefragungen, wie von Dmitry Shishkin empfohlen, gab es demnach nicht. Die Ableitung der fünf Bedürfniskategorien erfolgte aus der genaueren Analyse und Diskussion Hunderter bereits veröffentlichter Artikel, denen jeweils Bedürfnisse zugeordnet wurden, wie Gollner berichtet (Tab. 4.1).

Unterschied zwischen Nachrichtenwert und Bedürfniskategorie: Den Testpersonen in der Redaktion von „lr.de" und „moz.de" haben die neuen Bedürfniskategorien insofern eingeleuchtet, weil diese sie an die „Relevanzfaktoren" erinnerten. Gemeint sind Kategorien aus der Nachrichtenwert-Theorie. Und doch gibt es deutliche Unterschiede zwischen Nachrichtenwerten und den kategorisierten Bedürfnissen. Nachrichtenwert heißt: Neben den Neuigkeitswert einer Nachricht tritt demnach die Relevanz für die Lesenden.

Alexander Marinos, stellvertretender Chefredakteur der „Westdeutschen Allgemeinen Zeitung" (Funke-Mediengruppe) und promovierter Journalismusforscher, führt insgesamt elf Nachrichtenfaktoren auf, die er als Aufmerksamkeitsfaktoren kennzeichnet. Beispiel Konflikte: „Wenn sich in einer frequentierten Fußgänger-

---

[34] Carsten Voß, Warum User-Needs das Paid-Content-Geschäft pushen, S. 124, in: BDZV Jahresreport Digital 2023, S. 122–126.

Tab. 4.1 User-Needs-Modelle im Vergleich

		BBC World News (2016)	Drive (2021)	lr.de/moz.de (2022)	Aschendorff Medien (2022)	Main-Post (2022)	Smartocto (2023)
Wissen		Update me	Update me	Update me	Nachrichten, die mich betreffen	Bring mich auf den neuesten Stand	Update me (know, fact driven)
		Keep me on trend			Haltet mich auf dem Laufenden	Was denken die anderen? (Umfragen, social)	Keep me engaged (know, fact driven)
Verstehen		Give me perspective	Give me perspective				Give me perspective (understand, context driven)
		Educate me	Educate me			Was bedeutet das für mich?	Educate me (understand, context driven)
				Sicherheit			
				Neugier	Hinter den Vorhang schauen		
Fühlen		Amuse me	Divert me			Lenk mich ab	Divert me (feel, emotion driven)
				Empathie/Sensationslust	Emotionen wecken	Lass mich mitfühlen	
				Gerechtigkeit			
		Inspire me	Inspire me		Inspiriere mich		Inspire me (feel, emotion driven)
Handeln			Help me			Hilf mir, ein Problem zu lösen	Help me (do, action driven)
							Connect me (do, action driven)

Vergleichbare Kategorien je Modell hat der Autor in dieselbe Zeile eingetragen und diese Kategorien den vier Bereichen laut Smartocto zugeordnet. Quelle für die User Needs der „Main-Post" ist der Spickzettel (Handout) der Redaktion vom Juni 2022. Der Autor dankt Tobias Köpplinger, Leiter Themenmanagement, der das Dokument zur Verfügung gestellt hat.

4.3 Arbeiten mit Bedürfniskategorien

zone zwei Leute streiten, dann richten sich unsere Sinne automatisch auf sie aus. Wir Menschen sind entsprechend programmiert, auf Konflikte zu achten, da sie uns gefährlich werden können." Ebenso wie ist es Marinos zufolge den Menschen eigen, sich für Liebe, Sex, Kinder oder „süße" Tiere zu interessieren.[35]

Der Nachrichtenfaktor „Konflikt, Kriminalität" korrespondiert zwar mit dem *User Need* nach Sicherheit und gegebenenfalls auch mit der Sensationslust als Bedürfnis, ist aber nicht dasselbe. Anders als bei Nachrichtenwerten versuchen Redaktionen mit dem Fokus auf Bedürfniskategorien, *User Needs*, *Readers Needs* oder auch *Audience Needs* – all' dies meint das Gleiche – bereits bei der Themenplanung strikt die Perspektive der Leserinnen und Leser einzunehmen und Fragen und Recherche-Hypothesen dazu zu entwickeln.

Dagegen helfen Nachrichtenwerte zwar Redakteurinnen und Redakteuren, schnell und routiniert die Relevanz eines Ereignisses oder einer Information zu bewerten. Sie stellen aber den Grund, *warum* sich Lesende mit dem dazu veröffentlichten Artikel eingehend beschäftigen könnten, zunächst hintan. Dies mag für Adhoc-Berichterstattung, bei *Breaking News*, angehen. Es erscheint bei der planbaren Recherche einer Story jedoch folgerichtig, sofort aus der Perspektive der Zielgruppen an die Arbeit zu gehen.

Was vs. wie: Während Nachrichtenwerte das *Was* kategorisieren – also, worüber Redaktionen berichten sollen – definieren Bedürfniskategorien das *Wie*. Der Autor, die Autorin plant ein Thema für eine Zielgruppe also, indem er oder sie prüft, welche Perspektive der Nutzenden passt. Leitfrage:

- Welcher *Blickwinkel* soll aus Sicht der Lesenden in einem Beitrag betont werden?

Dennoch ist es für Redaktionen wichtig, beide, die Arbeit erleichternden Kategorien zu nutzen. Die *Nachrichtenwerte* helfen wie erläutert, ein Thema schnell und verlässlich zu priorisieren. *Bedürfniskategorien* sollen dabei unterstützen, bei der *Planung*, Recherche und Produktion zielgruppenzentriert zu arbeiten.

Lernen, wie ein Beitrag wirkt: Dies ist nicht so einfach umzusetzen, wie Digital-Chefredakteur Carsten Voß aus der Praxis bei Aschendorff Medien berichtet. Ihm zufolge muss eine Redaktion zunächst vom Nutzen überzeugt werden: „Leserbedürfnisorientierte Themenplanung hat nämlich auf den ersten Blick etwas ‚Bevormundendes', weil es nicht mehr nur um das Thema, sondern auch um Rezeptur, Wirkung und Timing geht."

---

[35] Alexander Marinos, Journalistische Praxis: Modernes Nachrichtenschreiben. Neu interpretierte Regeln für einen besseren Qualitätsjournalismus (Springer VS essentials) (Wiesbaden: Springer VS, 2021), S. 15 f. Weitere Bücher dieser Reihe unter: https://www.springer.com/series/13088.

Das gelingt laut Voß dann, wenn die definierten Bedürfnisse geprüft worden sind, bevor sie zum Standard werden. Dies setzt wiederum die dauerhafte, datengestützte Datenanalyse von Beiträgen voraus. Der Medienmanager aus Münster stellt die These auf, dass es letztlich weniger auf das definierte User-Needs-Modell ankomme als auf den Perspektivwechsel der Redaktion und die veränderte Redaktionskultur.[36]

Bedürfniskategorien im redaktionellen Alltag: Bei der Veränderung der Redaktionskultur klingt das Problem schon an. Obwohl es in diesem Handbuch um möglichst zügig umsetzbare digitale Konzepte gehen soll, ist gerade die Arbeit mit Bedürfniskategorien aufwendig. Sie verlangt von redaktionellen Führungskräften, aber auch von jedem Team Geduld und Offenheit für den Perspektivwechsel.

„Das geht nicht schnell. Es ist eher, wie ein neues Musikinstrument zu lernen. Das braucht Zeit, immer wieder Übung und Training", sagt Christoph Mayer (siehe Interview, Abschn. 4.4), Partner bei der Unternehmensberatung Highberg (früher Schickler), die das Drive-Projekt zusammen mit der dpa und mehreren Verlagen in Deutschland etabliert hat. Kern des Projekts ist neben der Entwicklung technologischer Voraussetzungen die Anwendung von geprüften Bedürfniskategorien.

Geduld und Leidenschaft notwendig: Auch Dmitry Shishkin, der das User-Needs-Modell zuerst bei „BBC News Russian" ausprobiert hat, berichtet nach fünf Jahren Arbeiten mit den Kategorien von ähnlichen Einsichten seines Newsroom-Kollegen Famil Ismailov: „When introducing a user need model, you have to be persistent but not patronising, patient but not a pushover. You warn your team that the results won't be immediate, but they will be noticeable".

Es ist demnach angebracht, hartnäckig zu sein, das Team einzubeziehen (statt herablassend zu sein) und gleich von Beginn an transparent zu machen, dass ein solcher Kulturwandel in der Redaktion Zeit benötigt. Beim reinen Online-Angebot wie „BBC News Russian" sind die Erfolge Shishkin zufolge deutlich messbar. Die Reichweiten von „Educate me"-Beiträgen seien binnen fünf Jahren deutlich gestiegen (278 %). Die Redaktion erreiche mit erheblich weniger „Update me"-Artikeln mehr Menschen.[37]

▶ **Tipp** Dmitry Shishkin veröffentlicht auch im sozialen Berufsnetzwerk LinkedIn regelmäßig Beiträge zur digitalen Transformation und zur Medienkultur. Empfehlung: Folgen!

- https://www.linkedin.com/in/dmitry-shishkin-bb9b88/

---

[36] Voß, S. 125.
[37] Vergleichszahlen stellt Shishkin im Beitrag User needs in content publishing (10.05.2022) dar.

4.3 Arbeiten mit Bedürfniskategorien

Regionale deutschsprachige Redaktionen, deren Verlage sich mitten in der digitalen Transformation befinden, dürften hierbei auf Schwierigkeiten stoßen. Viele Redaktionen werden zumindest übergangsweise noch so viele journalistische Inhalte produzieren, dass daraus ein angemessen gefülltes E-Paper und eine gedruckte Zeitung hergestellt werden können.

Das heißt jedoch auch: Der Journalismus richtet sich dann nur teilweise nach dem digitalen Erfolg. Er geht Kompromisse beim Fokus auf das Digitale und die dazu notwendige Qualität ein. Dies sollten sich vor allem Führungskräfte klarmachen. Dennoch ist es dem Drive-Team zufolge möglich, das Arbeiten nach Bedürfniskategorien schrittweise einzuführen.

Sie schlagen den beteiligten Verlagen – dies lässt sich nach Auffassung des Autors auch von anderen adaptieren – einen *Sprint* genannten Umstieg auf die Methode vor. Dabei wird

1. ein angepasstes User-Needs-Modell entwickelt,
2. geht eine Testgruppe dann mit motivierten Freiwilligen an den Start und experimentiert
3. Wenn der Test Erfolg versprechend verläuft und Ergebnisse (Zahl neuer Abos, Steigerung der Nutzungsdauer online) vorliegen, kann die gesamte Redaktion einbezogen werden.
4. Eine Auswertung der Arbeit mit Bedürfnis-Kategorien muss demnach fortlaufend erfolgen. Wenn die Datenanalyse Schwächen des verwendeten Modells zeigt, bedarf es Korrekturen.[38]

Eine Checkliste für das Arbeiten mit Bedürfniskategorien lässt sich aus den Überlegungen von Dmitry Shishkin ableiten. Er betont, dass es letztlich nur um Fokus und um Qualität gehe. Das ist ein Befund, den auch Erfahrungen aus dem Lokaljournalismus stützen: Laut Frederike Gollner, bis Juni 2024 Conversion-Managerin bei „lr.de" und „moz.de", laufen Online-Artikel bezüglich neuer Abos oder der *media time* (Nutzungsdauer pro Artikel, Audience oder Produkt) nicht allein deswegen schlechter als erhofft, weil die Perspektive der Nutzenden nicht berücksichtigt worden ist. Meistens geht es laut Gollner um das „Zusammenspiel aus handwerklichen Schwächen und inhaltlichem Dreh".[39]

---

[38] Mayer et al. (2023), S. 113.
[39] Gollner, S. 116.

11er-Checkliste zur Einführung von *User Needs* nach Shishkin[40]
- Nutzerbefragungen durchgeführt? Zum Beispiel mit Fokusgruppen, Listening
- User-Needs-Modell entwickelt?
- Bedürfniskategorien einheitlich in allen Teams?
- Definitionen der Bedürfniskategorien bekannt gemacht? Z. B. als Poster in Redaktionen
- Fokus in der Planung, Recherche, Produktion (auch) auf Bedürfnisse der Nutzenden?
- Gibt es Qualitätsstandards? Best Practice, Handouts für Artikelstrukturen oder Storyboards
- Wird der Erfolg der Bedürfniskategorien fortlaufend gemessen? Datenanalyse!
- Sind die Ergebnisse sichtbar und transparent? Dashboards für die Teams
- Werden Trends erforscht? Daten-Reports, Feedback der Daten-Fachleute an die Redaktion
- Lernt die Redaktion aus Trends? Dann geht es wieder vorn los, oder …
- … Veränderte *User Needs*: Wie wird das Modell angepasst?

Herausforderungen für lokale Redaktionen: Nach Bedürfniskategorien zu denken und redaktionell zu planen, bedeutet einen Mehraufwand. Dies ist eine zusätzliche Herausforderung, wenn die Teams bereits mit anderen, die Nutzungsperspektive ins Zentrum stellenden Methoden experimentieren, zum Beispiel mit Audiences-Konzepten (siehe Abschn. 4.1) oder Themenfeldern (Abschn. 4.5). Daher bedarf es präziser Vorarbeit.

Die gewählten Kategorien müssen authentisch in dem Sinn sein, dass sie tatsächlichen Bedürfnissen der regionalen Zielgruppen entsprechen. Und sie müssen konkret genug sein. Das Beispiel der Kategorie Gerechtigkeit (Gerechtigkeitsempfinden) bei den Nachrichtenportalen „lr.de" und „moz.de" verdeutlicht das. Aus dieser lässt sich für nahezu jedes gesellschaftliche, wirtschaftliche oder politische Thema eine konkrete bedürfnisorientierte Recherche-Frage ableiten. Beispiel:

- *Wie gerecht ist es*, dass die Stadt in die neue Kita investiert und dass andere wünschenswerte kommunale Vorhaben zurückgestellt werden müssen?

---

[40] Shishkin, 3 key questions (26.08.2022).

4.3 Arbeiten mit Bedürfniskategorien

Die Erfahrung beim Drive-Projekt zeige, dass die Kategorie Gerechtigkeitsempfinden gerade im Regionalen häufig sehr gut passe, sagt Highberg-Experte Christoph Mayer (siehe Interview, Abschn. 4.4).

Die Shishkin'schen User Needs in der Praxis: Warum sind die von Shishkin entwickelten *User Needs* und ihre Ableitungen so beliebt – und nach Ansicht unterschiedlichster Redaktionen weltweit brauchbar? Das lässt sich wiederum am Beispiel der Wahlberichterstattung, einem typischen journalistischen Thema, durchspielen:

> **Vielfältige Wahlberichterstattung dank Bedürfniskategorien[41]**
> - *Update me:* Der Artikel enthält das Wahlergebnis. Wer hat gewonnen, wer hat verloren? Er nennt die Fakten wie Stimmenanteile und zitiert beteiligte Personen, gegebenenfalls mit Hintergrund-Infos. Typische Formate sind Bericht, Liveticker, Nachrichtenvideo.
> - *Educate me:* Artikel erläutern, wie die Wahl funktioniert, was auf dem Stimmzettel steht oder was Fachbegriffe (D'Hondt-Verfahren und andere) bedeuten. Fragen-Antworten-Stücke (Q&A), Listicles („Zehn Tipps für Erstwählerinnen und -wähler") oder Erklärgrafiken sind geeignete Formate.
> - *Give me perspective:* Der Artikel kann eine fachliche Analyse beinhalten oder den Ausgang der Wahl z. B. aus der Perspektive der regionalen Wählerinnen und Wähler kommentieren. Formate: Analyse, Meinungsstück, aber auch Interview.
> - *Divert me:* Wie geben sich die Kandidatinnen und Kandidaten privat, was war kurios oder merkwürdig im Wahlkampf? Formate: Video, Bilderstrecken, kurze überraschende Stücke.
> - *Inspire me:* Wie erleben Wahlkämpfende oder Wahlbeobachtende die Wahl persönlich, welches Beispiel geben sie den Mediennutzenden? Oft sind das längere Lesestücke.
> - *Help me:* Wie kann ich wählen, wo kann ich wählen, muss ich meinen Personalausweis dabeihaben? Servicestücke oder Service-Bausteine als Formate (siehe auch: *Educate me*).
>
> (nach ten Teije/Woudstra, smartocto, Beispiele vom Autor ergänzt)

---

[41] Stefan ten Teije, Jacqueline Woudstra, The user needs for news, explained, smartocto.com, 12. November 2020, https://smartocto.com/blog/explaining-user-needs/, 13.08.2023.

Lokaljournalistische Experimente: Letztlich bleibt insbesondere auf den Lokaljournalismus ausgerichteten Redaktionen nichts anderes übrig, als Bedürfniskategorien anzupassen und für ihre spezifischen Zielgruppen zu übersetzen. In Pilotprojekten beziehungsweise Testgruppen können solche Modelle erprobt werden.

Dabei geht nicht immer alles glatt: So hat eine bedürfnisorientierte Sommerserie bei „moz.de" und „lr.de" vergleichsweise wenige neue Plus-Abos gebracht. Dies führt Conversion-Managerin Frederike Gollner nicht nur auf unpassende inhaltliche Drehs zurück, sondern ebenso auf fehlende Vermarktung und Bewerbung der redaktionellen Kampagne.

Politikberichterstattung nach User Needs: Carsten Voß, Digital-Chefredakteur bei Aschendorff Medien, berichtet über einen erfolgreichen Test der Redaktion: Die Berichterstattung über das G7-Außenministertreffen im November 2022 plante das Team demnach strikt nach Bedürfnissen und fragte aus Sicht der Leserinnen und Leser. Dadurch seien die Erwartungen bei der Reichweite, der Lesedauer und den Conversions übertroffen worden.

Neben den Bedürfnissen diskutierten die Beteiligten außerdem Formate und Präsentationsweise – und entschieden sich zum Beispiel für einen zentralen Hub-Artikel, in den Beiträge verlinkt wurden, und einen zusätzlichen Liveticker, um die bedürfnisorientierten Artikel „zu pushen", wie Voß schreibt (Abb. 4.5).

Redaktionelle Vermarktung: Beide Beispiele, das der Sommerserie aus Brandenburg und das der Gipfel-Berichterstattung aus Nordrhein-Westfalen, zeigen, dass es neben dem Fokus und der Qualität bei der redaktionellen Arbeit darauf ankommt, die *Vermarktung der journalistischen Inhalte* zu betreiben. Ähnlich wie beim Arbeiten mit Audiences (siehe Abschn. 4.1) hilft es, eine *Mini-Publisher*-Perspektive einzunehmen. Es gilt zu überlegen, wie auf die sorgfältig erstellten Beiträge aufmerksam gemacht wird.

Die redaktionelle Vermarktung beginnt beim Teaser des Artikels, der bereits das Bedürfnis nach Nutzung wecken soll. Und es geht um den richtigen Veröffentlichungszeitpunkt in unterschiedlichen Kanälen: von der App-Push-Meldung über die Homepage-Platzierung, die Erwähnungen in Newslettern, Hub-Artikeln, Tickern bis zu den sozialen Medienkanälen.

Technologische Unterstützung: Vermarktung und unternehmerischer Fokus reichen jedoch im Online-Journalismus nicht aus. Nach den Erkenntnissen aus dem Drive-Projekt kommt es nicht allein darauf an, wie eine Redaktion programmatisch mit ihren Beiträgen umgeht. Es ist zwar wichtig, dass sie berücksichtigt, wann ihre Zielgruppen dem Medienangebot die größte Aufmerksamkeit widmen – morgens, mittags oder abends? Aber es bedarf zusätzlicher technologischer Tools,

4.3 Arbeiten mit Bedürfniskategorien

MünsterscheZeitung

Mittwoch, 16.08.2023

LOKALES   NACHRICHTEN   SPORT

G7-Treffen

Warum telefonieren die Minister nicht einfach miteinander?

Münster - Gesperrte Straßen, ein massives Polizeiaufgebot, geschlossene Geschäfte – und ein Kommuniqué, dessen Inhalt schon weitgehend feststand, bevor auch nur der erste Minister nach Münster reiste. War das den Aufwand wert? Ja, denn es ging nicht nur darum.

Von Martin Ellerich

Freitag, 04.11.2022, 14:47 Uhr   aktualisiert: 04.11.2022, 16:10 Uhr

Außenministerin Annalena Baerbock (Bündnis 90/Die Grünen) trifft sich mit ihrem neuen italienischen Kollegen Antonio Tajani zu einem bilateralen Gespräch am Rande des Treffens der G7 Außenministerinnen und Außenminister. Foto: Rolf Vennenbernd/dpa

Abb. 4.5 Das Bedürfnis, „hinter den Vorhang zu schauen": *Bei der Berichterstattung über ein G7-Außenministertreffen in Münster hat die Redaktion Fragen aus der Perspektive der Leserinnen und Leser in den Fokus der Recherche gerückt. Dies ist ein Beispiel für Arbeiten mit Bedürfniskategorien bei Aschendorff Medien. (Quellen: muenstersche zeitung.de, dpa/ Screenshot: Oliver Haustein-Teßmer)*

um den Erfolg zu verstetigen. Dazu zählen Push-Meldungen direkt auf die Smartphone-Bildschirme der Nutzerinnen und Nutzer, die dabei auch die tageszeitlichen Gewohnheiten berücksichtigen sollten.[42]

Die Website-Infrastruktur muss den flüchtigen und gegebenenfalls nicht sehr ausdauernden Website- oder App-Besucherinnen und –Besuchern außerdem helfen, nicht nur mit einem möglichst einfachen Onboarding-Prozess beim Abonnieren. Als einer der ersten in Europa hat der damalige Chefredakteur des Svenska Dagbladet und spätere Senior Vice President des skandinavischen Medienkonzerns Schibsted, Fredric Karén, deswegen eine *Personalisierung* der Nachrichtenportale entwickeln lassen.

Personalisierte Website: Vereinfacht gesagt, sind die Schibsted-Websites so aufgebaut worden, dass wiederkehrende Besucherinnen und Besucher vor allem das sehen, was sie so ähnlich schon einmal interessiert hat. Sie bekommen, algorithmisch geführt und dem Betrachtenden automatisiert ausgespielt, mehr inhaltlich gleichartige Beiträge angezeigt, und zwar schon auf ihrer Homepage. Einen Teil der Websites, meistens die Topstories auf den Startseiten, kann immer noch die Redaktion kuratieren.

Karén nennt als Vorteile, dass sich die Journalistinnen und Journalisten auf die Storys selbst konzentrieren können und sich nicht mehr um den besten Zeitpunkt und die Präsentation der Veröffentlichung kümmern müssten.[43] Im deutschsprachigen Raum gibt es viele Software-Anbieter mit KI-gestützten Personalisierungslösungen. Diese sind entweder integriert in Content-Management-Systeme (CMS) oder separat erhältlich, darunter das Drive-Projekt mit einem Algorithmen-Baukasten.

▶ **Tipp Das Drive-Projekt** nutzt den Innovation-Blog der Nachrichtenagentur dpa. Zu neuen Erkenntnissen gibt es Online-Beiträge: https://innovation.dpa.com/category/drive/

Generative KI und Bedürfniskategorien: Im Jahr 2023 haben in verschiedenen Redaktionen intensiv Experimente mit generativer Künstlicher Intelligenz (KI) begonnen (siehe Kap. 6). Mit entsprechend formulierten Prompts lassen sich mit ChatGPT nicht nur Pressemitteilungen aus definierten Quellen zu Kurzberichten umschreiben oder Listicles mit Überschrift und SEO-konformen Teasern

---

[42] Katja Fleischmann, Verlage unter Druck: Mit DRIVE Insights schneller digitalisieren, innovation.dpa.com, 2. November 2022, https://innovation.dpa.com/2022/11/02/verlage-unter-druck-mit-drive-insights-schneller-digitalisieren/, 10.08.2023.

[43] Katharina Dodel, Online First auf Schwedisch, auf drehscheibe.org, 25.10.2018, https://www.drehscheibe.org/verschiedenes-detail/wo-online-das-neue-print-ist.html, 10.08.2023.

erstellen. Sinnvoll erscheint dem Autor dieses Handbuchs, dass Redaktionen ebenfalls testen, ob in der Reportage beschaffte Informationen, Recherche-Ergebnisse, Notizen oder auf Video oder per Audio aufgenommene Statements teilautomatisiert in eine an Bedürfnissen der Zielgruppen orientierte Form gebracht werden können.

Allerdings befördern insbesondere inspirierende Artikel die Mediennutzung: Solche Geschichten bringen Nutzerinnen und Nutzer demnach eher dazu, ausdauernder und häufiger zu lesen sowie ein neues Digital-Abo abzuschließen.[44] Das spricht weiterhin für exzellenten handgemachten Journalismus.

4.4 Interview mit Christoph Mayer: „Wie ein neues Musikinstrument"

Christoph Mayer ist einer der Partner der Unternehmensberatung Highberg (früher Schickler) und leitet dort den Bereich Data & AI. Seine Firma hat mit der Deutschen Presse-Agentur dpa und mehreren Verlagen das Projekt Drive (Digital Revenue Initiative) gestartet. Die Projektbeteiligten probieren das Arbeiten mit Bedürfniskategorien aus (Abb. 4.6).[45]

Abb. 4.6 *Christoph Mayer im Video-Interview mit dem Autor am 10. August 2023. Screenshot: Oliver Haustein-Teßmer (▶ https://doi.org/10.1007/000-c7h)*

---

[44] Fleischmann, „Inspire me" (2023).

[45] Redigiertes Transkript des am 10. August 2023 aufgezeichneten Video-Interviews.

Bei Drive ist herausgekommen, dass normale Nachrichtenartikel nicht genügend digitale Abos bringen, und sie werden auch nicht besonders engagiert gelesen. Bedeutet erfolgreicher Journalismus in Zukunft also „Nachrichten, nein danke"?

Christoph Mayer: Das bedeutet eher „Nachrichten, bitte anders!" Wir leben ja in einer Welt, die extrem vernetzt ist. Und vieles an klassischen Informationen wissen die Leute schon aus anderen Quellen. Ich denke, Redaktionen müssen diese Dinge vielmehr aufgreifen und einordnen. Darin liegt der Wert. Es geht darum, nicht nur zu sagen, es wird ein neuer Kindergarten gebaut, der kostet die Summe X, das drucken wir ab, bringen es ins Netz. Der Online-Kanal der Gemeinde ist wahrscheinlich sogar schneller, die Info ist schon bei den Nutzern.

Wie würde denn erfolgreiche Politik-Berichterstattung aussehen, welches Bedürfnis sollen Journalistinnen und Journalisten im Lokaljournalismus dabei adressieren?

Christoph Mayer: Wir haben uns bei dem Drive-Projekt sehr viel mit Leserbedürfnissen befasst. Der Hintergrund: Wir haben uns angeschaut, welche Artikel online eine gute Performance zeigen und welche nicht. Und daraus ist dann eine lange Liste an Artikeln entstanden, die sehr gute Leistungswerte zeigen, die Menschen sehr interessierten. Dann sind wir in die Analyse hineingegangen: Was unterscheidet diese Artikel von den anderen? Die Artikel waren einfach anders geschrieben. Sie bedienen gewisse Bedürfnisse. Daraus sind dann in Drive *Frameworks* von Leserbedürfnissen entstanden. Auch andere Unternehmen sind auf diese Idee gekommen. Zum Beispiel die BBC, die ein User-Needs-Modell entwickelt hat, das sich an verschiedenen Dimensionen orientiert. Beispielsweise: Dieses Stück ist dazu da, mich zu informieren und mich aktuell zu halten. Jenes Stück ist dazu da, mir Zusammenhänge offen zu legen, Dinge zu erklären. Und ein anderes Stück dient dazu, mich ein bisschen abzulenken, etwas Interessanteres zu erfahren. Wir sehen, dass wir eigentlich fast jedes Thema in verschiedenen dieser *User Needs* spielen können. Darüber entsteht der wirkliche Wert, für den Menschen eher bereit sind zu bezahlen.

Andererseits, so schreibt Ihr es selbstkritisch im BDZV-Jahresreport Digital 2023, produzieren regionale Verlage noch immer viel zu viele Artikel, die es den Lesenden offensichtlich nicht wert sind, deshalb ein Abo abzuschließen. Was heißt denn das am Ende – Klasse statt Masse?

Christoph Mayer: Ich glaube, es heißt wirklich, weniger zu produzieren. Ich habe mal gehört, dass zu den ersten Kinofilmen abgefilmte Theaterstücke zählten. Dann konnte ich ins Kino gehen und mir das jederzeit anschauen. Das ist nicht die Art, wie man Kino macht, weil ja die Möglichkeiten ganz neue sind. Das ist der Fehler, den viele Redaktionen machen. Sie sagen quasi wie beim abgefilmten Theaterstück: „Die Inhalte haben wir schon, dann stellen wir sie jetzt noch online, und dann wollen wir Geld dafür." So funktioniert das am Ende nicht. Wenn man jetzt ein rein digitales Produkt machen würde, dann hätte man wahrscheinlich eine ganz andere Anzahl an Artikeln. Vielleicht würde man die Artikel länger machen, weil man gar nicht so kleine Meldungsspalten hätte. Artikel würden zu ganz anderen Zeitpunkten online gehen. Angenommen, es gäbe Print überhaupt nicht, wie würden wir dann arbeiten? Wir hätten weniger Artikel, die vielleicht länger und viel umfänglicher recherchiert wären.

Regionale Verlage müssen heute beides können, digital erfolgreich sein und dabei noch Print gut bedienen. Wie können Journalistinnen und Journalisten das schnell lernen?

Christoph Mayer: Das geht nicht schnell. Es ist eher, wie ein neues Musikinstrument zu lernen. Das braucht Zeit, immer wieder Übung und Training. So ähnlich ist es, mit Bedürfniskategorien anders zu arbeiten. Wir haben bei Drive Konzepte und Strukturen entwickelt, um den Redakteurinnen und Redakteuren Handwerkszeug zu geben. Wie kommt man auf Themenideen? Welche Fragen muss ich mir stellen, um die möglichen Leserbedürfnisse durchzugehen? Bei jedem Thema – Beispiel Kita-Bau –, sollte man sich einmal zu zweit hinsetzen und das durchdeklinieren: In welchen Bedürfnissen kann man dieses Thema denken? Bei Drive nutzen wir eine Bedürfniskategorie, die heißt Gerechtigkeitsempfinden. Die passt häufig sehr gut, gerade im Regionalen. Weil sich dann Fragen stellen wie: Warum ist eine Kita eigentlich so teuer? Wo kommt das Geld her? Wo wird es weggenommen? Müssten wir es nicht für ganz andere Dinge ausgeben? Häufig ergibt ein Thema nicht nur ein Bedürfnis. Ich kann daraus drei verschiedene Stücke machen, die ich als kleine Serie in den folgenden Tagen veröffentliche und das Thema aus verschiedenen Blickwinkeln aufgreife.

Besteht die Gefahr, dass man zu viele Bedürfnisse adressiert?

Christoph Mayer: Ja, aus unserer Sicht sollte ein Artikel immer den Fokus auf genau ein Bedürfnis haben.

4.5 Thementeams und journalistische Tiefe

Der Perspektivwechsel in den Redaktionen ist keine Selbstverständlichkeit. Für und mit ihren Zielgruppen zu arbeiten und deren Bedürfnisse zu berücksichtigen, verlangt von Journalistinnen und Journalisten einen kulturellen Wandel. Wie die vorausgegangenen Abschn. (4.1 bis 4.4) zeigen, gehören dazu die Bereitschaft, unternehmerisch zu denken, der Mut zu Experimenten und auch Geduld. Dann gelingt *Audiences first*, dann helfen Bedürfniskategorien als digitale journalistische Methode weiter.

Allerdings kämpft der Journalismus insbesondere im Lokalen nicht nur mit dem Print-Erbe, sondern auch mit überkommenen Strukturen. Redaktionen sind zum großen Teil nach Ressorts organisiert. Ressortdenken bestimmt, welche Themen Beachtung finden, aber auch, welche Themen die Kolleginnen und Kollegen beiseite tun oder nicht bearbeiten.

Zwei Probleme tun sich auf, wenn Redaktionen ihre Themenauswahl auf diese traditionelle Weise treffen. Durch die Digitalisierung und deren Folgen stehen Medienunternehmen unter Kostendruck. Viele haben bei der Ausstattung der Redaktionen und beim Personal gespart.

- Problem eins: Ressorts sind geschrumpft, manche ganz verschwunden. Viele regional tätige Redaktionen arbeiten beispielsweise ohne eigene Ressorts für Politik und Wirtschaft. Für Neuigkeiten zu bestimmten Themen gibt es also zum Teil keine lokale *Expertise* mehr, und niemand beobachtet die weitere Entwicklung dieser Themen.
- Problem zwei: *Komplexe Zusammenhänge* sind schwerer zu erkennen, zu verstehen – und die Berichterstattung darüber kann lückenhaft, ungenau und zu einseitig sein.

Die weltweite Finanzkrise 2008 gilt als ein Beispiel für solche inhaltlichen Mängel im Journalismus. Warum haben nur wenige Fachleute in den Ressorts Wirtschaft und Finanzen durchschaut, was für riskante Anlage-Produkte Banken aus schwach gesicherten Darlehen vieler Familien in den USA für den Hauskauf zauberten? Faule Kredite, faule Journalistinnen und Journalisten?

Laut der Neu-Ulmer Journalismus-Professorin Barbara Brandstetter standen tiefergehenden Recherchen unter anderem Arbeitsverdichtung und durch den Online-Journalismus erhöhte Frequenz der Berichterstattung entgegen. Vermeintlich sprödere oder komplexe Themen seien dadurch schwieriger zu publizieren.[46]

Thementeams als Ausweg: Angesichts der wirtschaftlichen Zwänge einerseits und herausfordernder Themen andererseits können Rechercheverbünde bei komplexen Zusammenhängen wie der Finanzkrise eine Lösung sein, schreibt Brandstetter. Dabei tun sich mehrere Redaktionen, Spezialistinnen und Spezialisten verschiedener Ressorts zusammen und bearbeiten ein größeres Thema. Bekanntes Beispiel dafür sind die Recherchen zu den „Panama Papers" (siehe auch Kap. 6 zu KI im Journalismus).

---

[46] Vgl. für diesen und den folgenden Absatz Barbara Brandstetter, Lehren aus Lehman. Maßnahmen zur Reduktion von Komplexität nach 2008 in deutschen Wirtschafts- und Finanzredaktionen, S. 198 f., in: Beatrice Dernbach, Alexander Godulla, Annika Sehl (Hrsg.), Komplexität im Journalismus (Wiesbaden: Springer, 2019), S. 191–201.

4.5 Thementeams und journalistische Tiefe

Bei größeren Lagen arbeitet die Deutsche Presse-Agentur dpa mit temporären Thementeams (Task Forces). Dies war zum Beispiel beim VW-Abgasskandal der Fall – der sowohl Autokäuferinnen, VW-Mitarbeitende und Aktionäre betrifft sowie wirtschaftliche und rechtliche Fragen berührt, wie der damalige Wirtschaftschef und spätere Redaktionsleiter Politik der dpa, Louis Posern, erläutert.[47]

Komplexität im Journalismus: Auch beim Querschnittthema Klima beobachten Forschende ähnliche Schwächen der vorherrschenden, themenbestimmenden Redaktionsstrukturen. Beatrice Dernbach und Manfred Kottcke schreiben, dass Phänomene und Folgen des Klimawandels kaum auf einfache W-Fragen heruntergebrochen werden könnten.

Das Thema betrifft sowohl Umwelt, als auch Technik, Gesundheit, Landwirtschaft und Geowissenschaft, und zugleich gibt es (interessengeleitete) Kommunikation von Verbänden, aber auch aus der Wissenschaft dazu. Welches Ressort ist da zuständig? Dernbach und Kottcke sehen die Gefahr, dass Klimawandel nirgendwo richtig dazu gehöre – und dadurch überall durchs Raster falle.[48]

> **Vier Schwächen der ressortgebundenen Berichterstattung**
> *Ressortdenken:* Themen außerhalb dieser Silos drohen unberücksichtigt zu bleiben
> *Geschrumpfte Ressorts:* zu wenige Fachleute in den Redaktionen
> *Komplexe Themen:* häufig nur ressortübergreifend oder im Rechercheverbund zu durchdringen
> *Querschnittthemen* wie Klima sind schwerlich auf Ressorts einzugrenzen

Übergreifende Themen im Lokaljournalismus: Klima ist nicht nur ein überregionales Querschnittthema, sondern tangiert die Menschen in bestimmten Regionen auf unterschiedliche Weise. In ihrer mittelgebirgigen, von Flüssen durchzogenen Heimat an der Ahr haben die Einwohnerinnen und Einwohner nicht erst seit der Flutkatastrophe im Sommer 2021 Fragen zum sicheren Hausbau, Hochwasserschutz und zu umweltbewusstem Verhalten. Dieses wiederum ist nicht unbedingt eine Frage des Wohnorts.

---

[47] Vgl. Marc Bartl, „Die Pressekonferenz ist tot", kress.de, 16. November 2016, https://kress.de/news/beitrag/131041-quot-die-pressekonferenz-ist-tot-quot.html, 27.12.2023.
[48] Beatrice Dernbach, Manfred Kottcke, Die Komplexität des Klimawandels journalistisch reduzieren, S. 186 ff., in: Dernbach, Godulla, Sehl (Hrsg.), Komplexität, S. 181–189.

Darauf weist Alexandra Borchardt hin. Sie schlägt vor, Klima-Fragen lokal übergreifend und zum Lebensstil gehörend aufzufassen. Auch Mobilität, entlang einer viel befahrenen Bundestraße oder Bahnstrecke, oder Fitness sieht Borchardt als Themen, die Lokalredaktionen über Verwaltungsgrenzen hinweg betrachten können.[49]

Wie lassen sich übergreifende Themenfelder finden? Wenn der digitale Erfolg im Vordergrund steht, sollten Redaktionen sich neben den Beispielen auf dem Markt ihre eigenen Nutzungsdaten anschauen:

- Welche Zielgruppen kann ich mit einem Themenfeld voraussichtlich ansprechen und ihren Bedürfnissen dabei gerecht werden?
- Zeigen einzelne Beiträge zu einem bestimmten Thema überdurchschnittliche hohe Nutzungszahlen, Lesedauer oder Abo-Abschlüsse an?

Letztlich steckt hinter jedem Themenfeld mindestens eine Zielgruppe – deren Zugehörige unterschiedliche Bedürfnisse haben können (siehe Abschn. 4.3). Beispiel Mobilität: Berufspendlerinnen und -pendler sind auf eine bestimmte Bahnstrecke angewiesen. Welche Umwege nehmen sie in Kauf, welche alternativen Routen können sie wählen, wenn der Zugverkehr auf dieser Strecke unterbrochen ist?

Experimentieren erlaubt: Die Redaktion der „Main-Post" bedient neben Bedürfnissen ihrer Zielgruppen bestimmte, lokal spezifische Themenstränge. In Würzburg entschied die Redaktion nach Analyse der Daten, das Thema Verkehr intensiv anzugehen. Im Experiment stellte sich heraus: Zwar erreichten Beiträge zu Baustellen im Straßenverkehr hohe Aufmerksamkeit, gemessen mit dem Artikel-Score (siehe Abschn. 3.2 zur Datenorientierung). Eine entsprechend hohe Zahl neuer Abos habe es nicht gegeben, berichten der Leiter des Themenmanagements, Tobias Köpplinger, und der Leiter der „Main-Post"-Conversion-Unit, Justus Stiller-Neidlein, in „Kress pro".

Als doppelt so erfolgreich für den Abo-Verkauf erwies sich demnach der Themenstrang Gastronomie in Würzburg. Solche Experimente begleitet die „Main-Post" mit Feedback und Ratschlag durchs Themenmanagement und mit entsprechender Fehlerkultur: Köpplinger zufolge geht es darum, den Teams zu helfen, besser zu werden.[50]

---

[49] Vgl. Alexandra Borchardt, Wie Journalismus die Bedürfnisse seiner Nutzer*innen ins Zentrum stellt. DJF: Kolumne, HMS-Blog, 29. April 2021, https://www.hamburgmediaschool.com/blog/djf-kolumne-themen-teams-statt-ressorts-wie-journalismus-die-beduerfnisse-seiner-nutzer-ins-zentrum-stellt, 27.12.2023.

[50] Vgl. Henning Kornfeld, Überraschende Abobringer im Lokalen, S. 35 f., 37, *Kress pro* 06/2023, S. 34–38.

4.5 Thementeams und journalistische Tiefe

Besser mit Thementeams und Themenfeldern zu werden, bedeutet letztlich ebenfalls, aus der Perspektive der Nutzenden auf den (lokalen) Journalismus zu schauen. Das Verhalten gerade neuer digitaler Kundinnen und Kunden ist dabei anders, als sich dies manche Redaktionsmitglieder vorstellen. „Im Digitalen lesen viele Userinnen und User nicht mehr unser ganzes Produkt, sondern kommen über einzelne Themen beispielsweise über eine Google-Suche zu uns", sagte Swantje Dake, bis Ende 2023 Digitalchefredakteurin der „Stuttgarter Zeitung" und der „Stuttgarter Nachrichten", dem Magazin „Kress pro".

Im Jahr 2022 baute die Chefredaktion die Redaktion grundsätzlich um: Aus neun Ressorts wurden 22 Thementeams, darunter die Teams „Liebe und Partnerschaft", „Entscheider und Institutionen" und, fokussiert auf die Region Stuttgart, „Automobilwirtschaft".[51]

▶ **Tipp „Massentaugliche Themenfelder"** – das gab es schon bei gedruckten Zeitungen. Der Schweizer Carlo Imboden hat das Readerscan-Verfahren entwickelt. Lesende sollen als Probandinnen und Probanden mit einem elektronischen Scan-Stift markieren, was sie in Zeitungen und Zeitschriften lesen. Imboden hat 2014 die Ergebnisse zu zwölf Themenfeldern zusammengefasst, die bei Printlesenden gut ankommen. Hier nachzulesen!
https://www.drehscheibe.org/files/drehscheibe/media/fuer-die-praxis/drehscheibe-plus/pdf/drehscheibe_plus_08.pdf

Themenfeld-Strategie: Die Veränderungen in Stuttgart, die mit Stellenabbau einhergingen, haben Mitarbeitende intern und Medienjournalisten kritisch betrachtet. Gleichwohl taugt das Beispiel, um strategisches digitales Vorgehen zu erläutern. Laut Dake gründete die Redaktion 2021 gezielt fünf thematische Gruppen, Geld und Arbeit, Familie, Bauen und Wohnen, Partnerschaft und Gastro, um mehr digitale Abos zu generieren. In einem nächsten Schritt und unter Beteiligung Freiwilliger entwickelte die Redaktion 2022 die Thementeam-Struktur. An die Stelle von Ressortleitungen traten Themenkoordinatoren, die aus der Reportage stammen.

Die Chefredaktion hat die neue Struktur schrittweise ins Lokale weiterentwickelt. Dort sind Teams zu „Stadtleben, Stadtkultur", „Stadtentwicklung, Infrastruktur", „Familie, Bildung, Soziales" und „Kriminalität" an den Start gegangen (Abb. 4.7). Das Sportteam konzentriert sich zum Beispiel auf Bedürfnisse der Fans des Fuß-

---

[51] Zitiert nach Henning Kornfeld, Swantje Dake: „Wir wollen digital schneller wachsen", S. 56, *Kress pro* 01/2023, S. 56–59.

Stadtkind Stuttgart

Abb. 4.7 „Stadtkind Stuttgart" – Thementeam bei der „Stuttgarter Zeitung". *Mit dem Stadtkind-Team bedient die „Stuttgarter Zeitung" das Lebensgefühl auch jüngerer Menschen in und um Stuttgart mit weiteren darunterliegenden Themenfeldern.* https://www.stuttgarter-zeitung.de/stadtkind *(Quelle: stuttgarter-zeitung.de/ Screenshot: Oliver Haustein-Teßmer)*

ball-Bundesligisten VfB Stuttgart. Die Kultur differenziert zwischen Online, wo Themen aus Pop und Streaming-TV wichtiger geworden sind, und Print: In der Zeitung gibt es noch klassische Konzertberichte. Alle Thementeams planen mit einer Planungssoftware (Kordiam, früher Desk-Net).[52]

Organisatorischer Wandel: Themenorientierung, ob nun über Thementeams oder Audiences-Teams (siehe Abschn. 4.1), verändert letztlich die Redaktionsorganisation. Das ist logisch und auch nicht neu, folgt man der Journalistik-Forschung und früheren redaktionellen Beispielen. Im Fachjournalismus wie auch in regionalen und überregionalen Medien gibt es seit Langem Matrix-Organisationsformen: Thementeams oder einzelne Fachleute arbeiten verschiedenen redaktionellen Ressorts zu.

In lokal ausgerichteten Medien können Reportage-Pools diese Aufgabe übernehmen, in denen Reporterinnen und Reporter mit Spezialgebieten gebündelt sind. Die Pools kooperieren wiederum zeitweise mit lokalen Einheiten. Die „Heilbronner

---

[52] Vgl. Kornfeld, Dake (2023), S. 56 ff. Zur Kritik an den Veränderungen bei SWMH vgl. Rüdiger Soldt, Gustav Theile, Ressortchefs raus, Digitalklicks rein. Stellenabbau im Südwesten, faz.net, 20. Januar 2022, https://m.faz.net/aktuell/feuilleton/medien/stuttgarter-zeitung-und-nachrichten-schaffen-die-ressorts-ab-17742439.html, 27.12.2023.

4.5 Thementeams und journalistische Tiefe

Stimme" entwickelte mit ihrem Chefredakteur Uwe Ralf Heer zehn Themenfelder, darunter für Medizin, Flüchtlinge, Sicherheit und Landwirtschaft, für die Spezialwissen nötig ist. Heer führt eine zentral angebundene Reportergruppe.[53]

Zweck und Folgen der Themenorientierung: Solche Strukturen dienen dazu, angesichts sinkender Printauflagen, Umsätze und schrumpfendem Redaktionsteam dennoch Qualität zu erhalten. Allerdings können sie ebenso helfen, Silo-Denken zu überwinden und die Ressortblindheit für bestimmte Themen aufzubrechen, wie der Journalismus-Forscher Klaus Meier sinngemäß schreibt.

Spezielle übergreifende Teams für Investigation, also tiefergehende und kritischen Journalismus stützende Recherchen, können demnach das Profil einer Medienmarke stärken. Die Redaktionen der „Welt" und der „Westdeutschen Allgemeinen" (WAZ) brachten um das Jahr 2010 solche redaktionellen Einheiten auf den Weg, die für bestimmte Themen wiederum mit Fachleuten angestammter Ressorts zusammenarbeiten. Im besten Fall wächst dabei systematisch das Wissen der gesamten Redaktion, wie der frühere „Welt"-Investigativchef Jörg Eigendorf sagte.[54]

Systematische und vertiefende Arbeit mit Themenfeldern ist etwas anderes, als ein aktuelles Thema auszuschlachten. Solche Themenkarrieren betrachten manche Forschende und Führungskräfte aus der Praxis kritisch. Hat ein Partnerschaftsthema wie „Toxische Beziehungen" Konjunktur, steigt auch der Themendruck in den aktuell arbeitenden Online-Redaktionen, wie Katharina Kühn, Wissenschaftsredakteurin beim Deutschlandfunk, bemängelt. Sie belegt dies mit der unkritischen Übernahme einer fragwürdigen Studie zu männlicher Gewalt gegen Partnerinnen, die mehrere Medien verbreiteten.

Themenkarrieren kennzeichnet Claudia Mast kritisch als Boulevardisierung im Journalismus, die auch „reißerische Überschriften" hervorbringen. Benjamin Piel, Chefredakteur des „Mindener Tageblatts", sieht die Gefahr der Ökonomisierung des Journalismus durch zu viel Datenorientierung und Transport zweifelhafter, aber online gut laufender Themen. Er plädiert dafür, auch randständige Themen und beispielsweise mittellose Menschen in den Blick zu nehmen.[55]

---

[53] Vgl. Henning Kornfeld, Uwe Ralf Heer: „Alles andere wäre Augenwischerei". Interview/ Heilbronner Stimme, S. 58 f., *Kress pro* 04/2018, S. 56–59.

[54] Vgl. Meier, Journalistik (2018), S. 171 ff. Eigendorf zitiert nach Mast, ABC (2018), S. 324 f. Zu den Investigativteams bei „Welt" und Funke (WAZ) siehe Investigativ-Teams: Was steckt hinter den Gründungen von Rechercheressorts? horizont.net, 22. Juli 2010, https://www.horizont.net/medien/nachrichten/-Investigativ-Teams-Was-steckt-hinter-den-Gruendungen-von-Rechercheressorts-93648, 27.12.2023.

[55] Vgl. Kathrin Kühn, Wie Themenumfeld, Konkurrenz und Strukturen Journalismus beeinflussen. Gastbeitrag, wissenschaftskommunikation.de, 15. August 2023, https://www.wissenschaftskommunikation.de/wie-themenumfeld-konkurrenz-und-strukturen-journalis-

Mehr Vielfalt oder einseitige Themenauswahl? Prinzipiell bedeutet Journalismus immer, ein Thema zu reduzieren – in einem Beitrag verständlich aufzuschreiben, in Grafiken vereinfacht darzustellen oder mit einem Foto ein ganzes Fachgebiet zu symbolisieren. Deshalb ist natürlich kein Thema jemals vollständig darstellbar oder gar die „ganze Wahrheit" auf dem Tisch. Dies galt schon für das Print-Zeitalter und die Arbeit in den Ressort-Silos. Und dies gilt erst recht in der digitalisierten Gesellschaft.

Zu jedem Thema gibt es viel mehr Informationen – und Meinungen –, als eine Reporterin, ein Themenrteam oder Rechercheverbund einbeziehen könnten. Eine redaktionelle Beschränkung auf bestimmte Audiences, Bedürfnisse oder Themenfelder für Zielgruppen ändert am grundlegenden Dilemma des Journalismus nichts; dennoch gibt es unterschiedliche Ansichten zu den gesellschaftlichen Wirkungen.

Die Themen-Redaktion: Bei einem Workshop der Katholischen Universität Eichstätt-Ingolstadt im Jahr 2017 haben Forschende und Fachleute aus dem Journalismus diskutiert, wie digitalen Herausforderungen und Medienmisstrauen zu begegnen sei. Eine Arbeitsgruppe erarbeitete einen Leitfaden, um Ressortgrenzen zu überwinden und dadurch mehr Perspektiven auf wichtige Themen zuzulassen. Ihr Zielbild: eine Themen-Redaktion, die *ressortübergreifend* und vorausschauend plant, unterschiedliche *Lebensstile* und *Wertvorstellungen des Publikums* abbildet (siehe unten, Tipp).

Für den ressortübergreifenden Blick auf Themen wie Nachhaltigkeit und Klimaschutz spricht nach Ansicht von Steven Plöger, dass damit jüngere Menschen erreicht werden. Plöger hat für die Axel Springer Tech Academy, die Ausbildungsstätte des Konzerns, eine Kooperation mit Snap Inc., dem Anbieter der sozialen Plattform Snapchat, koordiniert.[56]

▶ **Tipp** Ideen für die Praxis: Beim Projekt „Journalismus auf Augenhöhe" 2017 in Darmstadt hat eine Arbeitsgruppe (4) einen Leitfaden für die Themen-Redaktion entwickelt. https://journalismusaufaugenhoehe.wordpress.com/

---

mus-beeinflussen-69611/, 27.12.2023, sowie Mast, ABC (2018), S. 512 und Benjamin Piel, Läuft die Durchökonomisierung journalistischer Inhalte heiß? journalist, 9. Juni 2022, https://www.journalist.de/startseite/detail/article/laeuft-die-durchoekonomisierung-journalistischer-inhalte-heiss, 27.12.2023.

[56] Vgl. Die FreeTech-Axel Springer Academy macht den Journalismus zukunftssicher, o. D., a_new chapter, https://sustainability.axelspringer.com/die-freetech-axel-springer-academy-macht-den-journalismus-zukunftssicher/, 02.01.2024.

4.5 Thementeams und journalistische Tiefe

Verjüngung und Ansprache der Zielgruppen ist auch ausschlaggebend bei der Funke Mediengruppe, deren Redaktionen Zielgruppenansprache und Themenfelder zusammendenken. Christian Klose, bis Ende 2023 Chefredakteur bei der zu Funke gehörenden „Braunschweiger Zeitung", hat dies am Beispiel junger Familien erläutert. Die digitalen Lesenden seien durchschnittlich 46 Jahre alt, etwa die Hälfte habe Kinder, wohne zur Miete. Deswegen setzt die Braunschweiger Redaktion auf Thementeams mit Themen wie Kindererziehung, Immobilien, Kinderbetreuung oder auch „Umgang mit Krisen".

Funke löst sich nach eigenen Angaben auch deshalb von den klassischen Ressorts, weil der Blick auf spezifische lokale Bedürfnisse digitales Wachstum ermöglicht. Neben der regionalen Kaufkraft und dem publizistischen Wettbewerb gehören dabei die redaktionellen Ressourcen ins Blickfeld. Zu oft seien wenige Print-Redakteurinnen und –Redakteure am Ort, die zugleich nebenbei Online machen.[57]

Gewerkschaftliche Kritik unterstellt dagegen generell, dass solche *Thementeams* kein Interesse mehr an Gemeinderatssitzungen in verschiedenen Orten hätten. Allerdings warnen auch Forschende vor einer „Atomisierung der Öffentlichkeit" (Christopher Buschow), und sie verweisen auf rechtliche Privilegien und öffentliche Aufgabe des Journalismus.[58]

Deep Journalism: Einen möglichen Ausweg skizzieren Sebastian Turner und Stephan Russ-Mohl in dem von ihnen 2023 herausgegebenen Sammelband zu *Deep Journalism*. Russ-Mohl, emeritierter Professor für Journalistik, betont ein anderes Problem als die skeptischen Stimmen zum Fokus auf Zielgruppen und spezifische Themenfelder. Er hält mangelnde *Domänenkompetenz* gerade in den lokalen und regionalen Medien für die größere gegenwärtige Herausforderung.

„Als Folge von Sparzwängen, aber auch der Digitalisierung, gewinnen Generalisten gegenüber Spezialisten die Oberhand", schreibt Russ-Mohl. Ihm zufolge

---

[57] Vgl. Vivian Katharina Bissel, Zielgruppenstrategie Gen Z: Wie Zeitungsverlage junge Leser erreichen können, dnv-online.net, 21. März 2023, https://www.dnv-online.net/_rubric/detail.php?rubric=Medien&nr=167877, 27.12.2023 sowie Funkes Wachstumsstrategie für Lokaljournalismus: Märkte in Betreuung wachsen deutlich, forward-publishing.com, 1. März 2023, https://forward-publishing.com/news/funkes-wachstumsstrategie-fuer-lokaljournalismus/258, 27.12.2023.

[58] Zur Gewerkschaftssicht vgl. Review: Erste Fachtagung „Zukunft im Lokaljournalismus" ein voller Erfolg, djv-bawue.de, 23. Mai 2023, https://www.djv-bawue.de/2023/05/23/review-erste-fachtagung-zukunft-im-lokaljournalismus-ein-voller-erfolg/, 27.12.2023, sowie Christopher Buschow, Medienwirtschaftliche Potenziale, gesellschaftliche Risiken, S. 71, 78 f., in: Sebastian Turner, Stephan Russ-Mohl (Hrsg.), Deep Journalism. Domänenkompetenz als redaktioneller Erfolgsfaktor (Schriften zur Rettung des öffentlichen Diskurses 5) (Köln: Herbert von Halem Verlag, 2023), S. 69–85.

bedienen diese Generalisten in vielen Redaktionen zu viele Produkte und Kanäle gleichzeitig: Es gehe unter anderem um schnell produzierten Output – nicht um anwendbare Fachkenntnisse, die tiefergehenden Journalismus ermöglichen.[59]

Als Gegenentwurf präsentieren Russ-Mohl und Turner eine Rückbesinnung auf Fachjournalismus, *Vertikalisierung* genannt. Dieser Journalismus soll in neuen Produkten, zum Beispiel Newslettern, aber auch Magazinen oder Büchern, gebündelt (*Rebundling*) werden.

Turner hat das Konzept zunächst ab 2014 beim „Tagesspiegel" in Berlin als Herausgeber erprobt. Er gilt als Kopf hinter den Themenfeld-Newslettern („Tagesspiegel Background"), zum Beispiel zur Energiewirtschaft und zum Klima. Seit 2020 spricht Turner mit Thementeams beim Startup Table.Media spezielle Eliten-Zielgruppen mit Fach-Newslettern an, darunter „Table China" für Menschen, die beruflich mit China, dessen Wirtschaft und Institutionen zu tun haben.

„An erster Stelle steht der Anspruch, in einer Domäne so gut zu sein, dass dies dem Publikum etwas wert ist, sich also in Zahlungsbereitschaft bestimmter Zielgruppen niederschlägt", schreiben die Autoren. Dem Vorwurf einer drohenden Atomisierung der Öffentlichkeit begegnet Russ-Mohl mit einem Vorschlag. Die neuen Fachmedien könnten mit generalistisch ausgerichteten Mainstream-Medien zusammenarbeiten – als Brückenbau in die Gesellschaft.[60]

Deep Journalism: Welche Informationen Geld wert sind[61]
Der US-Kommunikationsforscher James T. Hamilton (Stanford University) ordnet Informationen Märkten zu, auf denen Konsumenten mehr oder weniger zahlungsbereit sind, von 1 (höchste) bis 4 (geringe Zahlungsbereitschaft):

1. *Produzenten-Märkte:* beruflich verwertbare, fürs eigene Fortkommen wichtige Infos
2. *Konsumenten-Märkte:* Infos, die Verlustrisiken (von Verbrauchern) mindern

---

[59] Stephan Russ-Mohl, Domänenkompetenz in der Aufmerksamkeitsökonomie, S. 48 f., in: Turner, Russ-Mohl, Deep Journalism, S. 43–68.
[60] Zitat nach Stephan Russ-Mohl, Sebastian Turner, Deep Journalism und was ihn ausmacht, S. 15, in: Turner, Russ-Mohl, Deep Journalism, S. 14–28. Zur Brückenbau-These vgl. Russ-Mohl, Domänenkompetenz, S. 65. Zu den Beispielen für Verticals und deren Verortung im Deep J. siehe Sebastian Turner, Deep Journalism. Eine Chance für Qualitätsmedien, S. 37 f.
[61] Zu James T. Hamilton, Modell der Zahlungsbereitschaft, vgl. Russ-Mohl, Domänenkompetenz, S. 53 f.

4.5 Thementeams und journalistische Tiefe

> 3. *Unterhaltungsmärkte:* Angebote, die der Zerstreuung dienen (Freude, Entspannung bringen)
> 4. *Markt für Nachrichten:* Infos zu Politik und öffentlichem Leben, zum Beispiel Wahlberichte
>
> (nach Russ-Mohl)

Wie sich das Deep-Journalism-Konzept lokal nutzen ließe, machen einige lokale Startup-Medien vor. In Brandenburg und Sachsen hat sich das „Neue Lausitz Briefing" der früheren „Lausitzer Rundschau"-Reporterin Christine Keilholz seit 2022 entwickelt. Ähnlich wie die Fach-Newsletter zu China bei Table.Media oder zu Energie & Klima beim „Tagesspiegel" hat sich Keilholz mit einem Thementeam auf den Strukturwandel in der Energieregion Lausitz spezialisiert.

Der Fokus liegt auf Entscheiderinnen und Entscheidern in wissenschaftlichen Einrichtungen, Behörden und Unternehmen. Die Themen beschäftigten sich mit Chancen und Herausforderungen für die Gesellschaft durch den Ausstieg aus der Braunkohle. Auch Investitionen staatlich geförderter Unternehmen in Erneuerbare Energien, Industrie und Dienstleistungen stehen im Fokus.

Es gibt keine einfache Antwort darauf, ob andere regionale Medienunternehmen es ebenso hinbekommen, zugleich kaufkräftige Eliten mit *Deep Journalism* als auch mehr und jüngere Menschen mit digitalem Journalismus erfolgreich zu bedienen. Annette Milz, Herausgeberin des „medium magazins", vermutet, dass es in jeder Region Besonderheiten gebe, die sich thematisch kanalisieren ließen.

Milz verweist darauf, dass die Medienbranche händeringend nach neuen Talenten sucht. Ihr zufolge kann die Branche attraktiver werden, wenn sie von befristeten Verträgen und Ressourcenverschwendung absieht, dafür Kompetenzen der Mitarbeitenden abruft und innovative Ideen fördert (siehe Kap. 5 zum Berufseinstieg). Sigrun Albert und Anja Pasquay (BDZV) betonen, dass die Innovationsförderung wiederum nur gelinge, wenn Verlage dafür Budget einplanen.[62]

---

[62] Vgl. Annette Milz, Rückbesinnung auf Kernelemente des Qualitätsjournalismus, S. 180, in: Turner, Russ-Mohl, Deep Journalism, S. 176–181, sowie Sigrun Albert/Mitarbeit: Anja Pasquay, Von Fehlentwicklungen in Amerika lernen, S. 193, in: Turner, Russ-Mohl, Deep Journalism, S. 189–198.

▶ **Tipp Nova Innovation Award:** Der Bundesverband Digitalpublisher und Zeitungsverleger vergibt seit 2017 jährlich den Preis, um innovative Konzepte zu würdigen. Beiträge über die Ausgezeichneten und Nominierten können als Anregung dienen. https://www.bdzv.de/awards/nova

Neben Startups und zum Teil durch Stiftungen geförderten, mitglieder- oder spendenfinanzierten Non-Profit-Medien kombinieren auch kommerzielle Medienunternehmen inhaltliche digitale Strategien mit wertebasierten Konzepten. Einen Durchbruch hat der lösungsorientierte oder konstruktive Journalismus erlebt. Dies liegt auch daran, dass Leserinnen und Leser das Konzept eher verstehen als andere journalistische Werte.

Der Eichstätter Journalismus-Forscher Klaus Meier erläutert, dass das Publikum die Lösung und Hoffnung stiftende Perspektive auf bestimmte Themen erkenne. Meier erfasst in seiner Analyse von Berichterstattungsmustern konstruktiven Journalismus mit Public Journalism, konfliktsensitivem (Friedens-)Journalismus sowie Ratgeber-Journalismus (Lifestyle-Journalismus) mit dem Oberbegriff *Perspektivjournalismus*.[63]

▶ **Tipp Konstruktiver Journalismus:** Das von „Rheinischer Post", RTL und Deutscher Welle mitgetragene gemeinnützige Bonn Institute fördert konstruktiven Journalismus. Dessen Übersichtsseite erläutert Begriffe, Genese und gibt Literaturhinweise: https://www.bonn-institute.org

Neue Perspektiven: Darum geht es auch in einem Projekt aus dem Osten Deutschlands, das konstruktiven Journalismus, Datenjournalismus und *Audiences first* verbindet. Die Mehrwertmacher GmbH, eine Tochterfirma der DDV Mediengruppe in Dresden, hat mit der Redaktion der „Sächsischen Zeitung", „Leipziger Volkszeitung" und „Freie Presse" (Chemnitz) einen Familienkompass entwickelt. Dahinter steckt eine landesweite, wissenschaftlich begleitete Umfrage zur Familienfreundlichkeit. Teilnehmende vergeben zum Beispiel Schulnoten für die berufliche Situation, Kinderbetreuung, Kitas, Gesundheitsversorgung, Schulbildung und Wohnen.

Mit den Ergebnissen haben die Redaktionen gewählte Politikerinnen und Politiker, Regierende und Verwaltungen konfrontiert sowie nach Verbesserungen im

---

[63] Vgl. Klaus Meier, Berichterstattungsmuster als Strategie der Komplexitätsreduktion, S. 105, 109 ff., in: Dernbach, Godulla, Sehl (Hrsg.), Komplexität, S. 101–116.

Sinn der Familien gefragt. Das Konzept haben „Lausitzer Rundschau", „Märkische Oderzeitung" (Neue Pressegesellschaft) und „Märkische Allgemeine" (Madsack) für Brandenburg 2022 regionalisiert; 2023 haben „Mitteldeutsche Zeitung" (Halle) und „Volksstimme" (Magdeburg) in Sachsen-Anhalt den Familienkompass fortgesetzt.[64]

4.6 Interview mit Christian Eißner: „Starke Stimme der Familien"

Christian Eißner ist Redaktionscoach und Mitglied der Geschäftsleitung bei der Die Mehrwertmacher GmbH in Dresden, einem Ableger der DDV Mediengruppe (seit Mai 2024 zu Madsack gehörend), die auch die „Sächsische Zeitung" herausgibt. Mit dem „Familienkompass" verbinden die Mehrwertmacher und beteiligte regionale Verlage konstruktiven Journalismus (Abb. 4.8).[65]

Abb. 4.8 *Christian Eißner im Video-Interview am 17. August 2023. Screenshot: Oliver Haustein-Teßmer* (▶ https://doi.org/10.1007/000-c7k)

---

[64] Zum Familienkompass in Sachsen vgl. Christian Eißner, Mit Familie zum Glück, saechsische.de, 6. Oktober 2020, https://www.saechsische.de/familie/mit-familie-zum-glueck-familienkompass-sachsen-5289363-plus.html, 02.01.2024.

[65] Redigiertes Transkript des am 17. August 2023 aufgezeichneten Video-Interviews.

Was ist der Familienkompass?
Christian Eißner: Der Familienkompass ist eine Umfrage unter Familien in einem bestimmten Gebiet. Die redaktionelle Grundidee: Wie kommen wir näher an diese Zielgruppe heran? Was bewegt Familien in unserer Region überhaupt? Wissen wir das, können wir das einschätzen? Was haben sie für Probleme? Mit welchen Herausforderungen schlagen sie sich herum, wie schätzen sie ihr Leben ein? Und daraus ist die Umfrage entstanden. Heißt ganz einfach: Wir fragen die Familien am besten selbst.

Was wird davon letztlich für konstruktiven Journalismus genutzt?
Christian Eißner: Die Umfrage war tatsächlich sehr aus Redaktionssicht gedacht. Das heißt, was sind Themen, die Familien bewegen? Und wo können wir vielleicht auch etwas für Familien bewegen? Genau dieser Gedanke ist ja ein sehr konstruktiver. Wir wollten also nicht nur spiegeln, wie es den Familien geht, sondern tatsächlich auch Probleme aufgreifen und Entscheider, Politiker, Landräte, Bürgermeister mit den Einschätzungen konfrontieren und schauen, ob sich aus dieser Berichterstattung heraus vielleicht das Eine oder Andere im wirklichen Leben für die Familien verbessern lässt.

Hast Du ein Beispiel dafür?
Christian Eißner: Beim „Familienkompass" war es zum Beispiel in einer Stadt in Sachsen offensichtlich ein großes Thema für Familien mit Schulkindern, dass es Probleme mit dem Schulessen an verschiedenen Schulen gegeben hat. Man hat in der Auswertung ganz deutlich gesehen, dass das sehr schlecht bewertet wurde. Und die Redaktion ist dieser Sache dann nachgegangen. Es gab Probleme mit Schulessen-Anbietern. Aufgrund der Berichterstattung hat sich das dann tatsächlich gelöst.

Jetzt gibt es besseres Essen an den Schulen...
Christian Eißner: ... genau.

Ihr habt den „Familienkompass" in Sachsen mit dem Slogan beworben, dass Ihr Familien in der Öffentlichkeit „eine Stimme geben" wollt. Inwiefern ist das mit Datenjournalismus überhaupt möglich? Weckt man dabei nicht auch zu hohe Erwartungen bei der Zielgruppe?
Christian Eißner: Es hat ja tatsächlich funktioniert. Wir haben die Zufriedenheit mit der Gesundheitsversorgung und dem Wohnumfeld abgefragt, aber auch: Was tut die Gemeinde eigentlich für Familien? Wie sieht es mit der Bildung aus? Wie ist die Situation an Schulen, an Kindertagesstätten? Wie ist die Verkehrsbelastung? Zu all' diesen Themenfeldern und noch mehr haben wir Antworten eingesammelt. Verschiedene Punkte haben die Familien mit Schulnoten bewertet. So hatten wir auch gegenüber Entscheidungsträgern immer die Möglichkeit zu sagen, bei euch sieht es so und so aus im Vergleich mit dem Landesdurchschnitt und mit anderen Gemeinden. Schaut mal, ob ihr nicht vielleicht doch ein Thema habt, das

ihr verbessern könnt. Insofern ist das schon eine ganz starke Stimme der Familien, sozusagen von unten heraus, natürlich auch aufgrund der breiten Berichterstattung.

Für die Politikerinnen und Politiker ist das so eine Art TÜV. Waren die begeistert oder eher ängstlich?

Christian Eißner: Teils, teils. Was wir sagen können, dass die Politik sehr interessiert an den Ergebnissen gewesen ist, weil die natürlich genau wissen möchten: Wie schätzen uns unsere Bürger eigentlich ein? Wie gut ist unsere Arbeit in Bezug auf Familien, und wo gibt's vielleicht auch Herausforderungen? Wir haben konstruktives Feedback auch aus der Politik erlebt. Dass manche Sachen, die nicht gut laufen, auch die Entscheider nicht überrascht haben, und dass die gesagt haben, ja, wir wissen, da müssen wir noch was tun. Wenn eine Gemeinde im Ranking nicht ganz so gut abgeschnitten hat, tauchten bei dem einen oder anderen Bürgermeister natürlich Fragen auf.

Die Bedürfnisse von Familien sind je nach sozialer, wirtschaftlicher oder regionaler Lage unterschiedlich. Inwieweit kann denn datengestützter Journalismus wie beim „Familienkompass" helfen, die Ansprache der regionalen Zielgruppen zu verbessern?

Christian Eißner: Von der Befragung haben sich vor allem Familien mit Kindern angesprochen gefühlt, obwohl wir das gar nicht so explizit eingeschränkt hatten. Dass wir vor allem Menschen zwischen 30 und 50 Jahren mit der Umfrage erreicht haben, hat der Redaktion sehr geholfen, die Reichweite in dieser wichtigen Zielgruppe zu erhöhen.

Für so ein Projekt braucht man Euer Projektteam als Fachleute, die Medienhäuser müssen sich selber interdisziplinär engagieren, und man muss das Ganze auch bezahlen. Wie lohnt sich das am Ende?

Christian Eißner: Das bringt einfach Leser, Nutzer, Redaktion enger zusammen. Und der Aufwand hat sich für die Verlage, soweit ich das einschätzen kann und Zahlen dazu vorliegen habe, auch finanziell gelohnt. Die Umfragen taugen als Plattform, mit denen man Unterstützer sammeln kann. Unternehmen präsentieren zum Beispiel die Familien-Befragungen öffentlich, daraus kann ein Verlag Werbeinnahmen generieren.

Weiterführende Literatur

Beatrice Dernbach, Alexander Godulla, Annika Sehl (Hrsg.), Komplexität im Journalismus (Wiesbaden: Springer, 2019)

Leon Fryszer, The Engaged Journalism Playbook (Krautreporter, 2019), https://krautreporter.de/pages/playbook

Ellen Heinrichs/ Mitarbeit: Alexandra Haderlein, Lösungen, Perspektiven, Dialog – Warum Konstruktiver Journalismus sich für Medien und Gesellschaft lohnt (Marl: Grimme Institut, 2021)

Gabriele Hooffacker, Journalistische Praxis: Konstruktiver Journalismus. Wie Medien das Thema Migration für Jugendliche umsetzen können (Wiesbaden: Springer VS, 2020)
Leif Kramp, Stephan Weichert, Nachrichten mit Perspektive. Lösungsorientierter und konstruktiver Journalismus in Deutschland (Frankfurt am Main: Otto-Brenner-Stiftung, 2020), https://www.otto-brenner-stiftung.de/fileadmin/user_data/stiftung/02_Wissenschaftsportal/03_Publikationen/AH101_konstr_Journalismus.pdf
Alexander Marinos, Journalistische Praxis: Modernes Nachrichtenschreiben. Neu interpretierte Regeln für einen besseren Qualitätsjournalismus (Wiesbaden: Springer VS, 2021)
Nic Newman mit Richard Fletcher, Craig T. Robertson, Amy Ross Arguedas und Rasmus Kleis Nielsen, Reuters Institute Digital News Report 2024 (Oxford: Reuters Institute for the Study of Journalism, 2024)
Christian Sauer, Ulf Grüner (Hrsg.), Kritisch-konstruktiver Journalismus. Reihe Impulse für Redaktionen, Band 2 (3. aktualisierte und erweiterte Auflage, Norderstedt: Books on Demand, 2019)
Douglas K. Smith, Quentin Hope, Tim Griggs, Table Stakes. A Manual for Getting in the Game of the News (John S. and James L. Knight Foundation: Kindle Edition, 2017)
Sebastian Turner, Stephan Russ-Mohl (Hrsg.), Deep Journalism. Domänenkompetenz als redaktioneller Erfolgsfaktor (Schriften zur Rettung des öffentlichen Diskurses 5) (Köln: Herbert von Halem Verlag, 2023)
Maren Urner, Konstruktiver (Lokal-)Journalismus. Was der Journalismus von den Neurowissenschaften lernen kann, FES impuls (Bonn: Friedrich-Ebert Stiftung, Dezember 2021), https://maren-urner.com/images/forschung/konstruktiver-lokaljournalismus.pdf

Weiterführende Links

America Amplified, Initiative der nicht kommerziellen öffentlichen Radio- und Fernsehstationen in den USA, hat sich zu den Präsidentschaftswahlen 2020 und 2024 sowie zur Covid-Pandemie mit Engaged Journalism befasst. Ein Playbook erläutert, wie Community Engagement mit Journalismus funktionieren kann: https://www.americaamplified.org/playbook
Better News ist ein Projekt des American Press Institute und des Knight-Lenfest Local News Transformation Fund (John S. and James L. Knight Foundation, The Lenfest Institute for Journalism), das Erkenntnisse zur Arbeit mit Audiences sammelt und auf die Anfänge von Table Stakes zurückgeht: https://betternews.org
Columbia Journalism Review – führende US-amerikanische Fachzeitschrift zu Journalismus und Forschung, herausgegeben von der Columbia University, New York, beschäftigt sich mit neuen Konzepten: https://www.cjr.org
Google: Übersicht über Medienförderprojekte des Plattform-Konzerns: https://about.google/intl/ALL_de/stories/googleprojekte/
„Journalismus & Demokratie" ist eine Projektseite des Lehrstuhls für Fernseh- und Crossmedialen Journalismus am Institut für Journalistik der TU Dortmund (Prof. Dr. Michael Steinbrecher) mit Umfragen zu Erwartungen des Publikums: https://www.journalismusstudie.fb15.tu-dortmund.de
Vocer ist ein Think Tank aus Deutschland zur digitalen Transformation von Medien und Journalismus, der zu Formen des gemeinnützigen Journalismus informiert und weiterbildet: https://www.vocer.org/

Literatur

Sigrun Albert/Mitarbeit: Anja Pasquay, Von Fehlentwicklungen in Amerika lernen, in: Sebastian Turner, Stephan Russ-Mohl (Hrsg.), Deep Journalism. Domänenkompetenz als redaktioneller Erfolgsfaktor (Schriften zur Rettung des öffentlichen Diskurses 5) (Köln: Herbert von Halem Verlag, 2023), S. 189–198.

Marc Bartl, „Die Pressekonferenz ist tot", kress.de, 16. November 2016, https://kress.de/news/beitrag/131041-quot-die-pressekonferenz-ist-tot-quot.html

Vivian Katharina Bissel, Zielgruppenstrategie Gen Z: Wie Zeitungsverlage junge Leser erreichen können, dnv-online.net, 21. März 2023, https://www.dnv-online.net/_rubric/detail.php?rubric=Medien&nr=167877

Alexandra Borchardt, Wie Journalismus die Bedürfnisse seiner Nutzer*innen ins Zentrum stellt. DJF: Kolumne, HMS-Blog, 29. April 2021, https://www.hamburgmediaschool.com/blog/djf-kolumne-themen-teams-statt-ressorts-wie-journalismus-die-beduerfnisse-seiner-nutzer-ins-zentrum-stellt

Barbara Brandstetter, Lehren aus Lehman. Maßnahmen zur Reduktion von Komplexität nach 2008 in deutschen Wirtschafts- und Finanzredaktionen, in: Beatrice Dernbach, Alexander Godulla, Annika Sehl (Hrsg.), Komplexität im Journalismus (Wiesbaden: Springer, 2019), S. 191–201.

Bundesverband Digitalpublisher und Zeitungsverleger, Jahresreport Digital 2023. Change the Game. Mit einem Themenspecial: Künstliche Intelligenz (Berlin: BDZV e. V., 2023)

Christopher Buschow, Medienwirtschaftliche Potenziale, gesellschaftliche Risiken, S. 71, 78f., in: Sebastian Turner, Stephan Russ-Mohl (Hrsg.), Deep Journalism. Domänenkompetenz als redaktioneller Erfolgsfaktor (Schriften zur Rettung des öffentlichen Diskurses 5) (Köln: Herbert von Halem Verlag, 2023), S. 69–85

Beatrice Dernbach, Alexander Godulla, Annika Sehl (Hrsg.), Komplexität im Journalismus (Wiesbaden: Springer, 2019)

Beatrice Dernbach, Manfred Kottcke, Die Komplexität des Klimawandels journalistisch reduzieren, S. 186ff., in: Beatrice Dernbach, Alexander Godulla, Annika Sehl (Hrsg.), Komplexität im Journalismus (Wiesbaden: Springer, 2019), S. 181–189

Die FreeTech-Axel Springer Academy macht den Journalismus zukunftssicher, a_new chapter, https://sustainability.axelspringer.com/die-freetech-axel-springer-academy-macht-den-journalismus-zukunftssicher/

Katharina Dodel, Online First auf Schwedisch, auf drehscheibe.org, 25.10.2018, https://www.drehscheibe.org/verschiedenes-detail/wo-online-das-neue-print-ist.html

Christian Eißner, Mit Familie zum Glück, saechsische.de, 6. Oktober 2020, https://www.saechsische.de/familie/mit-familie-zum-glueck-familienkompass-sachsen-5289363-plus.html

Katja Fleischmann, Verlage unter Druck: Mit DRIVE Insights schneller digitalisieren, innovation.dpa.com, 2. November 2022, https://innovation.dpa.com/2022/11/02/verlage-unter-druck-mit-drive-insights-schneller-digitalisieren/

Katja Fleischmann, Warum „Inspire me"-Artikel die wertvollsten Digital-Inhalte sind, Blogpost Drive, 3. März 2023, https://www.presseportal.de/pm/8218/5455290

Nic Newman mit Richard Fletcher, Craig T. Robertson, Amy Ross Arguedas und Rasmus Kleis Nielsen, Reuters Institute Digital News Report 2024 (Oxford: Reuters Institute for the Study of Journalism, 2024)

Leon Fryszer, The Engaged Journalism Playbook (Krautreporter, 2019), https://krautreporter.de/pages/playbook

Funkes Wachstumsstrategie für Lokaljournalismus: Märkte in Betreuung wachsen deutlich, forward-publishing.com, 1. März 2023, https://forward-publishing.com/news/funkes-wachstumsstrategie-fuer-lokaljournalismus/

Frederike Charlotte Gollner, Die Verknüpfung von Leserbedürfnissen mit Audiences bei MOZ.de/LR.de, in: Bundesverband Digitalpublisher und Zeitungsverleger, Jahresreport Digital 2023. Change the Game. Mit einem Themenspecial: Künstliche Intelligenz (Berlin: BDZV e. V., 2023), S. 115–121

GA Medien, Aufmerksamkeit erzeugen! Mit dem Newsletter direkt ins Postfach Ihrer Kunden. Newsletter Bonn Appetit, https://medien.ga.de/ga-newsletter-bonn-appetit-detailseite/

Ellen Heinrichs/ Mitarbeit: Alexandra Haderlein, Lösungen, Perspektiven, Dialog – Warum Konstruktiver Journalismus sich für Medien und Gesellschaft lohnt (Marl: Grimme Institut, 2021)

Teemu Henriksson, 'Everyone has the power to contribute to success': Lessons from five years of coaching Table Stakes Europe teams (Interview mit Valérie Arnould and Martin Fröhlich), 18. Juli 2024, https://wan-ifra.org/2024/07/everyone-has-thepower-to-contribute-to-success-lessons-from-five-years-of-coaching-table-stakes-europe-teams/, 10.08.2024

Günter Herkel, Mehr Vertrauen durch mehr Vielfalt? Menschen Machen Medien, mmm.verdi.de, 11. Juli 2023, https://mmm.verdi.de/medienpolitik/mehr-vertrauen-durch-mehr-vielfalt-90545

Gabriele Hooffacker, Journalistische Praxis: Konstruktiver Journalismus. Wie Medien das Thema Migration für Jugendliche umsetzen können (Wiesbaden: Springer VS, 2020)

Investigativ-Teams: Was steckt hinter den Gründungen von Rechercheressorts? horizont.net, 22. Juli 2010, https://www.horizont.net/medien/nachrichten/-Investigativ-Teams-Wassteckt-hinter-den-Gruendungen-von-Rechercheressorts-93648

Lucinda Jordaan, 'In the 21st century, the newsroom is the business' – Doug Smith on sustaining journalism, wan-ifra.org, 29. September 2023, https://wan-ifra.org/2023/09/in--the-21st-century-the-newsroom-is-the-business-doug-smith-on-sustaining-journalism/

Henning Kornfeld, Uwe Ralf Heer: „Alles andere wäre Augenwischerei". Interview/Heilbronner Stimme, S. 58f., *Kress pro* 04/2018, S. 56–59.

Henning Kornfeld, Swantje Dake: „Wir wollen digital schneller wachsen", *Kress pro* 01/2023, S. 56–59

Henning Kornfeld, Überraschende Abobringer im Lokalen, *Kress pro* 06/2023, S. 34–38.

Leif Kramp, Stephan Weichert, Nachrichten mit Perspektive. Lösungsorientierter und konstruktiver Journalismus in Deutschland (Frankfurt am Main: Otto-Brenner-Stiftung, 2020), https://www.otto-brenner-stiftung.de/fileadmin/user_data/stiftung/02_Wissenschaftsportal/03_Publikationen/AH101_konstr_Journalismus.pdf

Kathrin Kühn, Wie Themenumfeld, Konkurrenz und Strukturen Journalismus beeinflussen. Gastbeitrag, wissenschaftskommunikation.de, 15. August 2023, https://www.wissenschaftskommunikation.de/wie-themenumfeld-konkurrenz-und-strukturen-journalismusbeeinflussen-69611/

Alexander Marinos, Journalistische Praxis: Modernes Nachrichtenschreiben. Neu interpretierte Regeln für einen besseren Qualitätsjournalismus (Springer VS essentials) (Wiesbaden: Springer VS, 2021)

Claudia Mast (Hrsg.), ABC des Journalismus. Ein Handbuch (Köln: Herbert von Halem Verlag, 13., komplett überarbeitete Auflage, 2018)

Weiterführende Literatur

Christoph Mayer, Katja Fleischmann, Lennart Johannknecht, Moritz Goldschmidt, User Needs, Personalisierung, optimale Paywalls. Wie DRIVE das Digitalgeschäft der Verlage voranbringt, in: Bundesverband Digitalpublisher und Zeitungsverleger, Jahresreport Digital 2023. Change the Game. Mit einem Themenspecial: Künstliche Intelligenz (Berlin: BDZV e. V., 2023), S. 110–114

Klaus Meier, Berichterstattungsmuster als Strategie der Komplexitätsreduktion, in: Beatrice Dernbach, Alexander Godulla, Annika Sehl (Hrsg.), Komplexität im Journalismus (Wiesbaden: Springer, 2019), S. 101–116.

Klaus Meier, Journalistik (Konstanz, München: UTB Basics/UVK Verlagsgesellschaft mbH, 4. überarbeitete Auflage, 2018)

Annette Milz, Rückbesinnung auf Kernelemente des Qualitätsjournalismus, in: Sebastian Turner, Stephan Russ-Mohl (Hrsg.), Deep Journalism. Domänenkompetenz als redaktioneller Erfolgsfaktor (Schriften zur Rettung des öffentlichen Diskurses 5) (Köln: Herbert von Halem Verlag, 2023), S. 176–181

Nic Newman, Journalism, media, and technology trends and predictions 2023, reutersinstitute.politics.ox.ac.uk, 10. Januar 2023, https://reutersinstitute.politics.ox.ac.uk/journalism-media-and-technology-trends-and-predictions-2023

Nic Newman mit Richard Fletcher, Craig T. Robertson, Amy Ross Arguedas und Rasmus Kleis Nielsen, Reuters Institute Digital News Report 2024 (Oxford: Reuters Institute for the Study of Journalism, 2024)

New York Times, Investor Day Presentation, 13. Juni 2022, https://nytco-assets.nytimes.com/2022/06/NYT-Investor-Day-2022-Presentation-mC05z.pdf

Nordkurier pflegt über Newsletter Kontakt zu Auswanderern, in: World Association of News Publishers, Google News Initiative (Hrsg.), Zielgruppen besser verstehen. Bericht des zweiten Jahres des Table Stakes Europe Programms, WAN-IFRA Report (Januar 2022), S. 40–42

Nordwest-Zeitung gewinnt mit Newsletter für Familien neue Abonnenten, in: World Association of News Publishers, Google News Initiative (Hrsg.), Zielgruppen besser verstehen. Bericht des zweiten Jahres des Table Stakes Europe Programms, WAN-IFRA Report (Januar 2022), S. 34–37

Benjamin Piel, Läuft die Durchökonomisierung journalistischer Inhalte heiß? journalist, 9. Juni 2022, https://www.journalist.de/startseite/detail/article/laeuft-die-durchoekonomisierung-journalistischer-inhalte-heiss

Horst Pöttker, Rezension: Alexandra Borchardt: „Mehr Wahrheit wagen. Warum die Demokratie einen starken Journalismus braucht" und Birk Meinhardt: „Wie ich meine Zeitung verlor. Ein Jahrebuch.", *journalistik.online* 1/2021, https://journalistik.online/ausgaebe-01-2021/alexandra-borchardt-mehr-wahrheit-wagen-warum-die-demokratie-einen-starken-journalismus-braucht-und-birk-meinhardt-wie-ich-meine-zeitung-verlor-ein-jahrebuch/ bzw. Horst Pöttker, Rezension: Alexandra Borchardt: „Mehr Wahrheit wagen. Warum die Demokratie einen starken Journalismus braucht" und Birk Meinhardt: „Wie ich meine Zeitung verlor. Ein Jahrebuch.", *rezensionen:kommunikation:medien*, 14. Januar 2021, https://www.rkm-journal.de/archives/22500

Review: Erste Fachtagung „Zukunft im Lokaljournalismus" ein voller Erfolg, djv-bawue.de, 23. Mai 2023, https://www.djv-bawue.de/2023/05/23/review-erste-fachtagung-zukunft-im-lokaljournalismus-ein-voller-erfolg/

Stephan Russ-Mohl, Domänenkompetenz in der Aufmerksamkeitsökonomie, in: Sebastian Turner, Stephan Russ-Mohl (Hrsg.), Deep Journalism. Domänenkompetenz als redaktioneller Erfolgsfaktor (Schriften zur Rettung des öffentlichen Diskurses 5) (Köln: Herbert von Halem Verlag, 2023), S. 43–68.

Stephan Russ-Mohl, Sebastian Turner, Deep Journalism und was ihn ausmacht, in: Sebastian Turner, Stephan Russ-Mohl (Hrsg.), Deep Journalism. Domänenkompetenz als redaktioneller Erfolgsfaktor (Schriften zur Rettung des öffentlichen Diskurses 5) (Köln: Herbert von Halem Verlag, 2023), S. 14–28

Christian Sauer, Ulf Grüner (Hrsg.), Kritisch-konstruktiver Journalismus. Reihe Impulse für Redaktionen, Band 2 (3. aktualisierte und erweiterte Auflage, Norderstedt: Books on Demand, 2019)

Markus Schöberl, TSE participant perspective: interview with Tiroler Tageszeitung, wan-ifra.org, 5. Juli 2021, https://wan-ifra.org/case/tse-participant-perspective-interview-with-tiroler-tageszeitung/

Markus Schöberl, Was ist eigentlich Table Stakes, das Programm, über das bei allen Zeitungen gesprochen wird?, pv digest, 9. April 2020, https://pv-digest.de/was-ist-eigentlich-table-stakes-das-programm-ueber-das-bei-allen-zeitungen-gesprochen-wird/

Caroline Scott, How BBC World Service engages younger audiences by fulfilling six reader needs, journalism.co.uk, https://www.journalism.co.uk/video/delivering-something-different-bbc-world-service-fulfills-six-user-needs-to-engage-younger-audiences/s400/a731718/

Sechs Schritte, die dazu beitrugen, jüngere Leser zu gewinnen und die Lesereinnahmen zu steigern. Fallstudie 1: NWT, Schweden, in: World Association of News Publishers, Google News Initiative (Hrsg.), Spezifische Zielgruppen aufbauen und einbinden. Erkenntnisse aus der dritten Runde von Table Stakes Europe. WAN-IFRA Report (Januar 2023), S. 14–16

Dmitry Shishkin, 3 key questions about news needs, your content strategy and value proposition, wan-ifra.org, 26. August 2022, https://wan-ifra.org/2022/08/3-key-questions-about-news-needs-your-content-strategy-and-value-proposition/

Dmitry Shishkin, Five lessons I learned while digitally changing BBC World Service, LinkedIn Pulse, 3. Juli 2017, https://www.linkedin.com/pulse/five-lessons-i-learned-while-digitally-changing-bbc-world-shishkin/

Dmitry Shishkin, User needs in content publishing: the slide that started it all, five years later, linkedin.com, 10. Mai 2022, https://www.linkedin.com/pulse/user-needs-content-publishing-slide-started-all-five-years-shishkin/

Douglas K. Smith, Betting on the success of local journalism, *Columbia Journalism Review*, 3. Juni 2018, https://www.cjr.org/business_of_news/local-journalism.php

Douglas K. Smith, Journalismus für einen echten Mehrwert im Leben der Zielgruppen. Table Stakes Europe Runde 2 im Rückblick, in: World Association of News Publishers, Google News Initiative (Hrsg.), Zielgruppen besser verstehen. Bericht des zweiten Jahres des Table Stakes Europe Programms, WAN-IFRA Report (Januar 2022)

Douglas K. Smith, Überdenken Sie Ihre Nachrichtenprodukte, um neue Zielgruppen zu erreichen – die Erkenntnisse von „Table Stakes Europe", tablestakes-europe.org, 2021, https://www.tablestakes-europe.org/berdenken-sie-ihre-nachrichtenprodukte

Douglas K. Smith et al., Focus only on performance. Use specific, measurable, outcome-based goals to drive performance. Better News, The Essentials, betternews.org, September 2017, https://betternews.org/focus-performance/

Weiterführende Literatur

Douglas K. Smith, Quentin Hope, Tim Griggs, Table Stakes. A Manual for Getting in the Game of the News (John S. and James L. Knight Foundation: Kindle Edition, 2017)

Rüdiger Soldt, Gustav Theile, Ressortchefs raus, Digitalklicks rein. Stellenabbau im Südwesten, faz.net, 20. Januar 2022, https://m.faz.net/aktuell/feuilleton/medien/stuttgarter-zeitung-und-nachrichten-schaffen-die-ressorts-ab-17742439.html

Stefan ten Teije, Jacqueline Woudstra, The user needs for news, explained, smartocto.com, 12. November 2020, https://smartocto.com/blog/explaining-user-needs/

Sebastian Turner, Deep Journalism. Eine Chance für Qualitätsmedien, in: Sebastian Turner, Stephan Russ-Mohl (Hrsg.), Deep Journalism. Domänenkompetenz als redaktioneller Erfolgsfaktor (Schriften zur Rettung des öffentlichen Diskurses 5) (Köln: Herbert von Halem Verlag, 2023), S. 29–42

Sebastian Turner, Stephan Russ-Mohl (Hrsg.), Deep Journalism. Domänenkompetenz als redaktioneller Erfolgsfaktor (Schriften zur Rettung des öffentlichen Diskurses 5) (Köln: Herbert von Halem Verlag, 2023)

Rutger Verhoeven, Dmitry Shishkin et al., The evolution of audience-driven publishing. User needs model 2.0., whitepaper (März 2023), https://smartocto.com/research/userneeds/

Carsten Voß, Warum User-Needs das Paid-Content-Geschäft pushen, in: Bundesverband Digitalpublisher und Zeitungsverleger, Jahresreport Digital 2023. Change the Game. Mit einem Themenspecial: Künstliche Intelligenz (Berlin: BDZV e. V., 2023), S. 122–126.

Brian Veseling, Bonn Appetit: Der neue Newsletter des General-Anzeigers für Feinschmecker, 2021, https://www.tablestakes-europe.org/ga-bonn-de

What are the seven "Table Stakes" essentials? Better News, The Essentials, betternews.org, September 2017, https://betternews.org/what-are-table-stakes/

World Association of News Publishers, Google News Initiative (Hrsg.), Erfolgreich durch Audiences-First. Bericht des ersten Jahres von Table Stakes Europe (WAN-IFRA, 2020)

World Association of News Publishers, Google News Initiative (Hrsg.), Zielgruppen besser verstehen. Bericht des zweiten Jahres des Table Stakes Europe Programms, WAN-IFRA Report (Januar 2022)

World Association of News Publishers, Google News Initiative (Hrsg.), Spezifische Zielgruppen aufbauen und einbinden. Erkenntnisse aus der dritten Runde von Table Stakes Europe. WAN-IFRA Report (Januar 2023)

Karriere-Chancen und Berufseinstieg 5

Zusammenfassung

Welche Chancen bieten sich Nachwuchskräften im digitalen Journalismus? Welche neuen Jobs entstehen im Lokalen und Regionalen? Was gehört zu einer guten digitalen Ausbildung? Worauf sollten Bewerberinnen und Bewerber achten? Was sollten Führungskräfte über die Generation Z wissen? Dieses Kapitel beleuchtet den Einstieg in den Journalismus und die Zukunft des Berufs.

Schlüsselwörter

Journalismus · Karriere · Berufseinstieg · Jobangebote · Generation Z · Diversität

Auf den ersten Blick ist die Medienbranche seit Anfang des 21. Jahrhunderts im Aufbruch. Seit 2003 hat die Zahl der Beschäftigten, die als Redakteurin oder Journalist tätig sind, auch in Deutschland stetig zugenommen. Die Bundesagentur für Arbeit führt dies auf einen Online-Boom der Branche zurück. Bis 2023 wuchs die Beschäftigtenzahl dieses Segments demnach auf gut 130.000. Selbst im Jahr zwei der Corona-Pandemie wuchs die Zahl der Angestellten und freiberuflich Tätigen in der Publizistik immerhin noch um zwei Prozent im Vergleich zum Vorjahr.[1] Schauen

---

Ergänzende Information Die elektronische Version dieses Kapitels enthält Zusatzmaterial, auf das über folgenden Link zugegriffen werden kann [https://doi.org/10.1007/978-3-658-44363-4_5]. Die Videos lassen sich durch Anklicken des DOI-Links in der Legende einer entsprechenden Abbildung abspielen, oder indem Sie diesen Link mit der SN More Media App scannen.

© Der/die Autor(en), exklusiv lizenziert an Springer Fachmedien Wiesbaden GmbH, ein Teil von Springer Nature 2024
O. Haustein-Teßmer, *Digitaler Erfolg im Lokaljournalismus*, Journalistische Praxis, https://doi.org/10.1007/978-3-658-44363-4_5

wir etwas genauer hin: Dann differenziert sich das Bild. In den regionalen Medien, insbesondere den im Zeitungsgeschäft groß gewordenen Verlagen, stellt sich die Personalfrage anders dar.

Die Zahl der Beschäftigten in den Redaktionen der Zeitungsverlage ist zwischen 2010 und 2020 nach einem Gutachten des Instituts DIW-Econ im Auftrag der Bundesregierung um rund 17 % auf knapp 11.300 zurückgegangen.[2] Dennoch bedeutet dies: Es arbeitet immer noch ein Großteil dieser Branche in den Teams regionaler Medienhäuser. Dort arbeiten die meisten redaktionellen Mitarbeitenden in den Lokalredaktionen.

Während jedoch eine Mehrheit der publizistisch Berufstätigen insgesamt laut Bundesagentur für Arbeit weiblich ist, gibt es bei den im Bundesverband Digitalpublisher und Zeitungsverleger (BDZV) organisierten Unternehmen weitaus mehr Redakteure als Redakteurinnen. Die Führungsebenen bestehen bis hin zu den Spitzenpositionen in den Chefredaktionen meistens aus Männern. Das kritisiert auch der Verein Pro Quote, der sich für mehr Frauen und Diversität in leitenden Positionen im Journalismus engagiert.[3]

Gute Karriere-Perspektiven gibt es trotz dieses gemischten Bildes gerade auch in regionalen Medienhäusern und Mediengruppen. Das klingt widersprüchlich. Doch dafür gibt es Gründe. Durch die digitale Transformation hat in den Redaktionen mehr Experimentierfreude Einzug gehalten. Es werden sowohl Expertinnen und Experten als auch Menschen gebraucht, die sich einen Quereinstieg in die Medien zutrauen.

Die Neuorientierung hin zu einem zielgruppenfokussierten Journalismus, entlang der Bedürfnisse bestimmter *Audiences* (siehe Kap. 4), führt demnach auch

---

[1] Die Zahl bezieht sich auf sozialversicherungspflichtig Beschäftigte. Vgl. Bundesagentur für Arbeit, Blickpunkt Arbeitsmarkt: Akademikerinnen und Akademiker, Juni 2024, Kapitel 2.12, Publizistik, https://statistik.arbeitsagentur.de/DE/Statischer-Content/Statistiken/Themen-im-Fokus/Berufe/AkademikerInnen/Berufsgruppen/Generische-Publikationen/2-12-Publizistik.pdf, 10.08.2024. Die BA nennt für 2023 im Vergleich zum Vorjahr eine gesunkene Zahl offen gemeldeter Stellen (2400) sowie mehr gemeldete Arbeitslose (7000) im Bereich Publizistik.

[2] 45 % der befragten Verlage haben binnen fünf Jahren bis 2022 Personal abgebaut, 62 % sagten, bei „gleichbleibenden Rahmenbedingungen" gehe es mit dem Personalabbau weiter. Vgl. DIW Econ GmbH, Die Situation der lokalen Presse in Deutschland und ihre Herausforderungen im Zeitalter der Digitalisierung. Gutachten im Auftrag der Beauftragten der Bundesregierung für Kultur und Medien (BKM) (Berlin, 08.09.2022), S. 24 f. https://www.bundesregierung.de/resource/blob/974430/2182890/36596999f2fe36061b335f26 2c3799b6/2023-03-31-gutachten-zur-situation-der-lokalen-presse-data.pdf, 21.08.2023.

[3] Vgl. Anna Heidelberg-Stein, Susanne Lang, Kathrin Breer, Anna von Garmissen, Welchen Anteil haben Frauen an der publizistischen Macht in Deutschland? Eine Studie zur Geschlechterverteilung in journalistischen Führungspositionen. Presse und Online-Angebote 2022 (Hamburg: ProQuote Medien e. V., Dezember 2022).

dazu, dass Redaktionen Personal suchen und einstellen. Deren Teams werden zugleich diverser, wie Ella Schindler, verantwortlich für das Volontariat bei den „Nürnberger Nachrichten", bei einer Diskussion mit Studierenden, Forscherinnen und Praktikern an der TU Dortmund im Februar 2022 sagte: „In vielen Medienhäusern tut sich was, um vielfältige und diverse Redaktionen aufzubauen. Doch wir sind hier gerade am Anfang."[4]

Diversität als Chance und Problem: Damit benennt Schindler zugleich ein Problem, das Gegenstand verschiedener Forschungsarbeiten geworden ist. Die Redaktionen in Deutschland sind zu homogen aufgestellt. Männlich geführt, überwiegend akademisch gebildete Mitarbeitende, selten Menschen aus anderen sozialen Schichten oder mit Migrationshintergrund. Dies führt laut der kritischen Wissenschaft zu einem eingeschränkten Blick auf Themenfelder und Bedürfnisse der Zielgruppen.

Insbesondere lokalen Medien mangelt es demzufolge intern und in der Berichterstattung bei der Betrachtung der modernen Gesellschaft an Diversität. Nach einer Untersuchung dazu in Nordrhein-Westfalen hat die Journalistin und Ethnologin Miriam Grabenheinrich vorgeschlagen, die „Diversity-Kompetenz" in Medien zu entwickeln – zum Beispiel über Workshops in der journalistischen Ausbildung.[5]

Diversität liegt auf der Hand: Für die regelmäßige und kompetente Berichterstattung für die Zielgruppe Foodies, also für Menschen, die Essen und Trinken und das Ausgehen in Restaurants lieben, können journalistische Expertinnen und Experten in die Redaktion einsteigen, die zum Beispiel Koch oder Metzgerin gelernt haben. Um wiederum die *Audience* deutsch-polnische Nachbarn in der Grenzregion von Brandenburg, Sachsen und Polen erfolgreich zu bedienen, ist es sinnvoll, mit polnisch Sprechenden zusammenzuarbeiten. Um ein TikTok-Team neu aufzubauen und jüngere Altersgruppen mit Nachrichten aus der Region unterhaltsam zu versorgen, sollten Redaktionen auch mit jüngeren Menschen zusammenarbeiten, die *Reels* und Stories präsentieren können – auch ohne abgeschlossenes Masterstudium, aber mit Leidenschaft für digitalen Journalismus.[6]

Ältere Belegschaft als Herausforderung: Die Realität ist nicht allein bezogen auf den sozialen Hintergrund oder die Herkunft eine andere. Redaktionen sind zum Teil überaltert. Über die gesamte Medien- und Öffentlichkeitsarbeit gibt die

---

[4] Zitiert nach Jennifer Retslav, Nick Kaspers, Kevin Kaspers, Kevin Bindig, Humberto Maro Consuegra, Lokaljournalismus heute: Pfeiler der Demokratie?, European Journalism Observatory, 21. Februar 2022, https://de.ejo-online.eu/ausbildung/lokaljournalismus-heute-pfeiler-der-demokratie, 28.08.2023.

[5] Miriam Grabenheinrich, Journalismus und Diversity. Umgang mit kultureller Diversität in der journalistischen Praxis und Konsequenzen für die Aus- und Fortbildung (Wiesbaden: Springer VS, 2023), zitiert nach der Rezension von Bärbel Röben, Miriam Grabenheinrich: Journalismus und Diversity, *rezensionen:kommunikation:medien*, 10. Juli 2023, https://www.rkm-journal.de/archives/23863, 28.08.2023.

Bundesagentur für Arbeit den Anteil der über 55-Jährigen mit 23 % an. Zwar sind durch Einsparungen in printdominierten Verlagshäusern in den vergangenen Jahren zum einen ältere, erfahrene Kolleginnen und Kollegen freigestellt, entlassen oder vorzeitig in den Ruhestand geschickt worden.

Zum anderen haben dieselben Unternehmen Nachwuchskräfte jedoch häufig lediglich ausgebildet und anschließend befristet beschäftigt. Nach dem Volontariat gab es oft keine längerfristige Perspektive, Jüngere haben den Journalismus regelmäßig verlassen. Daher stimmt der Altersmix in vielen Teams nicht mehr. Verrentungswellen – im Osten Deutschlands geht die Erwerbsphase der 1990 und in den folgenden Jahren neu gestarteten Medienprofis demnächst zu Ende – werden das Problem verschärfen.[7]

Nachwuchs dringend gesucht: Nicht nur bei größeren Unternehmen, im öffentlich-rechtlichen Rundfunk und in den Städten steht ein Generationswechsel an, auch insbesondere im ländlichen Raum und in vielen Lokalredaktionen. Demgegenüber stehen allerdings bereits bei der Neuausschreibung von Volontariaten sinkende Zahlen bei Bewerbungen, wie es aus verschiedenen Unternehmen der Branche heißt.[8] Einige regionale Sender und Verlage sind vor diesem Hintergrund dazu übergegangen, die Ausbildungsgänge zu verändern (siehe Abschn. 5.2) und öffnen sich ihrerseits für neue Zielgruppen.

---

[6] Es geht sollen hier ausdrücklich keine Klischees vertieft werden. Die Neuen Deutschen Medienmacher*innen, die sich für mehr Diversität in Deutschlands Redaktionen einsetzen, sagen zu Recht, es sei ein Denkfehler, dass Menschen aus Einwandererfamilien nur über Migrantenthemen und Rassismus schreiben wollten (oder sollten). Vgl. https://neuemedienmacher.de/wissen-tools/diversity-im-medienhaus/klischees/. Der Journalist und Online-Experte Berater Marcus Bösch wiederum betont, dass TikTok natürlich nicht nur etwas für Jüngere ist. Vgl. Ders., TikTok für Journalist:innen – so gelingt der Einstieg, fachjournalist. de, 10. August 2021, https://www.fachjournalist.de/tiktok-fuer-journalistinnen-so-gelingt--der-einstieg/, 28.08.2023.

[7] Aus gewerkschaftlicher Sicht beleuchtet diesen Zusammenhang Susanne Stracke-Neumann, Kurzer Weg zum Frust. Junge Journalist*innen wollen mehr Berufs- und Lebensperspektive, Menschen Machen Medien, 17. September 2022, https://mmm.verdi.de/beruf/kurzer-weg-zum-frust-84115, 28.08.2023.

[8] Carina Schmihing, Torsten Merkle, Recruiting von Volontär:innen, Auswertung der jule-Umfrage unter Volo-Verantwortlichen der Zeitungsverlage (Initiative junge Leser (jule) GmbH, Mai 2021), https://www.junge-leser.info/wp-content/uploads/2021/05/jule-Umfrage-Volo-Recruiting-2021.pdf, 27.08.2023. Die jule-Initiative hat für ihre Mitglieder 2022 ein Whitepaper als Formulierungshilfe für Stellenanzeigen herausgegeben.

Beispiel dafür ist das Projekt einer Quereinsteiger-Akademie bei der „Freien Presse" in Chemnitz. Sie hat ab 1. November 2022 Menschen aus anderen Berufen in einem einjährigen Lehrgang als Redakteurin oder Redakteur in Ausbildung weitergebildet – nach eigenen Angaben auch eine Reaktion auf die Boomer-Rentenwelle und – spezifisch im Osten Deutschlands – den Geburtenknick ab 1990.[9]

Arbeitnehmendenmarkt im Journalismus: Insofern ist – regional unterschiedlich stark ausgeprägt – also eine Art Markt der Arbeitnehmerinnen und Arbeitnehmer entstanden. Berufseinstiege auch in den lokalen Journalismus sind wieder dringend erwünscht. Dies führt zu veränderten Rahmenbedingungen. Medienunternehmen wollen als attraktive Arbeitgeber wahrgenommen werden. Sie betonen beispielsweise die *Benefits*, also Vorteile für Mitarbeitende. Diese reichen vom Jobticket bis zum integrierten Fitnessangebot oder kostenlosem Car-Sharing für Reporterinnen und Reporter. Die Mitarbeit wird als flexibel beworben, ist häufig teils mobil beziehungsweise vom Homeoffice aus möglich.

In einem Beitrag für die Nachrichtenseite „MedienMittweida", betrieben von der Medienfakultät der Hochschule Mittweida in Sachsen, zitiert Autorin Elisa Leimert den Chefredakteur der „Freien Presse", Thorsten Kleditzsch: „Unternehmen bewerben sich heute bei den Kandidaten. Dazu zählt eine bessere Vereinbarkeit von Arbeit und Privatleben sowie eine veränderte Art und Weise der Zusammenarbeit durch digitale Tools, die weniger Präsenz erfordern."[10] Hinzu kommen veränderte Jobangebote und Stellenprofile (siehe Abschn. 5.1), die veränderte und erweiterte Ausbildung (siehe auch Abschn. 5.3 sowie Interview, Abschn. 5.4) sowie neue Möglichkeiten kreativer Berufsausübung (Abschn. 5.5).

Kritische Stimmen aus jüngeren Generationen: Arbeitnehmendenmarkt bedeutet, sich auf die Bedürfnisse des Nachwuchses einzustellen. Doch gerade Vertreterinnen und Vertreter der Generationen Y und insbesondere Z – abgekürzt GenZ, das sind die Mitte der 1990er-Jahre bis 2010 Geborenen –, blicken kritisch auf die angebotenen beruflichen Perspektiven. Dabei ist den Kritikerinnen und Kritikern die gesellschaftliche Relevanz von Journalismus klar. Viele wollen den Beruf bewusst ergreifen, dabei selbstwirksam sein und etwas bewegen – zu angemessenen Arbeitsbedingungen.

---

[9] Einmalig in Deutschland: CVD-Mediengruppe bildet Quereinsteiger zu Redakteuren aus, freiepresse.de, 23. September 2022, https://www.freiepresse.de/nachrichten/wirtschaft/einmalig-in-deutschland-cvd-mediengruppe-bildet-quereinsteiger-zu-redakteuren-aus-artikel12441220, 23.08.2023.

[10] Elisa Leimert, Nachwuchs im Arbeitsmarkt. Auf in den Lokaljournalismus? MedienMittweida, 2. Dezember 2022, https://medien-mittweida.de/nachwuchs-im-lokaljournalismus/2022/, 23.08.2023.

In einem Special des Podcasts „Bonjourno", zusammen mit dem Podcast „Hinter den Zeilen", auf der Jahrestagung des Netzwerks Recherche im Juni 2023 in Hamburg haben die drei Hosts Olivia Samnick, Tobias Hausdorf und Niklas Münch fünf Punkte als kritikwürdig zusammengefasst. Ihre Thesen lassen sich auch als Aufforderung an redaktionelle Führungskräfte lesen.

> **Woran es im Journalismus krankt – fünf Thesen aus der Generation Z**[11]
> - *Hürden beim Berufseinstieg:* durch unbezahlte bzw. schlecht bezahlte Praktika, Ausgrenzung sozialer Gruppen („Arbeiterkinder") und überhöhte Voraussetzungen wie Studienabschluss fürs Volontariat oder die Journalistenschule
> - *Prekäre Bezahlung:* insbesondere bei freiberuflicher Tätigkeit, sodass Nachwuchskräfte zum Beispiel in Schichten bei Radio und für Online arbeiten, um sich tiefere Recherche leisten zu können
> - *Mangende Diversität:* sowohl in den Redaktionen als auch inhaltlich – Führungskräfte müssen Diversität befördern, damit sich dies ändert
> - *Generationenkonflikt:* langer Weg zu unbefristeten Jobs und angemessenem Einkommen, während Ältere besser dastehen, aber sagen: „Da mussten wir auch durch!"
> - *Arbeitsbelastung:* zum Teil in den Redaktionen zu hoch, zu viele Aufgaben, *Deadlines* und zu wenig Zeit für die Erledigung
>
> (nach Hausdorf, Münch, Samnick)

Was Nachwuchskräfte wollen: Der Züricher Strategieberater Konrad Weber sieht die Personalprobleme in der (Schweizer) Medienbranche überwiegend als hausgemacht an: Einige der Arbeitgeber stecken demnach noch in alten Denkweisen fest, lassen zu wenig Kritik der Mitarbeitenden zu, geben ihnen zu selten Feedback und – gravierend laut Weber – lassen die Teams über Strategien im Unklaren. Die Arbeitsbelastung in den Medien ist Weber zufolge durchweg zu hoch.

Das Problem wird demnach verschärft, da ältere, erfahrene Arbeitskräfte der Branche den Rücken kehren. Dieser Analyse stellt Weber die Wünsche jüngerer

---

[11] Nach Olivia Samnick, "Bonjourno Podcast" ft. Tobias Hausdorf und Niklas Münch, Podcast „Hinter den Zeilen", Special: Wie wird der Journalismus attraktiver?, Spotify, https://open.spotify.com/episode/65oxfqXIK95z8Be3aOid8i?si=b78WrRESS9uOABpBczwXQQ, 20.08.2023. Zusammenfassung der Thesen und Diskussionsbeiträge vom Autor.

Journalistinnen und Journalisten gegenüber, erhoben durch den Verein Junge Journalistinnen und Journalisten Schweiz. Vermutlich lässt sich die folgende Wunschliste in andere Länder übertragen:

> **Wie Nachwuchskräfte sich den Journalismus-Beruf wünschen[12]**
> - Besseres Zeitmanagement, weniger Überstunden
> - Mehr Journalismus, weniger Copy-and-paste-Jobs
> - Angemessen bezahlte Arbeit und Praktika
> - Neue Ideen zulassen (statt: „Haben wir nie so gemacht")
> - Mitarbeitende entlasten (und so Fehler vermeiden)
> - Nein zu Sexismus
> - Wandel gemeinsam anpacken (statt: „War aber früher so")
> - Echtes Feedback als Wertschätzung

Überarbeitete Allrounder: Auch Wissenschaftler, die den Journalismus in der digitalen Transformation untersuchen, bestätigen die kritische Wahrnehmung der jüngeren Mitarbeitenden. In einem Aufsatz für das 2023 erschienene Buch „Deep Journalism" (siehe Abschn. 4.5) schreibt Stephan Russ-Mohl, dass es vielerorts in den Redaktionen an tiefgehendem Journalismus und der dazu nötigen Domänenkompetenz mangele. Er begründet dies mit schrumpfenden traditionellen Medien sowie den Bedingungen der Aufmerksamkeitsökonomie bei der Digitalisierung der Medien.

Dadurch sind gerade auf lokaler und regionaler Ebene Fachwissen, spezifische Teams und Netzwerke für Expertise verloren gegangen, wie der emeritierte Journalistik-Professor an der Università della Svizzera italiana in Lugano ausführt: „Multitasking und schnell produzierter Output sind gefragt, allein schon die vielen Ausspielkanäle, die von der Redaktion inzwischen zum Teil rund um die Uhr bedient sein wollen, überfordern den einzelnen Journalisten – unter Einschluss der Kommunikation mit den Mediennutzern."[13]

---

[12] Nach Konrad Weber, Weshalb die nächste Disruption in der Medienbranche von innen kommt, konradweber.ch, 16. April 2023, https://konradweber.ch/2023/04/16/naechste-disruption-fachkraeftemangel/, 20.08.2023. Umfrage-Ergebnisse zusammengefasst vom Autor.

[13] Stephan Russ-Mohl, Domänenkompetenz in der Aufmerksamkeitsökonomie, S. 49, in: Sebastian Turner, Stephan Russ-Mohl (Hrsg.), Deep Journalism. Domänenkompetenz als redaktioneller Erfolgsfaktor (Schriften zur Rettung des öffentlichen Diskurses 5) (Köln: Herbert von Halem Verlag, 2023), S. 43–68.

Allerdings gibt es als Gegentrend neben jenem *Deep Journalism* weitere Ansätze für neuen und kreativen Qualitätsjournalismus. Welche Karrieren dabei möglich sind, ist Thema des folgenden Abschn. 5.1.

▶ **Tipp** Den Berufseinstieg in den Journalismus erörtern die Podcasts „Bonjourno" von Olivia Samnick und „Hinter den Zeilen" von Tobias Hausdorf und Niklas Münch (Partner ist das „Medium Magazin").

- https://www.bonjourno.de/
- https://hinterdenzeilen.de/

5.1 Digitaler Journalismus: neue Berufsprofile und Trends

Seit dem Aufkommen des Online-Journalismus haben sich die Tätigkeitsprofile und Aufgaben in den Redaktionen stark verändert. Neben die für die Printherstellung von Zeitungen oder Zeitschriften notwendigen Rollen und Funktionen wie Blattmacherin, Schlussredakteur, Chefin vom Dienst oder Reporter, organisiert nach Ressorts und Desks, sind neue spezifische berufliche Profile getreten. Die Medienwissenschaftlerin Gabriele Hooffacker hat die Tätigkeiten und Arbeitsfelder im Standardwerk „Online-Journalismus" umfassend beschrieben.

Die Professorin an der Hochschule für Technik, Wirtschaft und Kultur in Leipzig weist darauf hin, dass die überwiegende Mehrheit aller journalistisch tätigen Personen inzwischen zumindest anteilig solche Online-Tätigkeiten übernimmt. Ohne Online-Kenntnisse und –Qualifikationen kommen demnach kaum eine Berufseinsteigerin oder ein Berufseinsteiger aus.[14]

Spezifische Online-Tätigkeiten können laut Hooffacker zusätzliche oder weitere Aufgaben innerhalb bestehender Funktionen in der Redaktion sein. Oder die Stelleninhaberin geht hauptsächlich den Online-Aufgaben nach. Dann entsteht ein gegebenenfalls verändertes oder neues Berufsprofil. Zu den Profilen zählt Hooffacker den Online-Redakteur, die Social-Media-Redakteurin, den (Online-) Nachrichtenredakteur oder die Podcast-Redakteurin (Audio-Redakteurin).

Zu den zentralen Aufgaben gehören demnach Auswählen beziehungsweise Kuratieren, Redigieren und Publizieren von journalistischen Beiträgen. Bezogen auf

---

[14] Hooffacker, Online-Journalismus (2020), S. 15. Siehe auch Video-Interview zur Gelben Reihe des Praktischen Journalismus mit Hooffacker zum Online-Journalismus auf YouTube: https://www.youtube.com/watch?v=mOvHkK6jWWU, 29.08.2023.

5.1 Digitaler Journalismus: neue Berufsprofile und Trends

Social Media zählt die Interaktion mit den Nutzerinnen und Nutzern (siehe weiter unten in diesem Abschnitt) dazu. Web-Reporter, Videoreporterin, Daten-Journalistin oder Podcast-Host beschaffen dagegen die Inhalte, sind Autorinnen und Autoren oder *(Content) Creators*. Die Produktion und Bearbeitung der Beiträge können ebenfalls in den Händen dieser Beschäftigten liegen. Die Übergänge zu Editier-Aufgaben sind fließend, je nach Redaktionsgröße und Organisationsstruktur.

Online-Management und Interaktion: Durch die Vorbedingung, dass Online-Beiträge über Websites strukturiert aufbereitet werden müssen, haben ordnende, kuratierende Aufgaben mehr Gewicht bekommen. Das Profil des Contentmanagers ist entstanden, das zum Teil verwandt mit den Aufgaben einer Online-Redakteurin ist. Und es gibt Moderierende, die zum Beispiel den Kommentarbereich eines Nachrichtenportals managen oder als Community-Redakteurin auf Facebook im Blick haben – auch hier zum Teil in direktem Austausch mit dem Publikum.

Die Konzeption und Entwicklung solcher partizipativen Formen, der gezielten Interaktion mit Zielgruppen, nennt sich Community-Management. Partizipation und Interagieren mit Leserinnen und Lesern sind laut Hooffacker die eigentliche Besonderheit des Online-Journalismus – die allerdings manchmal in lokalen und regionalen Redaktionen zu kurz komme.[15]

▶ **Tipp Handbuch „Online-Journalismus":** Über eine Website gelangen Leserinnen und Leser aus der Gelben Reihe (Springer VS) zu zusätzlichen Infos und Videos.
- https://www.gelbe-reihe.de/online-journalismus/

Die Kommunikationsmechanismen des Internets bedingen laut Christoph Neuberger noch eine andere Besonderheit. Sie betrifft den Journalismus insgesamt. Der Professor an der Freien Universität in Berlin und Leiter der Arbeitsstelle Digitalisierung und Partizipation am Institut für Publizistik- und Kommunikationswissenschaft erläutert in einem Video für das Hooffacker-Handbuch zum Online-Journalismus, warum Journalistinnen und Journalisten nicht mehr die Rolle der Nachrichtenproduzenten und Gatekeeper innehaben.[16]

Jene Torwächter, postiert an den Eingängen zu den massenkommunikativen Kanälen wie Zeitung, Radio und Fernsehen, bewerteten früher die für die meisten

---

[15] Hooffacker, Online-Journalismus (2020), S. 2–7 und S. 145 ff. sowie zur Partizipation auch im Video-Interview, siehe Anmerkung 14.
[16] Video-Interview mit Christoph Neuberger auf YouTube: https://www.youtube.com/watch?v=Ul9InZoXCxo, 29.08.2023.

Leserinnen und Leser an sich unzugängliche Informationen. Die Medienprofis wählten aus und veröffentlichten Nachrichten. Das Internet hat diesen Informationsfluss verändert: Wer unzensiert und uneingeschränkt Zugang hat, kann prinzipiell frei online surfen und selbst Informationen recherchieren. Dafür braucht niemand mehr Journalistinnen und Journalisten.[17]

Kuratieren als Kernaufgabe: Allerdings stellen Informationsfülle, Desinformation, Zeitmangel und auch fehlende Sach- oder Domänenkompetenz (siehe Abschn. 4.5) Hürden für eine verlässliche Selbstversorgung mit Informationen dar. An die Stelle des *Gatekeeping* tritt daher laut Neuberger ein journalistisches *Gate-Watching* als journalistische Kernaufgabe, also das professionellen Beobachten des Informationsflusses.

Natürlich findet auch hierbei eine Auswahl an diversen Eingängen, den *Gates* zu den Online-Kanälen der Medien, statt. Denn journalistische Angebote unterscheiden sich von beliebigen Internetquellen durch Selektion geprüfter Informationen nach handwerklichen Standards.

Idealerweise bietet Journalismus dem Publikum damit einen wertvollen Service – verbunden mit der Gewähr, dass die dargelegten Fakten stimmen, weil sie aus verlässlichen Quellen stammen. Qualitätsgewinn und Zeitersparnis durch diese journalistische Leistung können enorm sein. Und Menschen können an der Gesellschaft teilhaben, weil sie informiert sind. Manche betrachten gelungenes Kuratieren für Online-Medien daher als „Weiterentwicklung journalistischer Arbeit".[18]

Neue Berufsprofile sind zu den in diesem Abschnitt bereits genannten, etablierten Tätigkeiten und Arbeitsfeldern des digitalen Journalismus hinzugekommen. Dies ist auch darauf zurückzuführen, dass einige Redaktionen begonnen haben, neue Wege zu mehr und jüngeren Zielgruppen auszuprobieren. Einige Konzepte versammelt dieses Handbuch exemplarisch (Kap. 4). Wenn Medien mit Audience-Konzepten arbeiten, können neue Aufgaben in der Reportage, aber auch im *Editing*, also in der Bearbeitung der journalistischen Inhalte, entstehen.

Das konzeptionelle Vorgehen, orientiert an messbaren Erfolgszielen, die wiederum aus einer digitalen publizistischen Strategie abgeleitet worden sind, prägt weitere Rollen aus. Denn die Arbeit der Journalistinnen und Journalisten soll

---

[17] Siehe auch Bernd Oswald, Wie die Digitalisierung das journalistische Berufsbild revolutioniert, journalisten-training.de, 28. Mai 2018, https://www.journalisten-training.de/aus-und-fortbildung/wie-die-digitalisierung-das-journalistische-berufsbild-revolutioniert/, 25.08.2023. Vom selben Autor: Digitaler Journalismus. Ein Handbuch für Recherche, Produktion und Vermarktung (Reihe Midas Management) (Zürich: Midas Verlag AG, 2019).

[18] Vgl. Maximilian Rosch, Kuration als Schlüssel zum langsamen Netz, S. 301, in: Matthias Daniel, Stephan Weichert (Hrsg.), Resilienter Journalismus. Wie wir den öffentlichen Diskurs widerstandsfähiger machen (Köln: Herbert von Halem Verlag 2022), S. 299–306.

bestmöglich präsentiert, redaktionell und vertrieblich vermarktet sowie ausgewertet werden. Dadurch entstehen neue berufliche Optionen. Dies zeigt eine Auswertung von Jobangeboten in Karriereportalen und Berufsnetzwerken im Sommer 2023:

> **Neue Berufsprofile im Überblick – eine Auswahl[19]**
> Sportredakteur (männlich/weiblich/divers) Innovation/Livestreams
> Online-/Multimedia-Redakteur (m/w/d)
> Redakteur*in Podcasts
> Video-Journalist / Content Creator (m/w/d)
> Online-Redakteur (m/w/d) Special Interest
> Online-Redakteur (m/w/d) und Redaktionsleitung Food
> Online-Redakteur (m/w/d) Schwerpunkt Gesundheit & Fitness
> Klima-Reporter*in
> Digital-Redakteur (m/w/d)
> Redakteur Audience Development (m/w/d)
> SEO-Redakteur (m/w/d)

Einige Karriere-Trends lassen sich aus den betrachteten Stellenangeboten ableiten. Im August 2023 standen bundesweit einige Hundert Stellen in journalistisch arbeitenden, überwiegend regionalen Redaktionen zur Auswahl. Stellen im Lokalen sind meistens an eine Lokalredaktion oder einen Regionaldesk gebunden. Es gibt dort vergleichsweise viele Jobs für Redakteurinnen und Redakteure. Das passt zu dem eingangs in diesem Kapitel genannten Befund, dass insbesondere regionale Medienhäuser geeignetes Personal suchen. Sie zeigen sich mittlerweile offener für Quereinsteigende; einige nennen diese Möglichkeit auch explizit in ihren Stellenbeschreibungen. Eine Minderheit der redaktionellen Stellenangebote lässt auf Neuerungen in denjenigen Redaktionen schließen, die konsequenter auf eine digitale Arbeitsweise umgestellt haben.

Themenfelder und Audiences: Dennoch gibt es bereits Verlage, die Journalistinnen und Journalisten für bestimmte Zielgruppen im Auge haben. Es gibt explizit Arbeit für Foodie-Reporterinnen, für Klima-Reporter, zum Themenfeld Gesund-

---

[19] Stichproben aus Stellenanzeigen zum Suchbegriff „Redakteur" (Filter: Arbeitgeber, Vollzeit, Medien & Kommunikation) auf den Karriere-Portalen Indeed (272 Treffer) und Xing (328) am 24. August 2023. Der Autor hat zudem ausgewählte Stellenanzeigen zu den Suchbegriffen „Reporter" und „Volontär" mit analysiert. Rundfunk und Fachmedien bleiben bei der Betrachtung außen vor.

heit und Fitness oder für Live-Berichterstattung, die Sportfans ansprechen soll. Teilweise haben die Stellenanbietenden auch ihre veränderten Erwartungen an herkömmliche Lokalstellen formuliert.

Mit einer Stellenausschreibung auf Indeed suchte die „Sächsische Zeitung" im August 2023 einen neuen Reporter zur Anstellung als Redakteur (gemeint sind immer alle Geschlechter, m/w/d). Die Bewerberinnen und Bewerber sollten offen für „modernen Lokaljournalismus auf allen Kanälen: Online, Social Media und Print" sein. Als Voraussetzung sollten sie praktische Erfahrungen im Lokaljournalismus mitbringen, aus der Pressearbeit oder dem Marketing. Studium, abgeschlossenes Volontariat? Das ist demnach nicht mehr unbedingt nötig als Eintrittskarte in den Beruf.

Für die Klima-Reportage bei der „Märkischen Oderzeitung" und der „Lausitzer Rundschau" kamen laut Ausschreibung Menschen mit abgeschlossener journalistischer Ausbildung infrage. Im Angebot war eine unbefristete Stelle für Bewerberinnen und Bewerber, die erkennen, „wie der Klimawandel uns alle im Alltag betrifft". Bei dieser Reportage-Stelle ist auch nicht mehr von der *crossmedialen* Arbeitsweise oder der mehrkanaligen Tätigkeit für Online und ebenso für Print die Rede.

Andernorts wird diese Vielseitigkeit zumindest bei den betrachteten lokalen Redaktionsstellen vorausgesetzt. *Crossmedia* als Schlüsselwort zeigt meistens an, dass sich die Redaktionen mitten in der digitalen Transformation befinden. Sie wollen oder müssen Aufgaben aus der Print-Ära fortführen und geben ihren Teammitgliedern zugleich neue Online-Verantwortlichkeiten mit.

▶ **Tipp** Interessenten sollten *vor* einer Bewerbung entscheiden: Will ich digital arbeiten – oder interessiert mich die ganze Bandbreite des regionalen Journalismus im Umbruch, inklusive Zeitungmachen?

5.2 Ausbildungsmöglichkeiten im Lokaljournalismus

Im deutschsprachigen Raum bilden sowohl Hochschulen und Universitäten sowie Journalistenschulen als auch Medienunternehmen Nachwuchskräfte für den digitalen Journalismus aus. In diesem Abschnitt geht es schwerpunktmäßig um die besonderen Möglichkeiten, bei Verlagen eine Karriere im Lokaljournalismus oder regionalen Journalismus in Deutschland zu beginnen. Die anderen Ausbildungsmöglichkeiten werden hier nur gestreift. Eine umfangreiche Übersicht der akademischen und schulischen Angebote, mit dem Fokus auf das digitale journalistische Handwerk, bietet Gabriele Hooffacker in ihrem Handbuch zum Online-Journalismus.[20]

---

[20] Hooffacker, Online-Journalismus (2020), S. 191–198.

5.2 Ausbildungsmöglichkeiten im Lokaljournalismus

Journalistenschulen und Volontariate: Einige Unternehmen und Mediengruppen haben eigene Journalistenschulen gegründet; mehrere Schulen haben sich auf eine Charta mit Qualitätsstandards verpflichtet, um Nachwuchs multimedial auszubilden.[21] Die Hauptverantwortung für Ausbildung im Lokaljournalismus tragen allerdings jene Verlage, die Forscher wegen ihrer Herkunft aus dem Printgeschäft zur *Legacy Media* (legacy: englisch für Erbe, Altbestand) zählen. Das sind die traditionellen Unternehmen, die privatwirtschaftlich organisiert sind und viele Jahre gute Geschäfte mit dem Vertrieb von Zeitungen und Zeitschriften gemacht haben.

Durch den Niedergang des gedruckten Mediums (siehe Kap. 1) und durch die Digitalisierung, verbunden mit aufkommender Konkurrenz durch neue Medien und Plattform-Konzerne wie Google oder Meta (Facebook, Instagram) und wachsendem Desinteresse Jüngerer an etablierten Medienmarken, stehen sie vor riesigen Herausforderungen.[22] Eine davon ist eine angemessene und auf das Digitale ausgerichtete Ausbildung.

Bewerberinnen und Bewerber, die eine solche Ausbildung in regionalen Medienhäusern anstreben, sind einerseits im Vorteil. Im Gegensatz in früheren Jahrzehnten berichten Verlage über sinkende Bewerbungszahlen im Volontariat. Im Umkehrschluss heißt dies für die Kandidaten, dass die Chancen, ein Volontariat zu erlangen, in den 2020er-Jahren erheblich gestiegen sind.[23] Andererseits gibt es bei den wichtigsten regionalen Ausbildungsbetrieben, den genannten Verlagen, mit Sicherheit Qualitätsunterschiede.

---

[21] Charta der Journalistenschulen für Qualitäts-Journalismus vom 21.06.2016, dokumentiert auf der Website der Deutschen Journalistenschule in München, vgl. https://djs-online.de/wp-content/uploads/2018/11/Charta-fuer-Journalistenschulen-DJS.pdf, abgerufen am 29.08.2023. Bei der Vollausbildung an Journalistenschulen in Deutschland gibt es allerdings wenige ostdeutsche Auszubildende. Darauf verweist Lutz Mükke, 30 Jahre staatliche Einheit – 30 Jahre mediale Spaltung. Schreiben die Medien die Teilung Deutschlands fest? Ein Diskussionspapier der Otto Brenner Stiftung (OBS-Arbeitspapier 45) Frankfurt am Main: Otto-Brenner-Stiftung, 2021), https://www.otto-brenner-stiftung.de/fileadmin/user_data/stiftung/02_Wissenschaftsportal/03_Publikationen/AP45_Mediale_Spaltung.pdf, 27.08.2023.

[22] Vgl. zu *legacy media* Rasmus Kleis Nielsen, Foreword, S. 5, in: Nic Newman, Richard Fletcher, Kirsten Eddy, Craig T. Robertson, Rasmus Kleis Nielsen, Reuters Institute Digital News Report 2023 (London: Reuters Institute for the Study of Journalism, 16. Juni 2023), https://reutersinstitute.politics.ox.ac.uk/sites/default/files/2023-06/Digital_News_Report_2023.pdf, 29.08.2023.

[23] Vgl. Schmihing, Merkle, Recruiting, https://www.junge-leser.info/wp-content/uploads/2021/05/jule-Umfrage-Volo-Recruiting-2021.pdf, 27.08.2023. Im Durchschnitt erhielten die befragten Medienhäuser acht Bewerbungen auf eine Volontariatsstelle.

Dies liegt daran, dass Journalismus ein freier Beruf ist, für dessen Erlernen es *keine einheitlichen Standards* gibt. Der Begriff Volontariat umschreibt eine Art Qualifikationsphase. Sie unterscheidet sich von den gesetzlich sowie durch Verordnungen festgeschriebenen, von Kammern, Gewerkschaften, Bund und Ländern kontrollierten dualen Berufsausbildungen in Deutschland. Umso mehr sollten Kandidatinnen und Kandidaten fürs Volontariat darauf achten, was ein Verlag jeweils unter digitaler journalistischer Ausbildung versteht.

Welche Unternehmen bilden aus? Einen Überblick über regionale Volontariate ermöglicht die Suche in der Mitglieder-Datenbank des Bundesverbands Digitalpublisher und Zeitungsverleger (BDZV). Darin sind, filterbar nach Bundesländern, rund 80 Verlage und Mediengruppen aufgeführt. Die jeweilige Website des Unternehmens – das ist nicht unbedingt das dazugehörige Online-Nachrichtenportal – ist dort verlinkt.

Der Blick auf eine solche Website erlaubt eine erste Einschätzung:

- Wie wichtig nimmt das Unternehmen Jobangebote und Karriere-Chancen?
- Wie verständlich sind diese Chancen erläutert?
- Werden Volontariate in den Redaktionen gesondert vorgestellt – mit Ausbildungsinhalten einschließlich digitaler Schwerpunkte?
- Lassen die Verlage die bisherigen Volontärinnen und Volontäre selbst zu Wort kommen, gibt es beispielsweise ein Blog der Auszubildenden, das Einblicke verschafft? (Abb. 5.1)

▶ **Tipp Der BDZV** ist Dachverband der Zeitungsverlage und digitalen Publisher in Deutschland, Lobby-Organisation und gibt auch Auskunft über Wirtschaftsdaten und Digitalisierung der Branche.

- https://www.bdzv.de/

Die aktuellen Ausschreibungen zu Volontariaten geben ebenfalls Hinweise auf Inhalte, Standards und Strukturen. Zum einen können Bewerberinnen und Bewerber aktiv nach Volontariaten suchen und dafür einschlägige Karriere-Portale wie Indeed, LinkedIn, Stepstone oder Xing nutzen. Zum anderen sollten Nachwuchskräfte darauf achten, *wie* die Angebote in sozialen Netzwerken *zu ihnen* kommen. Es kann erhellend sein, wie eine Volontariatskampagne bei Instagram oder TikTok aufgemacht ist.

Werden Bewerberinnen und Bewerber wirklich gelungen angesprochen? Bekommen sie schon beim Ansehen der Reels und Storys Lust auf eine Bewerbung? Ist mit dem *Social Recruiting* auch noch ein vereinfachtes Bewerbungsverfahren

Abb. 5.1 Volos stellen ihre Arbeit vor. *Bei der Sächsischen Zeitung berichten Volontärinnen und Volontäre über ihren Arbeitsalltag und ihre Motivation. Solche Websites pflegen manche Verlage. Sie erlauben eine erste Orientierung, wie digital die Ausbildung jeweils ausgerichtet ist.* (Quelle: https://blog.journalist-werden.de /Screenshot: Oliver Haustein-Teßmer)

direkt online und ohne großen Aufwand möglich? Dann haben die Unternehmen bereits eines verstanden: Medien sollten den *Erstkontakt* mit Interessierten *ohne große bürokratische Hürden* gestalten.

Digitalisierungsgrad überprüfen: Wenn wir schon bei den Stellenausschreibungen sind, lohnt bereits vor der Bewerbung ein genauerer Blick. Wie digital präsentiert sich das betreffende Medienunternehmen? Bestimmte Schlüsselwörter und Umschreibungen geben in der Regel eine erste Ahnung davon – wobei der Beweis in der Praxis erfolgen muss. Am Ende geht es stets um die Ausbildungsinhalte (siehe Abschn. 5.3).

Bewerberinnen und Bewerber sollten sich ebenfalls darüber im Klaren sein, dass die nachfolgend aufgelisteten Begriffe in der Absicht in Stellenausschreibungen platziert worden sind, für die jeweiligen Unternehmen zu werben. Daher dieser Tipp: Im Vorgespräch und spätestens nach erfolgreicher Bewerbung im Vorstellungsgespräch abfragen, was dahintersteckt! Zur Vorbereitung kann die folgende Übersicht der digitalen Begriffe dienen:

Wie digital ist das Volontariat? Schlüsselbegriffe kurz erklärt[24]

Crossmedial: manchmal auch crossmediales Volontariat, crossmediale Ausbildung. Damit ist das Arbeiten für unterschiedliche Produkte und Kanäle gemeint, z. B. ein Online-Portal und die gedruckte Zeitung. In der Reportage kann das heißen: Schreiben, Fotografieren, Videos drehen in einem integrierenden Workflow

Digitale Transformation, digitaler Wandel: Heißt meistens, dass das Unternehmen sich im Umbruch befindet und neue Wege ausprobiert – und zugleich noch Print macht

Fortbildungen, auch Weiterbildungen: Gut, wenn das in der Stellenbeschreibung genannt wird. Besser, wenn konkretisiert wird, welche digitalen Fortbildungsmodule es gibt (nachfragen!)

Innovatives Unternehmen: Ist ein Schlagwort, dass hinterfragt werden sollte beim Bewerbungsverfahren: Wobei sieht sich der Arbeitgeber als innovativ an, nennt er dafür glaubwürdige Beispiele?

IT-Equipment: Wie werden die Volontärinnen und Volontäre mit Arbeitsmitteln ausgestattet, zum Beispiel Laptop und Smartphone? Nachfragen, recherchieren: Gibt es Podcast- oder Videotechnik oder gar ein eigenes Studio oder digitales Labor zur Ausbildung?

Multimedial: manchmal multimediales Volontariat. Damit betonen Arbeitgeber, dass sie verschiedene Ausspielungskanäle bedienen – und dass auch Volontärinnen und Volontäre entsprechend lernen, Text, Bild, Video, Ton usw. zu liefern und zu bearbeiten.

Online-Redaktion: Wird diese Abteilung als Station der Ausbildung genannt, pflegt das Unternehmen eher eine klassische Struktur – mit Ressorts, ggf. getrennter Printredaktion sowie Spezialistinnen und Spezialisten für Online. Kann in der digitalen Transformation jedoch auch die Steuereinheit für das Nachrichtenportal sein, während viele bereits vollends digital arbeiten.

Online-Journalismus: Lernen Volontärinnen und Volontäre nur noch den O. kennen bzw. wird die Ausbildung so beworben, ist das Unternehmen Digitalpublisher oder schon relativ weit in der digitalen Transformation.

---

[24] Alle verwendeten Begriffe stammen aus Stellenanzeigen von Medienhäusern, siehe Anmerkung 19 in diesem Kapitel.

Online-Volontariat, manchmal auch (Online-)Volontariat: Siehe Online-Journalismus. Es kann sein, dass Print keine Rolle mehr spielt bei dieser Ausbildung oder dass spezielle Kenntnisse vermittelt werden (siehe auch SEO, Social Media, Teams in dieser Übersicht).

Projekte, manchmal auch multimediale Projekte: Aus Sicht des Autors ist die explizite Nennung von Projekten ein gutes Zeichen – da die Volontärinnen und Volontäre Freiraum zum Erarbeiten eigener journalistischer Produkte oder Schwerpunkte erhalten sollen. Nachhaken beim Vorstellungsgespräch: Welche erfolgreichen digitalen Projekte gab es, worauf ist die Redaktion stolz?

SEO, suchmaschinenoptimiert bzw. Suchmaschinen-Optimierung (*search engine optimization*): Ein Schlüsselwort, das darauf hinweist, dass Fachwissen beim Ausspielen des digitalen Programms vermittelt wird. Das setzt voraus, dass das Unternehmen digital auf Zack ist, weil sich die Regeln, wie Artikel am besten über Google, Bing und Co gut zu finden sind, häufiger ändern.

Social Media: ggf. auch als Schwerpunkt (siehe auch Teams). Wie vermittelt das Ausbildungsunternehmen den Umgang mit Instagram, TikTok, Facebook, X (früher Twitter) und Co? Ein Blick auf die entsprechenden Kanäle der Medienmarke verrät auch, ob die journalistische Praxis hier insbesondere für jüngere Altersgruppen ansprechend ist, oder ob nur Links zu Beiträgen geteilt werden.

Teams: Nennt eine Stellenausschreibung oder auch eine Volontariats-Website explizit digitale Einheiten in der Redaktion als Stationen der Ausbildung? Gibt es ein Digitalteam? Das bedeutet oft, dass es eine Online-first-Arbeitsweise oder komplett digitale Arbeitsweise in der betreffenden Redaktion gibt – und dieses Team steuert das Online-Programm. Werden Audio-, Video- oder Social-Media-Team genannt? Das kann nach dem Volontariat spannende berufliche Perspektiven bedeuten.

Vertical Storytelling, manchmal auch nur Storytelling. Wenn es vertikal heißt, geht der Journalismus tiefer und beschäftigt sich mit den Bedürfnissen einer bestimmten Zielgruppe (ähnlich wie in Fachmedien). Dazu werden Geschichten digital ansprechend aufbereitet. Kann auf einen hohen Qualitätsanspruch an den digitalen Journalismus hinweisen.

Videos, Podcasts, Newsletter und noch mehr: Welche digitalen *Produkte* werden als Beispiele für Lerninhalte oder Stationen im Volontariat konkret genannt? Ein ausdifferenziertes digitales Angebot und Produktverständnis deuten auf ein innovationsfreudiges, an Experimenten interessiertes oder bereits schon digital erfolgreiches Redaktionsteam hin. Das könnte interessant sein für die Ausbildung!

Digitalisierung plus? Dieser Abschnitt nimmt das sich wandelnde Volontariat und dessen digitale Aspekte insbesondere in regionalen Medienhäusern in den Blick. Allerdings gibt es weitaus mehr Faktoren, die Qualität und Umfang einer Ausbildung zur Redakteurin oder zum Redakteur kennzeichnen. Diese Aspekte sollten mit einbezogen werden. Eine ausführliche Gesamtschau auf den deutschsprachigen Ausbildungsmarkt für angehende Journalistinnen und Journalisten bietet das Standardwerk „La Roches Einführung in den praktischen Journalismus", herausgegeben von Gabriele Hooffacker und Klaus Meier.[25]

Einige Punkte seien hier dennoch kurz aufgeführt. Wie Kap. 5 eingangs genannt, machen

- diverse Teams,
- eine offene und ideenreiche Atmosphäre und
- Respekt und Wertschätzung

für die Nachwuchskräfte nach Ansicht gerade jüngerer Generationen einen modernen und angemessenen Arbeitsplatz aus. Und natürlich geht es auch ums *Geld*.

Das Volontariatsgehalt, wenn es nicht tariflich geregelt ist, nennen manche Medienhäuser praktischerweise bereits in der Stellenbeschreibung. Oder die Karriere-Plattform gibt dazu – bei der Online-Anzeige zum Volontariat – eine Schätzung ab: Laut Stepstone lagen die Volontariatsgehälter Anfang 2024 im Median bei 27.000 € brutto jährlich, die Bandbreite zwischen gut 24.000 und fast 33.000 €.

Zum Vergleich: Die monatlichen Volo-Tarifgehälter bei (teils) betrieblichen Volontariaten lagen 2023 nach Angaben der Deutschen Journalisten-Union (Verdi) zwischen etwa 1400 und 2500 € (abhängig von Ausbildungsjahr und Alter), was Jahresgehältern zwischen knapp 17.000 und gut 35.000 € (mit Jahresleistung und Urlaubsgeld) entspricht.[26] Wenn das Gehalt nicht offenliegt: Spätestens im Vorstellungsgespräch sollte die Bewerberin, der Bewerber auch *hier nachfragen!*

---

[25] Gabriele Hooffacker, Klaus Meier, La Roches Einführung in den praktischen Journalismus. Mit genauer Beschreibung aller Ausbildungswege. Deutschland – Österreich – Schweiz (Wiesbaden: Springer VS, 20., neu bearbeitete Auflage, 2017), S. 149 ff.

[26] Vgl. Volontär/in Gehälter in Deutschland, Stepstone, https://www.stepstone.de/gehalt/Volontaer-in.html, abgerufen am 21.02.2024. Das Portal Indeed berechnete das durchschnittliche Gehalt im September 2023 mit 23.317 € jährlich oder 1934 € brutto monatlich. Zu den Tarif-Volontariaten vgl. Aktuelle Tarifgehälter für Volontärinnen und Volontäre, dju.verdi.de, 1. Juni 2023, https://dju.verdi.de/geld-tarif/tarifvertraege/++co++3a1c4f54-fe82-11e2-861d-52540059119e, 21.02.2024.

5.2 Ausbildungsmöglichkeiten im Lokaljournalismus

Auch die sogenannten *Benefits*, das sind monetäre, sachliche oder auch ideelle Vorteile für Mitarbeitende, werden nun häufiger aufgezählt. Die angebotenen Zusatzleistungen reichen vom Fitnessstudio-Rabatt übers E-Auto-Sharing, ermäßigte Kantinenessen oder das Jobticket bis hin zur den Beschäftigten nach Feierabend zur Verfügung stehenden Dach-Lounge.[27]

Das Programm der Ausbildung besteht natürlich nicht nur aus den internen Stationen im Ausbildungsbetrieb – bei denen auf die oben genannten digitalen Aspekte zu achten ist. Es lohnt sich, bereits bei der Auswahl der möglichen Arbeitgeber zu prüfen, welche externen und zusätzlichen Stationen, gegebenenfalls auch bei *Partner-Redaktionen* beim Radio, Fernsehen, der Nachrichtenagentur oder bei einem überregionalen Online-Medium möglich werden.

Es ist eine sehr wertvolle Ergänzung der praktischen Ausbildungsmodule, wenn dahinter jeweils *digital innovative Medienorganisationen* stecken. Dies können renommierte *Journalismus-Akademien* sein oder mehrwöchige Kurse an *Journalistenschulen*. Je offener ein Volontariat gestaltet ist und je mehr digitale Lernerfahrungen intern und extern damit verbunden sind, umso besser kann der Start in den digitalen Lokaljournalismus gelingen.

Karrieremöglichkeiten vergleichen ist immer gut, auch wenn Medienunternehmen dadurch zu Konkurrenten um potenzielle Volontärinnen und Volontäre werden. Es erscheint sinnvoll, einen in der engeren Auswahl stehenden Betrieb zunächst zu testen – indem die Bewerberin, der Bewerber ein redaktionelles Praktikum macht. Dieses Praktikum sollte angemessen bezahlt oder honoriert sein.

Eine Orientierung für die Praktikumsvergütung kann die Düsseldorfer Tabelle geben. Diese legt fest, wie viel Geld Studierende monatlich von den Eltern erhalten, wenn sie nicht mehr zu Hause wohnen.[28] Auch eine Mitarbeit als *Werkstudent* kommt vorm Volontariat in einem Medienunternehmen infrage. Gibt es Wunschstationen, sollten Praktikantinnen und Praktikanten darauf achten, dass sie in den bereits überwiegend oder vollständig digital arbeitenden Teams lernen.

Wenn es direkt ins Volontariat gehen soll, sind mehrere Bewerbungen vernünftig. Das ist besser, als alles auf eine Karte zu setzen.

---

[27] Die genannten *Benefits* stammen aus Volontariatsausschreibungen der Verlage im August 2023, vgl. Anmerkung 19.
[28] Vgl. Übersicht des Deutschen Studierendenwerks zum Unterhalt der Eltern, https://www.studierendenwerke.de/themen/finanzierungsmoeglichkeiten/unterhalt-der-eltern, abgerufen am 29.08.2023.

Für eine erfolgreiche Bewerbung empfehlen sich Arbeitsproben, die einem selbst etwas bedeuten. Wie diese genau aussehen sollten, fordern manche Medienhäuser direkt in den Stellenausschreibungen ab. Auch ein selbst gedrehtes Video, ein Instagram-Reel oder ein kleines Online-Projekt können aussagekräftig sein – digital aufgeschlossene Arbeitgeber sehen solche Arbeitsproben inzwischen als gleichwertig zu Texten an.

Das ist ein guter Test: Wie reagieren die Ausbilderin oder die Chefredakteurin auf den eingereichten Link zur interaktiven Grafik – kommen die Beteiligten beispielsweise im Vorstellungsgespräch dann von sich aus auf Datenjournalismus und dessen Nutzen für Leserinnen und Leser zu sprechen? Das wäre ein Zeichen, dass die Ausbildung in dieser Redaktion spannend werden könnte.[29]

5.3 Ausbildungsinhalte für digitale Journalistinnen und Journalisten

Die inhaltlichen Standards im Volontariat sind zwar nicht so verbindlich festgelegt wie in einer dualen Berufsausbildung (siehe Abschn. 5.2). Dennoch gibt es Regeln, die umreißen, was zu einer guten Ausbildung gehört. Sie sind in den vergangenen Jahren angepasst worden. Grund ist die Digitalisierung der Zielgruppen, die Medien verstärkt ansprechen möchten. In den Medienunternehmen und Interessenverbänden ist die Erkenntnis gewachsen, dass diese Entwicklung in einer Ausbildung stärker berücksichtigt werden sollte.

Der Bundesverband Digitalpublisher und Zeitungsverleger (BDZV) und die Gewerkschaften Deutsche Journalisten-Union (dju, Verdi) sowie der Deutsche Journalistenverband (DJV) haben 2016 den Tarifvertrag über das Volontariat an Tageszeitungen aktualisiert. Dieser gilt für an den Flächentarif gebundene Verlage. Er berücksichtigt das „Hinzutreten digitaler und sozialer Medien", die „daraus folgende Änderung im Nutzerverhalten" und das „Bedürfnis der Leser und Nutzer nach vertiefter Information".

---

[29] Ein Indiz für ein zeitgemäßes Volontariat ist es, wenn die Ausbilderin digital erfahren ist. In einigen Unternehmen ist die Verbindung von Verantwortlichkeit für die digitale Transformation und Volontariat üblich, Beispiel aus Trier: Inge Kreutz rückt in Chefredaktion des Trierischen Volksfreunds auf, kress.de, 23. Dezember 2022, https://kress.de/news/beitrag/144792-inge-kreutz-rueckt-in-chefredaktion-des-trierischen-volksfreunds-auf.html, 27.08.2023.

5.3 Ausbildungsinhalte für digitale Journalistinnen und Journalisten

> **Digitalisierte Journalistenausbildung: Standardisierte Lerninhalte[30]**
> *Erstellen von Beiträgen* aus Bild, Bewegtbild, Audio und Kombinationen dieser Elemente
> *Schreiben für die Nutzer* und fürs Internet, u. a. nach Nutzungsgewohnheiten
> *Digitale Informationsquellen* nutzen (Recherche)
> Arbeiten nach *digitalen Workflows*
> Arbeit mit *digitalen Techniken* und *Redaktionssystemen*
> Arbeiten für *Social Media* und ggf. weitere digitale Plattformen des Ausbildungsbetriebs
> *Produzieren* und *Bearbeiten* von Audio, Videos, Podcasts, Online-Streaming, grafischen Elementen
> *Moderation* von Chats/Foren
> *Produktgestaltung* auch online und audiovisuell
> (Quelle: Tarifvertrag Redaktionsvolontariat Tageszeitungen, 2016)

Ansätze des zielgruppenorientierten Journalismus, wie er in diesem Handbuch erläutert wird – zum Beispiel das Arbeiten mit Audiences, nach Bedürfniskategorien oder mithilfe von Daten –, spielen in dem tariflich vereinbarten Ausbildungsstandard noch keine Rolle. Ebenso geht es weniger um Entwicklung neuer Arbeitsweisen, Produkte oder Formate. Sowohl Fachleute aus der Praxis als auch der Wissenschaft sehen dies als Defizit in der Branche an.

So bemängelt der Datenjournalist und Mitgründer der gemeinnützigen Organisation AlgorithmWatch, Lorenz Matzat, die fehlenden Bezüge traditioneller Medien zum Datenjournalismus und zur Automatisierung: „Ausbildungsmöglichkeiten, die Spezialisten für den Journalismus im Zeitalter der digitalen Transformation liefern könnten, sind in Deutschland rar."[31]

---

[30] Vgl. Tarifvertrag über das Redaktionsvolontariat an Tageszeitungen (Wort, Bild, Online oder audiovisuell) und/oder unternehmensrechtlich verbundenen Redaktionsgesellschaften. Gültig ab 1. November 2016, insbesondere § 2 und Musterausbildungsplan im Anhang, https://www.djv.de/fileadmin/user_upload/Infos_PDFs/Tarife_und_Honorare/Tageszeitung/Text_Volo-TV_mit_MAP_14.02.17.pdf, 29.08.2023.

[31] Zitiert nach Stefan Wirner, „Spezialisten sind rar" (Interview mit Lorenz Matzat). Themenwoche neue Medienwelt, drehschreibe.org, 20.09.2020, https://www.drehscheibe.org/interview/die-spezialisten-sind-rar.html, 26.08.2023.

Kritik aus der Medienforschung: Die Medienbranche sei zu wenig innovationsfreudig. Das sagt Christopher Buschow, seit 2024 Professor für Digitalen Journalismus an der Technischen Universität in Hamburg. Buschow, zuvor in Weimar tätig, setzt sich mit anderen Kollegen für gezielte staatliche Innovationsförderung ein, die digital anspruchsvollen traditionellen Unternehmen und auch Start-ups in der Branche zugutekommen könnte.

Ähnlich argumentiert die Medienforscherin und Beraterin Alexandra Borchardt, die das Problem unter dem Eindruck der Debatte über digitale Transformationsförderung der Medien in der Corona-Pandemie nicht allein im Journalismus verortet hat: „In den Redaktionen und Verlagsabteilungen gibt es eine große Unwucht zwischen dem, was die Mitarbeiter*innen können und dem, was sie können müssten."[32]

Innovationen im digitalen Journalismus der Verlage sind vielleicht rar. Aber es gibt sie: Borchardt nennt den Fokus auf die *Audiences-first*-Methode in mehr als 80 europäischen Medienhäusern, die seit 2020 das Table Stakes Europe-Programm durchlaufen haben (siehe Abschn. 4.1 und Interview, Abschn. 4.2). Ebenso kann es sich für Arbeitgeber lohnen, bereits in der Ausbildung des journalistischen Nachwuchses mit modernen, sich erst entwickelnden Themenfeldern zu arbeiten.

Klimajournalismus sei definitiv dazu geeignet, Talente zu begeistern, sagt Manuela Kasper-Claridge, Chefredakteurin bei der Deutschen Welle, im Interview des „News Reports 2023" der European Broadcasting Union.[33] In der Praxis bestätigen das Versuche in regionalen Medienhäusern: Zwölf hoch motivierte Volontärinnen und Volontäre der „Lausitzer Rundschau" und der „Märkischen Oderzeitung" schafften es mit ihrem multimedialen Projekt zum Klimawandel in Brandenburg auf die Shortlist des Deutschen Lokaljournalistenpreises 2021 der Konrad-Adenauer-Stiftung.

---

[32] Vgl. Christopher Buschow, Innovationsförderung im Lokaljournalismus, in: Andy Kaltenbrunner, Sonja Luef, Renée Lugschitz, Matthias Karmasin, Daniela Kraus, Der Journalismus-Report VII. Lokaljournalismus und Innovation (Wien: Facultas Verlag, 2022), S. 102–115, und ähnlich: Alexandra Borchardt, Wie staatliche Subventionen den unabhängigen Journalismus wirklich unterstützen könnten, HMS-Blog, 26. Februar 2021, https://www.hamburgmediaschool.com/blog/foerdert-die-ausbildung, 26.08.2023.

[33] Vgl. "Climate Journalism is definitely a way to attract talent", Q&A with Manuela Kasper-Claridge, Editor-in-Chief, Deutsche Welle, in: Alexandra Borchardt, Katherine Dunn, Felix Simon, EBU News Report 2023. Climate Journalism That works. Between Knowledge and Impact (Genf: European Broadcasting Union, 2023), S. 136–139. https://www.ebu.ch/files/live/sites/ebu/files/Publications/strategic/open/News_report_2023_Climate_Journalism.pdf, 27.08.2023.

5.3 Ausbildungsinhalte für digitale Journalistinnen und Journalisten

Eine auf Datenjournalismus ausgerichtete Ausbildung hat eine Kollegin beim „Südkurier" erhalten. Deren Daten-Experte, David Hilzendegen, sprach sich 2022 in einem Interview mit dem Magazin „drehscheibe" dafür aus, dass Datenjournalismus fester Bestandteil jeglicher Ausbildung werden sollte.[34] Es findet also ein Umdenken statt – angetrieben von einigen Pionierinnen und Pionieren. Dabei scheint die Corona-Pandemie der Jahre 2020 bis 2022 beschleunigend gewirkt zu haben.

Bloß an Ereignissen und Terminen aufgehängte Berichterstattung war während der Lock-down-Phasen nicht möglich. Stattdessen waren Ideen für eigenständige Recherchen gefragt. Dazu gehörte auch die datenjournalistische Aufbereitung der zu verifizierenden Zahlen und Fakten zur Pandemie. In deren Zeitraum fällt auch eine Befragung unter den Mitgliedsverlagen des Projekts Initiative junge Leser (jule) des Bundesverbands Digitalpublisher und Zeitungsverleger.

Die Vermittlung digitaler Kompetenz im Volontariat nannten die Befragten 2021 als etablierten Punkt in der Ausbildung. Demnach lernen Volontärinnen und Volontäre in regionalen Medienhäusern inzwischen intensiver den Umgang mit technischen Tools, erstellen Podcasts oder Instagram-Storys – solche Inhalte der Ausbildung ergänzen Standards wie das Einüben der journalistischen Stilformen und klassischen Formate.[35]

Beispiele: Bei den „Badischen Neuesten Nachrichten" lässt die Redaktion die Volontärinnen und Volontäre bei ihrer Station im Social-Media-Team den Instagram-Account „bockaufkarlsruhe" bedienen. Zu den festen Digitalprojekten der Verlagsgruppe VRM („Allgemeine Zeitung" in Mainz, Darmstädter „Echo", „Wiesbadener Kurier") gehören der Gang ins Podcast-Studio und digitales Storytelling.

Genügend digitale Kompetenz im Angebot? Betrachtet man die Medieninteressen der Generation Z und der nachfolgenden Generation Alpha der ab 2011 Geborenen, wird klar: Aus diesem Blickwinkel ist Journalismus unbedingt digital – oder es gibt ihn nicht. Die Erwartung der Gen Z an eine Ausbildung in der Branche geht in dieselbe Richtung (siehe auch Abschn. 5.6).

---

[34] Vgl. Katharina Dodel, „Datenrecherche ist unverlässlich". Interview, drehscheibe.org, 28. September 2022, https://www.drehscheibe.org/themenwochen-nachrichtenleser/datenjournalismus-suedkurier.html, 27.08.2023. Ein Schwerpunkt-Volontariat für Datenjournalismus bietet beispielsweise auch die „Süddeutsche Zeitung" ab 2025 an, vgl. Das Volontariat bei der SZ, sueddeutsche.de, 15. Dezember 2023, https://www.sueddeutsche.de/projekte/artikel/politik/volontariat-journalismus-sz-e729692/, 22.02.2024.

[35] Vgl. jule-Umfrage Mai 2021, siehe auch Anmerkung 23.

In einem Interview für die Plattform „#UseTheNews", mit deren Hilfe junge Menschen für Journalismus und dessen Wirkweise interessiert werden sollen, rät Malte Baumberger, Leiter der Digitalen Video Produktion des privaten Nachrichtensenders ntv, zum Fokus auf Online-Journalismus: „Dort ist die Fläche, was veröffentlicht werden kann, größer als im Fernsehen oder bei Printmedien."[36]

▶ **Tipp Wie digital ist die Ausbildung?** Bewerberinnen und Bewerber können im Vorstellungsgespräch, im Praktikum (siehe Abschn. 5.2) oder mit Blick auf journalistischen Ergebnisse überprüfen: Welche Volontariatsprojekte mit hohem digitalen Anspruch schaffen es zum Beispiel auf die *Shortlist* oder werden beim Volo-Wettbewerb des Deutschen Lokaljournalistenpreises ausgezeichnet?[37]

- https://www.kas.de/de/deutscher-lokaljournalistenpreis

Digitale Mindeststandards: Sowohl die positiven Beispiele als auch die genannten Mängel in der Branche geben Aufschluss darüber, was eine gute digitale Ausbildung – ob nun im Volontariat, an der Journalistenschule beziehungsweise im einschlägigen Studium – ausmacht. Welche Standards sollten mindestens vorhanden sein? Welche Lernmodule sollte es optional geben? Was wäre wünschenswert? Die nachfolgende Checkliste für angehende Medienschaffende, zugleich eine Zusammenfassung der bisher im Kap. 5 aufgeführten digitalen Lernaspekte, soll helfen, die Ausbildungsangebote zu bewerten.[38]

---

[36] Zitiert nach: Luisa Garcia, Wie wird man eigentlich Journalist:in? Learnings aus dem New-Zee-Treffen mit Malte Baumberger, Leiter der Digitalen Video Produktion von ntv, #UseTheNews, 22. Februar 2022, https://www.usethenews.de/de/aktuelles/wie-wird-man-eigentlich-journalistin, abgerufen am 28.08.2023.

[37] Übersicht der Preisträger:innen und Shortlists bis 2022, vgl. Deutscher Lokaljournalistenpreis. Demokratie beginnt im Kleinen. Der Oscar für Lokaljournalistinnen und -journalisten, https://www.kas.de/de/deutscher-lokaljournalistenpreis, 22.02.2024.

[38] Vgl. zu den notwendigen Standards einer auf die digitalisierte Gesellschaft abgestimmten Journalismus-Ausbildung Oliver Haustein-Teßmer, Wie die Digitalisierung die Journalismus-Ausbildung verändert, in: Gabriele Hooffacker, Wolfgang Kenntemich, Uwe Kulisch (Hrsg.), Neue Plattformen – neue Öffentlichkeiten. KI, Krisen und Journalismus (Wiesbaden: Springer VS, 2024), S. 67-78.

Checkliste: Wie digital ist die Ausbildung inhaltlich?
Themen-Check: Welchen Zugang zu Themen pflegt die Redaktion? Gibt es Audience-Methoden, spielen Bedürfnisse digitaler Zielgruppen in der Ausbildung eine Rolle, welche Themenfelder sind neu und digital?
Nutzer-Check: Welche Rolle spielt das Verhältnis zu den Kundinnen und Kunden, Leserinnen und Lesern in der Ausbildung? Was lernt die Redaktion aus der Nutzungsdatenanalyse?
Produkt-Check: Wie wird im Volontariat die Entwicklung neuer Medienprodukte vermittelt? Wie ist die Redaktion – ggf. projektbezogen – praktisch daran beteiligt?
Change-Check: Wie werden Veränderungen im Medienunternehmen in der Ausbildung thematisiert? Wie sind Auszubildende an Veränderungen und Neuentwicklungen in den Redaktionen beteiligt?
Innovations-Check: Gibt es eine Einheit oder ein *Media Lab*, in der/dem neue Audiences, Themen, Formate, technische Umsetzungen ausprobiert werden können?
Kooperations-Check: Inwiefern kooperiert das Medienunternehmen bereits in der Ausbildung mit anderen digital innovativen Einrichtungen, zum Beispiel bei Recherchen oder Daten-Projekten?

5.4 Interview mit Claus Liesegang zum Ausbildungskonzept MOZ und LR

Claus Liesegang ist Chefredakteur der „Lausitzer Rundschau" und der „Märkischen Oderzeitung". Er hat die redaktionsinterne Ausbildung verändert und ein dreijähriges Volontariat etabliert. Es soll Nachwuchskräfte dafür qualifizieren, mit digitalem Lokaljournalismus neue Zielgruppen zu erreichen (Abb. 5.2).[39]

Die „Lausitzer Rundschau" und die „Märkische Oderzeitung" haben ein dreijähriges Volontariat. Wieso drei Jahre? Das ist ein Jahr länger als üblich.

---

[39] Transparenz-Hinweis: Der Autor und der Interviewpartner haben von Februar 2021 bis Juli 2024 als Co-Chefredakteure zusammengearbeitet. Claus Liesegang verantwortet auch das redaktionelle Volontariat. Redigiertes Transkript des Video-Interviews am 25. September 2023.

Abb. 5.2 Claus Liesegang im Video-Interview am 25. September 2023. Screenshot: Oliver Haustein-Teßmer (▶ https://doi.org/10.1007/000-c7n)

Claus Liesegang: Digitaljournalismus bedeutet, viele neue Dinge zusätzlich neben klassischem Journalismus zu erlernen, ob nun Videos drehen, Audioaufzeichnungen oder die andere Art des Schreibens für Online-Journalismus. Und SEO spielt eine große Rolle. Jetzt gibt es zwei Möglichkeiten. Entweder streicht man die alten Inhalte zusammen und bietet dann beispielsweise weniger Ausbildung in den klassischen Stilformen an. Oder man erweitert das Volontariat eben auch zeitlich, damit diese neuen Inhalte hineinpassen. Wir haben uns dafür entschieden und haben ein für drei Jahre geltendes Konzept erarbeitet. Und das ist offensichtlich so attraktiv, dass wir, im Gegensatz zu manch anderem Verlag in Deutschland, bis dato kein Problem haben, nicht nur ausreichend, sondern auch gute Volontärinnen und Volontäre zu finden.

Wie wichtig nehmt Ihr digitale Methoden in der Ausbildung?

Claus Liesegang: Wir nehmen das sehr wichtig. Das kann man daran sehen, dass Print in diesem Volontariat nahezu keine Rolle mehr spielt. Keine fest angestellte Reporterin, kein Reporter arbeitet mehr für Print. Das passiert hinterher und in einem eigenen Printteam. Die Berichterstattung erfolgt ausschließlich für Online. Das geht natürlich Hand in Hand mit dem Volontariat. Wenn die Volontärinnen und Volontäre in den Lokalredaktionen oder den Ressorts eingesetzt sind, arbeiten sie selbstverständlich genauso wie das übrige Team. Auch alle anderen Inhouse-Stationen sind bis auf das Printteam, in das man mal die Nase reingehalten haben sollte, ausschließlich digital angelegt.

5.4 Interview mit Claus Liesegang zum Ausbildungskonzept MOZ und LR

Wie haltet Ihr die Ausbildung aktuell?

Claus Liesegang: Ich spreche zurzeit davon, dass wir dabei sind, die digitale Transformation I umzusetzen. Die digitale Transformation II steht aber schon vor der Tür oder ist längst da. Transformation II bedeutet, sich mit einer anderen Art Journalismus auseinanderzusetzen, um Zielgruppen zu erreichen, die wir heute noch nicht haben. Generation Z und Generation Alpha werden nicht mehr oder wenigstens nicht mehr in dem Maße lesen. Wir müssen uns damit beschäftigen, dass Lesen auch im Lokaljournalismus eine zunehmend geringere bis keine mehr Rolle spielt. Also brauchen wir neue journalistische Skills für unsere lokalen Teams. Die es dann schaffen – ob mit Reels, Shortvideos, in Podcast-Teams oder mit anderen Formaten, die neue Zielgruppen heute schon und zunehmend nutzen –, trotzdem Lokaljournalismus zu vermitteln. Das müssen wir jetzt neu konzeptionieren, dann schulen und trainieren, aber so schnell wie möglich zur Umsetzung bringen.

Mit welchen Partnern oder Organisationen kooperiert Ihr?

Claus Liesegang: Seit vielen Jahren kooperieren wir mit dem sich immer weiter entwickelnden Institut zur Förderung des publizistischen Nachwuchses (IFP) in München. Das ist eine hervorragende Basis-Journalistenausbildung. Wir machen zusätzlich sehr viel *inhouse*, mit unserem Digital-Coach. Wir arbeiten außerdem mit unterschiedlichen externen Partnern zusammen, nehmen an Schulungen teil. Ich glaube allerdings, dass in der Journalistenausbildung immer weiter darauf gedrungen werden muss, dass sich auch externe Partner zusätzlich neu orientieren. Ich bin da regelmäßig im Austausch, Stichworte Audiences-Journalismus, andere Stilformen und Formate. Das ist sicher ausbaufähig.

Was bringt ein Volontariat im Lokalen heute noch?

Claus Liesegang: Wir haben für unser Volontariat zwar auch weniger Bewerberinnen und Bewerber, aber immerhin noch eine fette zweistellige Anzahl, sodass wir die Möglichkeit haben, immer noch wirklich Gute auszuwählen. Und wir bekommen Bewerbungen aus der ganzen Welt, in der Regel deutschsprachige Menschen, die aber in Moskau, in Australien oder sonst wo in der Welt leben. Das sind natürlich Einzelfälle, die meisten kommen aus Deutschland. Aber es ist einfach schön, dass diese Menschen auch dort erreicht werden und dass sie es trotzdem interessant finden, in Ostbrandenburg oder in der Lausitz ein Volontariat zu absolvieren. Wenn wir die Möglichkeit haben, mischen wir bei den Volontärinnen und Volontären zwischen denen, die eine regionale Verbundenheit und Kompetenz haben, und jenen, die von extern kommen, schon die weite Welt kennen gelernt haben und von dort ihre Erfahrungen mitbringen.

5.5 Kreativer Journalismus in der digitalisierten Gesellschaft

Berufseinstieg und Karriere-Chancen: Wer dieses Kapitel bis hierhin aufmerksam gelesen hat, fragt sich vielleicht: Fehlt da nicht etwas? Denn bislang ist der Begriff Kreativität im Zusammenhang mit der Ausbildung in digitalem Journalismus, zumal Lokaljournalismus, nicht gefallen. Was bedeutet zunächst Kreativität im Zusammenhang mit digitalen Fähigkeiten? Letztere braucht jeder und jede für den künftigen Beruf. Das zeigen die vorausgegangenen Abschnitte auf.

Kreativer Journalismus, so viel lässt sich sagen, bedeutet immer, *etwas mehr zu wollen*. Es kommt darauf an, wie Medienprofis ihre Arbeit angehen. Anke Vehmeier, die Leiterin des Lokaljournalismusprogramms der Bundeszentrale für politische Bildung, hat es so formuliert: „Fotostrecken, Videos, Podcasts. Multimedia-Grafiken. Vermeintlich trockene Fakten aus der Kommunalpolitik lassen sich mit einem digitalen Konzept attraktiv aufbereiten. Soll in einer Kommune die Straßenbeleuchtung auf moderne Technik umgerüstet werden, kann die Redaktion das nüchtern vermelden oder attraktiv visualisieren." Und zwar mit ganz handfesten Daten wie zu den Kosten oder zum Energieverbrauch. Vehmeier fordert Mut zum Experimentieren.[40] Kreativ sein heißt in diesem Sinn beispielsweise:

Kreativität im digitalen Journalismus – eine Liste zum Verlängern
Podcasts selbst entwickeln und produzieren
   Beiträge kuratieren und so bestmöglich weiterentwickeln
   Diskussionen moderieren – mit Nutzerinnen und Nutzern (partizipativer Ansatz)
   Communities aufbauen und zusammenbringen – online oder bei Events
   Neue Audiences ausprobieren und ihnen nützlichen Journalismus liefern: Für die Foodies in der Kleinstadt, für die Familien mit Kindern oder umweltbewusste Menschen mit Fragen zum Klima
   Experimente starten, kleine und große Produkte launchen (Quizzes, Newsletter, Serien) …

---

[40] Zitiert nach Anke Vehmeier, Die Stunde des Lokalen, S. 251, in: Matthias Daniel, Stephan Weichert (Hrsg.), Resilienter Journalismus. Wie wir den öffentlichen Diskurs widerstandsfähiger machen (Köln: Herbert von Halem Verlag 2022), S. 246–251.

Diese Liste ließe sich fortschreiben. Journalismus bedeutet heute nicht mehr allein, Texte zu schreiben. In mancher Hinsicht kann von Menschen mit Prompts gefütterte, generative Künstliche Intelligenz (KI) dies vielleicht besser (siehe Kap. 6). Es geht um Konzepte, ob nun für Reels oder Videos. Storys können online anders und nicht linear erzählt werden. Das beginnt mit zusätzlichen audiovisuellen Elementen und interaktiven Grafiken.

Oder es geht um *Calls to Action*, Anreize zum Mitmachen. Die Redaktion bezieht Nutzerinnen und Nutzer mit ein, ob nun bei Umfragen, bei Quizzen oder mit der Bitte um einen eigenen Beitrag im Kommentarfeld unter dem journalistischen, exklusiv für eine regionale oder lokale Zielgruppe recherchierten Artikel. Jede Geschichte ermöglicht prinzipiell einen Griff in den Kreativ-Werkzeugkasten des Online-Journalismus.

Eine Erweiterung des kreativen Journalismus erscheint gerade für regionale und lokale Medien unerlässlich. Wiebke Möhring, Professorin für Online- und Print-Journalismus an der TU Dortmund, weist darauf hin, dass der künftige, vor allem auch datengestützte Journalismus nicht ohne partnerschaftliche Zusammenarbeit auskomme. Das gilt für Recherchen – und ebenso für das Konzipieren großer Themen und das Ändern von Arbeitsweisen, lässt sich ergänzen.

Es lohnt sich, bei benachbarten Redaktionen vorbeizuschauen oder sich, wie bei *Table Stakes Europe* (siehe Abschn. 4.1 und 4.2), international zu vernetzen. Ideen austauschen, Geschwindigkeit aufnehmen und dabei aus Fehlern lernen: Das ist eine kreative Perspektive, weil daraus etwas Neues entstehen kann. Im Kleinen geht es darum, Kreativität in Projektteams freizusetzen, statt sich allein und im gewohnten Umfeld zu verkämpfen. Wiebke Möhring sagt: „Um die Qualität von Lokaljournalismus weiterzuentwickeln, wird an Kooperationen in Zukunft kein Weg vorbeiführen."[41]

5.6 Interview mit Joyce Noll und Rieke Smit: Was ein gutes Volontariat ausmacht

Joyce Noll studiert Journalismus und Public Relations an der Westfälischen Hochschule und arbeitet seit Juni 2023 am Leibniz Institute for Economic Research RWI in Essen. Sie war für die Funke Wochenblätter und ist für die dpa tätig, engagiert sich bei #UseTheNews. Rieke Smit ist dort Redakteurin vom Dienst für Social

---

[41] Zitiert nach David Hammersen, „Ohne Kooperationen wird der Lokaljournalismus in Zukunft nicht denkbar sein", Interview mit Wiebke Möhring, Message Blog, 28. September 2022, https://www.message-online.com/ohne-kooperationen-wird-der-lokaljournalismus-in-zukunft-nicht-denkbar-sein/, 27.08.2023.

Abb. 5.3 Joyce Noll im Video-Interview am 5. Oktober 2023. Screenshots: Oliver Haustein-Teßmer (▶ https://doi.org/10.1007/000-c7m)

News Daily. Sie hat einen Bachelor in Journalismus der Hochschule Magdeburg-Stendal und einen Joint Masters Degree in International Humanitarian Action der Universitäten Groningen und Uppsala. Die Volontärin der Funke Mediengruppe ist Executive Board Member der European Youth Press (Abb. 5.3 und 5.4).[42]

Was macht Ihr bei #UseTheNews?

Rieke Smit: #UseTheNews ist eine Initiative der dpa, die die Nachrichtenkompetenz in der jungen Generation stärken will. Die Arbeit basiert auf Studien des Leibniz-Instituts für Medienforschung (Hans-Bredow-Institut, HBI). Außerdem arbeiten wir mit Journalist*innen aus verschiedenen Medienhäusern zusammen, um Formate zu entwickeln und die junge Generation an Nachrichten zu interessieren. Hinzu kommen Lehrkräfte, um die Nachrichten-Kompetenzförderung in Schulen umzusetzen. Eine weitere Säule der Initiative ist die New-Zee-Community, die aus jungen nachrichteninteressierten Menschen besteht. Mit denen kommen Journalist*innen ins Gespräch darüber, welche Formate sie interessieren. Und Joyce ist Teil der NewZee-Community…

---

[42] #UseTheNews geht auf eine Initiative der Deutschen Presse-Agentur dpa und der Behörde für Kultur und Medien in Hamburg zurück und ist seit 2022 eine gemeinnützige GmbH. Das Projekt will Medienpraxis und Wissenschaft verbinden sowie neue Informations- und Bildungsangebote für jüngere Menschen entwickeln. Redigiertes Transkript des Video-Interviews am 5. Oktober 2023.

5.6 Interview mit Joyce Noll und Rieke Smit: Was ein gutes Volontariat ausmacht

Abb. 5.4 Bildunterschrift: Rieke Smit im Video-Interview am 5. Oktober 2023. Screenshot: Oliver Haustein-Teßmer

Joyce Noll: … Genau, darüber bin ich mit der Initiative und mit der Deutschen Presse-Agentur (dpa) in Berührung gekommen. Dadurch ist die Connection mit Rieke Smit und mir zustande gekommen. Deswegen war ich 2023 bei der Chefredaktionskonferenz der dpa und bei der TinCon in Hamburg[43] und habe dort zum ersten Mal moderiert.

Du bist bei Funke in den Beruf eingestiegen. Wie wichtig waren dort digitale Methoden?

Joyce Noll: Eigentlich essenziell. Ich würde sagen, bei 50 % war es immer noch so, dass es um das Lokalblatt ging, das gedruckt wurde. Die anderen 50 % waren für das Online-Portal Lokalkompass, wo die Artikel dann veröffentlicht wurden. Man ist oft zweigleisig gefahren, wenn man etwas geschrieben hat, sowohl für Print als auch für Online.

Rieke, was ist Dir in der digitalen Ausbildung wichtig, und welche Aspekte fehlen Dir?

Rieke Smit: Digital first zu denken, was bei Funke ja auch stattfindet, ist einfach extrem wichtig. Genauso, wie auch audiences-fokussiert zu arbeiten, also sich anzuschauen, für wen schreibt man eigentlich? Gleichzeitig finde ich es aber auch

---

[43] Die TinCon ist ein Festival für digitale Jugendkultur in Hamburg, vgl. TinCon Hamburg: Nachrichtenkompetenz mit dem Newscamp, 7. September 2023, https://tincon.org/blog/tincon-hamburg-usethenews, 22.02.2024.

wichtig, dass zu challengen. Also nicht nur für die Zielgruppe zu schreiben, sondern gerade auch Themen anzufassen, die die Zielgruppe vielleicht nicht vorrangig interessieren, und es dann so zu drehen, dass vielleicht Interesse aufkommt. Besonders spannend finde ich die Verzahnung zwischen verschiedenen Mediengattungen. Audio und Video wird immer wichtiger, auch in Verbindung mit Texten. Das Digital Storytelling und die Prozesse, die sich dabei entwickeln, finde ich sehr interessant.

Joyce, warum hast Du Dich überhaupt für lokalen Journalismus entschieden?

Joyce Noll: Tatsächlich war der ausschlaggebende Punkt, dass ich im Ruhrgebiet wohne und dass die Funke-Zentrale in Essen ist. Ich hatte mich dort für ein Praktikum beworben, und das hat so gut funktioniert, dass mir danach ein Job angeboten wurde. Wahrscheinlich ist es auch ein bisschen Lokalpatriotismus. Das große Gebäude von Funke kannte ich gut und fand es toll, dass ich dann dort arbeiten konnte. Ich finde es auch wichtig, den Lokaljournalismus zu stärken.

Rieke, wie kann Lokaljournalismus wieder für mehr Nachwuchskräfte attraktiv werden?

Rieke Smit: Worüber viel geredet wird, ist die Work-Life-Balance. Die gewinnt in der Generation Z immer mehr an Bedeutung. Wir sind es in unserer Generation gewohnt, immer erreichbar zu sein, wir sind immer online. Deswegen wird das Bedürfnis größer, auch mal abschalten zu können. Ich glaube, wenn lokale Medienhäuser klarmachen, dass sie respektieren, wenn jemand im Urlaub oder im Feierabend ist, dann kann das schon ein wichtiger Schritt sein. Zusätzlich gibt es in unserer Generation den Wunsch nach Individualität und Flexibilität. Gerade wenn man als Medienhaus deutlich macht, wie flexibel Lokaljournalismus sein kann und dass man zum Beispiel im Volontariat in verschiedenen Ressorts arbeitet, dann kann man zeigen, wie attraktiv ein Volontariat im Lokalen sein kann. Wenn man als junger Mensch dann noch merkt, dass ein Medienhaus einen in Projekten, kreativen Dingen, bei neuen Ideen oder dabei unterstützt, neue Märkte und neue Zielgruppen zu erschließen, dann könnte der Lokaljournalismus auf jeden Fall für Nachwuchskräfte attraktiver werden.

Da klingt ein Generationenkonflikt an. Wie geht Ihr damit um?

Joyce Noll: Also, grundsätzlich bin ich sehr optimistisch und versuche das mit Offenheit, Charme, Freundlichkeit zu lösen. Ich habe die Erfahrung gemacht, dass ältere, erfahrene Kollegen, die selber Kinder haben, da mehr sensibilisiert sind und dass es dann gar nicht so große Konflikte gibt wie mit jenen, die keine Kinder haben. Bisher wurde ich damit nicht so konfrontiert. Ich glaube, dass wird vielleicht anders, wenn ich Vollzeit arbeite. Rieke hat da wahrscheinlich Erfahrungen gemacht…

Rieke Smit: … Ja. Ich glaube jedoch nicht, dass das ein Generationskonflikt ist, der stärker ist als frühere. Diese Spannungsverhältnisse gibt es schon immer. Bei

Punkten wie der Work-Life-Balance herrscht vielleicht Unverständnis bei Menschen, die es von früher gewohnt sind, Überstunden zu leisten und mehr und länger in der Redaktion zu sitzen. Diese Generation kennt das aber auch noch, dass Feierabend ist, wenn die Druckerpressen angehen. Das gilt bei uns heute nicht mehr. Dementsprechend ist unser Drang größer, da Grenzen zu ziehen. Insgesamt denke ich, dass sich der Konflikt nur bessert, wenn man miteinander redet. Man kann sich zum Beispiel gegenseitig darin bestärken, auf die mentale Gesundheit achten. Es geht darum, eine Balance zu finden zwischen ‚hey, ja, ich muss jetzt hier erreichbar sein' und ‚es ist auch wichtig, dass ich Zeit für meine Familie habe'.

Thematisieren es Studium und Volontariat, Journalismus anders anzugehen?

Joyce Noll: Ja, auf jeden Fall. Ich studiere an einer Hochschule, die praktisch orientiert ist und wo es darum geht, dass wir lernen, crossmedial zu arbeiten. Auch audiences-fokussiertes Arbeiten ist wichtig. Ich denke, dass es essenziell ist, dass dies Teil von journalistischen Ausbildungen wird. Und ich habe das Gefühl, dass noch nicht alle traditionellen Journalistenschulen unbedingt an diesem Punkt sind. Deswegen ist es für mich nicht so attraktiv, an eine Journalistenschule zu gehen. Für mich steht eher zur Debatte, ein Volontariat zu machen...

Rieke Smit: ... Für das Volontariat holt man junge Menschen ins Haus. Dann ist es wichtig, diesen auch Freiräume einzuräumen und zu sagen, ‚hey, probier mal was ganz Neues, wie neue Formate, die wir vorher noch nicht gesehen haben'.

Weiterführende Literatur

Gabriele Hooffacker, Wolfgang Kenntemich, Uwe Kulisch (Hrsg.), Neue Plattformen – neue Öffentlichkeiten. KI, Krisen und Journalismus (Wiesbaden: Springer VS, 2024)

Neue deutsche Medienmacher*innen (Hrsg.), Viel Wille, kein Weg. Diversity im deutschen Journalismus (Berlin: Neue deutsche Medienmacher*innen e. V., 2020)

Björn Staschen, „Dafür musst du mit 'nem Polohemd aufgewachsen sein". Soziale Herkunft im Journalismus – Handlungsoptionen für neue Zugänge zum Journalismus (Berlin: Publix gGbmH, 2023)

#UseTheNews gGmbH, Hochschule für Angewandte Wissenschaften Hamburg (Hrsg.), JourNeo. Journalistische Ausbildung für die Gen TikTok. Welche Skills jetzt wichtig sind und wie Medienhäuser sich reformieren müssen (Hamburg, 2. Mai 2023). Kostenloser Download des Whitepapers für die dpa-Kundschaft über epaper.dpa.com.

Weiterführende Links

Die Initiative junge Leser GmbH, ein Tochterunternehmen des BDZV, informiert auf ihrer Website über Ansätze, jüngere Altersgruppen mit Medien und Journalismus zu erreichen – und erläutert, wie Verlage Nachwuchskräfte gewinnen. https://www.junge-leser.info/

Der Podcast „Druckausgleich" des Medienmagazins „journalist" mit Annkathrin Weis und Luca Schmitt-Walz wendet sich an junge Journalistinnen und Journalisten. https://www.journalist.de/startseite/podcast

Literatur

Aktuelle Tarifgehälter für Volontärinnen und Volontäre, dju.verdi.de, 1. Juni 2023, https://dju.verdi.de/geld-tarif/tarifvertraege/++co++3a1c4f54-fe82-11e2-861d-52540059119e

Andy Kaltenbrunner, Sonja Luef, Renée Lugschitz, Matthias Karmasin, Daniela Kraus, Der Journalismus-Report VII. Lokaljournalismus und Innovation (Wien: Facultas Verlag, 2022)

Marcus Bösch, TikTok für Journalist:innen – so gelingt der Einstieg, fachjournalist.de, 10. August 2021, https://www.fachjournalist.de/tiktok-fuer-journalistinnen-so-gelingt-der-einstieg/

Alexandra Borchardt, Wie staatliche Subventionen den unabhängigen Journalismus wirklich unterstützen könnten, HMS-Blog, 26. Februar 2021, https://www.hamburgmediaschool.com/blog/foerdert-die-ausbildung

Alexandra Borchardt, Katherine Dunn, Felix Simon, EBU News Report 2023. Climate Journalism That works. Between Knowledge and Impact (Genf: European Broadcasting Union 2023), https://www.ebu.ch/files/live/sites/ebu/files/Publications/strategic/open/News_report_2023_Climate_Journalism.pdf

Bundesagentur für Arbeit, Blickpunkt Arbeitsmarkt: Akademikerinnen und Akademiker, Juni 2024, Kapitel 2.12, Publizistik, https://statistik.arbeitsagentur.de/DE/Statischer-Content/Statistiken/Themen-im-Fokus/Berufe/AkademikerInnen/Berufsgruppen/Generische-Publikationen/2-12-Publizistik.pdf

Christopher Buschow, Innovationsförderung im Lokaljournalismus, in: Andy Kaltenbrunner, Sonja Luef, Renée Lugschitz, Matthias Karmasin, Daniela Kraus, Der Journalismus-Report VII. Lokaljournalismus und Innovation (Wien: Facultas Verlag, 2022), S. 102–115

"Climate Journalism is definitely a way to attract talent", Q&A with Manuela Kasper-Claridge, Editor-in-Chief, Deutsche Welle, in: Alexandra Borchardt, Katherine Dunn, Felix Simon, EBU News Report 2023. Climate Journalism That works. Between Knowledge and Impact (Genf: European Broadcasting Union, 2023), S. 136–139, https://www.ebu.ch/files/live/sites/ebu/files/Publications/strategic/open/News_report_2023_Climate_Journalism.pdf

Matthias Daniel, Stephan Weichert (Hrsg.), Resilienter Journalismus. Wie wir den öffentlichen Diskurs widerstandsfähiger machen (Köln: Herbert von Halem Verlag, 2022)

Deutsches Studierendenwerk, Unterhalt von den Eltern, studierendenwerke.de (Stand: 2023), https://www.studierendenwerke.de/themen/finanzierungsmoeglichkeiten/unterhalt-der-eltern

Katharina Dodel, „Datenrecherche ist unverlässlich". Interview, drehscheibe.org, 28. September 2022, https://www.drehscheibe.org/themenwochen-nachrichtenleser/datenjournalismus-suedkurier.html

DIW Econ GmbH, Die Situation der lokalen Presse in Deutschland und ihre Herausforderungen im Zeitalter der Digitalisierung. Gutachten im Auftrag der Beauftragten der Bundesregierung für Kultur und Medien (BKM) (Berlin, 08.09.2022) https://www.

Weiterführende Literatur

bundesregierung.de/resource/blob/974430/2182890/36596999f2fe36061b335f26 2c3799b6/2023-03-31-gutachten-zur-situation-der-lokalen-presse-data.pdf

Einmalig in Deutschland: CVD-Mediengruppe bildet Quereinsteiger zu Redakteuren aus, freiepresse.de, 23. September 2022, https://www.freiepresse.de/nachrichten/wirtschaft/einmalig-in-deutschland-cvd-mediengruppe-bildet-quereinsteiger-zu-redakteuren-aus-artikel12441220

Luisa Garcia, Wie wird man eigentlich Journalist:in? Learnings aus dem NewZee-Treffen mit Malte Baumberger, Leiter der Digitalen Video Produktion von ntv, #UseTheNews, 22. Februar 2022, https://www.usethenews.de/de/aktuelles/wie-wird-man-eigentlich-journalistin

Gelbe Reihe, Online-Journalismus – Interview mit Prof. Dr. Gabriele Hooffacker, YouTube, 14. August 2019, https://www.youtube.com/watch?v=mOvHkK6jWWU

Gelbe Reihe, Online-Journalismus – Prof. Dr. Christ Neuberger im Interview, YouTube, 16. September 2019, https://www.youtube.com/watch?v=Ul9InZoXCxo

Miriam Grabenheinrich, Journalismus und Diversity. Umgang mit kultureller Diversität in der journalistischen Praxis und Konsequenzen für die Aus- und Fortbildung (Wiesbaden: Springer VS, 2023)

David Hammersen, „Ohne Kooperationen wird der Lokaljournalismus in Zukunft nicht denkbar sein", Interview mit Wiebke Möhring, Message Blog, 28. September 2022, https://www.message-online.com/ohne-kooperationen-wird-der-lokaljournalismus-in-zukunft-nicht-denkbar-sein/

Oliver Haustein-Teßmer, Wie die Digitalisierung die Journalismus-Ausbildung verändert, in: Gabriele Hooffacker, Wolfgang Kenntemich, Uwe Kulisch (Hrsg.), Neue Plattformen – neue Öffentlichkeiten. KI, Krisen und Journalismus (Wiesbaden: Springer VS, 2024), S. 67-78.

Anna Heidelberg-Stein, Susanne Lang, Kathrin Breer, Anna von Garmissen, Welchen Anteil haben Frauen an der publizistischen Macht in Deutschland? Eine Studie zur Geschlechterverteilung in journalistischen Führungspositionen. Presse und Online-Angebote 2022 (Hamburg: ProQuote Medien e. V., Dezember 2022)

Gabriele Hooffacker, Online-Journalismus, Texten und Konzipieren für das Internet. Ein Handbuch für Ausbildung und Praxis (Wiesbaden: Springer VS, 5., vollständig überarbeitete Auflage, 2020)

Gabriele Hooffacker, Klaus Meier, La Roches Einführung in den praktischen Journalismus. Mit genauer Beschreibung aller Ausbildungswege. Deutschland – Österreich – Schweiz (Wiesbaden: Springer VS, 20., neu bearbeitete Auflage, 2017)

Gabriele Hooffacker, Wolfgang Kenntemich, Uwe Kulisch (Hrsg.), Neue Plattformen – neue Öffentlichkeiten. KI, Krisen und Journalismus (Wiesbaden: Springer VS, 2024)

Indeed Editorial Team, Ausbildung: Wie hoch ist das Gehalt im Volontariat? De.indeed.com, 18. September 2023, https://de.indeed.com/karriere-guide/karriereplanung/volontariat-gehalt

Inge Kreutz rückt in Chefredaktion des Trierischen Volksfreunds auf, kress.de, 23. Dezember 2022, https://kress.de/news/beitrag/144792-inge-kreutz-rueckt-in-chefredaktion-des-trierischen-volksfreunds-auf.html

Irrtümer und Denkfehler, neuemedienmacher.de, https://neuemedienmacher.de/wissen-tools/diversity-im-medienhaus/klischees/

Journalisten-Schulen für Qualitäts-Journalismus, DJS Deutsche Journalistenschule, Charta der Journalistenschulen für Qualitäts-Journalismus, 21.06.2016, https://djs-online.de/wp-content/uploads/2018/11/Charta-fuer-Journalistenschulen-DJS.pdf

Rasmus Kleis Nielsen, Foreword, in: Nic Newman, Richard Fletcher, Kirsten Eddy, Craig T. Robertson, Rasmus Kleis Nielsen, Reuters Institute Digital News Report 2023 (London: Reuters Institute for the Study of Journalism, 16. Juni 2023), https://reutersinstitute.politics.ox.ac.uk/sites/default/files/2023-06/Digital_News_Report_2023.pdf

Konrad-Adenauer-Stiftung, Deutscher Lokaljournalistenpreis. Demokratie beginnt im Kleinen. Der Oscar für Lokaljournalistinnen und -journalisten, https://www.kas.de/de/deutscher-lokaljournalistenpreis

Elisa Leimert, Nachwuchs im Arbeitsmarkt. Auf in den Lokaljournalismus?, MedienMittweida, 2. Dezember 2022, https://medien-mittweida.de/nachwuchs-im-lokaljournalismus/2022/

Lutz Mükke, 30 Jahre staatliche Einheit – 30 Jahre mediale Spaltung. Schreiben die Medien die Teilung Deutschlands fest? Ein Diskussionspapier der Otto Brenner Stiftung (OBS-Arbeitspapier 45) (Frankfurt am Main: Otto-Brenner-Stiftung, 2021) https://www.otto-brenner-stiftung.de/fileadmin/user_data/stiftung/02_Wissenschaftsportal/03_Publikationen/AP45_Mediale_Spaltung.pdf

Neue deutsche Medienmacher*innen (Hrsg.), Viel Wille, kein Weg. Diversity im deutschen Journalismus (Berlin: Neue deutsche Medienmacher*innen e. V., 2020)

Bernd Oswald, Digitaler Journalismus. Ein Handbuch für Recherche, Produktion und Vermarktung (Reihe Midas Management) (Zürich: Midas Verlag AG, 2019)

Bernd Oswald, Wie die Digitalisierung das journalistische Berufsbild revolutioniert, journalisten-training.de, 28. Mai 2018, https://www.journalisten-training.de/aus-und-fortbildung/wie-die-digitalisierung-das-journalistische-berufsbild-revolutioniert/

Jennifer Retslav, Nick Kaspers, Kevin Kaspers, Kevin Bindig, Humberto Maro Consuegra, Lokaljournalismus heute: Pfeiler der Demokratie?, European Journalism Observatory, 21. Februar 2022, https://de.ejo-online.eu/ausbildung/lokaljournalismus-heute-pfeiler-der-demokratie

Bärbel Röben, Miriam Grabenheinrich: Journalismus und Diversity. Rezension, *rezensionen:kommunikation:medien*, 10. Juli 2023, https://www.rkm-journal.de/archives/23863

Maximilian Rosch, Kuration als Schlüssel zum langsamen Netz, in: Matthias Daniel, Stephan Weichert (Hrsg.), Resilienter Journalismus. Wie wir den öffentlichen Diskurs widerstandsfähiger machen (Köln: Herbert von Halem Verlag, 2022), S. 299–306

Stephan Russ-Mohl, Domänenkompetenz in der Aufmerksamkeitsökonomie, in: Sebastian Turner, Stephan Russ-Mohl (Hrsg.), Deep Journalism. Domänenkompetenz als redaktioneller Erfolgsfaktor (Schriften zur Rettung des öffentlichen Diskurses 5) (Köln: Herbert von Halem Verlag, 2023), S. 43–68

Olivia Samnick, „Bonjourno Podcast" ft. Tobias Hausdorf und Niklas Münch, Podcast „Hinter den Zeilen", Special: Wie wird der Journalismus attraktiver?, Spotify, Juni 2023, https://open.spotify.com/episode/65oxfqXIK95z8Be3aOid8i?si=b78WrRES-S9uOABpBczwXQQ

Carina Schmihing, Torsten Merkle, Recruiting von Volontär:innen, Auswertung der jule-Umfrage unter Volo-Verantwortlichen der Zeitungsverlage (Initiative junge Leser (jule) GmbH, Mai 2021), https://www.junge-leser.info/wp-content/uploads/2021/05/jule-Umfrage-Volo-Recruiting-2021.pdf

Weiterführende Literatur

Björn Staschen, „Dafür musst du mit 'nem Polohemd aufgewachsen sein". Soziale Herkunft im Journalismus – Handlungsoptionen für neue Zugänge zum Journalismus (Berlin: Publix gGbmH, 2023)

Susanne Stracke-Neumann, Kurzer Weg zum Frust. Junge Journalist*innen wollen mehr Berufs- und Lebensperspektive, Menschen Machen Medien, 17. September 2022, https://mmm.verdi.de/beruf/kurzer-weg-zum-frust-84115

Tarifvertrag über das Redaktionsvolontariat an Tageszeitungen (Wort, Bild, Online oder audiovisuell) und/oder unternehmensrechtlich verbundenen Redaktionsgesellschaften. Gültig ab 1. November 2016, https://www.djv.de/fileadmin/user_upload/Infos_PDFs/Tarife_und_Honorare/Tageszeitung/Text_Volo-TV_mit_MAP_14.02.17.pdf

Sebastian Turner, Stephan Russ-Mohl (Hrsg.), Deep Journalism. Domänenkompetenz als redaktioneller Erfolgsfaktor (Schriften zur Rettung des öffentlichen Diskurses 5) (Köln: Herbert von Halem Verlag, 2023)

#UseTheNews gGmbH, Hochschule für Angewandte Wissenschaften Hamburg (Hrsg.), JourNeo. Journalistische Ausbildung für die Gen TikTok. Welche Skills jetzt wichtig sind und wie Medienhäuser sich reformieren müssen (Hamburg, 2. Mai 2023)

Anke Vehmeier, Die Stunde des Lokalen, in: Matthias Daniel, Stephan Weichert (Hrsg.), Resilienter Journalismus. Wie wir den öffentlichen Diskurs widerstandsfähiger machen (Köln: Herbert von Halem Verlag, 2022), S. 246–251

Volontär/in Gehälter in Deutschland, Stepstone, https://www.stepstone.de/gehalt/Volontaer-in.html

Konrad Weber, Weshalb die nächste Disruption in der Medienbranche von innen kommt, konradweber.ch, 16. April 2023, https://konradweber.ch/2023/04/16/naechste-disruption-fachkraeftemangel/

Stefan Wirner, „Spezialisten sind rar" (Interview mit Lorenz Matzat). Themenwoche neue Medienwelt, drehschreibe.org, 20.09.2020, https://www.drehscheibe.org/interview/die-spezialisten-sind-rar.html

Digitaler Journalismus mit KI-Assistenz

6

> **Zusammenfassung**
>
> Wie trägt der Einsatz von Künstlicher Intelligenz (KI) im Journalismus zum digitalen Erfolg bei? Wie setzen Redaktionen KI verantwortungsbewusst ein? Wie steigen Journalistinnen und Journalisten in die KI-Nutzung ein? Das Kapitel erörtert Chancen und Risiken, erläutert Strategien und Anwendungen.

> **Schlüsselwörter**
>
> Künstliche Intelligenz · Generative KI · KI-Journalismus · Algorithmic Accountability · ChatGPT

Die Sache mit den Nudeln: Künstliche Intelligenz ist viel besser als handgemachter Journalismus? Na ja. Zwar hat mancher Medienmanager solche Sätze so oder ähnlich ganz locker ausgesprochen. Doch was generative große Sprachmodelle wie über den Chatbot von ChatGPT so von sich geben, ist nur so gut und vernünftig wie das, was Menschen ihnen vorgeben.

Und natürlich sollten KI-Nutzende anschließend kritisch anschauen, prüfen und dann entscheiden, was mit den kreativen Texten, Bildern und Videos, die KI problemlos herstellt, passiert. Doch ausgerechnet Journalistinnen und Journalisten, zu deren Job kritisch anschauen, erst prüfen und dann veröffentlichen gehört, haben mit KI schon großen Blödsinn verzapft. Wie die Sache mit den Nudeln.

Ein komplettes Magazin mit KI-generierten Nudelrezepten und KI-Illustrationen, darunter kreisrunde Garnelen, und kein Hinweis im gesamten Blatt, dass die Redaktion ChatGPT und den KI-Bildgenerator Midjourney dafür

© Der/die Autor(en), exklusiv lizenziert an Springer Fachmedien Wiesbaden GmbH, ein Teil von Springer Nature 2024
O. Haustein-Teßmer, *Digitaler Erfolg im Lokaljournalismus*, Journalistische Praxis, https://doi.org/10.1007/978-3-658-44363-4_6

eingesetzt hat? Ist in Deutschland genauso an die Kioske geliefert und verkauft worden. KI-geschriebene Finanztipps, bei denen ChatGPT sich verrechnet hat und Zinsen für Autokredit und Spar-Guthaben falsch angegeben waren – und niemand kontrollierte die diese Ratgeber-Artikel, bevor sie online gingen? Ist auch passiert. Oder ein Interview mit einem sehr berühmten ehemaligen Formel-1-Weltmeister – komplett von der KI erdichtet und als Titelstory in einer Zeitschrift veröffentlicht? Raten Sie mal: Hat eine Redaktion das wirklich gebracht?

Ja, diese KI-Pannen hat es wirklich gegeben, und das hatte Folgen für Verantwortliche. Davon und von Ethik und Verantwortung wird in diesem Kapitel noch die Rede sein. Es gibt allerdings sehr viel mehr ernsthafte und wohl überlegte Experimente in Redaktionen mit generativer Künstlicher Intelligenz. Dabei sind die Ergebnisse einerseits häufig dürftig, was journalistische Standards angeht. Deshalb bedeutet das weiterhin Arbeit für echte Journalistinnen und Journalisten. Wie gesagt: kritisch anschauen, prüfen und erst dann veröffentlichen! Andererseits macht KI riesige Fortschritte. Es handelt sich schließlich um „lernende Maschinen". Und es gibt auch Medienunternehmen, die KI zunehmend und mit strategischem Angang einsetzen oder dies vorhaben.

Neben kapitalem Unsinn und Risiken geht es in diesem Kapitel deswegen um die *Chancen*, die sich durch KI-Einsatz im digitalen Journalismus bieten. Vorab diese Warnung: Dabei kommt der Autor nicht ohne Fachbegriffe aus! Sie sollen so gut wie möglich übersetzt und erläutert werden. Wer mitreden möchte, sich mit KI-assistiertem Journalismus befassen will, wer über KI-Strategien für Medienunternehmen nachdenkt, wer Trends und neue Ansätze verstehen will, braucht ein gewisses Basiswissen. Dazu soll dieses Kapitel einen Beitrag leisten.

Rückblende. November 2022: ChatGPT ist frei verfügbar. Hinter der Online-Anwendung steckt das vom Software-Konzern Microsoft maßgeblich mitfinanzierte US-Unternehmen OpenAI. Die Zahl der Online-Anwendungen zum Einsatz dieser Form generativer Künstlicher Intelligenz (KI) explodiert geradezu in den folgenden Monaten. Die begeisterten und optimistischen, aber auch kritischen Stimmen verstummen nicht. Zunehmend mehr Journalistinnen und Journalisten *berichten über KI* in Wirtschaft und Gesellschaft. Dies ist zwar nicht Gegenstand dieses Kapitels. Allerdings handelt es sich um einen bleibenden Aspekt journalistischer Arbeit. Der verlangt ebenfalls eine intensive Auseinandersetzung und Fachkenntnisse, wie das Team des AI + Automation Lab beim Bayerischen Rundfunk (BR) und dessen Leiterin und Chief AI Officer, Uli Köppen, schreiben.[1]

---

[1] Katharina Brunner, Rebecca Ciesielski, Uli Köppen, Cécile Schneider, Blackbox-Reporting. Wie Journalist*innen über KI und Algorithmen berichten können, medium.com/br-next, 9. August 2023, https://medium.com/br-next/blackbox-reporting-wie-journalist-innen-%C3%BCber-ki-und-algorithmen-berichten-k%C3%B6nnen-3983cd0bcf3c, 2.11.2023.

6 Digitaler Journalismus mit KI-Assistenz

Der Einsatz generativer Künstlicher Intelligenz in Form von großen Sprachmodellen wie bei ChatGPT, dem in Microsofts Suchmaschine Bing integrierten GPT-Modell oder dem von Google entworfenen Gemini (früher Bard) soll hier im Fokus stehen. Die meisten Menschen in Europa ab dem Schulalter haben von solcher KI zumindest gehört. Die Reaktionen und Einstellungen zur KI-Nutzung sind unterschiedlich und widersprüchlich. Wenn es um KI im Journalismus geht, haben Medienunternehmen vergleichsweise schnell mit Experimenten begonnen. In der Branche herrscht jedoch auch Unruhe.

- Was bringt KI dem Journalismus und den Medienprodukten überhaupt?
- Welche Gefahren drohen, wenn KI-Chatbots, gefüttert auch mit journalistischen Beiträgen, daraus einfach neue Inhalte erzeugen?

Viele Menschen fürchten, dass der Einsatz von KI außer Kontrolle gerät. Sie warnen vor massenweise gefälschten Nachrichten, unechten Bildern und Videos. Eine Sorge: *Fake News* könnten Propagandazwecken dienen und seien von Fakten schwer zu unterscheiden.[2]

Verlage ziehen Konsequenzen. Ein Teil der Medienunternehmen hat reagiert. Darunter sind in Deutschland spiegel.de, sueddeutsche.de sowiedie regional und lokal ausgerichteten Nachrichtenportale der Madsack-Gruppe und der Neuen Pressegesellschaft (Ulm), um einige zu nennen. Sie haben bestimmte GPT-Crawler blockiert beziehungsweise eingeschränkt, weil die auf ihre journalistischen Beiträge zugreifen wollen.[3] Dennoch experimentieren Re-

---

[2] TÜV-Verband, Künstliche Intelligenz: Fast jede:r Vierte nutzt ChatGPT, Pressemitteilung, 11. Mai 2023: https://www.tuev-verband.de/pressemitteilungen/kuenstliche-intelligenz-fast-jeder-vierte-nutzt-chatgpt, 2.11.2023. Die repräsentative TÜV-Umfrage belegt Angst vor Fake News (84 % der Befragten), Gefahr für die Demokratie (51), gefälschten Videos und Bildern (91 % sagen, Unterschied kaum noch erkennbar zu echten Bildern) sowie vor Propaganda des Staats (69). Risiken und kommerzieller KI-Einsatz sind auch bei den ChatGPT-Erfindern umstritten, vgl. Cade Metz, The Fear and Tension That Led to Sam Altman's Ouster at OpenAI, nytimes.com, 18. November 2023, https://www.nytimes.com/2023/11/18/technology/open-ai-sam-altman-what-happened.html, 20.11.2023.

[3] Eigene Recherchen in den robots.txt-Dateien der Websites, überprüft im August 2024. Vgl. Marcus Wiegand, Vorsicht vor ChatGPT und Co., *Kress pro* 8/2023, S. 30–32. Demnach blockten im Oktober 2023 62 der 100 führenden Digitalangebote in Deutschland den ChatGPT-Bot nicht, 85 % ließen ChatGPT-Plug-ins zu. Für die USA vgl. Oliver Darcy, Disney, The New York Times and CNN are among a dozen major media companies blocking access to ChatGPT as they wage a cold war on A.I., edition.cnn.com, 28. August 2023, https://edition.cnn.com/2023/08/28/media/media-companies-blocking-chatgpt-reliable-sources/index.html, 18.10.2023. Einen internationalen Überblick bietet Anika Zuschke, Warum ChatGPT nach rechts abdriften könnte, fr.de, 18. März 2024, https://www.fr.de/wirtschaft/ai-medien-crawler-prompts-chat-gpt-chatbots-ki-kuenstliche-intelligenz-zr-92881360.html, 11.08.2024.

daktionen, Vertrieb und Kundenzentren in Verlagen mit KI. Häufig läuft dies gerade zu Beginn weder nach ethischen Leitlinien, noch systematisch oder nach strategischem Plan.

Die Verunsicherung in der Bevölkerung wiederum geht einher mit wachsender KI-Nutzung im Privaten: Schülerinnen und Schüler lassen Chatbots die Deutsch-Hausaufgabe schriftlich erörtern. In Hochschulen gibt es Diskussionen über die regelgerechte KI-Anwendung bei Seminararbeiten. Suchmaschinen mit integriertem KI-Chat geben Anfragenden, das ist nur ein Anwendungsbeispiel, Ausgeh- und Konzerttipps samt Links zu Internet-Quellen.

Allgemeine Verfügbarkeit von generativer KI: Hinter ChatGPT und Co stehen milliardenschwere Tech-Unternehmen. Dies und die Durchdringung des Privaten sowie nicht zuletzt der experimentelle Run auf die neuen Möglichkeiten zeigen: KI, das geht nicht mehr weg.

Im Journalismus kommt es nun darauf an, die Technologien und Tools nutzbar zu machen – und zu entscheiden, was vertretbar ist und brauchbar wird für den digitalen Erfolg. Ebenso wichtig ist es zu reflektieren, welche Optionen Medien mit Vorsicht angehen sollten. Auf welche KI-Hilfe können Redaktionen bauen, auf welche eher verzichten?

6.1 Generative KI: Definition und Begriffe

Definition und Abgrenzung: Journalistinnen und Journalisten sollten zumindest rudimentär verstehen, wie Künstliche Intelligenz funktioniert. So können sie die Grenzen des Nutzens diskutieren, Chancen und Risiken abwägen. Zunächst die Besonderheit generativer KI: Generativ kommt von generieren, was erzeugen bedeutet.

Bezogen auf Medien wird solche KI mit dem Ziel programmiert und trainiert, selbst Inhalte zu generieren. Sie sollen „von menschlich erzeugten Inhalten kaum oder gar nicht mehr zu unterscheiden" sein, schreibt Johannes Sommer, Geschäftsführer der Firma Retresco. Menschenähnlich erzeugte Inhalte können laut Sommer Text, Bilder oder Videos sein, die aus vorhandenen Daten generiert werden.[4]

---

[4] Zitiert nach Johannes Sommer, ChatGPT & Co. – Teufelszeug, Heilsbringer oder doch nur ein Hype?, S. 14, in: Bundesverband Digitalpublisher und Zeitungsverleger (Hrsg.), Jahresreport Digital 2023. Change the Game. Mit einem Themenspecial: Künstliche Intelligenz (Berlin: BDZV, 2023), S. 13–19.

6.1 Generative KI: Definition und Begriffe

Maschinelles Lernen aus der Vergangenheit: So fasst die Informatikprofessorin Katharina A. Zweig das Spezifische generativer KI zusammen. Zweig leitet an der Technischen Universität Kaiserslautern das Algorithm Accountability Lab. Das lässt sich mit Arbeitsstelle für Algorithmus-Verantwortlichkeit übersetzen. Sie geht beispielsweise der Frage nach, ob KI Menschen ersetzen kann. Eine Bedingung dafür ist laut Zweig, dass lernende Maschinen verlässlich entscheiden.

Deshalb sind der Forscherin zufolge große Sprachmodelle wie ChatGPT für die Anwendung im Journalismus bedingt geeignet. Die Abkürzung GPT steht für *Generative Pre-Trained Transformers*. Dieses und ähnliche Modelle werden mit riesigen Mengen gespeicherter Daten trainiert. Das sind zum Beispiel Online-Artikel, Bücher und digitalisierte Bilder. Computerprogramme sollen Informationen aus dem Lernmaterial zu neuartigen Inhalten *transformieren*.[5]

Wie Inhalte entstehen: Generative KI-Modelle erzeugen selbst Sprache oder Bilder. Dafür müssen Menschen die Text- oder auch Bildgeneratoren wie Midjourney durch *Prompts* steuern. Das sind sprachliche Anweisungen. Bei generierten Texten heißt eine der Produktionsmethoden *sampling*. Das Sprachmodell verwendet dabei laut Sommer Wörter, Endungen, Phrasen oder Satzzeichen gemäß der aus Trainingsdaten errechneten Wahrscheinlichkeiten.

Zweig verweist darauf, dass die Maschine weder selbst lerne noch wisse, was sie generiert. Hinter den Produkten generativer KI stecken also von Menschen ausgedachte mathematische Formeln und Regeln. Menschen prüfen und bewerten in Trainings auch, ob die KI passende oder unpassende Antworten gibt. Wenn Sie also bei ChatGPT nach dem gelieferten Ergebnis gebeten werden zu entscheiden, ob der Beitrag einen „Daumen hoch" oder einen „Daumen 'runter" verdient, bringen auch Sie der Maschine ein bisschen mehr bei.

Errechnete Wahrscheinlichkeiten: Das Ziel, möglichst menschlich klingende oder aussehende Ergebnisse zu erzeugen, ist ein Rechenvorgang. Die KI bringt beispielsweise nicht nur Kontexte von Wörtern zusammen. Sie wählt alternative Wörter aus einer Rangliste wahrscheinlicher Begriffe aus, um menschenähnlicher zu klingen. Dies kann zu Fehlern führen.

Beim Vortrag auf der Digitalkonferenz re:publica 23 in Berlin hat Zweig diesen Parameter, der *temperature* heißt, erläutert: Robert Habeck (Grüne) ist 2021 zum Bundeswirtschaftsminister und Vizekanzler ernannt worden. In manchen KI-generierten Texten werde Habeck jedoch falsch als Kanzler von Deutschland be-

---

[5] Katharina A. Zweig, Droht KI den Menschen zu ersetzen?, *Aus Politik und Zeitgeschichte* 42/2023, S. 4–8.

zeichnet. Das liegt laut Zweig daran, dass Habecks Name im Zusammenhang mit dem Begriff Kanzler in veröffentlichten Texten vorkommt, die als Trainingsdaten gedient haben.[6]

> **Grundbegriffe: Wie generative Künstliche Intelligenz funktioniert**
> - *Large Language Models* (LLM) wie *Generative Pre-Trained Transformers* (GTP) zählen zu generativer KI, die auch Medien zunehmend testen und einsetzen.
> - Die *generative* KI erzeugt auf Anweisung völlig neue Inhalte wie Text, Bild und Video,
> - lernt maschinell aus vorhandenen Daten und wird mit Daten trainiert,
> - rechnet Wahrscheinlichkeiten wie Pixelkombinationen, Wortfolgen und Phrasen aus,
> - ahmt auf diese Weise menschliche Sprache in Text, Bild und Ton nach,
> - weiß nichts, folgt Formeln, Regeln und Anweisungen (*Prompts*) der Menschen,
> - erkennt Kontexte, Muster und Ähnlichkeiten.
> - Programmierte Parameter sollen Menschenähnlichkeit simulieren, z. B. bei der Wortwahl.
> - Generative KI hat kein eigenes Bewusstsein oder gar ein Verantwortungsbewusstsein.

Abgrenzen von anderen Technologien: Versuche, aus großen Sprachmodellen menschenähnliche Produkte wie Texte herzustellen gab es laut Sommer bereits seit den 1950er-Jahren. Erst die Verfügbarkeit großer Speicherkapazitäten ermöglichte *natural language processing* (NLP), übersetzt: natürlich klingende Sprachverarbeitung. Zu unterscheiden sind die Ergebnisse, die generative KI liefert, von automatisierter Texterstellung.

Bei dieser Technologie geben Regeln die Verwendung von Textbausteinen vor. Zum Einsatz kommt solche automatisierte Produktion auch bei Medien und Nach-

---

[6] Vgl. Christina Elmer, Katharina Zweig, Steffen Grimberg, Anja Zimmer, Revolution oder Evolution: Was bedeutet ChatGPT für den Journalismus?, Panel auf der re:publica 23, 7. Juni 2023, https://re-publica.com/de/session/revolution-oder-evolution-was-bedeutet-chatgpt-fuer-den-journalismus, 2.11.2023 (oder https://www.youtube.com/watch?v=maYvl8NMolc).

6.1 Generative KI: Definition und Begriffe

richtenagenturen. Erstellt werden standardisierte Wetterberichte, Sport-Ergebnisberichte, Wahl-Ergebnisberichte, Verkehrslage-Informationen oder Immobilien-Preisvergleiche. Neu eingelesene Daten schließen dabei definierte Lücken in Text-Schemata.[7]

Automatisierte Texte: Das folgende Beispiel-Schema verdeutlicht, wie der Einstiegssatz eines Berichts automatisiert erzeugt wird. Die einzufüllenden Daten-Lücken sind in eckigen Klammern angegeben. Die Textbausteine für den Satz sind in diesem konstruierten Fall strikt vorgegeben:

> **Vereinfachtes Schema automatisierter Texterstellung**
> *Textbaustein für Sportbericht mit Platzhaltern für Daten-Lücken*: [Verein A] hat in der [Liga] am [Wochentag], [Tag. Monat Jahr], gegen [Verein B] mit [Ergebniszahl 1]:[Ergebniszahl 2] ([Halbzeitergebnis A]:[Halbzeitergebnis B]) [Ergebnisstatus].
>
> *Beispielhaft mit den fehlenden Daten ergänzter Baustein-Satz* (Daten *kursiv* dargestellt): Energie Cottbus hat in der *Fußball-Regionalliga Nordost* am *Sonntag, 5. November 2023*, gegen *SV Babelsberg* mit *4:0 (2:0)* gewonnen.

Sechs Arten Künstlicher Intelligenz unterscheidet Sabrina Harper, Senior Digital Communications Manager beim Media Lab Bayern. Zugleich verwendet Harper einen erweiterten Intelligenz-Begriff. Im engeren Sinn beschreibt Intelligenz die menschliche Fähigkeit, selbst zu denken, zu lernen und daraus Lösungen für neue Situationen zu entwickeln.

In der folgenden Übersicht nach Harper ist damit gemeint, dass KI-Systeme die *Intelligenz der Menschen imitieren*. Die unten aufgeführten Begriffe tauchen im Zusammenhang mit KI im Journalismus auf und überlappen sich zum Teil:

---

[7] Vgl. Sommer, S. 13. Zu den Anwendungen vgl. Wiebke Loosen, Paul Solbach, Künstliche Intelligenz im Journalismus? Was bedeutet Automatisierung für journalistisches Arbeiten?, in: Tanja Köhler (Hrsg.), Fake News, Framing, Fact-Checking: Nachrichten im digitalen Zeitalter. Ein Handbuch (Bonn: Sonderausgabe für die Bundeszentrale für politische Bildung, 2020; Bielefeld: transcript Verlag, 2020) S. 177–204.

> **Spezielle KI im Journalismus – und wie sie angewendet wird**[8]
> *Schwache KI:* auf spezifische Aufgaben zugeschnitten und zeigt begrenzte Intelligenz. Anwendungsbeispiele: Artikel zusammenfassen, Texte übersetzen
> *Starke KI* kann allgemeine kognitive Funktionen nachahmen und menschenähnliche Intelligenz in einem breiten Spektrum abbilden. Beispiel wäre ein Roboter-Journalist auf selbstständiger Recherche
> *Maschinelles Lernen* (ML) erkennt in Daten Muster, ohne explizit darauf programmiert werden zu müssen. Anwendungsbeispiel: „Panama Papers" – für das investigative Projekt lernte KI, Verbindungen und Ähnlichkeiten unter Millionen von Datensätzen zu erkennen
> *Deep Learning* ist eine Form maschinellen Lernens, die neuronale Netzwerke nutzt, um komplexe Muster in Daten zu verarbeiten. Beispiele: KI schreibt Beitrag nach bestimmtem Stil, Übersetzungsprogramme (Google Translate, Deep.L), echt wirkende Fotos (Midjourney, Dall-E)
> *Neuronale Netzwerke* sind dem menschlichen Gehirn nachgebaute Algorithmen, die aus miteinander verbundenen künstlichen Neuronen bestehen.
> *Natürliche Sprachverarbeitung* (NLP): Ermöglicht Computern, menschliche Sprache zu verstehen, zu verarbeiten und zu generieren, um zu kommunizieren. Beispiel: Dialog mit dem KI-Chatbot, um eine Anweisung (Prompt) zu ergänzen, zu präzisieren – und das KI-System antwortet sprachlich.
> (nach Harper, Anwendungsbeispiele vom Autor ergänzt)
> Bei den weiterführenden Links am Ende dieses Kapitels gibt es Verweise zu den Begriffen.

6.2 KI-Revolution: Chancen und Risiken

Die Umwälzung: Der wachsende Einsatz von Künstlicher Intelligenz kommt einer technologischen Revolution gleich. Darüber sind sich die meisten Fachleute noch einig. Sie diskutieren allerdings darüber, worin das Revolutionäre besteht. KI wird bei Medien seit Längerem eingesetzt. Beispiele:

---

[8] Vgl. Sabrina Harper, Journalismus und KI: Chancen & Grenzen von Künstlicher Intelligenz in den Medien, Media Lab Bayern Blog, 23. August 2023, https://www.media-lab.de/de/blog/artikel/journalismus-und-ki-chancen-grenzen-von-kuenstlicher-intelligenz-in-den-medien, 18.10.2023.

6.2 KI-Revolution: Chancen und Risiken

- Bei der *Personalisierung* von Online-Medien ordnet KI den Nutzenden anhand ihres Nutzungsverhaltens ähnliche und weiterführende Beiträge zu. Die Beiträge werden als Artikel-Teaser oder Links personalisiert angeboten.
- Journalistinnen und Journalisten nutzen selbstverständlich Google Translate und Deep.L für *Sprachübersetzungen* und Transkriptionssoftware für als Audio oder Video aufgezeichnete Interviews (*speech to text*)
- Social-Media-Teams setzen KI-gestützte Software ein, die *Hate Speech*, also hasserfüllte Nutzerkommentare, auf Facebook herausfiltern und solche Posts selbsttätig ausblenden – nach Vorgaben der Redaktion.

Kreative Maschinen? Generative KI ist in der Lage, ohne detailliertes Regelwerk neuartige Inhalte zu erzeugen. Die in den USA lebende Tech-Journalistin Ulrike Langer nennt dies die „derzeit größte Umwälzung auf dem Kommunikations- und Mediensektor". Sie schreibt, dass Maschinen nun kreativ würden. Kreative Maschinen? Genau das ist unter Expertinnen umstritten.

Die Informatikerin Katharina Zweig hält es für schwierig, KI kreativ arbeiten zu lassen. Sie definiert kreative Arbeitsergebnisse sinngemäß so: weder zu offensichtlich noch zu absurd, mit Überraschungseffekt. Menschen wollten solche kreativen Werke einordnen können.

KI könne den kreativen *sweet spot* nicht treffen, sagt Zweig. Sie schlussfolgert: „Die KI wird den Menschen auf absehbare Zeit nur dort ersetzen, wo sie Fakten oder Risiken erkennen soll – und wo sie dies mit ausreichender Schnelligkeit erledigt." Dabei ist mit Erkennen stets *Berechnen* gemeint. Ob KI dies verlässlich tut, hängt von Trainingsdaten und Anweisungen ab.[9]

Erfundene Videos und Fotos: KI macht, was angewiesen wird. Das führt zu Missbrauch. Wie das geht, haben Journalistinnen des NDR-Medienmagazins „Zapp" in einem Experiment ausprobiert. Sie erfanden mithilfe generativer KI ein unglaubliches Ereignis: Sie ließen ein Video von einem vermeintlichen Treffen des russischen Präsidenten Wladimir Putin mit dessen Gegner, dem ukrainischen Präsidenten Wolodymyr Selenskij produzieren (Abb. 6.1). Dieses Treffen in einem Wald, nach dem Überfall Russlands im Februar 2022 auf die Ukraine, hat es nie gegeben.

Noch können Fachleute solche Videos als Fälschung entlarven, auch darum ging es in der „Zapp"-Sendung. Je besser KI jedoch lernt, echt wirkende Bilder zu produzieren – und die Entwicklung läuft darauf hinaus – umso größer wird das Problem.

---

[9] Vgl. Ulrike Langer, Immense Chancen und immense Risiken, S. 25, in: Bundesverband Digitalpublisher und Zeitungsverleger (Hrsg.), Jahresreport Digital 2023. Change the Game. Mit einem Themenspecial: Künstliche Intelligenz (Berlin: BDZV, 2023), S. 25–28, und Zweig (*APuZ*, 2023), S. 7 f. Demnach kann generative KI kein Werturteil treffen.

Abb. 6.1 Fake-Video von Putin und Selenskij. *Geheimes Gespräch im Wald? Das Treffen zwischen Wladimir Putin und Wolodymyr Selenskij hat nie stattgefunden. Die Redaktion des NDR-Medienmagazins „Zapp" hat die Szene mit KI erzeugen lassen, um die Gefahren des Missbrauchs der Technologie zu verdeutlichen. (Quelle: ndr.de (Sendung „Zapp" vom 10. Mai 2023, 23:15 Uhr)/Screenshot: Oliver Haustein-Teßmer.* Der Autor dankt Jochen Becker, Redaktionsleiter „Zapp" beim NDR, für die Unterstützung und die freundliche Genehmigung zur Veröffentlichung des Screenshots)

Gefälschte Informationen können zum Ziel haben, das Publikum manipulieren. In einem Artikel der „Welt" berichtet der Journalist Adrian Lobe, wie sich Fake-Bilder nach dem Massaker der Terrororganisation Hamas in Israel am 7. Oktober 2023 in sozialen Netzwerken verbreiteten. Erfundene Bilder wie das eines Kleinkinds vor einem in Gaza zerstörten Haus sollten propagandistisch wirken und nach dem Terrorangriff der Hamas nun Israels Krieg gegen die Hamas in schlechtes Licht rücken.[10]

Die Maschine halluziniert: So nennen es Fachleute, wenn KI dazu gebracht wird, unwirkliche Inhalte zu erzeugen. Dies kann aus Versehen passieren. Dann war häufig das *Prompt*, die menschliche Anweisung, nicht exakt genug. Die KI errechnet dann Wortfolgen mit Quatsch-Text oder unsinnige Bilder. Oder es steckt Absicht dahinter, wenn gefälschte Nachrichten in Umlauf gebracht werden sollen.

---

[10] Vgl. KI und Medien: Wie Künstliche Intelligenz uns alle täuschen kann, Medienmagazin „Zapp" (NDR), 10. Mai 2023, https://www.ndr.de/fernsehen/sendungen/zapp/KI-und-Medien-Wie-Kuenstliche-Intelligenz-uns-alle-taeuschen-kann,zapp14164.html, 2.11.2023 sowie Adrian Lobe, Der Junge, der niemals lebte, Welt, 20.10.2023, https://www.welt.de/kultur/plus248071356/KI-Bilder-von-Gaza-Krieg-der-Promptografie.html, 11.11.2023.

6.2 KI-Revolution: Chancen und Risiken

Thorsten Thiel, Professor für Demokratieförderung und Digitalpolitik an der Universität Erfurt, unterscheidet Misinformation und *gezielte Desinformation* durch generative KI: „Dies geschieht in einer überzeugenden Weise, da die Verfahren ja gerade darauf ausgerichtet sind, menschliche Erwartungen zu erfüllen und oftmals Vorurteile fortgeschrieben werden, die gesellschaftlich verbreitet und daher in die Trainingsdaten eingeschrieben sind." Wenn dies nahezu perfekt möglich ist, entstehen *Deep Fakes*. Das sind gefälschte Inhalte, die Laien kaum von Fakten unterscheiden können.[11]

KI begünstigt Vorurteile: Die KI-Modelle werden mit Trainingsdaten unterschiedlicher Güte und Quellen gefüttert. Das Spektrum reicht von wissenschaftlicher Fachliteratur bis zu Wikipedia-Einträgen, von journalistisch exzellenten Artikeln bis zu nicht im Detail geprüften Informationen im Internet. Die Daten spiegeln einen eingeschränkten *Blick in die Vergangenheit* wider und enthalten natürlich nicht das gesamte Wissen der Menschheit.

So kann KI laut Thiel Vorbehalte (auf Englisch *biases*) und Machtverhältnisse fortschreiben, verbreiten oder verstärken. Zweig zufolge gaben GPT-Modelle bis zum Jahr 2023 mit überwiegend englischsprachigen Inhalten die Perspektiven der westlichen Zivilisation auf die Welt wieder. Harper betont, dass KI sozial ausgrenzen und rassistische Stereotype reproduzieren kann. Denn Sprachmodelle spiegeln auch eine mehrheitlich von weißen Männern dominierte Welt. Initiativen wie „Black in AI", die Ideen und Präsenz Schwarzer Menschen stärken, sollen *Biases* entgegenwirken.[12]

KI erweitert den Horizont: Wenn die generativen Sprachmodelle mehr „gute Daten" enthalten, die Diversität der Wirklichkeit besser spiegeln, kann KI Harper zufolge inklusiv genutzt werden. Auch Christina Elmer, Professorin für Digitalen Journalismus und Datenjournalismus an der Technischen Universität Dortmund, weist darauf hin, dass KI im Journalismus für mehr Vielfalt sorgen kann: Eine ChatGPT-Abfrage kann den Blick über eine Region hinaus erweitern oder andere Perspektiven mit einbeziehen. Solche Effekte setzen jedoch kompetentes und verantwortungsbewusstes *Prompting* voraus.

---

[11] Zitiert nach Thorsten Thiel, KI und Demokratie: Entwicklungspfade, S. 24, *APuZ* 42/2023, S. 23–28.

[12] Vgl. Harper und – auch für den folgenden Absatz – Elmer, Zweig et. al. (re:publica 23, s. Anm. 6).

Mängel generativer KI[13]
- *Unzuverlässigkeit*: KI berechnet Wahrscheinlichkeiten, keine Wahrheit, das kann missbraucht werden
- *Engineering*: Maschinelles Lernen erfolgt über Interpretation von Trainingsdaten
- *Halluzinationen*: KI produziert falsche Fakten (auch *Fake News*), die sinnvoll klingen
- *Wissenslücken*: Kein großes Sprachmodell enthält jegliches Wissen
- *Biases*: Historische Daten verzerren gegebenenfalls den Output/die Antworten
- *Mathe*: Generative KI rechnet ungenau (wird aber besser mit zusätzlichen Mathe-Modulen)
- *Logik*: Die Antworten können je nach Qualität der Prompts Quatsch enthalten

(nach Sommer und Thiel)

KI-Markt für Suchmaschinen: Im Frühjahr 2023 hat der Software-Konzern Microsoft das ChatGPT-Modell in die Suchmaschine Bing integriert. Google zog mit seiner generativen KI Bard, seit Februar 2024 in Google Gemini[14] umbenannt, nach. Damit ist es Nutzern möglich, auf ihre Suchanfrage hin direkt eine Antwort als menschlich klingenden Text zu erhalten. Der Bing-Chat führt Quellen mit Links zur Antwort auf. Aber die Anwenderin muss außer der Suchmaschine keine weitere Informationsquelle mehr anklicken. Mit solchen *zero-click answers* (Antworten ohne Klick) entgehen auch journalistischen Online-Angeboten Leserinnen und Leser.

Der IT-Fachanwalt und Justitiar des Heise-Verlags, Joerg Heidrich, verweist darauf, dass Suchmaschinen zusätzlich noch kommerzielle Angebote einbinden können. Als Beispiel nennt er die Suche nach einem geeigneten Video-Mikrofon: Die Suchmaschine liefert mit der Antwort dann einen Link zum Online-Shop, in dem Mikros bestellt werden können, gleich mit.

KI blockieren? Durch *zero click-answers* entgehen Verlagen auch Werbeeinnahmen aus dem Suchmaschinen-Traffic. Hinzu kommt: Zwar sind KI-Chatbots

---

[13] Vgl. Sommer, Thiel. Erläuterungen vom Autor zusammengefasst.
[14] Vgl. Sissie Hsiao, Bard heißt jetzt Gemini: Freut euch auf Ultra 1.0 und die neue App, Google Blog, 8. Februar 2024, https://blog.google/intl/de-de/unternehmen/technologie/bard-gemini-advanced-app/, 11.08.2024

6.2 KI-Revolution: Chancen und Risiken

auf fremde kreative Leistungen, darunter journalistische Angebote, angewiesen, um glaubwürdige, korrekte Antworten zu geben. Bis auf Ausnahmen haben Medienunternehmen bisher aber nicht unbedingt etwas davon.

Daher fordert Lyndsey Jones, Strategieberaterin bei Table Stakes Europe (siehe Abschn. 4.1), Verlage dazu auf, es anderen Medien gleichzutun und KI-Crawlern den Zugriff auf das Artikel-Angebot zu verbieten. Jones schreibt: „Generative KI ist nichts anderes als Plagiarismus."[15]

▶ **Tipp Chatbots blockieren:** Heise online erläutert in einem Beitrag, wie die robots.txt-Datei einer Website programmiert wird, damit KI-Chatbots nicht auf Informationen zugreifen.[16]

- https://bit.ly/KI-Chatbots_blocken

Flut synthetischer Inhalte: Egal, ob sich Verlage für oder gegen die Blockade von KI-Chatbots entscheiden – die Anzahl der von KI erstellten und veröffentlichten Beiträge nimmt zu. Das können sachliche, fiktionale oder gefälschte Inhalte sein. Sowohl die Dortmunder Journalistik-Professorin Christina Elmer als auch ihr US-amerikanischer Kollege Jeff Jarvis sehen in der KI-Revolution dennoch positive Effekte. Wenn mehr synthetische Inhalte im Umlauf seien, würden Medienquellen wichtiger, „wenn wir bis dahin nicht das Vertrauen verspielt haben", sagt Elmer.

Jeff Jarvis, emeritierter Professor an der Craig Newmark Graduate School of Journalism, City University of New York, warnt Medienschaffende vor Panik und einem auf Desinformation verengten Blick. Er geht davon aus, dass KI den öffentlichen Diskurs über besseren Journalismus und dessen Rolle in der Gesellschaft

---

[15] „Alle machen die gleiche Transformationsreise". Lyndsey Jones, Strategieberaterin bei Table Stakes Europe, im Interview, S. 55, in: Mediengruppe Wiener Zeitung (Hg.), Medien-Innovationsreport 2023, Wien: Wiener Zeitung GmbH, September 2023, https://www.mediahub.at/wp-content/uploads/sites/12/2023/09/Medieninnovationsreport_2023_MGWZ-1.pdf, abgerufen am 18.10.2023, S. 52–55.

[16] Vgl. Martin Holland, Crawler für Training von GPT ausschließen: OpenAI stellt Code for robots.txt vor, Heise online, 8. August 2023, https://www.heise.de/news/Crawler-fuer-Training-von-GPT-ausschliessen-OpenAI-stellt-Code-fuer-robots-txt-vor-9237417.html, 22.02.2024. Diesen Link hat der Autor für den Lesetipp mit dem URL-Shortener Bitly gekürzt. Dass allein das Sperren der robots.txt-Datei nicht ausreiche, weil Website-Betreiber sich dabei auf die Einhaltung der dort hinterlegten Regeln durch den Crawler-Anbieter verlassen müssen, schreibt Christian Kunz, Google erinnert: Robots.txt kann unberechtigte Zugriffe auf Content nicht verhindern, SEO Südwest, 5. August 2024, https://www.seo-suedwest.de/9420-google-erinnert-robots-txt-kann-unberechtigte-zugriffe-auf-content-nicht-verhindern.html, 11.08.2024.

anregt. Jarvis geht es um verantwortungsbewussten KI-Einsatz. Er schreibt in einem Gastbeitrag für den „stern":[17]

> „Redakteuren und Verlegern rate ich, die Sprachmodelle für das Verfassen von Nachrichten zu meiden und sie lediglich bei bewährten Anwendungen einzusetzen, wie der Umwandlung von Finanzberichten in einfache Nachrichtenmeldungen. Vor ihrer Veröffentlichung müssen die Texte zudem überprüft werden. Faktenfreies Kauderwelsch aus der Maschine könnte die Autorität und Glaubwürdigkeit sowohl von Medien- als auch von Technologieunternehmen zerstören – und den Ruf der künstlichen Intelligenz insgesamt beeinträchtigen."

Verantwortungsbewusster KI-Einsatz: Die akademische Diskussion über *Algorithmic Accountability* oder *responsible AI* (AI steht für *Artificial Intelligence*), also verantwortungsbewusste KI-Nutzung, bezieht die journalistische Praxis mit ein. Klaus Meier und Michael Graßl haben an der Katholischen Universität Eichstätt einen Forschungsschwerpunkt auf KI im Journalismus gelegt. Sie gehen davon aus, dass KI wegen der Unzulänglichkeiten lediglich als *Assistentin des Menschen* funktionieren kann. Ähnlich argumentiert Zweig, die folgenden zweistufigen KI-Faktencheck im Journalismus anregt:[18]

1. Kann ich die von der KI gelieferten Fakten selbst überprüfen? Lautet die Antwort nein, ChatGPT und Co nicht verwenden! Lautet die Antwort ja, ist ein Einsatz möglich.
2. Könnten sich Menschen durch KI-Inhalte angegriffen oder beleidigt fühlen? Lautet die Antwort ja, ist ein KI-Erzeugnis zwingend auf heikle Passagen zu überprüfen.

Erfundenes Interview: Die Grundregeln scheinen überschaubar zu sein. KI assistiert höchstens, der Mensch bleibt verantwortlich. Dennoch hat es einige KI-Pannen gegeben. In Deutschland beispielsweise ein erfundenes Interview mit dem früheren Formel-1-Weltmeister Michael Schumacher. Dessen Familie und Management schützen Schumachers Privatsphäre nach dessen schwerem Skiunfall 2013. Es gibt seitdem keine öffentlichen Äußerungen von ihm.
Die Redaktion der Zeitschrift „die aktuelle" überschrieb dennoch ein mithilfe von KI ausgedachtes Gespräch mit einem Zitat: „Mein Leben hat sich total ver-

---

[17] Zitate nach: Elmer, Zweig et. al. (s. Fußnote 6) und Jeff Jarvis, KI verändert den Journalismus. Warum das kein Grund zur Beunruhigung sein muss, stern.de, 16. September 2023, https://www.stern.de/panorama/wissen/kuenstliche-intelligenz-und-journalismus%2D%2Dschreibende-maschinen-33817168.html, 18.10.2023.

[18] Vgl. Klaus Meier, Michael Graßl, KI und Journalismus (Vortrag beim BayernLab, Eichstätt), YouTube, 24.5.2022, https://klaus-meier.net/2022/04/07/publikationen-zu-kuenstlicher-intelligenz-im-journalismus/, 2.11.2023; vgl. Einführung Zweig sowie Diskussion Elmer, Zweig et. al. (s. Fußnote 6).

6.2 KI-Revolution: Chancen und Risiken

ändert". Das Blatt zeigte dazu ein älteres Foto von Michael Schumacher. Auf dem Titelcover der Ausgabe vom 15. April 2023 hieß es „Michael Schumacher: Weltsensation! Das erste Interview!" Darunter in kleinerer Schrift: „++ Es klingt täuschend echt ++". Nach der Veröffentlichung trennte sich die Funke-Mediengruppe von der Chefredakteurin. Der Deutsche Presserat erteilte dem Verlag eine Rüge wegen Irreführung der Leserschaft; ein Gericht verurteilte den Verlag auch dazu, ein Schmerzensgeld an Michael Schumacher bezahlen.[19]

Rechenfehler im Finanzjournalismus: Aus den USA berichtet die Journalistin Ulrike Langer von der KI-Affäre bei „CNET". Die Ratgeber-Website hatte ihren Leserinnen und Leser Artikel zu Geldfragen angeboten. Zwischen November 2022 und Januar 2023 erschienen mehr als 70 Beiträge. In den Artikeln tauchten laut Langer mehrere Fehler auf: zu hoch kalkulierte Sparzinsen, das Verwechseln von Soll und Guthaben und ein falsch berechneter Autokredit beispielsweise.

„CNET" hatte den KI-Einsatz nicht transparent gemacht. Erst nachdem Fehler in einem der Beiträge aufflogen, überprüfte die Redaktion die KI-generierten Artikel, korrigierte Fehler und machte dies kenntlich. Der Redaktion zufolge gab es Probleme, zum Beispiel mit der KI-Wiedergabe von Zitaten. Die Redaktion kennzeichnet KI-Beiträge inzwischen.[20]

Nudel-Experimente: Der Burda-Verlag brachte im Mai 2023 ein Extraheft des Magazins „Lisa Kochen & Backen" mit 99 Pasta-Rezepten mithilfe von KI – ChatGPT für die Texte, das Bildprogramm Midjourney für die Fotos – in den Verkauf. Die Redaktion machte den KI-Einsatz im Heft nicht transparent. Das Unternehmen setzte nach eigenen Angaben ein zehnköpfiges Team ein, um das Ergebnis vor der Publikation noch einmal überarbeiten und gegenlesen zu lassen.

Die „Süddeutsche Zeitung" berichtete nach dem Versuch über Betriebsratsmitglieder, die nach Auswirkungen auf Arbeitsplätze fragten, und negative Reaktionen im Burda-Management. Ein ZDF-Reporter wies auf kreisrunde Garnelen auf einem von Midjourney erzeugten Pasta-Bild hin. Burda-Chef Martin Weiss machte im Juli 2023 Grundsätze für den KI-Einsatz publik, darunter die Kennzeichnung „rein KI-generierter Inhalte". Erst verließ der für das Rezeptheft

---

[19] Die gefeuerte Chefredakteurin wehrte sich vor Gericht in erster Instanz erfolgreich gegen ihren Rauswurf. Vgl. Boris Rosenkranz, Zu dumm, um wahr zu sein. Erfundenes Interview mit Michael Schumacher, Übermedien, 17. April 2023, https://uebermedien.de/83353/erfundenes-interview-mit-michael-schumacher-zu-dumm-um-wahr-zu-sein/, 11.11.2023, und ders., Wer von „Fake News" lebt, kann seine Chefredakteurin nicht wegen „Fake News" feuern, Übermedien, 21. Mai 2024, https://uebermedien.de/95106/michael-schumacher-funke-mediengruppe-wer-von-fake-news-lebt-kann-seine-chefredakteurin-nicht-wegen-fake-news-feuern/, 11.08.2024.

[20] Langer, S. 26.

verantwortliche Geschäftsführer das Unternehmen, danach der Burda-Chef selbst.[21]

Nach einer Beschwerde beim Deutschen Presserat über das Rezepte-Heft erteilte dieser im Dezember 2023 eine Rüge – wegen der nicht gekennzeichneten, KI-generierten Bilder – und damit „Irreführung der Leserinnen und Leser". Die KI-erzeugten, nicht gekennzeichneten Texte dagegen beanstandete das Kontrollgremium nicht.[22]

Human in the loop: Kritisch schauten Medienjournalisten auch auf den Verlag Ippen Media. Sie wiesen auf dessen Nachrichtenportal „ingame" fehlerhafte, mithilfe von KI erzeugte Artikel nach. Ippen-Digitalchefredakteur Markus Knall gab im Gespräch mit dem Medienmagazin „Übermedien" Fehler zu, diese wurden korrigiert.

Zu den Prinzipien bei Ippen gehört laut Knall die Regel „human in the loop": Jeder Beitrag werde von einem Mitarbeiter beauftragt und abgenommen.[23] Zu den Erkenntnissen gehört demnach, dass es darauf ankommt, wie gut KI angesprochen wird. Entscheidend für das Ergebnis ist laut Knall die Qualität der Prompts – also der Anweisungen, die KI dazu bringen, nutzbare journalistische Beiträge zu generieren. Dies können Mitarbeitende natürlich üben.

KI-Gesetz in Europa: Wie eine zu Beginn dieses Kapitels zitierte TÜV-Umfrage vom Mai 2023 belegt, überwiegt in Deutschland trotz eifriger Nutzung die KI-Skepsis. Ähnliche Sorgen haben auf Ebene der Europäischen Union (EU) zur Debatte über eine KI-Regulierung und schließlich im Dezember 2023 zum AI Act der EU geführt, das bis dato als umfangreichstes KI-Gesetz weltweit gilt. Verlage konnten jedoch nicht durchsetzen, dass KI-Firmen ihre Trainingsdaten detailliert offenlegen müssen.

Philipp Hacker, Professor für Recht und Ethik der digitalen Gesellschaft an der Universität Viadrina in Frankfurt (Oder), und der KI-Experte Daniel Privitera haben bei „Zeit Online" erläutert, welche Risiken in der zunehmenden Nutzung

---

[21] Vgl. Anna Ernst, Burda-Verlag: KI mit Soße, sueddeutsche.de, 12. Mai 2023, https://www.sueddeutsche.de/medien/burda-lisa-kochen-backen-rezepte-ki-leser-1.5855586, 11.11.2023, sowie Jan Henrich, Automatisierter Journalismus: Wenn die KI komplette Zeitschriften erstellt, zdf.de, 20. Mai 2023, https://www.zdf.de/nachrichten/panorama/ki-journalismus-chatgpt-midjourney-zeitschrift-burda-verlag-100.html, 11.11.2023. Zu den Pressemitteilungen des Burda-Verlags vgl. https://www.burda.com/de/news/oliver-eckert-verlasst-hubert-burda-media/, https://www.burda.com/de/news/klare-haltung-zu-kunstlicher-intelligenz/ (inzwischen offline, siehe Literaturverzeichnis dieses Kapitels) und https://www.burda.com/de/news/martin-weiss-verlasst-hubert-burda-media/, 12.01.2024.

[22] Vgl. Deutscher Presserat, Rügen für Verstöße gegen die Sorgfaltspflicht und den Opferschutz, 8. Dezember 2023, https://www.presserat.de/presse-nachrichten-details/ruegen-fuer-verstoesse-gegen-die-sorgfaltspflicht-und-den-opferschutz.html, 22.02.2024. Der Presserat teilte mit, dass in Bezug auf Texte keine Kennzeichnungspflicht bestehe.

[23] Vgl. für diesen und folgenden Absatz Frederik von Castell, Künstliche Intelligenz: Kinderkrankheit oder „krasser Sündenfall"? Wie Ippen Media KI einsetzt, Übermedien, 20. April 2023, https://uebermedien.de/83278/kinderkrankheit-oder-krasser-suendenfall-wie-ippen-media-ki-einsetzt/, 2.11.2023.

6.2 KI-Revolution: Chancen und Risiken

von Grundlagen-Modellen schlummern, die sich in den Händen weniger, milliardenschwerer Unternehmen meist außerhalb der EU befinden. „Der Schritt von ChatGPT zu ThreatGPT, also einer KI, die Cyberangriffe vorbereitet, ist nicht groß. Das ist diesen leistungsfähigen KI-Modellen technisch derzeit leider inhärent", schreiben die Autoren.[24]

Urheberrecht und KI: Heise-Justiziar Joerg Heidrich weist darauf hin, dass von KI generierte Inhalte nicht urheberrechtlich geschützt und frei verwendbar seien. Das Urheberrecht lässt sich nur auf menschliche Schöpfungen anwenden. Kompliziert wird es bei Medien, wenn Beiträge aus Inhalten bestehen, die sowohl eine Autorin als auch KI verfasst haben. Wessen Namen tragen solche journalistischen Beiträge?

Zwar machen einige Verlage die Unterstützung durch KI mit Hinweisen transparent. Dennoch geben Medien in der Regel auch Verfasserinnen und Verfasser oder die genutzte Nachrichtenagentur mit Autorenkürzel an. Dies geschieht auch, um Beiträge für die mögliche Ausschüttung von Tantiemen der Verwertungsgesellschaft (VG) Wort namentlich zuzuordnen. Aber darf die VG Wort für maßgeblich KI-produzierte Beiträge bezahlen?[25]

> **Tipp Muster für KI-Hinweis:** „Dieser Text wurde mithilfe Künstlicher Intelligenz verfasst, die die Redaktion gerade testet. Die Redaktion hat den Inhalt sorgfältig geprüft" – so kennzeichnen „lr.de" und „moz.de" mit KI erzeugte, veröffentlichte Texte.[26]

Offene Fragen: Heidrich empfiehlt insbesondere bei der Bildgenerierung einen Hinweis auf die künstliche Erzeugung solcher Illustrationen nach dem Schema: Name des Erzeugers/Prompt-Verfassers plus Nennung der KI. Der Münchener Informatikprofessor Albrecht Schmidt schlägt vor, den Entstehungsprozess KI-gestützt erzeugter journalistischer Beiträge offenzulegen. Dazu zählt Schmidt ge-

---

[24] Zitiert nach Philipp Hacker, Daniel Privitera, KI-Gesetz der EU: Ohne diese Regeln wird KI gefährlich, Gastbeitrag, Zeit Online, 9. Oktober 2023, https://www.zeit.de/digital/2023-10/ki-gesetz-eu-chatgpt-4-regulierung/, abgerufen am 11.11.2023. Zum AI Act vgl. Carsten Volkery et. al, EU beschließt umfangreichstes KI-Gesetz der Welt – das sind die wichtigsten Punkte, handelsblatt.com, 9. Dezember 2023, https://www.handelsblatt.com/politik/international/ai-act-eu-beschliesst-umfangreichstes-ki-gesetz-der-welt-das-sind-die-wichtigsten-punkte/100002256.html, 12.01.2024

[25] Joerg Heidrich, ChatGPT & Co: Zwischen Faszination, Hype und Disruption, S. 20, in: BDZV Jahresreport Digital 2023, S. 20–23.

[26] Vgl. Polizeimeldung auf lr.de: https://www.lr-online.de/lausitz/weisswasser/unfall-bei-kreba-neudorf-berauschter-fahrer-kollidiert-mit-bus-_-hoher-sachschaden-72154017.html, 11.11.2023.

nutzte *Prompts* und eine Artikel-Historie mit Angaben zu Quellen, Recherchewegen und Faktencheck. Umstritten ist, ob es dafür einer presseethischen Verpflichtung bedarf.

Das Plenum des deutschen Presserats befasste sich im März 2022 kontrovers mit dieser Frage. Einige Teilnehmende vertraten die Auffassung, dass die im Pressekodex verankerte Verantwortung der Redaktionen, wie die journalistische Sorgfaltspflicht, ausreichend sei. Dagegen will der Deutsche Journalisten-Verband (DJV) den Pressekodex um eine KI-Selbstverpflichtung erweitern lassen.[27]

Transparenz bei KI-Einsatz: Checkliste für Redaktionen
- Ist der mithilfe von KI verfasste Beitrag entsprechend gekennzeichnet? (Minimum)
- Welche Prompts hat der KI-Redakteur/die Prompt-Redakteurin genutzt?
- Sind alle genutzten Quellen offengelegt und ggf. verlinkt?
- Wird der Recherche-Prozess im Text deutlich? (Ausnahme: Informantenschutz)
- Ist der Faktencheck intern erfolgt und wird ggf. extern öffentlich gemacht (eigener Beitrag)?
- Mit welchem KI-Tool hat die Redaktion bei Text und Bild gearbeitet?

(Nach Heidrich, Schmidt)

Datenschutz und KI: Die Datenschutz-Grundverordnung (DSGVO) der Europäischen Union regelt den Umgang mit sensiblen Daten und damit auch, wie und wo diese gespeichert werden dürfen. Sowohl die Eingabe von Daten der eigenen Mitarbeitenden, selbst zu Testzwecken – beispielsweise zur KI-gestützten Generierung eines Arbeitszeugnisses – bis hin zu vertraulichen Informationen wie den Namen von Informanten, sind daher nicht erlaubt (Heidrich).

Demzufolge darf der KI-Einsatz auch nicht zur Diskriminierung oder zur Bewertung von Menschen (*social scoring*) führen (Harper). Davon abgesehen gehören persönliche Daten und vertrauliche Informationen nicht in KI-Chats! Es ist unabsehbar, was Anbieter oder KI mit solchen Infos anstellen.

---

[27] Albrecht Schmidt im Interview, vgl. Eva Wolfangel, Künstliche Intelligenz: Wird künftig die KI Nachrichten schreiben?, Zeit Online, 31. August 2023, https://www.zeit.de/digital/2023-08/ki-journalismus-google-nachrichten, 18.10.2023. Vgl. Deutscher Presserat (Hrsg.), Jahresbericht 2022, S. 11, https://www.presserat.de/jahresberichte-statistiken.html?file=files/presserat/bilder/Downloads%20Jahresberichte/DPRE-2022-02403_Jahresbericht%202022_BF.pdf, 11.11.2023.

6.2 KI-Revolution: Chancen und Risiken

▶ **Tipp Sensible Daten:** Nur Informationen, die Journalistinnen und Journalisten gemäß Presserecht und Pressekodex veröffentlichen dürfen, sollten im Dialog mit frei zugänglicher generativer KI wie ChatGPT in deren Datenbanken eingespeist werden. Etwas anderes ist es, wenn das Medienunternehmen oder der beauftragte KI-Dienstleister selbst die Kontrolle über solche Daten behalten oder keine Open-Source-Lösung verwenden.

Wirtschaftliche Folgen: Wenn es um Geld und KI geht, hört der Spaß für viele auf, und die Sorgen beginnen. KI-Einsatz im Journalismus kann Arbeitsplätze gefährden: Einige Verlage haben Personalabbau im Zusammenhang mit dem geplanten KI-Einsatz genannt. Die KI-Revolution trifft auf also auf Medienunternehmen, von denen einige unter ökonomischen Druck geraten sind. Diese Unternehmen suchen besonders intensiv nach Wegen, wie sich mit digitalem Journalismus Geld verdienen lässt (siehe Kap. 1).

Bezogen auf lokalen und regionalen Journalismus lassen sich zumindest exklusive Recherche und Reportage nicht ohne Weiteres durch KI ersetzen. KI besorgt weder persönliche Anschauung und Gespräche noch Informanten oder pflegt Netzwerke. Allerdings wird KI mächtiger: Einige US-Verlage haben sich im Sommer 2023 ein Google-KI-Projekt namens „Genesis" zeigen lassen. Es soll selbsttätig Nachrichten schreiben sowie Recherche, Hintergrundwissen, Einordnung und Faktencheck verknüpfen können.[28]

Diskussion um Datendividende: Als erste profitieren die Unternehmen von KI, die jene großen Sprachmodelle zur Verfügung stellen. OpenAI (ChatGPT) und Midjourney nehmen Geld von Investoren und mit kostenpflichtigen Abos ein. Die Möglichkeiten von Suchmaschinen, mithilfe der auch aus verlässlichen journalistischen Quellen gewonnenen Trainingsdaten (*data mining*) kommerziell nutzbare KI-Antworten zu generieren, sind bereits erwähnt worden.

Der Erfurter Demokratie-Forscher Thorsten Thiel hält daran vor allem für bedenklich, dass die Tech-Konzerne Medien den Zugang zu Kundinnen, Konsumenten und Lesenden abschneiden. Ob jedoch die KI-Anbieter Verlagen im Gegenzug eine Art Dividende bezahlen müssen, ist umstritten. Sowohl in den USA als auch in Europa hat dies zu rechtlichem Streit geführt.[29]

Deals mit der KI-Industrie: Ein Ausweg sind Kooperationen von Medienunternehmen und KI-Firmen. Die US-amerikanische Nachrichtenagentur Associated Press (AP) kooperiert seit 2023 mit dem ChatGPT-Anbieter OpenAI. AP bekommt Zugriff auf die Technologie und Expertise der KI-Firma. Diese wiederum erhält eine Lizenz, um das AP-Archiv zum Training ihrer KI zu benutzen. Aufsehen hat in

---

[28] Vgl. Vgl. Benjamin Mullin, Nico Grant, Google Tests A.I. Tool That Is Able to Write News Articles, nytimes.com, 19. Juli 2023, https://www.nytimes.com/2023/07/19/business/google-artificial-intelligence-news-articles.html, 2.11.2023.

[29] Thiel, S. 26.

den USA ein Streik in Hollywood, New York und einigen anderen Städten erzeugt. Die Protestierenden setzten durch, dass die Überarbeitung mit KI erstellter Drehbücher für Filme und Serien genauso bezahlt wird wie die manuelle kreative Arbeit.

In Deutschland hat Axel Springer einen Deal mit OpenAI geschlossen und lässt sich künftig den Zugriff von GPT-Bots auf die Online-Angebote „Bild", „Welt" und „Politico" vergüten. Expertinnen haben bei der re:publica 23 darüber hinaus diskutiert, ob es künftig eine Verwertungsgesellschaft für KI-Inhalte geben sollte, in deren Fonds KI-Anbieter zugunsten von Autorinnen und Urhebern einzahlen.[30]

Handgemacht = wertvoll? Der Medienjournalist Christian Meier beschreibt eine weitere Hoffnung in der Medienbranche: „Tatsächlich könnte es sich durchaus lohnen, journalistische Angebote als KI-freie Zonen zu bewerben. Denn Menschen, die für eine Medienmarke bezahlen, legen vermutlich Wert darauf, dass die Beiträge klassisch recherchiert, geschrieben und redigiert sind, in Handarbeit, sozusagen."

6.3 KI-Praxis: Leitlinien und Strategie

Diskussion um Leitlinien: Einige Medien und Verlage haben sich Leitlinien für die praktische KI-Anwendung gegeben – auch vor dem Hintergrund der Diskussion um Fake News, Halluzinationen und Pannen (siehe Abschn. 6.2). Am 10. November 2023 haben auch Journalistenverbände, darunter die Organisation Reporter ohne Grenzen, in Paris eine *KI-Charta* für den Journalismus verabschiedet.

Kim Björn Becker, Politischer Redakteur der „Frankfurter Allgemeinen Zeitung", forscht zu Künstlicher Intelligenz in Newsrooms. Er hat einige bestehende Richtlinien verglichen. Becker zufolge fehlte den untersuchten Regelwerken zum Beispiel eine tiefer gehende Betrachtung des *algorithmic bias*. Das betrifft die Frage, inwiefern die Auswahl der Trainingsdaten Vorbehalte widerspiegelt, sich

---

[30] Vgl. Christian Meier, Was den Journalismus im Zeitalter von KI erwartet, Welt, 14. August 2023, https://www.welt.de/kultur/medien/article246371680/Kuenstliche-Intelligenz-Was-den-Journalismus-im-Zeitalter-von-KI-erwartet.html, 18.10.2023, ebd. Zitat im folgenden Absatz. AP-Pressemitteilung vom 13. Juli 2023, vgl. Matt O'Brien, ChatGPT-maker OpenAI signs deal with AP to license news stories, apnews.com, 13. July 2023, https://apnews.com/article/openai-chatgpt-associated-press-ap-f86f84c5bcc2f3b98074b38521f5f75a, 05.09.2024. und Adib Sisani, Julia Sommerfeld, Axel Springer und OpenAI: Neue Partnerschaft stärkt Nutzen von KI im Journalismus, axelspringer.com (Pressemitteilung), 13. Dezember 2023, https://www.axelspringer.com/de/ax-press-release/axel-springer-und-openai-neue-partnerschaft-staerkt-nutzen-von-ki-im-journalismus, 05.09.2024. Im Jahr 2024 sind mehrere Unternehmen, darunter der Spiegel-Verlag, Kooperationen mit dem KI-Startup Perplexity eingegangen, vgl. Diese Publisher haben einen Deal mit KI-Entwicklern geschlossen, Medieninsider, 2. August 2024, https://medieninsider.com/diese-medienunternehmen-publisher-haben-einen-deal-mit-openai-geschlossen/21992/, 11.08.2024.

6.3 KI-Praxis: Leitlinien und Strategie

auf die von generativer KI gelieferten Ergebnisse und damit möglicherweise auf den Journalismus auswirkt.

Do's und Dont's: Die Journalistik-Forscher Klaus Meier und Michael Graßl fordern Redaktionen auf, beim KI-Einsatz auf Diversität zu achten, um Diskriminierung von Menschen und Minderheiten auszuschließen. Laut der Dortmunder Professorin für digitalen Journalismus, Christina Elmer, sollten Leitlinien ebenso festhalten, wie KI *nicht* eingesetzt wird. KI kann demzufolge zwar genutzt werden, um Meldungen für einen Nachrichtenticker zusammenzufassen.

Den Einsatz bei Interviews oder Reportagen hält die Journalistik-Professorin jedoch für fraglich: „Das sind alles Empathie geleitete Formate, bei denen ich keine KI am Ruder sehen möchte." KI ist zwar in der Lage, Kommentare, Analysen und Essays formulieren. „Aber ein nicht-menschlicher Text im Feuilleton einer Qualitätszeitung wäre wohl eher eine Art Relotius-Moment für die deutsche Presse", schreibt auch der IT-Fachanwalt Joerg Heidrich.[31]

Grundsätze und Guidelines: Beispielhaft sollen die Grundsätze und daraus abgeleiteten Leitlinien beim Nachrichtenmagazin „Der Spiegel" vom Juni 2023 betrachtet werden. Dessen interdisziplinär von Redaktion, Dokumentation, Produkt & Vertrieb verabschiedetes Regelwerk soll mit der Entwicklung von KI-Anwendungen Schritt halten und fortlaufend angepasst werden, wie die Autoren berichten.[32]

---

[31] Zur Paris-Charta vgl. Reporters without Borders, RSF and 16 partners unveil Paris Charter on AI and journalism, 10. November 2023, https://rsf.org/en/rsf-and-16-partners-unveil-paris-charter-ai-and-journalism, 17.11.2023. Zu Richtlinien vgl. Kim Björn Becker, Neues Spiel, neue Regeln. Eine Untersuchung von redaktionellen Richtlinien für den Umgang mit Künstlicher Intelligenz im Newsroom, *Journalistik. Zeitschrift für Journalismusforschung*, 2/2023, S. 142–163 und *journalistik.online*, Juli 2023, https://journalistik.online/ausgabe-2-2023/neues-spiel-neue-regeln/, 2.11.2023, sowie Meier/Graßl (2022). Elmer-Zitat aus Interview, vgl. Annette Riedel, Journalismus mit KI oder KI statt Journalisten? Podcast Tacheles, Deutschlandfunk, 14. Oktober 2023, https://www.deutschlandfunkkultur.de/medien-und-kuenstliche-intelligenz-wenn-der-journalist-eine-ki-ist-dlf-kultur-54167411-100.html, 18.10.2023; Heidrich, S. 21. „Der Spiegel" hat Fälschungen seines früheren Reporters Claas Relotius Ende 2018 untersucht, vgl. die Themenseite auf spiegel.de, https://www.spiegel.de/thema/der_fall_claas_relotius/, 17.11.2023.

[32] DEV Blog Spiegel, Künstliche Intelligenz und der Journalismus: wie wir beim Spiegel darüber denken, 12. Juni 2023, https://devspiegel.medium.com/k%C3%BCnstliche-intelligenz-und-der-journalismus-wie-wir-beim-spiegel-dar%C3%BCber-denken-c83ee5c68965, 14.11.2023. Ähnliche Regeln und Diskussionen darüber gibt es beim Bayerischen Rundfunk, vgl. BR Next, Ulrike Köppen zum Einsatz von KI im Journalismus, Medientage München 2022, 21. Oktober 2022, https://www.youtube.com/watch?v=PkD6BkyXnKc, 2.11.2023, sowie Jonas Bedford-Strom, Uli Köppen, Cécile Schneider, Ethik der Künstlichen Intelligenz. Unsere KI-Richtlinien beim Bayerischen Rundfunk, 30. November 2020, https://www.br.de/extra/ai-automation-lab/ki-ethik-100.html. Auch die Nachrichtenagentur AP setzte sich selbst Regeln, vgl. Amanda Barrett, Standards about generative AI, blog. ap.org, 16. August 2023, https://blog.ap.org/standards-around-generative-ai, 14.11.2023.

Grundsätze und Leitlinien für KI-Einsatz beim „Spiegel"
Grundsätze (gekürzt wiedergegeben)

- „KI wird uns helfen": Einsatz vor allem bei der Automatisierung und zur Verbesserung der Abläufe. Potenzielle Risiken sieht „Der Spiegel" beim Generieren „ganz neuer Inhalte".
- Vertrauen der Nutzerinnen und Nutzer sei „wichtigstes Gut": Daraus folgt laut „Spiegel" die Abnahme der mit KI generierten bzw. bearbeiteten Texte oder zumindest „klare Definition" der Kriterien für KI-Einsatz.
- KI wird nie ohne Aufsicht oder Spielregeln eingesetzt. Die Resultate sollen geprüft, Halluzinationen dürften nicht veröffentlicht werden. „Maßgeblicher" KI-Einsatz wird laut dem „Spiegel" gekennzeichnet.

Leitlinien (zitiert)

- „Wir kopieren keine vertraulichen Personen- oder Unternehmensdaten in KI-Systeme, die keine Datenschutz- und Sicherheitsprüfung durchlaufen haben
- Wir achten bei der Auswahl von Systemen der künstlichen Intelligenz darauf, dass sich diese im geltenden Rechtsrahmen bewegen und die Anbieter bereit sind, ethische Debatten über KI ernsthaft zu führen
- Wenn wir Dienstleister einsetzen, die ihrerseits mit KI arbeiten, achten wir darauf, dass die beiden zuvor genannten Kriterien von diesen erfüllt werden
- Wir dokumentieren unsere Tests und Erfahrungen mit KI und tauschen uns dazu innerhalb des Unternehmens, mit anderen Medien sowie mit weiteren Partnern aus."

(Quelle: devspiegel.medium.com, 12. Juni 2023)

Plattformen als Medienpartner: Beim „Spiegel" sollte auch in den Blick genommen werden, mit welchem Interesse die KI-Anbieter unterwegs sind und ob dies zu dem beim Verlag vereinbarten verantwortungsbewusstem KI-Einsatz passt. Das „Spiegel"-Team regte die weitere gemeinsame Entwicklung ethischer Richtlinien an. Für eine Zusammenarbeit mit den Technologie-Plattformen zeigte sich der „Spiegel" unter Beachtung solcher Leitsätze offen.

Während solche Überlegungen den Forderungen aus der Journalistik und Verbänden entsprechen und einen strategischen Angang darstellen, sind vor allem klei-

6.3 KI-Praxis: Leitlinien und Strategie

nere Redaktionen zunächst in der KI-Testphase haften geblieben. Dies belegt eine britische Umfrage in 105 Newsrooms aus 46 Ländern. Es gibt also offene Fragen zur Regulierung und dazu, wie die Branche *Big Tech* begegnet.[33]

Redaktionelle Grenzen für KI: Das US-Fachmagazin „Wired" hat in seiner *AI policy* begrenzt, in welchen Bereichen KI redaktionell zum Einsatz kommen darf. Demnach soll es KI-Einsatz nur dann geben, wenn derselbe das journalistische Kernthema ist. Für Experimente betrachtet die Redaktion den KI-Einsatz dagegen als zulässig. Zum Beispiel kann KI unterstützend bei der *Ideengebung* oder *Themenfindung* genutzt werden.

Vom Verbot der KI-gestützten Veröffentlichungen sollen Marketing-Mails, Überschriften und Social-Media-Posts ausgenommen sein. Von der anfänglichen Regel, keine Bildgeneratoren für Veröffentlichungen zu nutzen, nahm „Wired" im Mai 2023 wieder Abstand. Die Redaktion darf nun KI-gestützt hergestellte Bilder beauftragen. Allerdings müssen Menschen maßgeblichen kreativen Anteil haben – und dürfen nicht bloß andere Werke imitieren.[34]

KI-Strategien in Redaktionen: Was also tun und was lieber lassen? Der Fokus liegt im Folgenden auf Entscheidungshilfen für Redaktionen und Verlage. Diese sollten hinterfragen, wie der KI-Einsatz zu ihrer eigenen Mission, also dem selbst definierten Geschäftsziel oder journalistischen Zweck, passt:

- Wie kann KI bei den aus der Mission des Medienunternehmens und der Redaktion abgeleiteten Zielen unterstützen?
- Wie verbessert KI Arbeitsergebnisse und Produkte?
- In welchen Bereichen kann KI daher zielführend eingesetzt werden?
- Wo bringt KI jedoch *keinen* Vorteil für Marke, Produkt, Wettbewerb?

Laut der Strategieberaterin Alexandra Borchardt haben viele regionale Medienhäuser zu Beginn des Internet-Zeitalters einen Fehler begangen. Sie hätten einfach „erst einmal gemacht". Dabei sind Borchardt zufolge Auswirkungen für Produkte, Marken und Missionen zu wenig bedacht worden:

- Welche Bedürfnisse gibt es denn überhaupt in der Nachbarschaft bei Leserinnen und Lesern?
- Warum erscheint Kundinnen und Kunden die (kostenpflichtige) Nutzung eines regionalen Medienangebots als wertvoll?

---

[33] Vgl. Charlie Beckett, Mira Yaseen, Generating Change. A global survey of what news organisations are doing with AI (London: LSE, September 2023), S. 21 f, https://www.journalismai.info/research/2023-generating-change, 2.11.2023.

[34] Vgl. How Wired Will Use Generative AI, Tools, https://www.wired.com/about/generative-ai-policy/, 14.11.2023, siehe auch Langer, S. 28.

Vor diesem Hintergrund rät Borchardt zu priorisieren und zu entscheiden, was nicht gebraucht wird. Sie gibt sich allerdings skeptisch, was die strategischen Fähigkeiten in der Medienbranche angeht: „Je mehr möglich ist, umso wichtiger wird es zu entscheiden, was man tut, und was man lieber lässt. Einer Branche, die ohnehin lieber mit Bauchgefühl arbeitet als mit Strategie, wird genau das besonders schwerfallen."[35]

Was tun und was lassen – Praxisbeispiel: Der Autor ist als Chefredakteur für „Lausitzer Rundschau" (lr.de) und „Märkische Oderzeitung" (moz.de) tätig gewesen. Anhand beider Medienmarken erläutert er, wie eine digitale Teilstrategie sich auf den möglichen KI-Einsatz auswirkt. Die Neue Pressegesellschaft in Ulm, zu der die Medienmarken gehören, hat Wachstumsziele (North Star) für die Zahl digitaler Abos, der Reichweite und des *Audience Engagement* festgelegt. Management, Redaktion und Lesermarkt haben Teilziele vereinbart; die Ergebnisse werden regelmäßig überprüft.

Die Redaktionen haben wiederum einen *Audiences-first*-Ansatz entwickelt, befördert durch die Teilnahme an Table Stakes Europe (siehe Abschn. 4.1 und 4.2). Journalismus nach Nutzerbedürfnissen ist dabei integriert (Abschn. 4.3 und 4.4). Um erfolgreiche, auf Zielgruppen und deren Bedürfnisse zugeschnittene Beiträge zu produzieren, ist die Redaktion auf handgemachte und originäre Reportage angewiesen. Persönliche Recherche und Anschauung sowie Vernetzung zwischen Journalistinnen und Journalisten, ihren Protagonisten und Informantinnen sind dafür entscheidend. Bei der Informations*beschaffung* selbst erscheint der KI-Einsatz also wenig zielführend.[36]

Use Cases **für KI-Assistenz:** Allerdings ergeben sich Ansatzpunkte für die systematische KI-Assistenz. Der Verlag nutzt wie andere auch selbstentwickelte KI-Werkzeuge, Prompt-Datenbanken mit Bedienoberfläche auf der Basis von ChatGPT. Beispielsweise, um sich Social-Media-Posts samt Emojis vorschlagen zu lassen: Die Nutzenden fügen den Link eines Online-Beitrags in eine Eingabemaske ein, drücken dann einen Button. Der standardisierte Prompt erzeugt im Hintergrund eine Auswahl möglicher Teaser für Facebook oder Instagram.

---

[35] Zitiert nach Alexandra Borchardt, Die KI-Revolution: Darauf müssen Redaktionen aufpassen, Medieninsider, 11. Januar 2023, https://medieninsider.com/ki-revolution-im-journalismus-darauf-muessen-redaktionen-aufpassen/14571/, 18.10.2023 (s.a. https://alexandraborchardt.com/de/tag/kuenstliche-intelligenz/).

[36] Zu North Stars Beispiele des schottischen Verlags DC Thomson, vgl. World Association of News Publishers (Hrsg.), Erfolgreich durch Audiences first. Bericht des ersten Jahres von Table Stakes Europe (Table Stakes Europe Report 2020) (Paris, Frankfurt/Main: World Association of News Publishers, 2021), S. 11, sowie Nation Media (Kenia), vgl. Lucinda Joordan, Of north stars and moon shots: Nation Media's bold two-step journey to 500 Mio. engagements, WAN-IFRA, 21. Juli 2021, https://wan-ifra.org/2023/07/of-north-stars-and-moonshots-nation-medias-bold-two-step-journey-to-500-million-engagements-by-2027/, 14.11.2023.

Eine Redakteurin oder ein Redakteur nimmt das Ergebnis vor der Veröffentlichung ab. Die automatisierte Zusammenfassung des vom Sportreporter gepflegten Livetickers, kurz nach Abpfiff eines Fußballspiels, ist weiterer Anwendungsfall. Und ein Experiment, in dem Pressemitteilungen der Polizei mithilfe von KI für die Online-Erstberichte umgewandelt werden, hat ergeben, dass sich dabei 60 % Bearbeitungszeit sparen lassen.[37]

Einbetten in die redaktionelle Strategie: Die bisher genannten Fälle ersetzen keine lokale Reporterin und keinen Editor. KI kann allerdings wiederkehrende Arbeitsabläufe unterstützen. Welche redaktionellen Prozesse sich dafür eignen, legt das folgende Verfahren offen:

Strategischer KI-Einsatz in sieben Schritten, Teil 1: Ziele und Hypothesen[38]
1. *Größte Herausforderungen und Schmerzpunkte identifizieren*
   - Wie lässt sich mit digitalem Journalismus genügend Geld verdienen? (z. B. digitale Abos, Reichweite, Werbung, Membership-Modelle, Sponsoren)
   - Wie gewinnen wir mehr und neue Abonnentinnen und Abonnenten, wie binden wir diese Kundinnen und Kunden?
   - Haben wir für diese Herausforderungen genügend und geeignetes Personal? Wie finden wir neue Talente? Können sie begeistern und halten?

---

[37] Zum KI-Werkzeug AI Buddy in der Neuen Pressegesellschaft vgl. Marcus Wiegand, 16 spannende KI-Anwendungen aus der Praxis, S. 16, *Kress pro* 8/2023, S. 14–24. Webentwickler Sebastian Butt (bis Ende 2023 beim LR Verlagsservice GmbH) nennt 3,5 min Zeitersparnis pro Meldung (=60 %) und verweist auf weiterhin notwendige Korrekturen am Text.

[38] Vgl. Oliver Haustein-Teßmer, Wie KI Redaktionen unterstützen kann, in: Bundesverband Digitalpublisher und Zeitungsverleger (Hrsg.), Jahresreport Digital 2023. Change the Game. Mit einem Themenspecial: Künstliche Intelligenz (Berlin: BDZV e. V., 2023), S. 29–34. Beispiele für Anwendungsfelder geben u. a. Andreas Moring, Potenziale künstlicher Intelligenz im Publishing, S. 11 f., in: BDZV Jahresreport Digital 2023, S. 10–12; Sommer (ebd.), S. 13 u. 16 f.; Harper (2022). C. Meier („Welt", 2023) nennt Brainstormings zwischen Mensch und Maschine. Im Interview erklärt Hannes Munzinger („Süddeutsche Zeitung") am Beispiel „Panama Papers", wie der KI-Einsatz im Datenjournalismus funktioniert. Vgl. Steffen Grimberg, „Künstliche Intelligenz wird eine große Rolle spielen". Interview mit SZ-Rechercheur Hannes Munzinger, mdr.de, 16. Mai 2023, https://www.mdr.de/medien360g/medienwissen/interview-ki-munzinger-102.html (Video), 1.11.2023.

- Welche Schwächen haben wir in der digitalen Transformation? Was nervt unser Team und kostet zu viel Zeit? Beispiele aus der Redaktion: handgefertigte Meldungen aus Pressemitteilungen erzeugen, Interviews transkribieren, verdichtete Arbeitsschritte

2. *Hypothesen für die Arbeit mit KI ableiten, Beispiele:*
   - „Wir rechnen damit, durch KI mehr Zeit für echten Journalismus zu haben"
   - „Wir investieren dank KI in kreative Planung, intensive Recherche, mehr exzellente Storys"
   - „Wir bedienen und wecken erfolgreich Bedürfnisse unserer/neuer Zielgruppe(n)"

Strategischer KI-Einsatz in sieben Schritten, Teil 2: Experimentieren

3. *Arbeitsabläufe genau anschauen: Wo könnte KI helfen?*
   - Welche redaktionellen Aufgaben fallen wiederkehrend an?
   - Wie werden bisher standardisiert Text, Grafik, Illustrationen erstellt?
   - Aus welchen (verlässlichen!) Quellen stammt das Material für solche Beiträge?
   - Wie trifft das Material digital in den Redaktionen ein, wie kann es erfasst werden?
   - Wie viele Menschen sind bisher und wie lange mit dem fraglichen Ablauf befasst?
   - Was könnten die Mitarbeitenden in derselben Zeit journalistisch sinnvoll tun?

4. *KI-Experimente und Projekte kreieren, Beispiele für die Redaktion:*
   - Polizeimeldungen standardisiert aus Pressemitteilungen erzeugen
   - Live-Ticker zu Berichtsformaten zusammenfassen
   - Stichworte strukturiert und in ganzen Sätzen aufbereiten
   - Ideengebung, Fragen, Story-Ansätze für Audience, Themenfeld, Nutzerbedürfnis entwickeln
   - Infoboxen, Listicles, Ratgeber aus recherchierten und geprüften Informationen generieren
   - SEO-konforme Überschriften-Varianten und Online-Teaser erstellen
   - Social-Media-Posts aus vorgegebenem Text (Beitrag) generieren

- Textbeiträge verbessern, korrigieren, variieren, übersetzen
- Online-Archive für die Nutzerinnen und Nutzer besser durchsuchbar machen
- Personalisierte Nachrichten-Services für angemeldete Nutzerinnen und Nutzer

Bei allen Experimenten gilt: Kontrolle und Abnahme durch Redaktion regeln!

5. *KI-Einsatz messen und bewerten (key performance indicators, KPI), zum Beispiel:*
   - Zeitersparnis für die Beitragsproduktion
   - Arbeitszeiten in der Redaktion
   - Zahl der zusätzlich ermöglichten Reportage-Beiträge
   - Zahl der KI-gestützt produzierten Inhalte
   - Reichweite der KI-gestützt produzierten Inhalte
   - Neue Abos (conversions) der KI-gestützt produzierten Inhalte

Wichtig: Die Schlüsselindikatoren für KI müssen zu den Kernzielen der Redaktion passen. Wer nicht hauptsächlich auf Reichweite setzt, muss dies nicht betonen. Erfolge und Meilensteine feiern!

Strategischer KI-Einsatz in sieben Schritten, Teil 3: Potenziale
6. *Potenzialanalyse für KI, mögliche Beispiele*
   - Welche Herausforderungen für Redaktionen werden zunehmen? Beispiel: Dasselbe Personal muss mehr digitale Kanäle bespielen.
   - Wie stemmen wir die Printproduktion neben den wachsenden digitalen Aufgaben? Beispiel: Es gibt absehbar weniger Print-Editoren, der Nachwuchs für offene Stellen fehlt.
   - Wie hält die Redaktion mit weniger Menschen das Qualitätsniveau, den Output-Level? Beispiel: KI zur Textverbesserung, Korrektur, Stilkontrolle, für Beitragsvarianten einsetzen, dafür generative KI ins Redaktionssystem/ Planungssystem integrieren.

- Wie gelingt es, journalistische Beiträge präzise in mehreren Kanälen auszuspielen? Beispiel: Die handgemachte Reportage kann mit KI in gekürzt, zusammengefasst bzw. angeteasert werden und für ein weiteres Medium, für Social-Media-Posts oder *Reels* genutzt werden.
- Wie erreichen wir mit neuen Formaten auch potenzielle Interessenten? Beispiel: Reportage-Texte werden auch für (automatisierte) Podcasts/Audio- und Video-Generierung genutzt.
- Wie erreichen wir Jüngere unter 25 Jahren mit Journalismus? Beispiel: Jugendliche Sprache kann mit KI generiert werden. „Wyld" oder nicht? Das ist auch eine medienethische Frage!
- Wie erreichen wir Menschen, die ein geringeres Leseverständnis haben? KI kann aus journalistischen Beiträgen Varianten in Leichter Sprache herstellen (siehe unten).

7. *KI-Praxis Schritt für Schritt starten und weiterentwickeln*
- Mit kleinen Testgruppen und Pilotprojekt beginnen: Wer hat Lust? Wer wird Vorbild?
- (Parallel) Für alle: Schnupperkurse aufsetzen und zu Tests ermuntern!
- Erfolgreiche Projekte in die Linienproduktion überführen
- KI-Kompetenzen entwickeln: in Jobbeschreibungen einfließen lassen, Rollen definieren
- Personalentwicklung, abteilungsübergreifend: Kurse, Workshops, Trainings. Nicht aufhören!
- *Training on the job* und interne KI-Beratung können fester Bestandteil in Redaktionen sein
- Professionalisierung und Freiräume für Weiterentwicklung, *train the trainer*

Wie beginnen? Am Anfang einer digitalen Veränderung steht selten ein ausgefeilter strategischer Plan. Es kann sinnvoll sein, den KI-Einsatz mit einem überschaubaren Pilotprojekt zu testen (siehe oben, Punkt 7). Markus Knall, Digital-Chefredakteur bei Ippen Media, rät dazu, die Strategie nachgelagert zu entwickeln. Das hilft, wenn der Spaß am Experimentieren und Freiräume genutzt werden sollen.

Diskussionswürdig ist, ob Redaktionen und Verlage neue berufliche Profile entwickeln sollten. Es spricht viel dafür, bei Journalistinnen und Journalisten auf das notwendige Handwerkszeug für Recherche, digitale Planung und Produktion zu bauen. An diesen Kern lassen sich KI-Kompetenzen andocken, wie Gabriele Hoof-

6.3 KI-Praxis: Leitlinien und Strategie

facker schreibt. Die Leipziger Journalistik-Professorin hat mit Studierenden KI in der journalistischen Ausbildung kritisch getestet.[39]

▶ **Tipp Für den Einstieg:** Zumindest den kostenlosen Account wie bei ChatGPT, Bing Chat und Google Gemini selbst ausprobieren und Bildgeneratoren wie Dall-E oder Midjourney testen.
https://chat.openai.com
https://www.microsoft.com/de-de/edge/features/bing-chat
https://gemini.google.com/app
https://www.midjourney.com bzw. https://discord.com/invite/midjourney
https://openai.com/dall-e-2

Wie kommunizieren? Wie bei allen wesentlichen Veränderungsprozessen kommt es darauf an, dass Führungskräfte den richtigen Tonfall finden und nachvollziehbar erklären:

- Was hat der KI-Einsatz mit den journalistischen Werten einer Medienmarke zu tun?
- Wie ergänzt KI vor diesem Hintergrund das Handeln der Redaktion sinnvoll?

Zur Erläuterung journalistisch-ethischer Standards helfen Leitlinien. Es lohnt sich, von Anfang an interdisziplinär zu denken – und die KI-Anwendungsfelder in den verschiedenen Abteilungen eines Medienunternehmens gemeinsam zu definieren. Womöglich ergibt sich die Chance, überkommene Silos abzubauen. Produktmanager, Webentwickler, IT und Redaktion können gemeinsam erörtern, wie KI in die Systemlandschaften eingebettet wird.

Beim Erkunden der Anwendungen kann die Erkenntnis aufploppen, dass nicht KI *die* Problemlösung ist. Aimee Rinehart, Senior Product Manager For AI Strategy bei der Nachrichtenagentur Associated Press (AP), sagt, dass ein strategischer Ansatz offenlegt, wo kein Automatisierungstool weiterhilft: „Maybe it's a matter

---

[39] Vgl. Marcus Wiegand, Wie ins Thema KI einsteigen? Was Ippen Digital-Chef Markus Knall kleinen und großen Häusern empfiehlt, kress.de, 13. Juni 2023, https://kress.de/news/beitrag/145483-wie-ins-thema-ki-einsteigen-was-ippen-digital-chef-markus-knall-kleinen-und-grossen-haeusern-empfiehlt.html, 14.11.2023 und Gabriele Hooffacker, Wie Sprach-KI die Journalismusausbildung verändern kann. Ein Werkstattbericht, *Journalistik. Zeitschrift für Journalismusforschung*, 2/2023, S. 205–212, und *journalistik.online*, Juli 2023, https://journalistik.online/essay/wie-sprach-ki-die-journalismusausbildung-veraendern-kann/, 18.10.2023.

of redesigning the workflow in general". Auch das gehört dann auf den Tisch (siehe Kap. 1, 2 und 3).[40]

Journalismus im KI-Zeitalter: Bisher haben es kleinere Redaktionen vergleichsweise schwer, KI sicher und strukturiert einzusetzen – und damit ähnlich zu arbeiten wie größere, überregionale Medien. Allerdings gibt es neue KI-Tools, die Datenjournalismus ermöglichen und die Verwertung eigener Recherchen – von der handgemachten Reportage bis zur Erstellung multimedialer Beitragsvarianten mit Grafik, Audio und Video – verbessern können.

Verlage könnten selbst große Sprachmodelle betreiben – oder in Lizenz nutzen. Diese lassen sich zum Beispiel einsetzen, um redaktionelle Beiträge und Archive besser als bisher zu vermarkten. KI kann die eigenen Datenbestände eines Medienhauses strukturieren und diese den Kunden personalisiert und kostenpflichtig bereitstellen.[41]

Trotz der neuen Möglichkeiten rät Rinehart regionalen Nachrichtenanbietern, sich von *Big Tech* zu emanzipieren und auf mehr Interaktionen mit lokalen Zielgruppen zu setzen. Eigene News-Apps, Newsletter und Netzwerke sind Rinehart zufolge unerlässlich, um gegen die KI-verstärkten Internet-Giganten anzukommen. Sie rät den Medienunternehmen zum Aufbau eigener KI-Plattformen.[42]

---

[40] Zitiert nach Jem Bartholomew, Q&A: The wireless Telegraf changed journalism. AI will change it again. Artificial intelligence tools will likely change the face of news and the media industry, says the AP's Aimee Rinehart, *Columbia Journalism Review*, The Tow Center for Digital Journalism, 26. September 2023, https://www.cjr.org/tow_center/wireless-telegraph-ai-journalism.php, 2.11.2023.

[41] Beispiel dafür ist das Experiment „Fragen Sie Zeit Online". Nutzende können den KI-Chatbot nach Ereignissen und Themen fragen, dafür wertet die KI Beiträge des Mediums der vergangenen 30 Tage aus, vgl. Haben Sie ein Thema verpasst? (Beta), Zeit Online, aktualisiert am 20. Februar 2024, https://www.zeit.de/beta/fragen-sie-zeit-online-news, 22.02.2024.

[42] Zu Datenjournalismus vgl. Grimberg (MDR, 2023). Neue Tools vgl. Newsletter „Wonder Tools" von Jeremy Caplan (https://wondertools.substack.com), und Podcast „Newsroom Robots" von Nikita Roy (https://newsroomrobots.com). Zu KI-Archiven vgl. Benjamin Triebe, KI stellt den Medien die Existenzfrage. Zwar haben sie einen Trumpf – aber sie haben bisher immer schlecht gespielt, Neue Zürcher Zeitung, 18. September 2023, https://www.nzz.ch/wirtschaft/kuenstliche-intelligenz-medien-und-verlage-verteidigen-archive-ld.1756205, 18.10.2023. Rinehart im Interview, vgl. Ulrike Langer, „Es ist ein Balance-Akt", Interview mit Aimee Rinehart und Ernest Kung von Associated Press (AP), S. 14, in: Ulrike Langer, Künstliche Intelligenz. Trends und Tools aus den USA, *Kress pro* Dossier 8/2023, S. 12–14. Zu den KI-Optionen lokaler Redaktionen in Deutschland vgl. auch Marie Todeskino, Künstliche Intelligenz und Lokaljournalismus: Was KI für den Lokaljournalismus bedeutet, drehscheibe.org, 19. Februar 2024, https://www.drehscheibe.org/debatte/was-ki-fuer-den-lokaljournalismus-bedeutet.html, 22.02.2024, sowie Henning Kornfeld, Welches KI-Werkzeug Journalisten viel zu wenig nutzen - Funke-Chefredakteur Peter Schink gibt Einblicke, kress.de, 7. Mai 2024, https://www.kress.de/news/beitrag/147417-welches-ki-werkzeug-journalisten-viel-zu-wenig-nutzen-funke-chefredakteur-peter-schink-gibt-einblicke.html, 11.08.2024

6.3 KI-Praxis: Leitlinien und Strategie

Modellversuche mit KI: In Österreich haben sich Medienunternehmen Leichter Sprache verschrieben. Dies ist ein Sprachkonzept, dass Menschen mit unterschiedlich stark ausgeprägtem Leseverständnis ermöglichen soll, das Nachrichtengeschehen zu verfolgen. Die Nachrichtenagentur Austria Presse Agentur (APA) und das Startup Capito veröffentlichen KI-generierte Textvarianten von aktuellen journalistischen Beiträgen.

Hintergrund ist die Erkenntnis, dass ein wachsender Anteil der Bevölkerung kaum oder nur gering ausgeprägte Lesekompetenz aufweist. In Österreich sind dies 17 %. Weitere 37 % haben nach dem Maßstab der Organisation for Economic Cooperation and Development (OECD) eine niedrige Kompetenz. Solche Modelle könnten Medien in allen Regionen und Sprachräumen ausprobieren. Auch eine KI-gestützte Übersetzung journalistischer Beiträge in verschiedene Sprachen ist für Ballungsräume und grenznahe Regionen denkbar.[43]

Leichte Sprache: KI-erzeugte Textvarianten
Die Nachrichtenagentur APA hat am 03.11.2023 einen Nachrichten-Tagesüberblick veröffentlicht und bietet diesen Überblick in drei Varianten (Original, Sprachniveaus B1 und A2) an. Auszug:
Original
20.000 demonstrierten in Wien bei Lichtermeer für Geiseln
Mehr als 20.000 Menschen haben Donnerstagabend laut Mitorganisator Daniel Landau am Lichtermeer am Wiener Heldenplatz teilgenommen, um für die Freilassung der Hamas-Geiseln sowie gegen Antisemitismus, Terror, Gewalt und Hass zu demonstrieren. „Ich möchte diese Veranstaltung nicht offiziell beginnen, ohne dass der Botschafter 'meines' Israel – auch wenn ich nicht israelischer Staatsbürger bin – hier wäre", sagte Landau. Vorkommnisse gab es laut Polizei keine.
Zur Teilnehmerzahl machten die Beamten gegenüber der APA keine Angaben. Landau wie in der Einleitung auf die 220 neben der Rednerbühne platzierten Stühle hin, die für die von der Hamas nach wie vor als Geisel Genommenen standen, sowie deren Bilder, die auf einen Trakt der Hofburg projiziert waren. (…)

---

[43] Vgl. „Der Mensch behält die Hoheit über den Text", Capito: KI hilft bei der Übersetzung von Texten in leicht verständliche Sprache. S. 76, in: Mediengruppe Wiener Zeitung (Hrsg.), Medien-Innovationsreport 2023, Wien: Wiener Zeitung GmbH, September 2023, https://www.mediahub.at/wp-content/uploads/sites/12/2023/09/Medieninnovationsreport_2023_MGWZ-1.pdf, 18.10.2023, S. 76–79.

> *Sprachstufe A2*
> **Große Demonstration gegen Antisemitismus in Wien**
> Am Donnerstagabend haben mehr als 20.000 Menschen an einer Demonstration am Wiener Heldenplatz teilgenommen. Sie demonstrierten gegen Terror und Antisemitismus. Anlass dafür war der brutale Angriff von Hamas-Terroristen auf israelische Siedler am 7. Oktober. Dabei wurden über 1000 Menschen ermordet.
> Die Demonstranten erinnerten auch an die rund 220 Geiseln, die sich in der Gewalt der Hamas befinden. Für die Geiseln standen symbolisch 220 leere Sesseln auf dem Heldenplatz bereit.
> Erklärung: Antisemitismus
> Als Antisemitismus bezeichnet man alles, was sich gegen Juden und ihre Religion richtet. Man spricht auch häufig von Juden-Hass und Juden-Feindlichkeit.
> Quelle: science.apa.at

Aus- und Weiterbildung: Dieses Kapitel hat skizziert, wie der Einsatz von KI die Gesellschaft und ihre Medien revolutioniert. Das birgt konkrete Chancen, aber auch Risiken für den Journalismus. Dem KI-Einsatz steht nach Ansicht mancher Expertinnen und Experten ein Fortbildungsdefizit in der Medienbranche entgegen (siehe auch Kap. 5). Studierende der Katholischen Universität Eichstätt haben eine Podcast-Serie veröffentlicht, um dem Mangel abzuhelfen.

Sie stellen nach eigenen Angaben fest, dass es vor allem ältere Skeptiker gebe und jüngere Menschen, die eher offen für die Veränderungen mit KI seien. Wenn die folgende Prognose stimmt – „Eine gute Journalistin wird nicht durch KI ersetzt, sie wird durch eine gute Journalistin ersetzt, die KI benutzt" – dann sind regelmäßige KI-Trainings, ob nun intern oder bei Bildungseinrichtungen, für Medienschaffende jeglichen Alters dringend und notwendig.[44]

Weiterführende Literatur

Bundesverband Digitalpublisher und Zeitungsverleger (Hrsg.), Jahresreport Digital 2023. Change the Game. Mit einem Themenspecial: Künstliche Intelligenz (Berlin: BDZV e. V., 2023)

---

[44] Albrecht Schmidt, zitiert nach Wolfangel.

Weiterführende Literatur

Bundeszentrale für politische Bildung (Hrsg.), Künstliche Intelligenz, Zeitschrift *Aus Politik und Zeitgeschichte*, 42/2023, Beilage zur Wochenzeitung „Das Parlament", 14. Oktober 2023

Ulrike Langer, Künstliche Intelligenz. Trends und Tools aus den USA, *Kress pro* Dossier 8/2023

Wiebke Loosen, Paul Solbach, Künstliche Intelligenz im Journalismus? Was bedeutet Automatisierung für journalistisches Arbeiten?, in Tanja Köhler (Hrsg.), Fake News, Framing, Fact-Checking: Nachrichten im digitalen Zeitalter. Ein Handbuch (Bonn: Sonderausgabe für die Bundeszentrale für politische Bildung, 2020; Bielefeld: transcript Verlag, 2020), S. 177-204

Weiterführende Links

AI Adoption for Newsrooms: A 10-Step Guide ist eine Anleitung, um Künstliche Intelligenz ethisch vertretbar im Lokaljournalismus anzuwenden, verantwortet von Daila Hashim, Program and Research Lead for AI and Media Integrity bei der Non-Profit-Organisation Partnership on AI (USA). https://partnershiponai.org/ai-for-newsrooms/

Das Branchenmagazin „drehscheibe", herausgegeben vom Lokaljournalistenprogramm der Bundeszentrale für politische Bildung, hat eine Artikelreihe zu KI im Lokaljournalismus veröffentlicht. https://www.drehscheibe.org/ki-im-lokaljournalismus.html, 22.02.2024

Klaus Meier, Michael Graßl, KI und Journalismus (Vortrag beim BayernLab, Eichstätt, YouTube-Video), 24.5.2022, https://klaus-meier.net/2022/04/07/publikationen-zukuenstlicher-intelligenz-im-journalismus/, 2.11.2023

Christina Elmer, Katharina Zweig, Steffen Grimberg, Anja Zimmer, Revolution oder Evolution: Was bedeutet ChatGPT für den Journalismus?, Panel auf der re:publica 23, 7. Juni 2023, 10–11 Uhr (YouTube-Video), https://re-publica.com/de/session/revolution-oder-evolution-was-bedeutet-chatgpt-fuer-den-journalismus, 2.11.2023

KI im Journalismus, Podcast von Masterstudierenden der Journalistik an der Katholischen Universität Eichstätt-Ingolstadt in Kooperation mit dem Bayerischen Rundfunk und dem KI-Campus, https://ki-campus.org/podcasts/ki-im-journalismus, 2.11.2023

MDR Medien360G: Künstliche Intelligenz in Journalismus und Medien, https://www.mdr.de/medien360g/medienwissen/ki-in-journalismus-und-medien-100.html, Themenseite, 18.10.2023

Nikita Roy, Newsroom Robots. Podcast, https://www.newsroomrobots.com/

Jeremy Caplan, Wonder Tools. Newsletter, https://wondertools.substack.com/t/ai

https://ki-campus.org – die vom Bundesministerium für Bildung und Forschung geförderte Lernplattform für Künstliche Intelligenz bietet Online-Kurse, Videos und Podcasts an.

Der Bundesverband Digitalpublisher und Zeitungsverleger bietet registrierten Mitgliedern einen KI-Newsletter an, der Best Practice, aktuelle Debatten und zum Beispiel rechtliche Hinweise enthält. https://www.bdzv.de/service/newsletter

Links zu den KI-Begriffen nach Harper (2023) und Anwendungsbeispiele

Schwache KI: Roland Karle, Wie Ippen-Digital „schwache KI" nutzt, newsroom.de, 14. April 2022, https://www.newsroom.de/news/aktuelle-meldungen/vermischtes-3/wie-ippen-digital-schwache-ki-nutzt-934457/, 22.02.2024

Starke KI: Lisa Berins, Ethikrat-Mitglied im Interview: „Es ist anzunehmen, dass Jobs überflüssig werden", Frankfurter Rundschau, 20. März 2023, https://www.fr.de/politik/kuenstliche-intelligenz-ki-chat-gpt-folgen-beruf-jobs-arbeitswelt-ethikrat-92158950.html, 22.02.2024

Maschinelles Lernen: Google News Initiative, Introduction to Machine Learning, 7 Lektionen (Beginner), https://newsinitiative.withgoogle.com/de-de/resources/trainings/introduction-to-machine-learning/, 22.02.2024

KI im Investigativ-Journalismus: Panama Papers. Die Geheimnisse des schmutzigen Geldes, panamapapers.sueddeutsche.de, https://panamapapers.sueddeutsche.de/, 22.02.2024

Deep Learning: Michael Graßl, Jonas Schützeneder und Klaus Meier, Künstliche Intelligenz als Assistenz. Bestandsaufnahme zu KI im Journalismus aus Wissenschaft und Praxis, Journalistik, Zeitschrift für Journalismusforschung 1/2022, S. 3–27, und https://journalistik.online/wp-content/uploads/2022/03/Journalistik_1_2022_KI-im-Journalismus-de.pdf, 22.02.2024

Literatur

„Alle machen die gleiche Transformationsreise". Lyndsey Jones, Strategieberaterin bei Table Stakes Europe, im Interview, in: Mediengruppe Wiener Zeitung (Hrsg.), Medien-Innovationsreport 2023 (Wien: Wiener Zeitung GmbH, September 2023), S. 52–55, https://www.mediahub.at/wp-content/uploads/sites/12/2023/09/Medieninnovationsreport_2023_MGWZ-1.pdf

Amanda Barrett, Standards about generative AI, blog.ap.org, 16. August 2023, https://blog.ap.org/standards-around-generative-ai, 14.11.2023

Boris Rosenkranz, Wer von „Fake News" lebt, kann seine Chefredakteurin nicht wegen „Fake News" feuern, Übermedien, 21. Mai 2024, https://uebermedien.de/95106/michael-schumacher-funke-mediengruppe-wer-von-fake-news-lebt-kann-seinechefredakteurin-nicht-wegen-fake-news-feuern/

Jem Bartholomew, Q&A: The wireless telegraph changed journalism. AI will change it again. Artificial intelligence tools will likely change the face of news and the media industry, says the AP's Aimee Rinehart, Columbia Journalism Review, The Tow Center for Digital Journalism, 26. September 2023, https://www.cjr.org/tow_center/wireless-telegraph-ai-journalism.php

Kim Björn Becker, Neues Spiel, neue Regeln. Eine Untersuchung von redaktionellen Richtlinien für den Umgang mit Künstlicher Intelligenz im Newsroom, *Journalistik. Zeitschrift für Journalismusforschung*, 2/2023, S. 142–163 und *journalistik.online*, Juli 2023, https://journalistik.online/ausgabe-2-2023/neues-spiel-neue-regeln/

Weiterführende Literatur

Charlie Beckett, Mira Yaseen, Generating Change. A global survey of what news organisations are doing with AI (London: LSE, September 2023), https://www.journalismai.info/research/2023-generating-change

Jonas Bedford-Strom, Uli Köppen, Cécile Schneider, Ethik der Künstlichen Intelligenz. Unsere KI-Richtlinien beim Bayerischen Rundfunk, br.de, 30. November 2020, https://www.br.de/extra/ai-automation-lab/ki-ethik-100.html

Lisa Berins, Ethikrat-Mitglied im Interview: „Es ist anzunehmen, dass Jobs überflüssig werden", Frankfurter Rundschau, 20. März 2023, https://www.fr.de/politik/kuenstliche-intelligenz-ki-chat-gpt-folgen-beruf-jobs-arbeitswelt-ethikrat-92158950.html, 22.02.2024

Alexandra Borchardt, Die KI-Revolution: Darauf müssen Redaktionen aufpassen, Medieninsider, 11. Januar 2023, https://medieninsider.com/ki-revolution-im-journalismus-darauf-muessen-redaktionen-aufpassen/14571/ (siehe auch https://alexandraborchardt.com/de/tag/kuenstliche-intelligenz/)

BR Next, Ulrike Köppen zum Einsatz von KI im Journalismus, Medientage München 2022, YouTube, 21. Oktober 2022, https://www.youtube.com/watch?v=PkD6BkyXnKc

Katharina Brunner, Rebecca Ciesielski, Uli Köppen, Cécile Schneider, Blackbox-Reporting. Wie Journalist*innen über KI und Algorithmen berichten können, medium.com/br-next, 9. August 2023, https://medium.com/br-next/blackbox-reporting-wie-journalist-innen-%C3%BCber-ki-und-algorithmen-berichten-k%C3%B6nnen-3983cd0bcf3c

Bundesverband Digitalpublisher und Zeitungsverleger (Hrsg.), Jahresreport Digital 2023. Change the Game. Mit einem Themenspecial: Künstliche Intelligenz (Berlin: BDZV e. V., 2023)

Bundeszentrale für politische Bildung (Hrsg.), Künstliche Intelligenz, *Aus Politik und Zeitgeschichte*, 42/2023, Beilage zur Wochenzeitung „Das Parlament", 14. Oktober 2023

Oliver Darcy, Disney, The New York Times and CNN are among a dozen major media companies blocking access to ChatGPT as they wage a cold war on A.I., edition.cnn.com, 28. August 2023, https://edition.cnn.com/2023/08/28/media/media-companies-blocking-chatgpt-reliable-sources/index.html

Der Fall Claas Relotius, Spiegel Thema, https://www.spiegel.de/thema/der_fall_claas_relotius/

„Der Mensch behält die Hoheit über den Text", Capito: KI hilft bei der Übersetzung von Texten in leicht verständliche Sprache. S. 76, in: Mediengruppe Wiener Zeitung (Hrsg.), Medien-Innovationsreport 2023 (Wien: Wiener Zeitung GmbH, September 2023), S. 76–79, https://www.mediahub.at/wp-content/uploads/sites/12/2023/09/Medieninnovationsreport_2023_MGWZ-1.pdf

Deutscher Presserat (Hrsg.), Jahresbericht 2022 (Berlin: Deutscher Presserat, 2022), https://www.presserat.de/jahresberichte-statistiken.html?file=files/presserat/bilder/Downloads%20Jahresberichte/DPRE-2022-02403_Jahresbericht%202022_BF.pdf

Deutscher Presserat, Rügen für Verstöße gegen die Sorgfaltspflicht und den Opferschutz, 8. Dezember 2023, https://www.presserat.de/presse-nachrichten-details/ruegen-fuer-verstoesse-gegen-die-sorgfaltspflicht-und-den-opferschutz.html

DEV Blog Spiegel, Künstliche Intelligenz und der Journalismus: wie wir beim Spiegel darüberdenken, 12. Juni 2023, https://devspiegel.medium.com/k%C3%BCnstliche-intelligenz-und-der-journalismus-wie-wir-beim-spiegel-dar%C3%BCber-denken-c83ee5c68965

Diese Publisher haben einen Deal mit KI-Entwicklern geschlossen, Medieninsider, 2. August 2024, https://medieninsider.com/diese-medienunternehmen-publisher-haben-einen-deal-mit-openai-geschlossen/21992/

Christina Elmer, Katharina Zweig, Steffen Grimberg, Anja Zimmer, Revolution oder Evolution: Was bedeutet ChatGPT für den Journalismus?, Panel auf der re:publica 23, 7. Juni 2023, https://re-publica.com/de/session/revolution-oder-evolution-was-bedeutet-chatgpt-fuer-den-journalismus (oder https://www.youtube.com/watch?v=maYvl8NMolc)

Anna Ernst, Burda-Verlag: KI mit Soße, sueddeutsche.de, 12. Mai 2023, https://www.sueddeutsche.de/medien/burda-lisa-kochen-backen-rezepte-ki-leser-1.5855586

Google News Initiative, Introduction to Machine Learning, 7 Lektionen (Beginner), https://newsinitiative.withgoogle.com/de-de/resources/trainings/introduction-to-machine-learning/

Michael Graßl, Jonas Schützeneder und Klaus Meier, Künstliche Intelligenz als Assistenz. Bestandsaufnahme zu KI im Journalismus aus Wissenschaft und Praxis, *Journalistik, Zeitschrift für Journalismusforschung* 1/2022, S. 3–27, und https://journalistik.online/wp-content/uploads/2022/03/Journalistik_1_2022_KI-im-Journalismus-de.pdf

Steffen Grimberg, „Künstliche Intelligenz wird eine große Rolle spielen". Interview mit SZ-Rechercheur Hannes Munzinger, mdr.de, 16. Mai 2023, https://www.mdr.de/medien360g/medienwissen/interview-ki-munzinger-102.html

Haben Sie ein Thema verpasst? (Beta), Zeit Online, aktualisiert am 20. Februar 2024, https://www.zeit.de/beta/fragen-sie-zeit-online-news

Philipp Hacker, Daniel Privitera, KI-Gesetz der EU: Ohne diese Regeln wird KI gefährlich, Gastbeitrag, Zeit Online, 9. Oktober 2023, https://www.zeit.de/digital/2023-10/ki-gesetz-eu-chatgpt-4-regulierung/

Sabrina Harper, Journalismus und KI: Chancen & Grenzen von Künstlicher Intelligenz in den Medien, Media Lab Bayern Blog, 23. August 2023, https://www.media-lab.de/de/blog/artikel/journalismus-und-ki-chancen-grenzen-von-kuenstlicher-intelligenz-in-den-medien

Oliver Haustein-Teßmer, Wie KI Redaktionen unterstützen kann, in: Bundesverband Digitalpublisher und Zeitungsverleger (Hrsg.), Jahresreport Digital 2023. Change the Game. Mit einem Themenspecial: Künstliche Intelligenz (Berlin: BDZV e. V., 2023), S. 29–34

Joerg Heidrich, ChatGPT & Co: Zwischen Faszination, Hype und Disruption, in: Bundesverband Digitalpublisher und Zeitungsverleger (Hrsg.), Jahresreport Digital 2023. Change the Game. Mit einem Themenspecial: Künstliche Intelligenz (Berlin: BDZV e. V., 2023), S. 20–23

Jan Henrich, Automatisierter Journalismus: Wenn die KI komplette Zeitschriften erstellt, zdf.de, 20. Mai 2023, https://www.zdf.de/nachrichten/panorama/ki-journalismus-chatgpt-midjourney-zeitschrift-burda-verlag-100.html

Gabriele Hooffacker, Wie Sprach-KI die Journalismusausbildung verändern kann. Ein Werkstattbericht, *Journalistik. Zeitschrift für Journalismusforschung*, 2/2023, S. 205–212, und *journalistik.online*, Juli 2023, https://journalistik.online/essay/wie-sprach-ki-die-journalismusausbildung-veraendern-kann/

How Wired Will Use Generative AI Tools, wired.com, aktualisiert am 22. Mai 2023, https://www.wired.com/about/generative-ai-policy/

Weiterführende Literatur

Sissie Hsiao, Bard heißt jetzt Gemini: Freut euch auf Ultra 1.0 und die neue App, Google Blog, 8. Februar 2024, https://blog.google/intl/de-de/unternehmen/technologie/bard-gemini-advanced-app/

Hubert Burda Media, BurdaForward, BurdaVerlag: Oliver Eckert verlässt Hubert Burda Media, 28. September 2023, https://www.burda.com/de/news/oliver-eckert-verlasst-hubert-burda-media/

Hubert Burda Media, Hubert Burda Media: Klare Haltung zu Künstlicher Intelligenz, (Juli 2023), https://www.burda.com/de/news/klare-haltung-zu-kunstlicher-intelligenz/ (Der von Martin Weiss verantwortete Beitrag ist inzwischen offline, Stand: 22.02.2024). Zu sehen noch bei Hubert Burda Media, LinkedIn, (Juli 2023), https://www.linkedin.com/posts/hubert-burda-media_burdas-haltung-zu-k%C3%BCnstlicher-intelligenz-activity-7089156905318633472-cwDP/, 22.02.2024

Hubert Burda Media, Hubert Burda Media: Martin Weiss verlässt Hubert Burda Media, 10. Januar 2024 https://www.burda.com/de/news/martin-weiss-verlasst-hubert-burda-media/

Jeff Jarvis, KI verändert den Journalismus. Warum das kein Grund zur Beunruhigung sein muss, stern.de, 16. September 2023, https://www.stern.de/panorama/wissen/kuenstliche-intelligenz-und-journalismus%2D%2Dschreibende-maschinen-33817168.html

Lucinda Joordan, Of north stars and moon shots: Nation Media's bold two-step journey to 500 million engagements, WAN-IFRA, 21. Juli 2021, https://wan-ifra.org/2023/07/of-north-stars-and-moon-shots-nation-medias-bold-two-step-journey-to-500-million-engagements-by-2027/

Roland Karle, Wie Ippen-Digital „schwache KI" nutzt, newsroom.de, 14. April 2022, https://www.newsroom.de/news/aktuelle-meldungen/vermischtes-3/wie-ippen-digital-schwache-ki-nutzt-934457/

Christian Kunz, Google erinnert: Robots.txt kann unberechtigte Zugriffe auf Content nicht verhindern, SEO Südwest, 5. August 2024, https://www.seo-suedwest.de/9420-google-erinnert-robots-txt-kann-unberechtigte-zugriffe-auf-content-nichtverhindern.html

KI und Medien: Wie Künstliche Intelligenz uns alle täuschen kann, Medienmagazin „Zapp" (NDR), 10. Mai 2023, https://www.ndr.de/fernsehen/sendungen/zapp/KI-und-Medien-Wie-Kuenstliche-Intelligenz-uns-alle-taeuschen-kann,zapp14164.html

Ulrike Langer, „Es ist ein Balance-Akt", Interview mit Aimee Rinehart und Ernest Kung von Associated Press (AP), in: Ulrike Langer, Künstliche Intelligenz. Trends und Tools aus den USA, *Kress pro* Dossier 8/2023, S. 12–14

Ulrike Langer, Immense Chancen und immense Risiken, in: Bundesverband Digitalpublisher und Zeitungsverleger (Hrsg.), Jahresreport Digital 2023. Change the Game. Mit einem Themenspecial: Künstliche Intelligenz (Berlin: BDZV e. V., 2023), S. 25–28

Ulrike Langer, Künstliche Intelligenz. Trends und Tools aus den USA, *Kress pro* Dossier 8/2023

Adrian Lobe, Der Junge, der niemals lebte, „Welt", 20.10.2023, https://www.welt.de/kultur/plus248071356/KI-Bilder-von-Gaza-Krieg-der-Promptografie.html

Wiebke Loosen, Paul Solbach, Künstliche Intelligenz im Journalismus? Was bedeutet Automatisierung für journalistisches Arbeiten?, in Tanja Köhler (Hrsg.), Fake News, Framing, Fact-Checking: Nachrichten im digitalen Zeitalter. Ein Handbuch (Bonn: Sonderausgabe für die Bundeszentrale für politische Bildung, 2020; Bielefeld: transcript Verlag, 2020), S. 177–204

Christian Meier, Was den Journalismus im Zeitalter von KI erwartet, Welt, 14. August 2023, https://www.welt.de/kultur/medien/article246371680/Kuenstliche-Intelligenz-Was-den-Journalismus-im-Zeitalter-von-KI-erwartet.html

Klaus Meier, Michael Graßl, KI und Journalismus (Vortrag beim BayernLab, Eichstätt), YouTube, 24.5.2022, https://klaus-meier.net/2022/04/07/publikationen-zu-kuenstlicher-intelligenz-im-journalismus/

Cade Metz, The Fear and Tension That Led to Sam Altman's Ouster at OpenAI, nytimes.com, 18. November 2023, https://www.nytimes.com/2023/11/18/technology/open-ai-sam-altman-what-happened.html

Susann Michalk, Unfall bei Kreba-Neudorf: Berauschter Fahrer kollidiert mit Bus – hoher Sachschaden, lr.de, 3. November 2023, https://www.lr-online.de/lausitz/weisswasser/unfall-bei-kreba-neudorf-berauschter-fahrer-kollidiert-mit-bus-_-hoher-sachschaden-72154017.html

Andreas Moring, Potenziale künstlicher Intelligenz im Publishing, S. 11f., in: Bundesverband Digitalpublisher und Zeitungsverleger (Hrsg.), Jahresreport Digital 2023. Change the Game. Mit einem Themenspecial: Künstliche Intelligenz (Berlin: BDZV e. V., 2023), S. 10–12

Benjamin Mullin, Nico Grant, Google Tests A.I. Tool That Is Able to Write News Articles, nytimes.com, 19. Juli 2023, https://www.nytimes.com/2023/07/19/business/google-artificial-intelligence-news-articles.html

Matt O'Brien, Business: ChatGPT-maker OpenAI signs deal with AP to license news stories, apnews.com, 13. Juli 2023, https://apnews.com/article/openai-chatgpt-associated-press-ap-f86f84c5bcc2f3b98074b38521f5f75a

Panama Papers. Die Geheimnisse des schmutzigen Geldes, panamapapers.sueddeutsche.de, https://panamapapers.sueddeutsche.de/

Reporters without Borders, RSF and 16 partners unveil Paris Charter on AI and journalism, rsf.org, 10. November 2023, https://rsf.org/en/rsf-and-16-partners-unveil-paris-charter-ai-and-journalism

Annette Riedel, Journalismus mit KI oder KI statt Journalisten? Podcast Tacheles, Deutschlandfunk, 14. Oktober 2023, https://www.deutschlandfunkkultur.de/medien-und-kuenstliche-intelligenz-wenn-der-journalist-eine-ki-ist-dlf-kultur-54167411-100.html

Boris Rosenkranz, Zu dumm, um wahr zu sein. Erfundenes Interview mit Michael Schumacher, Übermedien, 17. April 2023, https://uebermedien.de/83353/erfundenes-interview-mit-michael-schumacher-zu-dumm-um-wahr-zu-sein/

Adib Sisani, Julia Sommerfeld, Axel Springer und OpenAI: Neue Partnerschaft stärkt Nutzen von KI im Journalismus, axelspringer.com, 13. Dezember 2023, https://www.axelspringer.com/de/ax-press-release/axel-springer-und-openai-neue-partnerschaft-staerkt-nutzen-von-ki-im-journalismus

Johannes Sommer, ChatGPT & Co. – Teufelszeug, Heilsbringer oder doch nur ein Hype?, in: Bundesverband Digitalpublisher und Zeitungsverleger (Hrsg.), Jahresreport Digital 2023. Change the Game. Mit einem Themenspecial: Künstliche Intelligenz (Berlin: BDZV e. V., 2023), S. 13–19

Thorsten Thiel, KI und Demokratie: Entwicklungspfade, in: Bundeszentrale für politische Bildung (Hrsg.), Künstliche Intelligenz, *Aus Politik und Zeitgeschichte*, 42/2023, Beilage zur Wochenzeitung „Das Parlament", 14. Oktober 2023, S. 23–28

Marie Todeskino, Künstliche Intelligenz und Lokaljournalismus: Was KI für den Lokaljournalismus bedeutet, drehscheibe.org, 19. Februar 2024, https://www.drehscheibe.org/debatte/was-ki-fuer-den-lokaljournalismus-bedeutet.html

Benjamin Triebe, KI stellt den Medien die Existenzfrage. Zwar haben sie einen Trumpf – aber sie haben bisher immer schlecht gespielt, Neue Zürcher Zeitung, 18. September 2023, https://www.nzz.ch/wirtschaft/kuenstliche-intelligenz-medien-und-verlage-verteidigen-archive-ld.1756205

TÜV-Verband, Künstliche Intelligenz: Fast jede:r Vierte nutzt ChatGPT, tuev-verband.de, 11. Mai 2023: https://www.tuev-verband.de/pressemitteilungen/kuenstliche-intelligenz-fast-jeder-vierte-nutzt-chatgpt

Carsten Volkery et. al, EU beschließt umfangreichstes KI-Gesetz der Welt – das sind die wichtigsten Punkte, handelsblatt.com, 9. Dezember 2023, https://www.handelsblatt.com/politik/international/ai-act-eu-beschliesst-umfangreichstes-ki-gesetz-der-welt-das-sind-die-wichtigsten-punkte/100002256.html

Frederik von Castell, Künstliche Intelligenz: Kinderkrankheit oder „krasser Sündenfall"? Wie Ippen Media KI einsetzt, Übermedien, 20. April 2023, https://uebermedien.de/83278/kinderkrankheit-oder-krasser-suendenfall-wie-ippen-media-ki-einsetzt/

Marcus Wiegand, 16 spannende KI-Anwendungen aus der Praxis, *Kress pro* 8/2023, S. 14–24

Marcus Wiegand, Vorsicht vor ChatGPT und Co., in: *Kress pro* 8/2023, S. 30–32

Marcus Wiegand, Wie ins Thema KI einsteigen? Was Ippen Digital-Chef Markus Knall kleinen und großen Häusern empfiehlt, kress.de, 13. Juni 2023, https://kress.de/news/beitrag/145483-wie-ins-thema-ki-einsteigen-was-ippen-digital-chef-markus-knall-kleinen-und-grossen-haeusern-empfiehlt.html

Eva Wolfangel, Künstliche Intelligenz: Wird künftig die KI Nachrichten schreiben? Zeit Online, 31. August 2023, https://www.zeit.de/digital/2023-08/ki-journalismus-google-nachrichten

World Association of News Publishers, Google News Initiative (Hrsg.), Erfolgreich durch Audiences first. Bericht des ersten Jahres von Table Stakes Europe (Table Stakes Europe Report 2020) (Paris, Frankfurt/Main: World Association of News Publishers, 2021)

Anika Zuschke, Warum ChatGPT nach rechts abdriften könnte, fr.de, 18. März 2024, https://www.fr.de/wirtschaft/ai-mediencrawler-prompts-chat-gpt-chatbots-ki-kuenstliche-intelligenz-zr-92881360.html

Katharina A. Zweig, Droht KI den Menschen zu ersetzen? In: Bundeszentrale für politische Bildung (Hrsg.), Künstliche Intelligenz, *Aus Politik und Zeitgeschichte*, 42/2023, Beilage zur Wochenzeitung „Das Parlament", 14. Oktober 2023, S. 4–8

Schluss und Ausblick

Digitaler Erfolg im Lokaljournalismus beginnt damit, dass die Verantwortlichen in den regionalen Medienunternehmen Online-Journalismus ernstnehmen. So lautet ein Befund des *ersten Kapitels* in diesem Handbuch. Es bedeutet nicht, keine Zeitung mehr zu drucken oder kein E-Paper mehr zu produzieren. Im Gegenteil: Fortschritte im digitalen Journalismus können in der für viele Medienunternehmen überlebenswichtigen Übergangsphase auch Printprodukte oder klassische Medien besser machen – im Sinn der Leserinnen und Leser.

Printdominierter Journalismus lässt allerdings bestimmte Zielgruppen und vor allem jüngere Alterskohorten außen vor. Wenn Journalismus in der digitalisierten Gesellschaft weiterhin Orientierung bieten, Teilhabe ermöglichen und außerdem seine aufklärende Rolle beibehalten soll, muss Journalismus sich demzufolge radikaler verändern. Wie soll das klappen?

Das Buch ist diese Frage pragmatisch angegangen. In *Kap.* 2 erläutert der Autor die vorausschauende Planung und Produktion nach der Formel E-2 – die insbesondere dazu dient, die Prozesse bei tagesaktuell arbeitenden Redaktionen zu entzerren und dadurch die digitale Qualität zu heben. Das Kernkapitel verknüpft Erfahrungen aus der Praxis mit Methoden des Qualitätsmanagements in Redaktionen – eine strategische Herangehensweise, die kein überbordendes Regelwerk bedeutet.

Allerdings ist es essenziell, wegen der komplexen Anforderungen an die digitale Arbeitsweise Printprodukte nachgeordnet zu bedienen. Von der E-2-Methode können zum Beispiel regionale Medienhäuser profitieren. Nützlich könnte das Prinzip wohl auch für regionale Rundfunksender sein, deren redaktionelle Mitarbeitende zuerst Online und dann Sendungen beliefern sollen.

In der Praxis betonen Redaktionen Aktualität häufig über: So entstehen Engpässe, parallele Produktionsabläufe und Fehler. Eine Flaschenhals-Produktion in Redaktionen, die Print und Online beliefern, kann außerdem Mehrarbeit verursachen. Als Lösung hat das Kapitel strukturierte Abläufe bei Breaking-News-Lagen sowie eine ehrliche Ermittlung des Aktualitätsbedarfs vorgeschlagen.

Planvoll digital agieren ist kein Selbstzweck. Es geht darum, was Kundinnen und Kunden von der auf diese Weise gesteigerten Qualität haben. Letztlich dienen Standards für die Themenplanung, tiefer gehende Recherchen und Qualitätskontrolle besserem Journalismus, der sein Geld wert ist. Dies macht einen Unterschied zu Copy & Paste, dem Zusammenfassen von Pressemitteilungen und Verlautbarungen. Wofür sonst als für diesen Mehrwert sollte das Publikum Nachrichtenangebote bezahlen?

Intern haben die redaktionellen Führungskräfte eine heikle Aufgabe: Sie müssen ermitteln und vermitteln, wer in welchem Maß von digitalen Veränderungen betroffen ist und was die Beteiligten davon haben. Neben möglichen Vorteilen sollten sie Nachteile nicht verschweigen. Wenn die Redaktion Print nachgeordnet herstellt, verlieren Blattmacherinnen und Blattmacher Verantwortung. Stärker wiegt nach Ansicht des Autors, dass die neuen redaktionellen Prozesse digitale Aufgaben aufwerten. Dies wird bei der Gewinnung von künftigen Talenten für den Journalismus ein wichtiges Argument (siehe auch Kap. 5).

Beim Führen in der Veränderung helfen transparente Zielvorgaben und die Argumentation aus der Perspektive des Marktes. Es sind die Leserinnen und Leser, die Nutzenden, die den Journalismus und damit die Arbeitsplätze mitfinanzieren! Neben wertschätzendem Feedback und einer etablierten Fehlerkultur gehört die Bereitschaft dazu, Konflikte nicht nur auszuhalten, sondern auch sachlich im Sinn der publizistischen Ziele zu lösen.

Kap. 3 fasst mehrere Bausteine für die Praxis der digitalen Arbeitsweise zusammen: Es erläutert, wie Redaktionen ein Themenplanungstool zielführend einsetzen und dabei nicht überziehen: Es geht nicht um Kleinigkeiten und mehr Bürokratie. Datenorientiertes Arbeiten begreift der Autor als kulturellen Wandel. Digitaler Erfolg lässt sich messen. Was als erfolgreich gilt, muss die Redaktion jedoch gleichermaßen als wirtschaftliche und publizistische Ziele definieren.

Das Kapitel verdeutlicht, wie Artikel-Scores und spezifische Kennzahlen der Redaktion im Alltag nützen. Auch hier geht es um besseren Journalismus, um Austausch und Wertschätzung der redaktionellen Arbeit. Fallbeispiele wie die zugewandte interne Nutzung von Kennzahlen bei der „Main-Post" in Würzburg verdeutlichen, wie dies gemeint ist.

Zielgruppenansprache gehört unverzichtbar zur Praxis im digitalen Journalismus. Dazu zählen Ausprobieren und Freude am Experiment. Allerdings darf diese digitale Arbeitsweise den Blick auf normative Aufgaben im Journalismus nicht

Schluss und Ausblick

verstellen: Natürlich sollten Journalistinnen und Journalisten weiterhin ihrer Rolle in der Demokratie gerecht werden. Themen selbst aufzubringen und unabhängig auch von möglichen Zielgruppen-Interessen voranzutreiben, ist selbstverständlich weiterhin möglich und sinnvoll.

Dennoch hilft es, wenn die Redaktion es versteht, komplexe Themen sorgfältig und entlang von Alltagsfragen zielgruppengerecht aufzubereiten. So kann der Journalismus nur besser werden. Dass eine redaktionelle Vermarktung im digitalen Journalismus dazugehört, lässt sich von Non-Profit-Medien lernen: Investigative Recherche beispielsweise muss zwingend Aufmerksamkeit erzeugen. Wie das drehbuchmäßig gelingt, wird ebenfalls im dritten Kapitel erläutert. Dazu gibt es Übungen.

Fazit für die journalistische Praxis: Eine möglichst überschaubare Zahl digitaler Spielregeln sollten Redaktionen dann auch einhalten. Zum Beispiel die vier Grundfragen, die für jeden Beitrag gelten sollten und die sich auch in einem Fragesatz zusammenfassen lassen (frei zitiert nach Susann Michalk, stellvertretende Digitalchefin bei „lr.de" und „moz.de"): „Warum, verdammt noch mal, sollen unsere Online-Nutzerinnen und -Nutzer ausgerechnet diesen Beitrag lesen und dafür auch noch bezahlen?" Die Antwort darauf gehört in die Überschrift und den Teaser jedes Online-Beitrags.

Kap. 4 vertieft den Zielgruppen-Ansatz am Beispiel des Audiences-first-Konzepts. Es führt ein in die journalistische Arbeit nach Bedürfniskategorien der adressierten Nutzerinnen und Nutzer sowie den Themenfelder-Journalismus. Es erscheint vernünftig, dass Redaktionen verschiedene inhaltliche Methoden kombinieren, da es wie gesagt kein allumfassendes Patent für den digitalen Erfolg gibt.

Als Lehrbeispiel für einen journalistisch orientierten Zielgruppen-Ansatz dient Table Stakes Europe. Die Mediengruppe des Autors hat 2021 an dem von der World Association of News Publishers gestarteten und von der Google News Initiative geförderten Programm teilgenommen. Die Kolleginnen und Kollegen profitieren immer noch von den Erkenntnissen: „The newsroom is the business", wie Table-Stakes-Architekt Douglas K. Smith sagt.

Eine der wichtigsten Lektionen: Wenn eine Redaktion digital erfolgreich Zielgruppen bedienen will, muss sie andere Aufgaben weglassen. Wie dieses Stop doing gelingt, skizziert der Autor anhand eigener Erfahrungen aus seiner Redaktion. Das vierte Kapitel erläutert außerdem, wie Redaktionen in die Methode einsteigen und welche Fallbeispiele aus dem Lokaljournalismus als Muster taugen.

Was Bedürfniskategorien sind und wie regionale Verlage diese Bedürfnisse lokal spezifisch ermitteln, gehört zum Kanon des Abschn. 4.3. Angesichts verbreiteter Nachrichtenmüdigkeit hat das Reuters Institute an der University of Oxford solche User-Needs-Modelle 2023 als weltweiten Trend in Redaktionen ausgemacht. Für dieses Handbuch vergleicht der Autor mehrere, in deutschsprachigen Redaktionen angewendete Bedürfniskategorien; Probleme werden nicht ausgespart.

Sowohl die Arbeit mit Audiences als auch mit Bedürfniskategorien verlangen von Redaktionen die Bereitschaft, unternehmerisch zu denken – und Geduld. Allerdings kämpft digitaler Journalismus insbesondere im Lokalen auch mit überkommenen Strukturen. Einige Medienhäuser haben deshalb Thementeams und Themenfelder eingeführt. Das betreffende Unterkapitel ist als Diskussion und Anregung gedacht – ebenso wie der Ausflug zu dem Konzept Deep Journalism, das „Table Media"-Gründer Sebastian Turner und der emeritierte Journalismus-Professor Stephan Russ-Mohl 2023 in einem Sammelband vorgestellt haben. Vertikalen Journalismus für Eliten wie bei „Table Media" oder dem Berliner „Tagesspiegel" kann vielleicht nicht jede Redaktion nachmachen. Es ist allerdings spannend zu sehen, wie tiefgehender Journalismus zu neuen Abos führt.

Das vierte Kapitel geht abschließend kurz auf wertebasierte journalistische Konzepte ein. Dabei konzentriert sich der Autor auf konstruktiven Journalismus. Lösungsorientierte Ansätze verknüpfen bereits einige regionale Medienunternehmen mit der Arbeit nach Zielgruppen, deren Bedürfnissen und Themenfeldern wie dem Klima-Journalismus. Als Beispiel (siehe Interview, Abschn. 4.6) erörtert der Autor konstruktive Berichterstattung für Familien in Sachsen und Brandenburg.

Der redaktionelle Fokus auf Zielgruppen und deren Bedürfnisse sowie Themenfelder bringt neue Berufsprofile hervor. Dies thematisiert *Kap.* 5, das die Karriere-Chancen aus der Perspektive der Nachwuchskräfte betrachtet. Es erläutert Ausbildungsmöglichkeiten mit dem Schwerpunkt Digitalisierung und enthält Checklisten, mit deren Hilfe Berufseinsteigende eine gute Ausbildung erkennen. Gerade im Lokaljournalismus sind Chancen gestiegen. Die Hürden für den Berufseinstieg sind teilweise abgebaut, Volontariate modernisiert worden. Doch der berufliche Alltag, dies sagen auch zwei Vertreterinnen der Generation Z im Interview (Abschn. 5.6), könnte sich sowohl hinsichtlich der digitalen Arbeitsweise als auch bezogen auf Freiräume noch verbessern.

Kap. 6 stellt generative Künstliche Intelligenz als Assistenz im Journalismus vor. Das Kapitel berichtet von kleineren und größeren Pannen mit ChatGPT und Co. Dadurch wird deutlich, dass es ein ethisches Gerüst sowie verantwortungsbewusst handelnde Journalistinnen und Journalisten braucht, damit KI erfolgreich angewendet wird. Dieses Handbuch empfiehlt Redaktionen:

- Transparenz beim KI-Einsatz (Checkliste)
- Vorsicht bei sensiblen Daten (Regeln, Tipps und Übersichten)
- Leitlinien fürs verantwortungsbewusste Anwenden (Beispiele)
- Ansätze für eine KI-Strategie – was tun und was lassen? (3-Phasen-Modell)

Schluss und Ausblick

Nach der Lektüre dieses Kapitels sollten die Leserinnen und Leser in den Redaktionen mitreden können und hoffentlich Spaß daran haben, selbst KI-Anwendungen auszuprobieren.

Ausblick

Letztlich dienen sowohl die vorausschauende Planung und Produktion als auch die dafür geeigneten technologischen und organisatorischen Werkzeuge dazu, digitalen Journalismus qualitativ besser zu machen. Wie in diesem Handbuch angeklungen ist, besteht Bedarf: Insbesondere unterstützende Mitglieder und zahlende Nutzende haben zu Recht hohe Erwartungen an den Journalismus. Viele Menschen haben weitergehende Informationsbedürfnisse als den bloßen Nachrichtenkonsum. Und dem geht ein Teil des Publikums zumindest ab und zu regelrecht aus dem Weg.

Ist das Verbreiten von Nachrichten überhaupt noch Kern des Journalismus? Darüber könnten Redaktionen künftig diskutieren – ebenso über die Frage, wie Journalistinnen und Journalisten jene Menschen erreichen, die medial unterrepräsentiert sind und selten zu Wort kommen. In Kap. 5 zitierte Nachwuchskräfte und Fachleute sprechen von mangelnder Diversität – sowohl inhaltlich als auch personell: Die Bandbreite der Gesellschaft spiegelt sich in Redaktionen kaum wider. These: Für den Lokaljournalismus, der darauf angewiesen ist, in der digitalisierten Gesellschaft an Relevanz zu gewinnen und Talente zu begeistern, gehört deshalb Diversität mehr als bisher in den Blick.

Eine neue digitale Redaktionskultur könnte so entstehen. Auch die skizzierten inhaltlichen Methoden bedeuten einen entscheidenden Perspektivwechsel. Was Zielgruppen interessiert, wie die Medienschaffenden ihnen begegnen, ihre Bedürfnisse respektieren, erkennen und adressieren, trägt künftig vermutlich wesentlich mehr zum publizistischen Erfolg bei als traditionelle journalistische Werte wie Aktualität und verlässliche Nachrichtenproduktion. Bloße Neuigkeiten treten in den Hintergrund, unterschiedliche Blickwinkel der Nutzenden in den Vordergrund.

Je tiefer Redaktionen allerdings in die digitale Welt, Nutzungsdaten und Methoden eintauchen, umso komplizierter wird es. Jede Redaktion sollte eigens Übersetzerinnen und Übersetzer für Datenanalyse und Konzepte haben. Es braucht außerdem Freiräume für die Journalistinnen und Journalisten, um sich zu entwickeln, weiterhin zu lernen und auszuprobieren. Sonst ist der künftige journalistische Alltag nicht mehr zu stemmen.

KI sorgt bei bestimmten Routinen für Entlastung: Die Produktion lässt sich weiter automatisieren, ebenso das Ausspielen (Verbreiten) journalistischer Beiträge. KI kann auch Formate aus kreativen Zulieferungen der Reportinnen und Reporter erstellen, während sich Redakteurinnen und Redakteure auf handgemachte Inhalte konzentrieren. Der Strategie-Experte Christoph Mayer sieht einen weiteren Ausweg darin, weniger und dafür besser auf die Bedürfnisse der Menschen zugeschnittene journalistische Beiträge zu produzieren (Interview, 4.4) – wie es reine Digitalpublisher heute schon tun. Das ist dann schon wieder die nächste Stufe der digitalen Transformation.

Nachwort

Mich persönlich stimmt dieser Ausblick zuversichtlich: KI unterstützt, Journalistinnen und Journalisten konzentrieren sich aufs Wesentliche. Aber was ist das Wesentliche, wenn nur noch die Älteren lesen und die Jüngeren (und immer mehr Ältere) weder E-Paper noch Zeitung lesen? Damit sollten wir Medienleute gelassen umgehen – und wir können das auch.

Natürlich, manche alten Gewohnheiten fallen einfach weg, und neue entwickeln sich. Wie oft haben Sie heute schon auf Ihr Smartphone geschaut? Wann die letzte Streaming-Serie geschaut? Wie oft in diesem Jahr online eingekauft? Sehen Sie. So wie KI nicht mehr verschwinden wird und sich weiterentwickelt, ändert sich die digitalisierte Gesellschaft. Fortlaufend. Manchmal schlagartig, manchmal schleichend. Und wenn es keine Zeitungen mehr gibt in ein paar Jahren? Natürlich fordert dies insbesondere regionale Medienunternehmen und lokal tätige Journalistinnen und Journalisten heraus.

Aber muss uns Medienleuten dieser Wandel Angst machen? Ich glaube dies aus mehreren Gründen nicht. Erstens gibt es in vielen Redaktionen, Verlagen und Medienorganisationen versierte und begeisterte Fachleute, die ihren Beruf, den Journalismus, mit Leidenschaft angehen. Darin steckt zweitens die Überzeugung, mit Journalismus etwas zu bewegen – und, drittens, einen Dienst an der Gesellschaft zu tun. Das hat ja mit bedrucktem Papier erst einmal nichts zu tun.

Auf digitalen Wegen ist dieser Dienst an den Menschen sogar noch schneller, einfacher, vielfältiger und abwechslungsreicher möglich. Ich persönlich habe erlebt, dass Redaktionen diese Chance oft mutig und neugierig ergriffen haben. Viele Teams haben längst bewiesen, dass sie zum Aufbruch bereit sind. Sonst gäbe es heute weder regionale Podcasts, lokale Short-Videos, multimediale Storys aus der Provinz im Strukturwandel noch Online-Liveberichte aus der Fußball-Regionalliga.

Und vor allem: Noch weniger gäbe es jeden Tag neue Ideen für gute Geschichten. An welche gute Story erinnern Sie sich? Mir fallen sofort drei oder vier ein, die ich in den vergangenen Tagen gelesen oder, ja, geschaut und gehört habe. Gute Ge-

Schluss und Ausblick

schichten, die mich ansprechen, berühren und den Austausch darüber mit anderen Menschen befördern.

Wie dieses Buch hoffentlich gezeigt hat, sind in unseren Medienorganisationen, ob sie nun kommerziell, öffentlich-rechtlich oder gemeinnützig ausgerichtet sind, so viele praktikable und gute Ansätze für die digitale Welt bereits vorhanden! In Deutschland, Europa, weltweit. Daher sind Kooperation und die Bereitschaft, voneinander zu lernen, Erfolg versprechend. Doch der zweifellos vorhandene Druck zum digitalen Erfolg darf nicht nur auf den Schultern weniger lasten. Egal, ob im Lokalteam, Ressort oder im Führungskreis eines Mediums: Digitalisierung ist eine gemeinsame, abteilungsübergreifende, sogar branchenübergreifende Aufgabe.

Da sehe ich Luft nach oben. Den größten „Booster", wie mein Chefredakteurskollege Claus Liesegang sagt, haben wir in den Redaktionen stets dann gezündet, wenn wir uns anderen Unternehmen und damit Ideen geöffnet haben – ich nenne als Beispiel hier Table Stakes Europe, ein digitales Austausch- und Förderprogramm. Bei solchen, durchaus kräftezehrenden digitalen Projekten gehört es dazu, das eigene Silo (Ressort, Team, Abteilung, Unternehmen) zu verlassen. Dazu muss jede Expertin, jeder Fachmann den Schalter im Kopf umlegen, denn es geht ganz praktisch um Kooperation.

Wo jede und jeder seinen Part beisteuert – beispielsweise von der Entwicklung einer Zielgruppen-Idee, über die Recherche der passenden Themen, der auf Bedürfnisse der Zielgruppe abgestimmten Produktion für verschiedene digitale Kanäle und unterstützt durch Produkte, die das Lesen, Hören, Gucken und vielleicht sogar das Mitmachen erleichtern – da bleibt Journalismus in der digitalisierten Gesellschaft relevant. Messbar!

Ich freue mich darüber, dass es weiterhin jüngere Menschen in unseren Beruf zieht. Es ist wichtig, dass sich erfahrene und neu eingestiegene Journalistinnen und Journalisten respektvoll begegnen. Sie können gut miteinander arbeiten – wenn die handwerklich versierten Reporterinnen und Rechercheure den kreativen Digitalisierten zuhören und natürlich umgekehrt. Aus meiner Erfahrung heraus kann ich sagen: Beides ist leider nicht selbstverständlich. Wir müssen uns um die Talente von heute mehr kümmern, ihnen Freiräume und Verantwortung geben – damit sie morgen Redaktionen anleiten können – und wollen.

Es ist meiner Meinung nach entscheidend, wie uns in der Branche der Generationenwechsel gelingt. Unsere Medien müssen dies glaubwürdig nach innen leben, zum Beispiel Teams und Redaktionen neu und divers aufstellen. Nach außen bedeutet dies: Themen- und Produktvielfalt enstehen zu lassen und damit neue Perspektiven einzubringen. Die nächsten Jahrgänge der Generationen Z und Alpha sind ja nicht zwangsläufig verloren für den Journalismus und seine Leistungen. Sie brauchen bloß keine Zeitung und kein Fernsehprogramm mehr, um sich informiert zu fühlen.

Jüngere und Ältere eint: Sie erwarten von uns weder Vorhaltungen noch pädagogischen Eifer. Sondern Journalismus, der sich der Gesellschaft und der Demokratie als Ganzes verbunden fühlt. Das heißt natürlich nicht, dass Kritik und Aufklärung im Digitalen fehl am Platz sind. Im Gegenteil: Das bleibt Teil dieses anspruchsvollen Jobs. Digital erfolgreich sind diejenigen Journalistinnen und Journalisten, die mit Aufklären – nicht Belehren – das Stadtgespräch und manchmal sogar landes- und bundesweit öffentliche Debatten bestimmen.

Journalistische Tugenden wie die unabhängige und freie Berichterstattung gehören untrennbar zur freiheitlichen Gesellschaft: ohne Demokratie kein Journalismus, ohne Journalismus keine Demokratie. Was heißt das praktisch? Als Lokaljournalist erlebe ich das oft (und denken Sie an Ihre Familie, Ihre WG, Ihren Verein, Ihre Nachbarschaft): Wo die unterschiedlichsten Menschen zusammenleben, in derselben Stadt, demselben Dorf, derselben Gemeinde und in derselben Region, gibt es immer irgendwo Gesprächsbedarf.

Genau dafür wird Journalismus weiterhin gebraucht. Er muss manche Gespräche allerdings erst mühsam in Gang bringen, soll Antworten liefern und hat auf Unklares hinzuweisen, sollte auch Diskussionen ermöglichen. Geschriebenes Wort, gesprochene Sprache, Audio und Video, sorgfältig beschafft, sind wirksame Mittel. Immer bessere digitale Werkzeuge ermöglichen es heute jedem Lokalteam, dabei unterschiedliche Perspektiven zu berücksichtigen. Bequem ist das nie. Aber deswegen haben wir uns diesen Beruf schließlich nicht ausgesucht. Wir wollen Aufmerksamkeit und kämpfen für unsere Geschichten. Das sind eigentlich die besten Voraussetzungen für den digitalen Erfolg.

SPRINGER NATURE

GPSR Compliance

The European Union's (EU) General Product Safety Regulation (GPSR) is a set of rules that requires consumer products to be safe and our obligations to ensure this.

If you have any concerns about our products, you can contact us on ProductSafety@springernature.com

In case Publisher is established outside the EU, the EU authorized representative is:

Springer Nature Customer Service Center GmbH
Europaplatz 3
69115 Heidelberg, Germany

The manufacturer's authorised representative in the EU is Springer Nature Customer Service Centre GmbH, Europaplatz 3, 69115 Heidelberg, Germany. If you have any concerns regarding our products, please contact ProductSafety@springernature.com

Printed and bound by CPI Group (UK) Ltd, Croydon, CR0 4YY

23/03/2026

02076466-0006